浙江省普通高校"十三五"新形态教材

U0647678

财务管理学

Financial Management

李明伟 ◎主编

侯和宏　赵　丹　张　炜　罗雯慧 ◎副主编

ZHEJIANG UNIVERSITY PRESS
浙江大学出版社

图书在版编目(CIP)数据

财务管理学 / 李明伟主编. —杭州:浙江大学出版社,2022.1
ISBN 978-7-308-21780-4

Ⅰ.①财… Ⅱ.①李… Ⅲ.①财务管理—高等学校—教材 Ⅳ.①F275

中国版本图书馆 CIP 数据核字(2021)第 194645 号

财务管理学

李明伟　主编
侯和宏　赵　丹　张　炜　罗雯慧　副主编

责任编辑	汪荣丽	
责任校对	高士吟	
封面设计	春天书装	
出版发行	浙江大学出版社	
	(杭州市天目山路 148 号　邮政编码 310007)	
	(网址:http://www.zjupress.com)	
排　　版	杭州星云光电图文制作有限公司	
印　　刷	杭州杭新印务有限公司	
开　　本	787mm×1092mm　1/16	
印　　张	20.5	
字　　数	462 千	
版 印 次	2022 年 1 月第 1 版　2022 年 1 月第 1 次印刷	
书　　号	ISBN 978-7-308-21780-4	
定　　价	59.00 元	

编委会

前　言 ▶▶

　　财务管理学作为一门集理论性、实践性于一体的综合性应用学科,在现代企业管理中具有十分重要的地位。在市场经济条件下,企业的生存与发展都离不开良好的财务管理。市场经济越发展,财务管理就越重要。我国的财务管理学是伴随着中国资本市场的发展和公司制改革的深入而日益完善的。进入 21 世纪,资本市场作为企业投融资的窗口,其信息导向和财务决策功能在企业管理实践中得到了进一步加强。企业决策越来越重视财务管理理论的指导,而财务管理也在服务公司财务实践中得到不断发展与完善。

　　本教材以企业价值为核心,以财务管理环境为理论起点,在阐述现代财务管理原理和观念的基础上,系统介绍了企业筹资管理、投资管理和收益分配管理等方面的内容。

一、本教材的特色和创新

　　本教材是浙江省普通高校"十三五"新形态教材建设项目,由财务管理专业一线教师根据应用型本科经管类专业人才培养目标、财务管理课程标准以及翻转课堂教学实践编写而成。本教材将讲解视频、在线测试、拓展知识等以二维码的形式嵌入,可以产生多样化的教学成果和多样化的学习方式。首先,设置与该课程相对应的微课,满足不同读者的学习要求;其次,建成财务管理学网络课程,读者可以通过"立方书"二维码访问该课程的相关视频、在线测试以及其他教学资料。根据课程教学的需要,对于大部分章节的内容设置了课堂在线互动,以调动学生的学习兴趣。每章安排了适量的在线测试题,不仅可以使读者通过在线测试了解自己对该章的掌握程度,而且可以让教师及时掌握学生在学习过程中存在的问题以及作业的完成情况,便于对学生学习情况进行过程性控制和考核。

二、本教材编写组成员及分工

　　本教材由多所高校财务管理课程的骨干教师编写。全书的框架、思路统稿和所有授课视频制作均由李明伟承担,各章编写情况如下:"李明伟(第一章、第二章、第三章、第七章、第八章、第十章)、赵丹(第四章、第五章)、侯和宏(第六章、第九章、第十一章)、张炜、罗雯慧(第十二章)。"在授课视频制作过程

主编简介

中,董厉泽全程参与,为视频制作与完善提供了很大的支持与帮助。陈俊桥参与部分案例收集和大部分视频后期剪辑工作,杨丹阳、尹宇也参与了部分章节资料的收集、整理和校对工作。

　　在本教材的编写和出版过程中,浙江大学出版社给予了大力支持,提出许多宝贵的意见,并做了大量资料整合和数字转化工作。同时,非常感谢上海财经大学会计学院潘飞教授在百忙当中对本书进行详细、全面的审阅,并提出许多有建设性的修改意见。另外,在

教材的编写过程中,编委会成员参阅了大量资料,恕不能一一列举,借此向相关作者表示深深的敬意和由衷的感谢!由于编者水平有限,编写时间仓促,书中难免有疏漏谬误之处,敬请各位同行专家和读者批评指正。

　　本书问答答案请扫码查看,若有疑问或需要教学课件,请联系本书主编李明伟(2669125919@qq.com)。

问答答案

李明伟

2021 年 8 月于杭州

目 录 ▶▶▶

第一章　财务管理总论 ▶▶▶

学习目标

了解财务管理的产生和发展；

理解财务管理的概念和特点；

掌握财务管理的目标；

熟悉财务管理的环节。

导入语

"理财"一词最早见于《易传·系辞》，"理财正辞，禁民为非，曰义"，意思是说，对于财物的管理和使用要有一个正当的说法，禁止民众不合理的开支和浪费，是理财最合宜的方法。综观中国上下五千年的历史长河，我们可以发现，从原始社会中晚期社会财富有了剩余时起，就有了财务管理问题。从古至今，为了提高物质生活水平、富民强国，财务管理问题一直是人们关注的焦点。随着社会的进步和经济的发展，现代社会，特别是对于企业等以营利为目的的单位和组织，财务管理问题至关重要。为此，财务管理问题的研究和发展已经成为各类经济单位不断探索和实践的主题。

本章将重点介绍财务管理的概念和特点，阐述财务管理的目标及其选择问题，介绍财务管理的内容和环节，从而勾勒出工商企业在财务管理组织和实践过程中的整体框架。

关键词

财务活动(financial activities)

财务关系(financial relationship)

财务管理(financial management)

财务管理目标(financial management objectives)

财务管理职能(the functions of financial management)

企业价值最大化(the maximization of enterprise value)

第一节　财务管理的概念

　　财务管理是现代企业管理的重要组成部分。一般来讲,经济越发达,市场竞争越激烈,越能体现财务管理的重要性。

一、财务管理的产生与发展

　　财务管理实践活动远远早于财务管理学科的形成。在我国,有记载的文献资料显示,早在原始社会中后期,就有了财务管理活动的雏形。在我国周朝,周公姬旦就提出了"勤政裕民"的治国思想;到春秋战国时期,除了孔孟儒家"义利两全""富民富国""崇俭节用"以及自强不息的财务管理思想以外,商祖白圭"人弃我取"和"知进知守"的财务管理思想对现代人财务管理也有指导意义;西汉时期,司马迁在《史记·货殖列传》中表达了精辟的财务管理思想,充分肯定了商业活动在发展经济、富国利民上的重大意义,表现了唯物主义思想的光辉;到清朝末年,胡雪岩的阜康钱庄筹资之道、乔治庸的"汇通天下"和"身股"分红思想,财务管理观念已经相对成熟。

　　财务管理作为一门独立的学科起源于西方发达国家。15世纪末16世纪初,西方社会正处于资本主义萌芽时期,地中海沿岸的许多商业城市出现了由公众入股的商业组织,入股的股东有商人、王公、大臣和市民等。商业股份经济的发展从客观上要求企业合理预测资本需要量,有效筹集资本。但当时企业对资本的需要量并不是很大,筹资渠道和筹资方式比较单一。企业的筹资活动仅仅附属于商业经营管理,并没有形成独立的财务管理职业。这种情况一直持续到19世纪末20世纪初,工业革命的成功促进了企业规模的不断扩大、生产技术的重大改进和工商活动的进一步发展,股份公司迅速发展起来,并逐渐成为占主导地位的企业组织形式。与此同时,财务管理开始从企业管理中分离出来,成为一种独立的管理职能。

　　1897年,美国著名财务管理专家格林出版了《财务管理》一书,详细介绍了公司资本的筹集问题。该书被认为是最早的财务著作之一,标志着财务管理学科的产生。1910年,米勒出版了《公司财务》一书,主要研究企业如何有效地筹集资本,该书为现代财务理论研究奠定了基础。

　　20世纪可以说是现代财务管理大发展的重要时期。自1897年起,财务管理经历了五个飞跃性的变化,我们称之为财务管理的五次发展浪潮。

(一)第一次浪潮——筹资管理财务管理阶段

这一阶段又称为传统财务管理阶段。在这一阶段中,财务管理的主要职能是预测公司资金的需要量和筹资公司所需要的资金。20世纪初,由于西方国家经济的持续繁荣和股份公司的迅速发展,因此,各类企业都面临着如何筹集扩大生产经营所需资金的问题。当时,市场竞争不是十分激烈,各国经济迅速发展,只要筹集到足够的资金,一般都能取得较好的效益。然而,当时的资金市场还不成熟,金融机构也不发达,因而,如何筹集资金便成为财务管理最主要的问题。在这一阶段,筹资理论和方法得到迅速发展,为现代财务管理理论的产生和完善奠定了基础。

(二)第二次浪潮——资金管理财务管理阶段

这一阶段又称为内部控制财务管理阶段。筹资阶段的财务管理仅注重研究资本筹集,却忽视了企业日常的资金周转和内部控制。第二次世界大战以后,随着科学技术的迅速发展,市场竞争的日益激烈,西方财务管理人员逐渐认识到,在残酷的竞争中要维持企业的生存和发展,财务管理的主要问题不仅仅在于筹集资金,更在于有效的内部控制,要管好、用好资金。在此阶段,资产负债表中的资产科目,如现金、应收账款、存货、固定资产等引起财务管理人员的高度重视。这一时期,公司内部的财务决策被认为是财务管理的主要问题,而与资金筹集有关的事项已并非重中之重。各种计量模型逐渐应用于存货、应收账款、固定资产等项目,财务分析、财务计划、财务控制也得到了广泛应用。

(三)第三次浪潮——投资管理财务管理阶段

20世纪60年代中期以后,随着企业经营的不断变化和发展,资金运用日益复杂,市场竞争更加激烈,使投资风险不断加大,投资管理受到空前重视。其主要表现在:①确定了比较合理的投资决策程序;②建立了科学的投资决策指标;③建立了科学的投资决策方法;④创立了投资组合理论和资本资产定价理论。

(四)第四次浪潮——通货膨胀财务管理阶段

20世纪70年代后期至20世纪80年代早期,伴随着石油价格的上涨,西方国家出现了严重的通货膨胀,持续的通货膨胀给财务管理带来了许多问题。在通货膨胀条件下如何有效地进行财务管理便成为主要问题。大规模的通货膨胀,使企业资金需求不断膨胀,货币资金不断贬值,资金成本不断升高,成本虚降,利润虚增,资金周转困难。为此,西方财务管理提出了许多应对通货膨胀的方法,如企业筹资决策、投资决策、资金日常调度决策、股利分配决策等都根据通货膨胀的情况,进行了相应的调整。

(五)第五次浪潮——国际财务管理阶段

20世纪80年代中后期,随着运输和通信技术的发展、市场竞争的加剧,企业跨国经营发展很快,国际企业财务管理越来越重要。虽然,一国财务管理的基本原则对国际企业也是适用的,但是国际企业涉及多个国家,要在不同制度、不同环境下做出决策,就会有一些特殊问题需要解决,如外汇风险问题、多国融资问题、跨国资本预算问题、国际投资环境评价问题、内部转移价格问题等都和一国财务管理有所不同。这一时期,国际财务管理的理论和方法得到迅速发展,并在财务管理实务中得到广泛应用,成为财务管理发展过程中又一高潮。

从财务管理的发展历程中,可以总结出一条基本规律:财务管理发展与创新的动力来自财务管理环境的变迁。财务管理环境是财务管理理论结构的起点,应该说,有什么样的财务管理环境,就会产生相应的财务管理模式,也就会产生相应的财务管理理论体系。进入21世纪,社会经济全球化浪潮势不可挡,信息技术、通信技术与电子商务的蓬勃发展、金融市场的改革和创新等在给传统财务管理带来了强烈冲击的同时也为之带来了发展的机遇。当前,财务管理理论研究的问题,主要集中在有效市场、资本结构与融资决策、股利政策、风险管理理论、重组财务理论及市场微观结构中的财务理论等问题。

二、财务管理的概念

企业财务管理是企业管理的重要组成部分。随着社会经济特别是资本市场的不断发展,我国正处于转型经济背景下,财务管理在企业管理中的作用日益重要。财务管理主要是研究企业有关资金的取得、使用与分配的一项管理工作,即对企业财务活动的管理。在组织企业财务活动中,企业必然与各利益主体发生相应的财务关系。因此,理解财务管理的概念,必须从企业财务活动和财务关系入手。

(一)企业财务活动

企业的财务活动(又称资金运动)是企业资本的筹集、运用、耗费、收益以及分配等的一系列活动的总称。随着企业再生产过程的不断进行,企业资金处于不断的运动之中。企业在生产过程中,企业资金从货币资金形态开始,依次通过供应、生产和销售三个阶段,分别表现为固定资金、生产储备资金、未完工产品资金(生产资金)、成品资金等各种不同形态,然后又回到货币资金形态。这种从货币资金开始,经过若干阶段,又回到货币资金的运动过程叫作资金的循环。企业资金周而复始不断循环,叫作资金的周转。资金的循环、周转体现着资金运动中资金形态的变化。

从生产经营企业整体上看,企业财务活动包括如下三个方面的内容。

1.筹资活动

筹资活动,是指企业为了满足投资和用资的需要,筹措和集中所需资金的过程。企业的建立和经营活动的开展都必须拥有一定量的资金。筹资活动是企业资金运动的起点,是投资活动的必要前提。在筹资过程中,企业一方面要确定合理的筹资总规模,以确保提供投资所需要的资金;另一方面,要通过对筹资渠道、筹资方式或筹资工具的选择,合理确定资金结构,以降低筹资成本和风险。

企业通过筹资可以形成两种不同形态的资金来源:一是企业自有资金。企业通过向投资者吸收直接投资、发行股票、企业内部留存收益等方式取得的资金,投资者包括国家、其他企业单位、个人、外商等。二是企业债务资金。企业可以通过银行借款、发行债券、利用商业信用等方式取得。企业筹集的资金,可以是货币资金,也可以是实物资产、无形资产等形态。企业筹集资金,表现为企业资金的流入;企业偿还借款、支付利息、股利以及付出各种筹资费用等,则表现为企业资金的流出。这种因资金筹集而产生的资金流入与流出,便是企业因筹资活动而引起的财务活动。

2. 投资活动

投资是指企业投放和使用资金的活动。企业取得资金后,必须将筹集的资金投入使用,以谋求最大的经济效益。企业投资可以分为两类:广义的投资和狭义的投资。前者包括企业内部使用资金的过程(如购置固定资产、无形资产和流动资产等)和对外投放资金的过程(如购买其他企业的股票、债券或与其他企业联营等);后者仅指对外投资。无论是对内投资,还是对外投资,都会有资金的流出;当企业收回投资时,则会产生资金的流入。这种因投资活动而产生的资金收付,便是企业因投资活动而引起的财务活动。

企业在投资过程中,必须考虑投资规模(为确保获得最佳投资效益,企业应投入资金数额的多少);同时,企业还必须通过投资方向和投资方式的选择来确定合理的投资结构,以提高投资效益、降低投资风险。

3. 收益分配活动

投资活动的目的是取得收益,实现资本的保值增值。企业取得收益以后,必须按照现行法规的规定在有关利益主体间进行分配。广义的分配是指企业对各种收入进行分割和分派的过程;狭义的分配仅指对净利润的分配。收益及分配活动是企业资金运动前一过程的终点和后一过程的起点,是企业资金不断循环周转的重要条件。分配活动会产生资金的流出。这种因分配活动而产生的资金流入与流出,便是企业因分配活动而引起的财务活动。

随着收益分配的进行,资金或退出企业资金循环,或继续留存在企业。它不仅影响企业资金运动的规模,而且影响资金运动的结构。因此,企业应该根据国家有关法律和制度,合理确定分配规模和分配形式,正确协调企业当前利益和长远利益的矛盾,妥善处理股东、债权人、经营者和职工等不同利益主体间的利益关系,以确保企业取得最大的长期利益。

筹资活动、投资活动和收益分配活动三个方面是相互联系、相互依存的,它们共同构成了完整的企业财务活动基本内容。

(二)企业财务关系

企业财务关系是指企业在组织财务活动过程中与有关各方发生的经济利益关系。企业资金的筹集、投放、耗费、收入和分配,与企业上下各方面有着千丝万缕的联系。企业的财务关系主要有以下几个方面。

1. 企业与投资者(所有者)之间的财务关系

企业与投资者之间的财务关系,是指企业的投资者向企业投入资金以及企业向投资者支付投资报酬所形成的经济关系,这是与企业的生存和发展最为密切的关系。企业通过吸收直接投资、发行股票、联营以及并购等方式接受国家、法人和个人等投资者投入的资金。企业利用投资者的资金进行经营活动,实现的利润应该按照投资者比例或合同规定,向投资者支付投资报酬。企业的投资者要按照合同、协议、章程的约定,履行出资义务,依法对企业净资产拥有所有权,并享有企业经营所得产生的净利润或承担净亏损。企业拥有投资者所形成的法人财产权,并以其全部法人财产依法自主经营,对投资者承担资本保值、增值的责任。企业与投资者之间的财务关系,体现着所有权性质的受资与投资关系。

2.企业与被投资者之间的财务关系

企业与被投资者之间的财务关系,主要是指企业以购买股票、联营投资、并购投资等方式向外投资所形成的经济关系。随着市场经济的不断深化和发展,企业经营规模和范围不断扩大。这种关系也越来越广泛。企业应该按约履行出资义务,并依法享有分享利润和经营管理的权利。企业与被投资者之间的财务关系,体现着所有权性质的投资与受资关系。

3.企业与债权人、债务人之间的财务关系

这是一种债权、债务关系。这类财务关系主要有因资金不足向商业银行借款而形成的资金借贷关系,有因购进材料、出售产品而与往来客户发生的货币收支结算关系,也有因延期付款与往来客户发生的商业信用关系,等等。企业作为债务人应该按照债务契约的规定,及时支付货款、归还贷款,以维护企业自身的信用;企业作为债权人在向其客户进行信用销售时,应该制定科学合理的信用政策,以确保债务人支付货款。处理好这些财务关系,有利于加速企业自身的资金周转,实现资金运动的良性循环。

4.企业与政府(税务机关)之间的财务关系

企业与政府之间的财务关系,主要是指政府凭借社会管理者的身份,利用政治权力,强制和无偿地参与企业收入和利润的分配所形成的一种分配关系。企业必须按照规定向国家缴纳各种税款,包括所得税、流转税、资源税、财产税和行为税等,这也是任何企业应尽的义务。企业与税务机关之间的财务关系反映的是依法纳税和依法征税的税收权利义务关系,体现的是一种强制和无偿的分配关系。

5.企业内部各部门之间的财务关系

企业内部各部门之间的财务关系,主要是指企业内部各部门之间在生产经营各个环节中相互提供产品或劳务所形成的经济关系。在实行内部经济核算制和经营责任制的条件下,企业内部各部门都有相对独立的资金定额或独立支配的费用限额,各部门、各单位之间提供产品和劳务要进行计价结算。这样,在企业财务部门同各部门、各单位之间,就发生资金结算关系,它体现着企业内部各部门之间的经济利益关系。处理这种财务关系,要严格分清有关各方的经济责任,以便有效地发挥激励机制和约束机制的作用。

6.企业与职工之间的财务关系

企业与职工之间的财务关系是指企业在向职工支付劳动报酬过程中形成的经济关系。企业要用自身的产品销售收入,按照职工提供的劳动数量和质量进行分配,向职工支付工资、津贴、奖金等。这种企业与职工之间的结算关系,体现着职工个人与集体在劳动成果上的分配关系。处理这种财务关系,需要企业正确地执行有关的分配政策。

因此,企业的财务活动,虽然从表面上看是资金及其流转,但是在资金的流转过程中,都离不开不同利益主体之间的关系,这种关系的实质是经济利益关系。各种经济利益关系,体现了企业财务的本质。

(三)财务管理的概念与特点

财务管理是基于企业再生产过程中客观存在的财务活动与财务关系而产生的,是企业组织财务活动、处理与各利益主体财务关系的一项综合性管理工作,是企业管理的重要组成部分。

财务管理需要解决的基本问题是:企业应该投资什么项目,如何筹集投资所需资本,怎样对收回的资本进行分配等。因此,财务管理的基本内容包括筹资管理、投资管理和收益分配管理三部分。财务管理与企业生产管理、技术管理、物流管理、人力资源管理、战略管理等管理工作互相联系、紧密配合,同时具有以下有别于其他管理活动的明显特征。

1.财务管理是一种价值管理

企业生产经营活动的复杂性,决定了企业管理必须包括多方面的内容,它们有的侧重使用价值的管理,有的侧重信息的管理。财务管理区别于其他管理的特点在于它是一种价值管理。财务管理利用资金、成本、收入等价值指标来组织企业生产经营过程中价值的形成、实现和分配,并处理这种价值运动中的经济关系。所以价值管理是财务管理的基本属性。

2.财务管理是一种综合性管理工作

财务管理既是企业管理中的一个独立方面,又是一项综合性的管理工作。企业各方面生产经营活动的质量和效果,大都可以从财务管理中综合地反映出来。而通过合理地组织财务活动,又可以促进企业生产经营活动的顺利进行。财务管理在企业内部管理的各个系统中,具有涉及面广、综合性强、灵敏度高等特点。因此,财务管理是利用价值形式,对企业生产经营活动进行的综合管理。

综上所述,财务管理在公司生产经营决策中起关键作用,搞好公司财务管理对于改善公司经营管理、提高公司经济效益具有重要作用。

(四)财务管理的内容

与企业财务活动相对应,财务管理的内容主要包括筹资管理、投资管理和收益分配管理等。

1.筹资管理

筹资活动是企业资金运动的起点,筹资管理是企业财务管理的首要环节。筹资是企业为了满足对于资金的需求而筹措和集中资金的经济行为。企业筹资还需要考虑和决定筹资动机、筹资渠道和筹资方式,以降低筹资的成本和风险。筹资决策的核心问题是确定企业的资本结构。资本结构是指企业长期负债与权益资本之间的比例关系。资本结构决策的首要问题是确定企业资产负债率的高低,即在企业资本总额中安排多高的负债。确定企业的股权结构也是资本结构决策的重要问题。在股权结构中,由于剩余收益归属于企业产权的所有者,从而形成产权所有者巨大的激励源,因此,不同的股权结构产生的企业生产经营效率是不同的。筹资方式的选择是筹资决策的一个重要问题。不同的筹资方式会导致企业的财务风险、资本成本水平、公司控股权的分散程度等诸多不同。因此,企业必须在充分考虑每种筹资方式特点的基础上,结合企业自身经营特点做出合理抉择,以使企业获得成本代价最低的资金来源。

2.投资管理

投资是企业为了获得经济资源的增值而将货币投资于各种资产形态上的经济行为。投资管理是财务管理的重要环节,投资决策的成败对企业未来经营成败具有根本性的影响。企业在投资过程中,必须考虑投资规模,同时采用合适的投资决策方法,选择合适的投资方向和投资方式,合理安排投资结构,降低投资风险,提高投资收益。

营运资金管理也是投资管理的重要组成部分。营运资金管理是指为了保证日常经营活动中的营运资金高效稳定循环,对营运资金进行合理配置和使用。企业对营运资金的管理主要包括对现金、存货、应收账款等流动资产的管理和对流动负债的管理。在一定时期内营运资金周转越快,相同数量的资金就能生产出更多的产品,取得更多的收入。营运资金管理的目的是合理使用资金、加速资金周转,提高资金的使用效率。

3.收益分配管理

收益分配管理是确定企业当年实现的税后净利润在股东股利和企业留存收益之间的分配比例,即制定企业股利政策。由于留存收益是企业筹资来源的渠道之一,因此,股利分配决策实质上是筹资决策的延伸。股利分配决策通常涉及以下问题:采取怎样的股利分配政策才是企业的最佳选择? 企业应该采用哪种股利分配方式,是派发现金股利、股票股利、负债股利还是派发财产股利? 企业能否进行股票分割或股票回购? 企业应对股东分配现金股利的比例有多大? 股利分配政策对股东决策有哪些影响? 对于这些问题的回答,财务管理经理应根据企业的实际情况,以增加企业价值为出发点,做出科学合理的决策。

第二节　财务管理的目标

目标是个人或组织期望实现的结果。根据系统论原理,正确的目标是系统实现良性循环的前提条件。企业财务管理的目标是公司在特定的财务管理环境中,通过组织财务活动、处理财务关系所希望实现的结果。它是导向和标准,是评价企业财务管理活动是否合理的标准,决定着企业财务管理的基本方向。已经创立起来的公司,虽然有改善职工待遇、改善劳动条件、扩大市场份额、提高产品质量、减少环境污染等多种目标,但是营利是其最基本也是最重要的目标。营利性不仅体现了公司生产经营的出发点和归宿,而且可以概括其他目标的实现程度,并有助

授课视频 财务管理的目标

于其他目标的实现。公司最具综合性的计量是财务计量,因而公司的目标综合体现为公司的财务管理目标。公司的财务管理目标必须服从企业经营目标,不但要受其制约,而且要有效地为其服务。简单地讲,它们之间的关系是相辅相成的,完成财务管理目标是实现公司目标的基础,而正确制定企业的目标是确保实现企业财务管理目标的保证。本书在后续的论述中,把公司财务管理目标、公司财务目标和公司目标作为同义词使用。

一、企业财务管理目标的主要观点

企业财务管理的目标取决于企业生存目的或企业目标。同时,企业财务管理目标具有体制性特征,社会经济体制、经营模式和企业组织结构,在很大程度上决定企业财务管理目标的取向。根据现代企业管理理论与实践,具有代表性的财务管理目标主要有以下几种观点。

(一)总产值最大化

在传统的集权管理模式下,企业的财产所有权与经营权高度集中,企业的主要任务就是执行国家下达的总产值目标,企业领导职位的升迁,职工个人利益的多少,均由完成的产值计划指标的程度来决定。这就决定了企业必须把总产值最大化作为当时财务管理的最优目标。随着时间的推移,人们意识到该目标只适应特定的历史条件,在市场经济背景下,这一目标存在诸多缺点。总产值最大化会导致企业只讲产值,不讲效益;只求数量,不求质量;只抓生产,不抓销售;只重投入,不重挖潜,最终无法达到企业生存、发展和营利的目的。因此,把总产值最大化当作企业财务管理的最优目标,是不符合财务运行规律的,这是在特定历史背景下形成的扭曲的财务管理模式。

(二)利润最大化

利润最大化财务管理目标在西方经济理论中根深蒂固,20世纪50年代以前,西方许多经济学家都是以利润最大化这一概念来分析评价企业行为与业绩的。近年来,利润最大化观点受到挑战。虽然,许多学者认为,以利润最大化作为企业财务管理目标有其合理的一面,这是因为企业要想取得利润最大化,就必须讲求经济核算,加强管理,改进技术,提高劳动生产率,降低产品成本,这些都有利于经济效益的提高。但是,利润最大化作为财务管理的目标存在以下缺陷:①没有考虑资金的时间价值。例如,今年获利100万元和明年获利100万元,哪个更符合公司目标?若不考虑货币的时间价值,就难以做出正确判断。②没有考虑获取利润和所承担的风险的关系。例如,同样投入500万元,本年获利100万元,一家公司的获利已经转化为现金,另一家公司的获利则全部是应收账款,并可能发生坏账风险,哪个更符合公司目标呢?若不考虑风险因素的大小,就难以做出正确的判断。③没有考虑所得利润额和所投入资本额的关系。例如,同样获利100万元,一家公司投入500万元,另一家公司投入600万元,哪一个更符合公司目标呢?若不考虑投入产出关系,也难以做出正确的判断。④利润最大化容易造成企业的短期行为。企业只顾实现目前的最大利润,而忽视自身的长远发展。

由此可知,利润最大化的提法,只是对经济效益浅层次的认识,存在一定的片面性。所以,利润最大化并不是财务管理的最优目标。

(三)股东财富最大化

股东财富最大化是指通过财务上的合理经营,为股东带来最多的财富。在股份制经济条件下,股东的财富由其所拥有的股票数量和股票市场价格两方面决定。在股票数量一定时,当股票价格达到最高时,股东财富也达到最大。所以,股东财富最大化,又演变为股票价格的最大化。

与利润最大化相比,股东财富最大化的主要优点是:①考虑了风险因素;②在一定程度上能避免企业短期行为;③对上市公司而言,股东财富最大化目标比较容易量化,便于考核和奖惩。

以股东财富最大化作为财务管理目标也存在以下缺点:①通常只适用于上市公司,非上市公司难以应用;②股价受众多因素影响,特别是企业外部因素,有些还可能是非正常因素,股价不能完全准确地反映企业财务管理情况,如有的上市公司处于破产的边缘,但可能存在某些机会使其股票市价还在走高;③只强调了股东的利益,而忽视了其他利益相关者的诉求。

●问答1.1(单选题)

※以下关于股东财富最大化财务管理目标存在的问题中,说法不正确的是( )。

A.股价不能完全准确地反映企业财务管理状况　　B.通常只适用于非上市公司

C.对其他相关者的利益不够重视　　D.强调股东利益

二、财务管理目标的选择

企业目标是一个多元化的复合体。它必须反映投资者、债权人、经营者以及有关利益集团和个人的意愿,才能使企业在处理内部环境产生的各种内外变量中达到协调和均衡;同时,企业是一个独立的法人,根据"契约理论",企业又是一系列契约的集合。所有者和管理者、债权人和企业之间都是一种委托代理关系。

由于信息不对称,所有这些需要对经营者施加监督,因此经营者需要对管理者乃至员工进行监督,债权人需要对企业进行监督,等等。但无论如何设计激励和约束机制,代理问题仍无法完美解决,由此发生的代理成本仍然非常昂贵,"逆向选择"和"道德风险"仍不可避免,监督的一方仍然可能面临"剩余损失"。所以,企业必须有一种财务管理目标,把各方面的利害关系人连接在一起。在一定时期和特定环境下,某一利益主体可能会起主导作用,但是从长远发展来看,不能只强调某一利益集团的利益,而置其他利益集团

拓展阅读 财务管理目标的选择

的利益于不顾,也就是说,不能将财务管理的目标仅仅归结为某一利益集团的目标,从这一意义上说,股东财富最大化不是财务管理的最优目标。从理论上讲,各个利益集团的目标都可以折中为企业的长期稳定发展和企业总价值的不断增长,各个利益集团都可以借此来实现其最终目标。为此,以企业价值最大化作为财务管理的目标,比以股东财富最大化作为财务管理目标更科学。

企业价值最大化是指通过财务上的合理经营,采用最优的财务政策,充分考虑资金的时间价值和风险与报酬的关系,在保证企业长期稳定发展的基础上使企业总价值达到最大。这一定义包括了丰富的内涵,其基本思想是:将企业的长期稳定发展摆在首位,强调风险与报酬的均衡,将企业的风险限制在企业可以承担的范围之内;积极创造与股东之间的利益协调关系,努力培养安定性的股东;关心本企业职工利益,创造优美和谐的工作环境;不断加强与债权人的联系,重大财务决策邀请债权人共同参与讨论,培养可靠的资金供给者;关心客户利益,加大新产品开发和研制的投入,不断推出新产品来满足顾客需求;讲究信誉,注重企业形象;严格执行政府制定的政策法规,注重自身的社会价值。

企业价值最大化这一目标,最大的问题可能就是其计量问题。从实践上看,企业价值的大小可以通过资产评估来确定。从理论上说,企业的价值在于它未来能给所有者带来多大的回报,包括股利和出售其股权取得的现金。如果用收益现值法来计量,可以将企业的价值写成下面的形式:

$$V = \sum P_t/(1+K)^t$$

式中,V 为企业的价值;P_t 为企业在时期 t 产生的收益(或现金流量);K 为将收益折算成现值的贴现率,它与企业的风险呈同方向变化,可以用与企业具有相同风险水平的资产报酬率表示。

从上面公式可以看出,企业的价值 V 主要受到两个因素的影响:一是企业未来能够实现的收益;二是企业所能承担的风险大小。在相同的风险水平下,企业未来能够产生的收益越高,其价值就越大;反之亦然。同样,在相同的收益水平下,企业承担的风险越小,贴现率 K 的取值就越小,企业价值就越大;反之亦然。

如同从利润最大化向股东财富最大化转变一样,从股东财富最大化向企业价值最大化的转变是财务管理目标理论的又一次飞跃。以企业价值最大化作为财务管理的目标,具有以下优点:①企业价值最大化目标考虑了取得报酬的时间,并用时间价值的原理进行了计算;②企业价值最大化目标科学地考虑了风险与报酬的关系;③企业价值最大化能克服企业在追求利润上的短期行为倾向。因此,企业价值最大化的观点,体现了对经济效益的深层认识,受到众多学者的认可,它是现代财务管理比较现实的选择。

然而,现实的调查表明,不同的所有制企业的行为目标结构存在着明显的差距。根据中国企业家调查系统对全国企业法人代表问卷调查后公布的结果,我国企业家在经营目标的选择上仍然处于多重状态,在国有企业中,增加职工收入成了企业最重要的经营目标。因此,实际中的财务管理目标选择仍然存在多元化特点。

三、不同利益集团目标差异与利益协调

财务管理的最优目标是企业价值最大化,影响企业财务管理目标的利益集团主要包括企业所有者、企业债权人、企业职工和政府等。通常情况下,各个利益集团所追求的目标并非完全一致,他们是为实现各自的目标而努力的,因此可能会发生一些利益冲突。企业必须协调好这些利益冲突,才能实现"企业价值最大化"目标。

(一)企业所有者与经营者目标差异与利益协调

1.经营者的利益要求

在所有权和经营权分离后,公司所有者总是希望股东财富的最大化,千方百计要求经营者以最大的努力去实现这一目标。而公司的经营者也是财富最大化的追求者,其具体目标与股东不尽相同。从某种意义上说,所有者所放弃的利益也就是经营者所得到的利益,这种被放弃的利益也称为所有者支付给经营者的享受成本。公司经营者的目标主要包括:

(1)增加报酬。报酬包括物质和非物质的报酬,如工资、奖金、地位和荣誉等。

(2)增加闲暇时间。闲暇时间包括较少的工作时间、工作时间里较多的空闲时间和有效工作时间中较少的劳动强度等。

(3)避免风险。经营者努力工作承担风险,可能得不到应有的报酬,他们的行为和结果之间具有不确定性,经营者总是力图避免这种风险,要求付出和收益保持平衡。

2.经营者利益与所有者利益的协调

在信息不对称的情况下,公司经营者可能会背离所有者的利益,这种背离主要表现在如下两方面。

(1)道德风险。经营者为了自己的目标,不尽最大努力去实现企业财务管理的目标。例如,他们没有必要为提高股价而冒险,因为股价上涨的利益将归于股东,如若失败,他们的"身价"将下跌。他们不做什么错事,只是不十分卖力,以增加自己的闲暇时间;消极怠工,不构成法律和行政责任,所有者很难追究他们的责任。

(2)逆向选择。经营者为了自身的利益,不惜以损害所有者的利益为代价。例如,装修豪华的办公室、购置高档汽车;借口为了公司利益挥霍公司的钱财;甚至蓄意压低股票价格,以自己的名义买回,中饱私囊,导致股东财富受损。

信息不对称导致经营者背离所有者的目标。因此,避免"道德风险"和"逆向选择"的出路就是获得更多的信息,对经营者进行有效的监督和激励。

(1)监督。在所有权与经营权分离的公司中,由于信息不对称,所以公司的经营者具有信息优势。避免"道德风险"和"逆向选择"的方法是完善公司的治理结构,让所有者获取更多的信息,对经营者进行制度性的监督,在经营者背离所有者权益的目标时,可以减少其各种形式的报酬,甚至解雇他们。

(2)激励。防止经营者背离所有者利益的另一种制度性措施是采用激励的方式,与经营者分享公司增加的财富,鼓励他们采取符合所有者及公司整体利益的行为。例如,企业

盈利率或股价提高后,视其绩效大小给予经营者数量不等的现金或股票期权作为奖励。支付报酬的方式和数量大小,有多种选择。报酬过低,不足以激励经营者,所有者不能获得利益最大化;报酬过高,所有者付出的激励成本过大,也不能实现自身利益最大化。因此,激励虽然可以减少经营者违背所有者意愿的行为,但也不能解决所有的问题。

通常,所有者同时采用监督和激励两种制度性措施来协调自己与经营者之间的目标差异。尽管如此,仍然不能使经营者完全按照所有者的意愿行动,经营者仍然可能采取一些违背所有者利益的决策,并由此给所有者带来一定的损失。监督成本、激励成本和偏离所有者目标的损失之间,此消彼长,互相制约。因此,所有者要权衡利弊,力求找到三者之和最小的解决办法。

(二)所有者和债权人的利益协调

所有者的目标可能与债权人期望实现的目标发生矛盾。首先,所有者可能要求经营者改变举债资金的原定用途,将其用于风险更高的项目,这会增加偿债风险。债权人的负债价值也必然会降低,造成债权人风险与收益的不对称。如果高风险的项目一旦成功,额外的收益就会被所有者独享;但若失败,债权人却要与所有者共同负担由此而造成的损失。其次,所有者可能在未征得现有债权人同意的情况下,要求经营者举借新债,因为偿债风险相应增加,从而使原有债权的价值降低。

所有者与债权人的上述利益冲突,可以通过以下方式解决:

1.限制性借债

债权人通过事先规定借债用途限制、借债担保条款和借债信用条件,使所有者不能通过以上两种方式削弱债权人的债权价值。

2.收回借款或停止借款

当债权人发现企业有侵蚀其债权价值的意图时,采取收回债权或不再给予新的借款的措施,从而保护自身权益。

(三)财务管理目标与社会责任的关系与协调

企业的社会责任是指企业在谋求股东权益最大化或企业价值最大化之外所负有的维护和增进社会利益的义务。具体来说,企业社会责任主要包括以下内容:

1.对员工的责任

企业除了向员工支付报酬的法律责任外,还负有为员工提供安全的工作环境、职业教育机会等保障员工利益的责任。《中华人民共和国公司法》(以下简称《公司法》)第十七条规定,公司必须保护职工的合法权益,依法与职工签订劳动合同,参加社会保险,加强劳动保护,实现安全生产。公司应当采用多种形式,加强公司职工的职业教育和岗位培训,提高职工素质。第十八条规定,公司职工依照《中华人民共和国工会法》组织工会,开展工会活动,维护职工合法权益。公司应当为本公司工会提供必要的活动条件。公司工会代表职工就职工的劳动报酬、工作时间、福利、保险和劳动安全卫生等事项依法与公司签订集体合同。

2. 对债权人的责任

债权人是企业的重要利益相关者，企业应依据合同的约定以及法律的规定对债权人承担相应的义务，保障债权人的合法权益。这种义务既是企业的民事义务，也可视为企业应承担的社会责任。企业对债权人承担的社会责任主要有：①按照法律、法规和公司章程的规定，真实、准确、完整、及时地披露企业信息。②诚实守信，不滥用企业法人资格。③主动偿债，不无故拖欠。④确保交易安全，切实履行合法订立的合同。

3. 对消费者的责任

企业的价值实现，很大程度上取决于消费者的选择，企业理应重视对消费者承担的社会责任。企业对消费者承担的社会责任主要有：①确保产品质量，保障消费安全。②诚实守信，确保消费者享有知情权。③提供完善的售后服务，及时为消费者排忧解难。

4. 对社会公益的责任

企业对社会公益的责任主要涉及慈善、社区等。企业对慈善事业的社会责任是指承担扶贫济困和发展慈善事业的责任，表现为企业对不确定的社会群体（尤指弱势群体）给予帮助。捐赠是其最主要的表现形式，还包括招聘残疾人、生活困难的人、缺乏就业竞争力的人到企业工作以及举办与企业营业范围有关的各种公益性的社会教育宣传活动等。

5. 对环境和资源的责任

企业对环境和资源的责任可以概括为两大方面：一是承担可持续发展与节约资源的责任；二是承担保护环境和维护自然和谐的责任。

此外，企业还有责任和义务遵从政府的管理、接受政府的监督。企业要在政府的指引下合法经营、自觉履行法律规定的义务，同时尽可能地为政府献计献策、分担社会压力、支持政府的各项事业。

一般而言，一个利润或投资报酬率处于较低水平的公司，在激烈竞争的环境下，是难以承担额外增加其成本的社会责任的。而那些利润超常的公司，它们可以适当地承担且有的也确已承担了一定的社会责任。但不管怎样，任何企业都无法长期单独地负担因承担社会责任而增加的成本。过分地强调社会责任而使企业价值减少，就可能导致整个社会资金运用的次优化，从而使社会经济发展步伐减缓。事实上，大多数社会责任都必须通过立法以强制的方式让每一个企业平均负担。然而，企业是社会的经济"细胞"，理应关注并自觉改善自身的生态环境，重视履行对员工、消费者、环境、社区等利益相关方的责任，重视其生产行为可能对未来环境造成的影响，特别是在员工健康与安全、废弃物处理、污染等方面应尽早采取相应的措施，减少企业在这些方面可能会遭遇的各种困扰，从而有助于企业可持续发展。

拓展阅读 招商银行责任报告

企业追求价值最大化是自发的，如果过分强调企业利益而危害国家或社会公众利益，就必须通过法律约束、政府行政干预、社会舆论监督来协调。

1. 法律约束

国家为了保护社会的利益，必须通过立法的形式来规范企业的基本行为及其必须履行的职责。只有通过这种强制性手段，才能最大限度地确保社会利益不被损害。国家制定完备的法律是确保社会利益不被损害的根本保证。

2.政府行政干预

政府行政干预是法律约束的一种补充形式。中国正处于经济社会转型时期,法律制度健全程度尚未达到最理想的状态,对于一些法律尚未健全的经济事项,应该通过政府行政干预来解决。中央和地方政府机关为了保护社会的利益,也可以通过一些行政条例和行政命令等手段来制止企业对社会利益的损害行为。

3.社会舆论监督

对于一些法律和行政条例尚未或暂时无法涉及的事项,当企业确实存在损害社会利益的行为时,运用社会舆论监督是最有效的方法。比如,行业协会事项披露、媒体曝光和新闻评论往往使社会利益得以维护。

● 问答 1.2(多选题)

※调节企业目标和社会责任的方法主要有(　　　　)。
A.法律约束　　　　B.商业道德约束　　　　C.政府行政干预　　　　D.社会舆论监督

第三节　财务管理环节

财务管理环节是企业财务管理的工作步骤与一般工作程序。一般而言,企业财务管理包括以下几个环节。

一、财务预测、计划与预算

(一)财务预测

财务预测是根据企业财务活动的历史资料,考虑现实的要求和条件,对企业未来的财务活动做出较为具体的预计和测算的过程。财务预测可以测算各项生产经营方案的经济效益,为决策提供可靠的依据;可以预计财务收支的发展变化情况,以确定经营目标;可以测算各项定额和标准,为编制计划、分解计划指标服务。

财务预测的方法主要有定性预测法和定量预测法两类。定性预测法是指在缺乏可靠历史数据或者有关变量之间不存在较明显的数量关系下,专业人士利用直观材料,依靠个人的主观判断和综合分析能力,对事物未来的状况和趋势做出预测的一种方法。定量预测法主要是根据变量之间存在的数量关系建立数学模型来进行预测的方法。在实际工作中,通常采用两者相结合的方法进行财务预测。

(二)财务计划

财务计划是根据企业整体战略目标和规划,结合财务预测的结果,对财务活动进行规划,并以指标形式落实到每一计划期间的过程。财务计划主要通过指标和表格,以货币形式反映在一定的计划期内,企业生产经营活动所需要的资金及其来源、财务收入和支出、财务成果及其分配的情况。确定财务计划指标的方法一般有平衡法、因素法、比例法和定额法等。

(三)财务预算

财务预算是根据财务战略、财务计划和各种预测信息,确定预算期内各种预算指标的过程。它是财务战略的具体化,是财务计划的分解和落实。财务预算的编制方法通常包括固定预算与弹性预算、增量预算与零基预算、定期预算与滚动预算等。财务预算的步骤主要包括:①分析财务环境、确定预算指标;②协调财务能力,组织综合平衡;③选择预算方法,编制财务预算。

二、财务决策与控制

(一)财务决策

财务决策是指按照财务战略目标的总体要求,利用专门的方法对各种备选方案进行比较和分析,从中选出最佳方案的过程。财务决策是财务管理的核心,决策的成功与否直接关系到企业的兴衰成败。财务决策的方法主要有两类:一类是经验判断法,它是根据决策者的经验来判断选择,常用的方法有淘汰法、排队法、归类法等;另一类是定量分析法,常用的方法有优选对比法、数学微分法、线性规划法、概率决策法等。财务决策的步骤主要包括:①确定决策目标;②提出备选方案;③选择最优方案。

(二)财务控制

财务控制是指利用有关信息和特定手段,对企业的财务活动施加影响或调节,以便实现计划所规定的财务目标的过程。财务控制的方法通常有前馈控制、过程控制、反馈控制等。财务控制措施一般包括:预算控制、运营分析控制和绩效考评控制等。财务控制的主要步骤包括:①分解指标,落实责任;②计算误差,实施调控;③考核业绩,奖优罚劣。

三、财务分析与考核

(一)财务分析

财务分析是指根据企业财务报表等信息资料,采用专门方法,系统分析和评价企业财务状况、经营成果以及未来趋势的过程。财务分析的方法通常有比较分析法、比率分析法和因素分析法等。

（二）财务考核

　　财务考核是指将报告期实际完成数与规定的考核指标进行对比,确定有关责任单位和个人完成任务的过程。财务考核与奖惩紧密联系,是贯彻责任制原则的要求,也是构建激励与约束机制的关键环节。财务考核的形式多种多样,可以用绝对指标、相对指标进行考核,也可采用多种财务指标进行综合评价考核。

　　此外,财政部等五部委于 2008 年 5 月发布的《企业内部控制基本规范》,通过对内部环境、风险评估、控制活动、信息与沟通、内部监督五个要素的规范,要求企业在遵循全面性、重要性、制衡性、适应性、成本效益五项原则的基础上,合理保证企业经营管理合法合规、资产安全、财务报告及相关信息真实完整,提高经营效率和效果,促进企业实现发展战略。需要指出的是,内部控制中的控制与上述财务控制中的控制并非同一个概念,两者在范围与内容上都存在本质区别。企业在财务管理的各个环节都必须全面落实《企业内部控制基本规范》的要求。

拓展阅读 财务管理与会计的区别

【案例分析】

案例分析
雷曼兄弟公司
破产与财务管
理目标的选择

案例解析

【分析要点】

　　1.试述雷曼兄弟公司财务管理目标的演进过程。

　　2.试从财务管理目标角度分析雷曼兄弟公司破产的原因。

　　3.从雷曼兄弟公司破产与财务管理目标的关系中,你能得到什么启示?

【本章小结】

　　财务管理是基于企业再生产过程中客观存在的财务活动与财务关系而产生的,是企业组织财务活动、处理与各利益主体财务关系的一项综合性管理工作,也是企业管理的重要组成部分。财务管理区别于其他管理活动的明显特征:①财务管理是一种价值管理;②财务管理是一种综合性管理工作。

　　企业财务管理的目标取决于企业生存目的或企业目标。根据现代企业管理理论与实践,具有代表性的财务管理目标主要有产值最大化、利润最大化、股东权益最大化等几种观点。

　　现代企业一般采用企业价值最大化的财务管理目标。企业价值最大化是指通过财务上的合理经营,采用最优的财务政策,充分考虑资金的时间价值和风险与报酬的关系,在保证企业长期稳定发展的基础上使企业总价值达到最大。

　　财务管理环节是企业财务管理的工作步骤与一般工作程序。一般而言,企业财务管理包括:计划与预算(财务预测、财务计划与财务预算)、决策与控制(财务决策与财务控制)、分析与考核(财务分析与财务考核)。

【复习思考题】

1.试述财务管理的概念,分析财务活动和财务关系的内容。

2.市场经济环境下,利润最大化作为财务管理的目标主要存在哪些缺陷?

3.试述如何协调股东与经营者之间的利益冲突来实现企业财务管理目标?

第一章 在线测试

第二章 财务管理环境 ▶▶▶

🔺 学习目标

理解财务管理环境的概念和分类；

了解财务管理环境的意义；

熟悉财务管理环境的内容；

了解公司治理的概念和类型；

掌握财务管理外部环境的内容；

掌握金融市场的概念和分类；

熟悉金融市场的主体、客体和利息的决定因素。

🔺 导入语

北宋周敦颐在《通书》中提到"天下，势而已矣。势，轻重也，极重不可反。识其重而亟反之，可也。反之，力也！""动而未形、有无之间者，几也"。"势"是对"几"而言的。"几"是指机会，我们要善于识几，即商机、战机、危机等。只有识几，才能在一定的状态下成为势。势由几而来，君子独善其身是识几，兼济天下是势。势的力量和影响与几就完全不同了。

先秦时期，有法家，有术家，还有势家。法、术、势三位一体，缺一不可。法是政策法律，是公开的；术，是隐蔽的，策略性的；在法和术之间的就是势，它似公开似隐蔽，似有形似无形，可以感觉，但是说不清、道不明。势，有声势、气势、形势等，有着与几不同的影响力。若懂法、术而不懂势，那么其懂法、术的层次也就不可能高了。"天下，势而已矣"，短短几字，但其含义太深、太广。何为天下？整个社会，整个国家，整个世界，就叫天下。势而已矣，就是不可抗拒的历史潮流。在社会生活中，有哪些不可抗拒的力量在左右我们的工作、生活和身心。大家可能在这点上并不敏感，发现不了，感觉不到，也许身处紧张的局势中，才会有所悟。所以，我们应该培养对势的敏感性。"势，轻重也。"我们谈势，就要明白势的质和量是什么。质和量并不好论述，周敦颐在这里用轻和重来比喻。我们很多时候都无法形象感觉势的轻重，只有在某种特定环境下，才可以感受到。股市中的牛市、熊市，说穿了还是一个势，也要个人去感觉、去把握。居于其位的人就对势非常敏感，不居其位的人就觉得无所谓。"极重不可反。"我们看黄河之水天上来，要想其倒流回青藏高原，那是不可能的事。形势和水一样，是由上而下的，一泻千里不可阻挡，是很难返回的。"识其重而亟反之，可也"，此句和前句的关系是什么？对势要识其重，若不识，侵犯其锋，就有可能失败和失利。

任何事物总是与一定的环境相互联系、存在和发展的，财务管理也不例外。在市场竞争激烈的今天,"势而已矣""势不可挡"。企业的许多方面如同生物体一样,应该"识其重而亟反之,可也"。如果不能"顺势而为",适应周围环境的变换,也就难以在市场上立足和发展。本章主要介绍财务管理环境的概念、分类及意义,公司治理等内部环境及其对财务管理的影响,经济环境、法律环境、金融市场等外部环境对财务管理的影响。

关键词

财务管理环境(financial management environment)
财务管理内部环境(financial management interior environment)
财务管理外部环境(financial management external environment)
财务管理微观环境(financial management micro-environment)
财务管理宏观环境(financial management macro-environment)
公司治理(corporate governance)
金融市场(financial market)

第一节　财务管理环境的概述

在现代企业制度条件下,财务管理环境与企业财务管理决策关系异常密切,直接和财务管理的筹资、投资和收益分配决策相互联动和耦合。一般来说。企业财务管理的外部环境决定着财务管理的内部环境,财务管理的内部环境始终和企业的外部环境相适应。财务管理环境的变化,虽然可能会给企业财务管理带来机遇与困难,但是企业财务管理人员若能合理预测其发展规律,就容易抓住机遇,克服困难。

一、财务管理环境的概念

从系统论的观点来看,所谓环境,就是指研究系统之外的,对被研究系统有重要影响作用的一切系统的总称。那么,财务管理以外的对财务管理系统有影响作用的一切系统的总和,便构成了财务管理的环境。如国家政治、经济形势、国家经济法规的完善程度、企业面临的市场状况、企业的生产条件等,都会对财务管理产生重要影响,因此,都属于财务管理环境的组成部分。财务管理环境是指对企业财务活动和财务关系产生影响作用的企业内外部的各种条件和因素的总和。财务管理环境的变化往往表现为不确定性。企业只有在财务管理环境的各种因素作用下,实现财务管理活动的协调平衡,才能生存和发展,实现财务管理目标。如果财务管理者善于研究财务管理环境,科学地预测环境的变化,从而采取有效的措施,也会对财务管理环境起到改善作用。因此,财务管理活动必须以财务管理环境为依据,才能正确地制定财务管理策略。

二、财务管理环境的分类

从上述财务管理环境的概念中可知,财务管理环境是一个多层次、多方位的复杂系统。它纵横交错、相互制约,对企业财务管理有着重要影响,为了能对财务管理环境进行深入细致的研究,必须对其进行分类。

(一)按其包括的范围可分为宏观财务管理环境和微观财务管理环境

宏观财务管理环境是指影响企业财务管理的各种宏观因素,主要包括政治形势、经济发展水平、经济周期、金融市场状况等。宏观环境的变化,一般对各类企业的财务管理均产生影响。

微观财务管理环境是指对财务管理有着重要影响的微观方面的各种因素,主要包括市场环境、采购环境、企业组织形式、治理结构和管理水平等。微观环境的变化,一般只对特定的企业财务管理产生影响。

(二)按其与企业的关系可分为企业内部环境和企业外部环境

企业内部环境是指企业内部的影响财务管理的各种因素,主要包括企业的组织机构、经营规模、资产结构、治理结构、生产周期和管理人员素质等。

企业外部环境是指企业外部的影响财务管理的各种因素,主要包括金融市场环境、经济发展状况、法律制度、通货膨胀和社会文化环境等。

(三)按其变化情况可分为静态财务管理环境和动态财务管理环境

静态财务管理环境是指那些处于相对稳定状态的影响财务管理的各种因素,主要包括地理环境、法律环境等。它通常指那些相对容易预见,变化不大的财务环境部分,对财务管理的影响程度相对平稳。因此,这些财务管理环境认清后一般无须经常调整、研究,而是作为已知条件来对待。

动态财务管理环境是指那些处于不断变化状态的影响财务管理的各种因素。从长远来看,财务管理环境都是发展变化的。这里所谓的动态财务管理环境是指变化性强、预见性差的财务管理环境部分。在市场经济体制下,商品市场上的销售数量及销售价格,资金市场的资金供求状况及利息率的高低,都是不断变化的,属于动态财务管理环境。在财务管理环境中,企业应着重研究、分析动态财务管理环境,并及时采取相应对策,提高对财务管理环境的适应能力和应变能力。

三、研究财务管理环境的意义

世界是由相互联系的事物组成的,正是事物之间的相互作用、相互影响,促进了世界的发展与变化。财务管理理论和方法的变化,也是各种环境作用的结果,因此,研究财务管理环境具有重要的作用。

(一)财务管理的历史发展规律和发展趋势

20世纪,财务管理经历了五次发展浪潮,这五次浪潮告诉我们,财务管理的发展是各种环境因素综合作用的结果。受多种因素的作用,财务管理的发展变化具有两面性:当各种因素的变化比较平稳时,财务管理处于稳定发展阶段;当某些因素发生重大变化时,便出现财务管理内容和方法的革新,推动财务管理的迅速发展,这就是我们所说的财务管理发展过程的浪潮。因此,只有认真研究财务管理环境,才能对财务管理的历史做出正确、全面的评价,才能对各国财务管理的发展状况有清楚的认识和合理的解释,也才有可能对财务管理的发展趋势做出合理的判断。

(二)影响财务管理的各种因素

财务管理工作是在一定环境条件下进行的实践活动,只有适应了环境,才能有生命力。在市场经济条件下,财务管理环境具有构成复杂、变化快速等特点,对财务管理工作有重大影响。财务管理人员必须对环境做认真的调查和分析,预测财务管理环境的发展变化趋势,采取相应的财务策略,以永远立于不败之地。

(三)财务管理理论的研究

财务管理理论研究的目的,不应仅限于正确地反映财务管理实践,更为重要的是应能正确地指导实践。没有财务管理实践,就不会没有财务管理理论;然而,财务管理实践如果缺乏系统的理论指导,那也是盲目的。所以,财务管理环境的研究,应该作为一个重要的财务管理理论课题,同时,对这一问题的研究,又必将推动整个财务管理理论真正朝着与市场经济相结合的方向发展。当前,企业应重点研究社会主义市场经济的特点及其对财务管理的影响,以便尽快建立适应市场经济发展要求的财务管理体系。

第二节　企业组织形式、公司治理与财务管理体制

当企业的目标确定后,企业的内外环境对其生存和发展就起着重要作用。其中,企业组织形式、内部治理、管理结构以及企业文化等构成了企业的内部环境,对企业的生存和发展起主导作用;而产品市场、金融市场、宏观和微观环境,税收环境,以及经理人市场等构成了企业的外部环境,对企业的生存和发展起着重要的制约作用。

一、企业组织形式

按照国际惯例,企业的组织形式主要有三种类型:独资企业、合伙企业和公司制企业。

(一)独资企业

独资企业是指由一人出资,归个人所有和控制的企业。独资企业具有结构简单、容易开办、利润独享等优点。但是,独资企业也存在无法克服的缺点:一是独资企业要承担无限责任,一旦发生亏损、倒闭,企业所有者的损失不是以资本为限,而是必须将全部私人财产拿出来抵债;二是筹资困难,个人财力有限,在借款时往往因信用不足而遭到拒绝,这可能使独资企业错失良机。

(二)合伙企业

合伙企业是由两名或两名以上的企业主,按照共同投资、共同经营、共担责任、共享收益的原则建立的企业。

合伙企业分为两类:普通合伙制企业和有限合伙制企业。在普通合伙制企业中,所有合伙人均承担无限责任,合伙人通常按其出资比例分享利润和分担亏损。合伙企业不缴纳企业所得税,但是需要缴纳个人所得税。如果一个无限合伙人退伙或者死亡,那么该合伙企业必须解散。在有限合伙制企业中,有限合伙人按出资分享合伙企业的收益或分担亏损,但所承担的责任仅限于其出资额。此外,有限合伙制企业允许有限合伙人通过转让其份额而退伙。与独资企业相比,合伙企业虽具有开办容易、信用较佳的优点,但也存在责任无限、权力分散和决策缓慢等缺点。

(三)公司制企业

公司是法人,是有权用自己的名义从事经营、与他人订立合同、向法院起诉或被法院起诉的法律实体。公司制企业主要有有限责任公司和股份有限公司两种形式。有限责任公司简称"有限公司",是指股东以其认缴的出资额为限对公司承担责任,公司以其全部资产为限对公司的债务承担责任的企业法人。《公司法》规定,必须在公司名称中标明"有限责任公司"或者"有限公司"字样。股份有限公司简称"股份公司",是指其全部资本分为等额股份,股东以其所持有股份为限对公司承担责任,公司以其全部资产对公司的债务承担有限责任的企业法人。

公司制企业的优点:①容易转让所有权。公司的所有者权益被划分为若干股权份额,每个份额可以单独转让。②有限债务责任。公司债务是法人的债务,不是所有者的债务。所有者对公司承担的责任以其出资额为限。当公司资产不足以偿还其所欠债务时,股东无须承担连带清偿的责任。③公司制企业可以无限存续。一个公司在最初的所有者和经营者退出后仍然可以继续存在。④公司制企业融资渠道较多,更容易筹集所需资金。

公司制企业的缺点:①组建公司的成本高。《公司法》对于设立公司的要求比设立独资企业或合伙企业复杂,并且需要提交一系列法律文件,花费的时间也较长。公司成立后,政府对其监管比较严格,需要定期提交各种报告。②存在代理问题。所有者和经营者分开以后,所有者成为委托人,经营者成为代理人,代理人可能为了自身利益而伤害委托人的利益。③双重课税。公司作为独立的法人,其利润需缴纳企业所得税,企业利润分配给股东后,股东还需缴纳个人所得税。

以上三种形式的企业组织中,个人独资企业占企业总数的比重很大,但是绝大部分的商业资金是由公司制企业控制的。因此,财务管理通常把公司财务管理作为讨论的重点。如非特别指明,本教材讨论的财务管理均指公司财务管理。

不同的企业组织形式对企业财务管理有重要影响。如果是独资企业,财务管理比较简单,主要利用的是企业主的资金和供应商提供的商业信用。因为信用有限,其利用借款筹资的能力亦相当有限,银行和其他人都不太愿意借钱给独资企业。独资企业主要想抽回资金,也比较简单,无任何法律限制。合伙企业的资金来源和信用能力比独资企业有所增加,收益分配也更加复杂。因此,合伙企业的财务管理比独资企业要复杂得多。公司制企业引起的财务管理问题最多,其不仅要争取获得最大利润,而且要争取企业价值最大化;公司资金的来源广,筹资方式也多,需要进行认真的分析和选择;盈余分配也不像独资企业和合伙企业那样简单,要考虑企业内部和外部的许多因素。

二、公司治理

公司治理结构在全世界范围内逐渐成为经营者、投资者、债权人、执法者和立法者关注的焦点。一个公司的治理结构是否合理,直接关系着该公司的治理效率,进而对其绩效产生较大影响。

(一)公司治理的概念

公司治理是一个多角度、多层次的概念,国内外对此概念的理解一直存在分歧。但从公司治理这一问题的产生与发展来看,可以从狭义和广义两方面去理解。狭义的公司治理是指所有者,主要是股东对经营者的一种监督与制衡机制,即通过一种制度安排来合理地配置所有者与经营者之间的权利与责任关系。其主要特点是通过股东大会、董事会、监事会及管理层所构成的公司治理结构的内部治理。广义的公司治理则不局限于股东对经营者的制衡,而是涉及广泛的利益相关者,包括股东、债权人、供应商、雇员、政府和社区等利益相关集团。

授课视频 公司治理

(二)公司治理模式

公司治理是一系列的制度安排,用于规范企业中有利益关系的各个集团——投资者、债权人、经理层以及职工之间的关系,以实现企业价值最大化。世界各国的国情、政治经济制度、历史文化皆有很大差异,由此形成了不同的公司治理模式。目前,世界上具有代表性的公司治理模式有:英美治理模式、德日治理模式、东南亚治理模式和转型经济治理模式。

1.英美治理模式

英美治理模式的主要特点是股权高度分散且流动性强,公司治理依赖高度透明的企业运作和相对完善的立法和执法机制,以及完善的资本市场监督机制。管理人员的选择也是市场行为，流动性大。这种模式是在传统的自由式市场的基础上发展起来的，是以外部监督为主的模式，形成"弱股东，强管理层"的特征。

2. 德日治理模式

德日治理模式的主要特点是股权相对集中、稳定。德国公司大多为银行直接持股，以银行控制的方式向董事会派出代表，并实行双重委员会制度，设监事会和管理委员会。监事会由股东代表、雇员代表和独立董事组成，管理委员会委员称为执行董事，负责公司的具体运作。日本公司则是公司法人间相互持股，董事会成员主要来自内部，决策和执行都由内部人员承担。外部的监督主要来自持股法人和银行。由于股权相对集中，因此，大股东对公司的日常经营管理有很强的控制能力，形成"强股东，弱管理层"的特征。

3. 东南亚治理模式

东南亚治理模式是股权集中在家族手里，而控制性家族一般普遍参与公司的经营管理和投资决策，因此，公司治理的核心从管理和股东之间的利益冲突转变为控股大股东、经理层和广大中小股东之间的利益冲突，形成"强大家族、弱中小股东"的特征。

4. 转型经济治理模式

转型经济治理模式主要存在于转型经济国家中，它们共同的特点是存在着数量众多、规模庞大的国有企业需要重组。国有企业所有者缺位及承继的混乱的法律体系，使得这种模式下的公司治理呈现出内部人员控制的典型特征。经理层利用计划经济解体后的制度和体制真空对企业实行强有力的控制，在某种程度上成为企业的实际的所有者。

（三）我国公司治理现状

1978 年以前，我国处于计划经济体制，企业的决策权、监督权与执行权交叉重叠，不具有制衡、合作关系，造成企业运行效率低下。改革开放后，我国开始了一场深刻的经济体制改革，尤其是在 1993 年党的十四届三中全会明确提出建立"产权清晰、权责明确、政企分开、管理科学"的现代企业制度后，形成了所有权与经营权的分离，公司治理就逐渐提上日程，公司治理问题也越来越受到重视。

我国公司治理具体采用何种模式，"仁者见仁，智者见智"。从整体上说，国际上几种不同的公司治理结构模式各有其所长，并无优劣之分，模式选择主要取决于相应的组织资源与市场资源的发育程度及其利用，且受到所在国法律与历史文化以及制度变迁等因素的影响。就我国实际而言，企业的生存与发展仍处于一个市场发育不完善、不规范的历史阶段。国内资本市场、代理人市场及劳动力市场的发展均相对滞后，企业尤其是国有企业依然在很大程度上依赖政府与银行的支持，但内部诸如党委会、职代会、工会等组织资源比较丰富。因此，我国公司治理模式主要借鉴德日治理模式，后来因在股市中存在大股东通过关联交易等方式侵犯了小股东权益，而引进了具有英美治理模式特色的独立董事。

我国公司的治理结构是依据《公司法》的规定创设的。以股份公司为例，设立股东大会为公司的权力机构；设立董事会对股东大会负责；设立经理层由董事会聘任或者解聘，对董事会负责;设立监事会负责检查公司财务,监督董事、经理的行为等。立法的初衷是建立股东大会、董事会、经理层各司其职,监事会履行监控职责的组织模式。

目前,我国上市公司的治理问题虽然得到重视,治理状况有了较大改善,但治理水平总体偏低,依旧存在不少问题:①控股股东滥用"关联交易",损害中小股东利益;②股权结构不合理,国有股权管理存在弊端;③董事会运行不规范,战略决策功能弱化;④经理层的激励约束机制不完善;⑤信息披露的真实性、完整性有待改善。

世界金融实验室(World Finance Lab)独家研发的全球公司治理(Global Corporate Governance,GCG)模型可以对公司的治理状况进行评价排名,它原则上是从公司治理的理论与实务出发,运用统计学、运筹学原理,采用一定的指标体系,按照合理的程序,通过定量分析与定性分析,以指数形式对中国上市公司治理结构状况做出的系统客观评价。

GCG模型从"股东权益""股权结构""董事会""薪酬体系"和"信息披露"5个纬度出发,构建了一个拥有5个一级指标,20个二级指标,98个三级指标的评价体系。

行业的竞争激烈程度会影响行业所在公司的治理结构,竞争越激烈,企业也就面临越大的挑战,相应的,对企业管理和创新能力也就提出了越高的要求。譬如,能源行业一般是国有控股,处于国家垄断的地位,公司的治理结构相对落后,而商业、IT和金融业面临加入世界贸易组织后越来越残酷的竞争,正在加大力气逐步改善治理结构,提高治理能力,也使其拥有较高的GCG指数。

三、财务管理体制

财务治理是通过财权在不同利益相关者之间的不同配置,从而调整利益相关者在财务体制中的地位,提高公司治理效率的一系列动态制度安排。公司财务治理是公司治理的核心。财务治理更多的是从财政配置上、从财务管理的规范指导上、从管理层的财务监督和控制上以及从财务信息的生成和披露机理上研究治理领域与范畴。财务治理同公司治理一样,也是一种制度安排,选择何种财务治理体制不仅是财务治理层面要解决的问题,也是财务管理层面临的首要问题。甚至说,它是财务治理和财务管理间的一种连接和沟通:在特定财务治理模式下,一旦确定了某种财务管理体制,财务管理的分层管理和具体的制度和体系也就可以确定了。

(一)财务管理体制的概念

企业财务管理体制是指在特定经济环境下正确处理企业同各主体经济利益关系的制度和规范。它为特定经济环境下的企业财务机制的运行创造了条件,也是构建特定企业财务运行机制的前提和基础。企业财务管理体制是财务管理工作的"上层建筑",其构建一定要适应企业管理,特别是财务管理这一特定"经济基础",因而选择何种财务管理体制,与企业的组织形式即管理体制有着直接联系。研究财务管理体制对加强财务管理、提高经济效益有着重要作用。

自2007年1月1日起施行的《企业财务通则》第八条规定,企业实行资本权属清晰、财务关系明确、符合法人治理结构要求的财务管理体制。企业应当按照国家有关规定建立有效的内部财务管理级次。企业集团公司自行决定集团内部财务管理体制。

(二)企业财务管理体制的模式及选择

1.企业财务管理体制的模式

按财务管理体制的权限,可分为集权式财务管理体制、分权式财务管理体制和集权与分权相结合的财务管理体制。

(1)集权式财务管理体制。集权式财务管理体制模式是一种高度集中的财务管理体制,它是将企业资金、成本和利润及其分配的控制权限高度集中在公司最高管理层,公司的中下层没有任何决策、支配及控制权,只有有限的管理权限。这种责、权、利不对称的管理体制不利于调动中下层管理者的积极性,对企业规模小、品种单一、生产步骤少的中小企业较为适用。然而,在网络经济时代,出现了一种新的趋势,即集中管理的财务管理模式成为众多大中型、多层次集团企业追捧的对象。其原因在于计算机网络缩短了企业在空间和时间上的距离,使无论多么分散的空间距离和多么复杂的管理问题,都能迅速转化为及时信息,并在瞬间完成传递,故在这种企业中实施集权式财务管理有利于管理效率和控制质量的提高。

(2)分权式财务管理体制。分权式财务管理体制有利于调动企业内部各级管理者和责任单位的积极性,便于把企业内部各部门、各单位的资金、成本同其工作业绩直接挂钩,便于实现责、权、利的统一。但这种模式对涉及全局性的重大决策难以协调,不利于企业统一处理对外关系和统一研究战略规划。

(3)集权与分权相结合的财务管理体制。它是一种较为理想的管理体制,按照集权与分权相结合的管理思想,把财务大权(主要指资金)统一掌握在管理者手中,便于统一调动、统一融通、统一使用资金,有利于提高资金的利用率。同时,对成本管理实行分权管理,分口把关,把成本管理和成本控制变成全企业的共同行动,这就抓住了成本管理的要害。

2.企业财务管理体制的选择

企业财务管理体制的选择既要和企业的组织形式相结合,又要考虑企业规模、经营特点等,根据具体情况确定企业财务管理体制。一般来说,独资、合伙企业,其经营者和所有者,所有权和经营权集于一体,管理模式无疑都要选择高度集中式财务管理体制;公司制企业(包括有限责任公司和股份有限公司),他们在选择财务管理体制模式时,都根据企业的规模、经营特点和市场环境,结合企业的组织形式,有针对性地选择集权式或分权式或集权与分权相结合的财务管理体制。就实际情况来看,单体制的企业一般宜选择集权式,而企业集团则一般多选择分权式。然而,在网络环境和信息高度透明的条件下,很多企业集团倾向选择高度集中的集权模式也是一个不争的事实。总之,对于财务管理体制的选择要根据具体情况具体分析,灵活运用。例如:对于股份有限公司而言,首先,应该强调财务管理独立职能的强化,在条件成熟的情况下,最好实行财务、会计机构的分设;其次,选择与企业管理层级相适应的财务管理体制,正确界定财务管理的分级权限;再次,建立、健全内部各层级财务管理制度,使财务管理工作有章可循;最后,建立良好的财务调控机制和激励、约束机制,保证财务管理目标的顺利实行。

对于集团公司而言,在财务管理体制模式的选择和财务管理权限的划分上,应该体现重大财务决策权适当集中的原则,增强母公司利用控股优势或行政手段,对下级部门实施财务干预,必要时通过财务管理人员委派等财务控制措施,建立财务信息网络和财务控制网络,实行母公司的财务控制职能。

(三)企业财务管理的分权分层管理

现代企业应该适应公司治理结构,建立适当的财务治理结构。财务治理结构就是规范所有者和经营者财务权限、财务责任和财务利益的制度安排。一个财务管理主体,应该建立"两权三层"的财务管理治理结构,如图 2-1 所示。

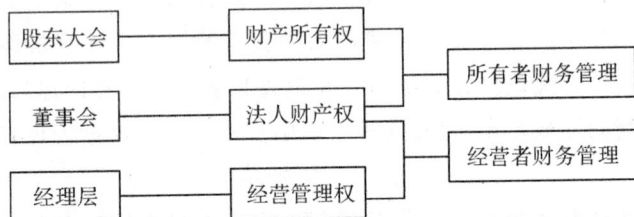

图 2-1 企业财务管理治理结构

1."两权三层"基本框架

所有者和经营者是针对同一个财务管理主体而言的。研究企业内部财务管理体制,首先要建立财务管理主体的概念。财务管理主体是独立进行财务活动、实施自主财务管理的单位和个人,它同时也界定了财务活动的空间范围。实践中只有明确谁是财务管理主体,明确财务管理的权限和责任归宿,才能把某一财务管理主体的资金及所涉及的财务关系同其他财务管理主体区分开来。对于一个财务管理主体来讲,"两权"是指所有者和经营者对企业财务管理具有不同的权限,要进行分权管理。按照公司的组织结构,所有者财务管理和经营者财务管理应该分别由股东大会、董事会、经理层来实施,进行财务分层管理,这就是所谓的"三层"。

在公司制组织下,股东作为出资者拥有财产所有权(股权),因此,股东大会实行所有者财务管理。董事会的地位比较特殊,它与股东大会之间是一种信托关系。董事是股东的受托人,承担受托责任,受股东的信任委托,托管公司的法人财产和负责公司的经营。董事会拥有约束法人的财产权和经营决策权。企业的法人代表——董事长往往是出资额最大的股东。因此,董事会成员既代表出资人,又受雇于全体股东。董事会具有所有者财务管理和经营者财务管理两种职能,董事会对企业财务管理在行使权限方面代表出资者,而在承担责任方面则代表经营者。总经理和董事会之间是委托代理关系。总经理是受雇者,是董事会的委托人,拥有企业的经营管理权。总经理及经理层对企业财务的管理属于经营者财务管理。

2."两权三层"管理的内容

所有者财务管理的对象是所有者投入企业的资本,而经营者管理的对象则是企业的法人财产。这两者在管理对象上的差异就是两权分离的结果。这就表明出资者只是对投入的资本及其权益行使产权管理,而经营者则对构成企业法人的全部资产形式进行产权管理,对出资者承担资本保值增值的责任。三层次财务管理的内容如下:

(1)股东大会。股东大会着眼于企业长远发展和主要目标,实施重大的财务战略,进行重大的财务决策。例如:决定公司的经营方针和投资计划;审议批准年度财务决算、财务决策;审议批准利润分配方案和亏损弥补方案;对公司增加或减少注册资本做出决定;对发行公司债券做出决定;对公司合并、分立、结算和清算做出决定等。

(2)董事会。董事会着眼于企业中长期发展,实施具体财务战略,进行财务决策。例如:制订公司的经营计划和投资计划;制订年度预算方案、决算方案;制订利润分配方案和亏损弥补方案;制订公司增减注册资本的方案;制订发行公司债券方案;制订公司合并、分立、解散和清算的方案;决定公司内部财务管理机构的设置;聘请或者解聘经理和财务负责人等。

(3)经理层。经理层对董事会负责,着眼于企业短期的经营行为,执行财务战略,进行财务控制。例如:组织实施公司的经营计划和投资方案;组织实施年度预算方案;组织实施利润分配方案和亏损弥补方案;组织实施公司增减注册资本方案;组织实施发行公司债券方案;组织实施公司合并、分立、解散和清算的方案;拟定公司内部财务管理机构的设置方案;提请、聘请或者解聘经理和财务负责人等。

随着现代企业财务管理实践的发展,企业各层财务管理的内容还会进一步丰富。

(四)公司财务组织机构

公司制企业是所有企业中规模较大和最具有代表性的,相对于其他类型的企业而言,其对组织架构和管理制度的建立等要求也比较高。公司财务组织机构是实施财务管理的主体,财务组织机构的设置是否科学、合理,关系到职能的行使和财务工作的效率。目前,国内外的公司中主要有以下几种具有代表性的公司财务组织机构形式。

1.财务管理型

财务管理型财务组织结构,如图 2-2 所示。

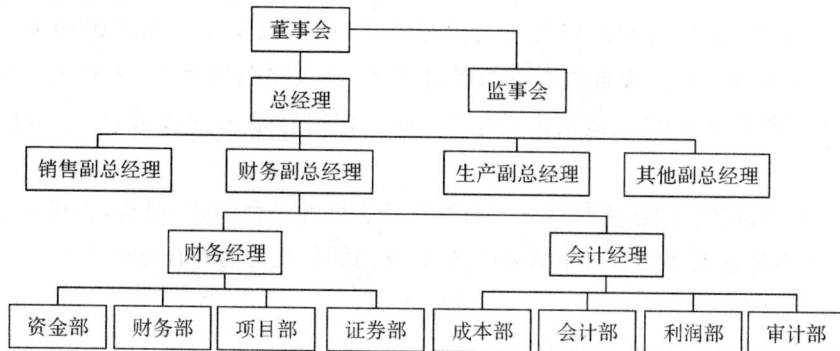

图 2-2　财务管理型财务组织结构

这是一种比较传统的、以财务管理职能为目标的财务组织结构形式。其财务管理的工作和职责分工一般按照职能划分:资金部主要负责资金的筹集和调配;财务部主要负责日常的财务决策和管理;项目部主要负责投资项目资金的安排和使用;证券部主要负责股票、债券的投资和经营活动。这种形式的财务管理组织结构在分设财务机构和会计机构的基础上,由会计机构代替财务机构行使部分财务管理职能,主要表现为由会计机构中的利润部负责公司利润的分配和税金的缴纳。

目前,财务管理型财务组织结构在我国的大中型企业采用得比较多。在实务中,这种形式虽然有一定的可取之处,但是应注意加强财务机构和会计机构各部门之间的横向联系和及时沟通,以便于财务信息的及时传递。

2.责任中心型

责任中心型财务组织结构,如图2-3所示。

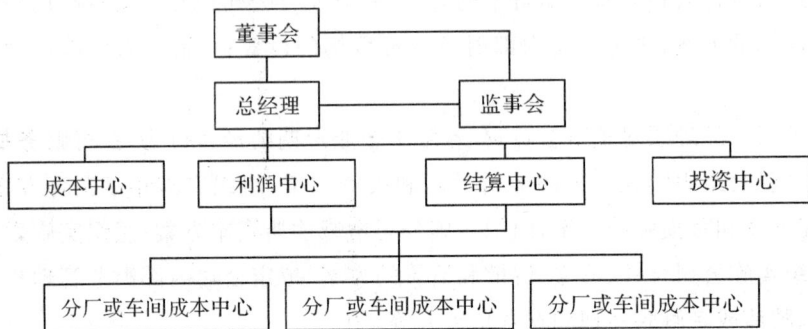

图2-3 责任中心型财务组织结构

责任中心型财务组织结构通常是在公司原有组织的基础上建立起来的,是以某财务职责的履行为目的进行的财务经营活动。企业建立一个财务管理责任中心,要求这个责任中心所承担的经济责任比较明确,并且有条件进行单独的经济核算,实现责、权、利相结合。目前,国内外公司一些比较常见的做法是建立成本责任中心、利润中心、结算中心和投资中心。成本中心是指只对成本或费用负责的责任中心。成本中心只考核所发生的成本费用,不考核其收入。利润中心是指能够取得产品收入或者不能直接取得产品销售收入但是以内部结算价格计算成本利润的经济单位。利润中心是既对成本负责又对收入和利润负责的责任中心,它有独立或相对独立的收入和生产经营决策权。结算中心是以资金的周转和占用情况为主要考核目标,以资金的内部调动和分配为主要手段的资金管理中心。投资中心是指既对成本、收入和利润负责,又对投资效果负责的责任中心。投资中心是最高层次的责任中心,它拥有最大的决策权,也承担最大的责任。

责任中心型财务组织结构是目前国内外比较流行的一种形式,但是,实践中也暴露了一些问题,如不易达到满意的内部结算价格,各部门的信息沟通存在障碍等。

3.集团公司型

集团公司型财务组织结构,如图2-4所示。

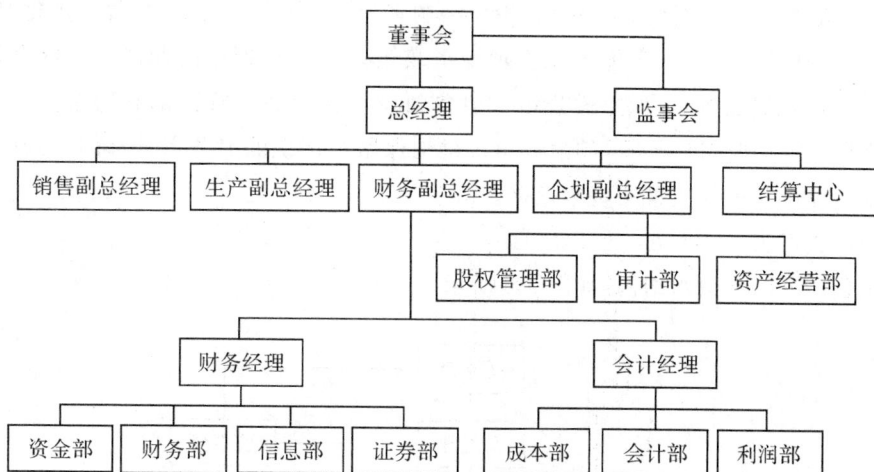

图 2-4 集团公司型财务组织结构

公司集团是指以实力雄厚的核心公司为基础,以产权、资本为纽带,把多个公司、事业部单位连接在一起的联合体。集团公司的财务组织形式主要采用集团公司型财务组织结构形式,也有集团公司采用的责任中心型或其他形式。集团公司型是在传统的财务管理型组织机构的基础上,结合集团公司的特有职能及其投资方式,增加了一些其他的职能部门,即集团公司财务部门除了设置资金部、成本部、会计部、财务部、利润部、证券部以外,还设立了股权管理部和信息部。

目前,集团公司在我国大量涌现,集团公司型财务组织结构有了更广阔的应用前景。

4. 控股公司型

我国新成立的一些国有控股公司采用控股公司型财务组织结构形式,如图 2-5 所示。国有控股公司是在持有其他公司一定比例股份基础上主要从事产权经营和管理活动的国有公司,承担国有资产保值增值的责任。

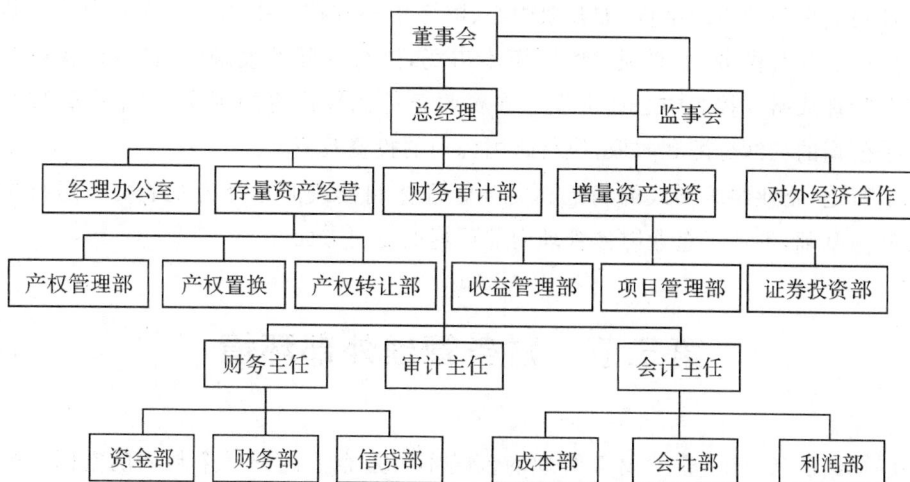

图 2-5 控股公司型财务组织结构

从经营方式上看,国有控股公司主要通过投资、控股和参股等形式对国有资产进行运作。国有控股公司具有经营资产量大、组织结构多层化、资产多元化、经营多角化等特征，具有管理和运作国有资产、实施国家宏观经济政策以及联动资产的职能。与国有控股公司的经营方式和特征相对应，控股公司一般单独设立存量经营管理部和增量资产的投资规划与发展部。同时，控股公司的财务组织机构保留了传统的财务审计部门，由其负责向其他各部门提供管理与决策的基本依据。

5.跨国公司型

跨国公司型财务组织结构，如图2-6所示。

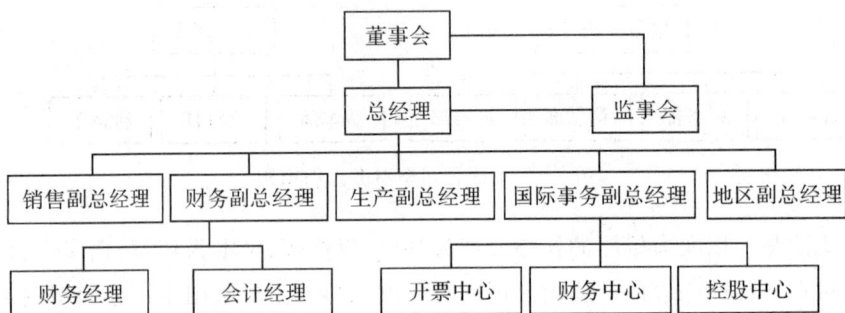

图 2-6 跨国公司型财务组织结构

跨国公司是指以母国为基地，通过对外直接投资，在两个或两个以上国家设立分支机构或子公司，从事国际化生产和经营活动的公司。跨国公司的经营形式有多种，有的不是直接控制国外子公司，而是通过控股、参股等方式来经营；有的是从跨国公司整体，即从全球的角度来协调整个跨国公司的经营管理机构，统一安排资金和分配利润。这里所分析的跨国公司型财务组织结构的形式只适用后一种情况，即集中经营管理型跨国公司。前一种类型的跨国公司可采用控股公司型财务组织结构形式。

跨国公司型财务组织结构是在与国内母公司的财务管理活动相结合的基础上，增加一些处理国际事务的组织结构，如开票中心、财务中心和控股中心等。开票中心一般设在国际金融中心或避税港，主要利用国际资本市场，进行国际的投融资活动，以执行跨国公司的经营管理战略。控股中心通常设立在税收条件比较优惠的国家，它集中管理跨国公司中各子公司的利润分配和收取，执行跨国公司的投资政策。

综上所述，企业组织形式的确定和财务管理体制模式的选择为企业财务运行机制奠定了良好的基础，创造了企业财务管理内部环境的主要方面。

第三节　财务管理外部环境

在市场经济条件下，企业财务管理的范畴不再是企业内部一个封闭的空间。财务管理的外部环境则是指存在于企业之外，并对财务行为产生导向作用的客观条件和因素。外部环境瞬息万变，财务管理人员应该善于研究外部财务管理环境，充分预测财务管理环境的变化趋势，审时度势，并采取相应的应对措施，实现企业的财务管理目标。财务管理的外部环境涉及范围很广,其中重要的有经济环境、法律环境、金融环境等。

一、经济环境

财务管理的经济环境是指对财务管理产生影响的一系列经济因素,如经济周期、经济政策和通货膨胀等。经济环境的好坏对企业的筹资、投资和收益分配均会产生重大影响。当外部经济条件较差时,很多企业都会遇到困难。

(一)经济周期

经济周期即经济发展和运行出现的波动性。它是指经济发展所表现的由扩张到失调,再到调整和收缩的循环变化。这种循环一般经历复苏、繁荣、萧条和衰落四个阶段。经济周期在经济发展中作为一种不平衡的波动是客观存在的。在经济周期的不同阶段企业要根据其表现采取相应的财务管理策略,如表2-1所示。

表 2-1 经济周期不同阶段的表现及相应的财务管理策略选择

复苏阶段	繁荣阶段	萧条阶段	衰退阶段
增加厂房设备	扩充厂房设备	建立投资标准	停止扩张
实行长期租赁	继续增加存货	保持市场份额	处理闲置设备
储备存货	提高价格	缩减管理经费	停产不利产品
开发新产品	开展营销计划	放弃次要利益	停止长期采购
增加劳动力	继续增加劳动力	继续减少存货	减少存货
		裁减雇员	停止雇员

经济周期对财务管理的影响表现为:在经济发展的复苏到繁荣阶段,市场需求加大,预期销量上升,前景乐观,给企业以扩张的动力。扩大的生产需要加倍的投资,这往往会使企业投资急剧膨胀,即经济周期会影响企业的投资规模。而在经济发展的萧条到衰退阶段,整个宏观经济的不景气,紧缩成为企业明智的选择,产销量下跌,资金周转困难,投资机会明显减少,即使有投资机会也会因资金短缺而搁浅。在经济的繁荣阶段,企业以压低库存、加大赊销比例,加速资金周转,增加股票的现金股利为重点;在经济的衰退阶段,以加速应收账款的回收,削减存货,调剂现金收支,应付债务危机,合理安排股利形式,减少现金股利的支付为重点,即经济周期影响企业的营运资金策略和股利政策。

(二)经济政策

经济政策是指政府行使其管理职能而制定的影响经济运行的一系列方针和策略。企业作为社会经济的基层组织,必然受经济政策的影响和调控,进而使企业内部的筹资、投资和收益分配政策也受到影响。

我国政府具有较强的调控宏观经济的职能,经济的发展规划、国家的产业政策、经济体制改革的措施、政府的行政法规等,对企业的财务活动都有重大影响。国家对某些地区、行业、经济行为的优惠、鼓励和倾斜构成政府政策的主要内容。从反面来看,政府政策也是对另外一些地区、行业和经济行为的限制。企业在做财务决策时,要认真研究政府政策,按照政策导向行事。

另外,国家制定的一系列政策法规,如《企业财务通则》、行业财务制度等都会对企业的日常活动产生规范性或指导性的影响。

问题的复杂性在于政府会因经济状况的变化而调整。企业在做财务决策时应给这种变化留有余地。

(三)通货膨胀

通货膨胀是指持续的物价上涨,引起货币的购买力下降。通货膨胀给企业财务管理带来很大的困难,而企业对通货膨胀本身是无能为力的。为了实现期望的收益,企业在通货膨胀期间,应及时调整其筹资、投资和收益分配政策。通货膨胀对企业财务管理的影响表现为:通货膨胀本身是由货币供应量增加造成的,但持续的通货膨胀使整个经济形势变得很不稳定。对企业而言,一方面,通货膨胀使原材料价格上涨,资金占用量增加,固定资产重置缺口加大,进一步增加了企业的资金需求;另一方面,通货膨胀使企业生产的产品也要提价,引起利润虚增,税收多交,资金流失较多。资金供应的紧张增加了企业筹资的困难,为弥补通货膨胀引起的货币购买力损失,政府会提高利率水平,利率的变化与有价证券价格反向变动,利率上升引起有价证券价格下调,妨碍了投资者的资金流入,进一步增加了企业筹资的困难。由于利率的上升,企业筹资的资金成本增加,利润减少,所以直接影响了企业的股利政策。另外,通货膨胀引起货币的购买力下降,也降低了企业投资的实际报酬率——名义报酬率减去通货膨胀贴水以后的余额。总之,持续的通货膨胀会对企业的财务管理产生一系列不利的连锁反应,企业应对此环境所产生的影响进行充分预测,以防患于未然。

授课视频 通货膨胀

(四)竞争

竞争广泛存在于市场经济之中,任何企业都不能回避。企业之间、各产品之间、现有产品和新产品之间的竞争,涉及设备、技术、人才、营销、管理等各个方面。竞争虽然能促使企业用最好的方法来生产更好的产品,对经济发展起推动作用,但是对企业来讲,竞争既是机会,又是威胁。为了改善竞争地位,企业往往需要大规模的投资,投资成功之后企业盈利增加,但是投资失败则对企业所处的竞争地位更加不利。

竞争是"商业战争",它综合了企业的全部经济实力和人力资源,国家的经济增长、通货膨胀、利率波动带来的财务问题,以及企业的对策都会在竞争中体现。

● 问答 2.1(单选题)

※ 在下列各项中,不属于财务管理经济环境构成要素的是(　　　)。

A.经济周期　　　B.经济发展水平　　　C.宏观经济政策　　　D.公司治理结构

二、法律环境

法律环境是指企业和外部发生经济关系时应遵守的各种法律法规和规章制度。企业的财务管理活动,无论是筹资、投资还是利润分配,都要和企业外部发生经济关系。在处理这些关系时,企业应该遵循有关法律规范。

(一)企业组织法规

组建不同的企业,要依据不同的法律规范。它们主要包括:《中华人民共和国公司法》《中华人民共和国全民所有制工业企业法》《中华人民共和国个人独资企业法》《中华人民共和国合伙企业法》《中华人民共和国票据法》《中华人民共和国破产法》以及《中华人民共和国外资企业法》等,这些法律既是企业的组织法,又是企业的行为法。

例如,《公司法》对公司制企业的设立条件、设立程序、组织机构、组织变更和终止的条件与程序都做出了规定,包括股东人数、法定资本的最低限额、资本的筹集方式等。只有按其规定的条件和程序建立的企业,才能称为"公司"。《公司法》还对公司生产经营的主要方面做出了规定,包括股票的发行和交易、债券的发行和转让、利润的分配等。公司一旦成立,其主要的活动,包括财务管理活动,都要按照《公司法》的规定来进行。因此,《公司法》是公司制企业财务管理最重要的强制性规范,公司的财务管理活动不能违反该法律,公司的自主权不能超出该法律的限制。其他类型的企业也要按照相应的企业组织法规进行财务管理活动。

拓展阅读《公司法》全文

(二)税收法规

国家税收政策也是企业财务管理所必须面对的重要外部环境。税收是国家以政权为依托所进行的一种特殊分配方式。税负是企业的一种费用,会增加企业的现金支出,对企业财务管理有着重要影响。企业无不希望在不违反税法的前提下减少税收负担。税负的减少,只能靠精心筹划投资、筹资和收益分配等财务决策,而不允许在纳税行为已经发生时去偷税漏税。因此,精通税收筹划、合理避税对财务主管有着重要意义。

影响企业财务管理的税收主要包括三类:所得税类、流转税类和其他税类。

1.所得税类

所得税类包括企业所得税和个人所得税两种,主要是在国民收入形成后,对生产经营者的利润和个人的纯收入发挥调节作用。

2.流转税类

流转税类包括增值税、消费税等,主要在生产、流通或者服务业中发挥调节作用。

3.其他税类

(1)资源税类。资源税类主要包括资源税、城镇土地使用税和土地增值税等。这些税种是对从事资源开发或者使用城镇土地者征收的,可以体现国有资源的有偿使用性,并对纳税人取得的资源级差收入进行调节。

（2）特定目的税类。特定目的税类主要包括筵席税、城市维护建设税、土地增值税、车辆购置税、烟叶税、耕地占用税和进出口税等，主要是为了达到特定目的，对特定对象和特定行为发挥调节作用。

（3）财产税类。财产税类包括房产税、城市房地产税、车船使用税、车船使用牌照税、契税等，主要是对纳税人所拥有的或支配的某些财产数量或价值量征收的税。

（4）行为税类。行为税类主要包括印花税、车辆购置税、城市维护建设税、耕地占用税等。这些税主要以某些特定行为为征税对象，其主要目的是对某些特定行为进行限制和调节，使其微观活动符合宏观经济的要求。

（5）关税。关税主要对进出我国国境的货物征收。

税收制度在财务决策中扮演着重要的角色，无论是个人财务管理还是公司财务管理均须将税收的影响考虑在决策范围之内，因此，财务管理者应该清楚地了解税收制度并随时关注税法条文的变化。

（三）证券法规

证券法规规定了上市规则和交易规则，其中涉及许多财务方面的要求，证券法规对企业财务管理的影响主要表现在企业内部财务制度如何制定，如何根据这些要求来规范自身财务行为。一般来讲，这些要求可以作为企业内部财务制度的内容，以促进企业按照上市公司的标准来强化内部财务管理。

（四）财务法规

财务法规主要包括《企业财务通则》《企业会计准则》以及会计制度。

《企业财务通则》是各类企业进行财务活动，实施财务管理的基本法规。经国务院批准由财政部发布（修订）的《企业财务通则》于 2007 年 1 月 1 日起施行，新通则做到了和企业会计准则及税法的融合，进一步明确了财务管理职责，强调了职工个人薪酬的激励机制，体现了以人为本的主题，突出了投资者与经营者的职责以及企业各种财务制度的建设，对企业财务制度的规范具有积极的指导作用。

除了上述法律规范外，与企业财务管理有关的其他经济法律规范还有许多，包括各种证券法律规范、结算法律规范、合同法律规范等。财务管理人员要熟悉这些法律规范，在守法合规的前提下完成财务管理的职能，实现企业的财务管理目标。

三、金融市场

现代企业制度下的公司是一个开放式的市场组合体，它需要不断地从金融市场融资、投资、再融资、再投资，从而使自身不断增值，实现生产经营和资本经营的双效益。所以，单从企业财务管理的角度看，金融环境是企业面临的更为重要的外部环境。

（一）金融市场的概念

金融市场是指资金融通的场所。金融市场有广义和狭义之分。广义的金融市场是指市场资金流动的场所,包括实物资金和货币资金的流动。广义的金融市场交易的对象包括货币借贷、票据承兑和贴现、有价证券的买卖、黄金和外汇买卖、办理国内外保险、生产资料的交换等。狭义的金融市场一般是指有价证券市场,即股票和债券的发行和买卖市场。金融市场也是金融商品通过各种交易方式,使供求双方达成交易的场所,它是由金融市场的参加者、金融市场交易对象、金融市场组织方式构成的一个有机统一体。

（二）金融市场与公司财务管理

从企业财务管理的角度看,金融市场具有以下功能:

金融市场是企业资金融通的场所。在短期资金市场上,资金的供给者通过在金融机构的存款或者购买短期证券而运用自身闲置的资金;而资金的需求者为了解决季节性或临时性资金需求,向金融机构获取贷款或通过发行短期证券以取得资金,实现资金的融通。

金融市场是企业投资和筹资的场所。该功能主要通过资本市场发挥作用。企业需要资金时,可以到资金市场上选择合适的方式筹资。企业有剩余资金,也可以在市场上灵活选择投资方式,为其资金寻找出路。

金融市场可以确定资产的价值。金融资产购销活动的存在,导致了其定价的必要性。通常新发行的金融资产的价格是参照金融市场上同类金融资产(如到期期限、风险等级、股票的市盈率等)的转化价格定价的。此外,在金融市场交易形成的各种参数,如市场利率、汇率、证券价格和证券指数,是企业进行决策的重要依据。

（三）金融资产的特点

金融资产是经济发展到一定阶段的产物,是人们拥有生产经营资产、分享其收益的所有权凭证。金融资产有如下特点:

收益性。金融资产可以取得收益,或者价值增值。这相当于投资者让渡资金使用权的回报。无论是股息、利息,还是买卖的价差,都是金融资产的收益。

流动性。金融资产的流动性是指其迅速转化为现金的能力。金融资产的一大特点,就是可以在金融市场上以合理的价格迅速获得现金。

风险性。金融资产可能到期不会带来收益,甚至会带来损失,这种不确定性就是金融资产的风险。

上述三种属性相互联系、相互制约。收益性和流动性成反比,收益性和风险性成正比。现金的流动性虽然最高,但是持有现金的收益性最低。股票的收益性虽好,但是风险大;政府债券的收益性虽不如股票,但是其风险小。企业在投资时,期望流动性高、风险小且收益高,但是实际上很难找到这种投资机会。

授课视频 金融性资产

● **问答 2.2(单选题)**

※下列金融资产中流动性最强,收益性最低的是( )。

A. 现金 　　　 B. 应收票据 　　　 C. 股票 　　　 D. 公司债券

(四)金融市场的分类

根据金融市场交易的不同性质和特点,可以对金融市场做出如下划分。

1. 按交易的期限划分,分为货币市场和资本市场

货币市场主要是指期限不超过一年的资本交易市场,由于货币市场主要是易于变现的短期有价证券,因此也称为短期资本市场。货币市场主要有同业拆借市场、票据市场、银行短期信贷市场、短期证券市场等。资本市场通常指期限在一年以上的股票和债券市场,由于交易对象主要是用于固定资产等长期资本货物购置,因此也称为长期资本市场。资本市场的交易活动由发行市场和流通市场构成,其交易的组织形式主要是证券交易所和柜台交易两种,具体交易方式主要有现货交易、期货交易和信用交易。

2. 按交易的时间划分,分为现货市场和期货市场

现货市场是指买卖双方成交后,当场或几天之内买方付款、卖方交出证券的交易市场。期货市场是指买卖双方成交后双方在约定的未来某一特定时日才交割的交易市场。

3. 按交易的性质划分,分为发行市场和流通市场

发行市场是指从事新证券和票据等金融工具买卖的转让市场,也叫初级市场或一级市场。流通市场是指从事已上市的旧证券或票据等金融工具买卖的转让市场,也叫次级市场或二级市场。

发行市场是交易市场的基础和前提,有了发行市场的证券或票据供应,才有流通市场的证券交易。证券发行的种类、数量和发行方式决定着流通市场的规模和运行。交易市场是发行市场得以持续扩大的必要条件,交易市场为证券的转让提供保证,才使发行市场充满活力。此外,交易市场的交易价格制约和影响着证券和票据的发行价格,是证券、票据发行时需要考虑的重要因素。

4. 按交易的对象划分,分为资本市场、外汇市场和黄金市场等

资本市场以货币和资本为交易对象;外汇市场以各种外汇信用工具为交易对象;黄金市场是集中进行黄金和金币兑换的交易市场。其中,与财务管理直接相关的市场主要是指资本市场。

(五)金融市场的构成

金融市场主要由主体、客体和参与者构成。

1. 金融市场的主体

金融市场的主体是由银行和非银行的金融机构构成的,它们是金融市场的中介机构,是连接筹资人和投资人的桥梁。我国的金融市场主体主要由金融机构构成。

(1)中央银行。中国人民银行是我国的中央银行,它代表政府管理全国的金融机构和金融活动,经理国库。随着社会主义市场经济体制的不断完善,中国人民银行作为中央银行在宏观调控体系中的作用更加突出。

(2)政策性银行。政策性银行是指由政府发起、出资成立,以贯彻国家产业政策、区域发展政策为使命,不以营利为目的的金融机构。

我国的政策性银行包括国家开发银行、中国农业发展银行和中国进出口银行。政策性银行不同于政府的中央银行,也不同于其他商业银行,它的重要作用在于弥补商业银行在资金配置上的缺陷,从而健全与优化国家金融体系的整体功能。政策性银行一般由政府财政拨款设立、它不以营利为目标,而是以贯彻执行国家的社会经济政策为己任。政策性银行也不能吸收活期存款和公众存款、一般不参与信用的创造过程,资金的派生能力较弱。

(3)商业银行。商业银行是一个以营利为目的,以多种金融负债筹集资金,多种金融资产为经营对象,具有信用创造功能的金融机构。

商业银行的职能是由它的性质所决定的,主要有四个基本职能:信用中介职能、支付中介职能、信用创造职能和金融服务职能。

(4)非银行金融机构。非银行金融机构与银行的区别在于信用业务形式不同,其业务活动范围的划分取决于国家金融法规的规定。非银行金融机构在社会资金流动过程中所发挥的作用是:从最终借款人那里买进初级证券,并为最终贷款人持有资产而发行间接债券。非银行金融机构包括存款性金融机构和非存款性金融机构。目前,我国存款性金融机构主要有储蓄信贷协会、储蓄互助银行、信用合作社等。非存款性金融机构包括金融公司、共同基金、养老基金、保险公司、证券公司等。

2.客体

金融市场的客体是指金融市场上的买卖对象,如商业票据、政府债券、公司股票等各种信用工具。

3.参与者

金融市场上的参与者是指客体的供给者和需求者,主要包括企事业单位、政府部门、城乡居民和外商等。

(六)金融市场上利率的决定因素

作为企业财务管理的重要参数,银行贷款利率的波动,以及与此相关的股票和债券价格的波动,既给企业以机会,也是对企业的挑战。在为过剩资金选择投资方案时,利用这种机会可以获得营业外的收益。例如,在购入长期债券后,由于市场利率下降,按固定利率计息的债券价格上涨,因此,企业可以出售债券获得较预期更多的现金流。当然,如果出现相反的情况,企业会蒙受损失。

在选择筹资来源时,情况与此类似。在预期利率将持续上升时,以当前较低的利率发行长期债券,可以节省资本成本。当然,如果利率下降了,企业就要承担比市场利率更高的资本成本。

(七)利率的概念

利率是利息与本金的比率。从资金的借贷关系来看,利率是一定时期运用资金的交易价格。资金作为一种特殊的商品,以利率作为其价格标准,资金融通实际上是资源通过利率这个价格标准实行再分配。利率的高低主要由社会平均利润率和金融市场的供求关系所决定,同时还受经济周期、物价变动幅度、国家经济政策、国际经济的环境、国家货币政策、国家利率管制等影响。

在金融市场上,利率是资金使用权的价格。一般来说,金融市场上资金的购买价格,可用公式表示为:

$$利率＝纯粹利率＋通货膨胀附加率＋风险附加率$$

1.纯粹利率

纯粹利率是指无通货膨胀、无风险情况下的平均利率。例如,在没有通货膨胀时,国库券的利率可以视为纯粹利率。纯粹利率高低,受平均利润率、资金供求关系和国家调节的影响。利息是贷出资本的资本家从借入资本的资本家那里分割出来的一部分剩余价值,而利润是剩余价值的转化形式。利息是剩余价值的本质,决定了利率取决于平均利润率。一般利率随着平均利润率的提高而提高,利率的最高限制不能超过平均利润率,否则企业将无利可图,不会借入款项。利率的最低界限必须大于零。在平均利润率不变的情况下,金融市场上的利率主要取决于借贷双方的供求关系及其竞争,一般来说,供大于求时利率下降;供不应求时利率上升。

2.通货膨胀附加率

通货膨胀使货币贬值,投资者的真实报酬下降。他们在把资金交给借款人时,会在纯粹利率的水平上再加上通货膨胀附加率,以弥补通货膨胀造成的购买力损失。因此,每次发行国库券的利率都随预期的通货膨胀率的变化而变化,它等于纯粹利率加预期通货膨胀率。

3.风险附加率

投资者除了关心通货膨胀率外,还要关心资金使用者能否保证他们收回本金并取得一定的收益。这种风险越大,投资人要求的收益率越高。实证研究表明,公司长期债券的风险大于国库券,要求的收益率也高于国库券;普通股票的风险大于公司债券,要求的收益率也高于公司债券;小公司普通股票的风险也高于大公司普通股票,要求的收益率也高于大公司普通股票。风险越大,要求的收益率也越高,风险与收益之间存在对应关系。风险附加率是投资者要求的除纯粹利率和通货膨胀附加率之外的风险补偿。它包括违约风险附加率、变现力附加率和到期风险附加率。

将上述各种影响利率的因素综合起来,得到反映市场利率结构的一般表达式为:

$$市场利率＝纯粹利率＋通货膨胀附加率＋变现力附加率$$
$$＋到期风险附加率＋违约风险附加率$$

●问答 2.3(判断题)

◆知名上市公司和名不见经传的小公司,如果同时发行 5 年期债券,一般知名公司发行的债券利率更高。(　　)

　　　　　　　　A.正确　　　　　　　　　　　　　B.错误

【案例分析】

案例分析
公司治理视角
下的康美财务
造假案例剖析

案例解析

【分析要点】

1.试分析康美药业公司治理存在的主要缺陷。

2.从康美药业公司治理及财务造假案中,你得到了哪些启示?

【本章小结】

　　财务管理环境是指对企业财务活动和财务管理产生影响作用的企业内外部的各种条件和因素的总和。财务管理环境的变化往往表现为不确定性。企业只有在财务管理环境的各种因素作用下实现财务管理活动的协调平衡,才能生存和发展,实现财务管理目标。

　　当企业的目标确定后,企业的内外环境对企业的生存和发展就起着重要作用。其中,企业组织形式、内部治理、管理结构以及企业文化等构成了企业的内部环境,对企业的生存发展起着主导作用。公司治理是指所有者,主要是股东对经营者的一种监督与制衡机制,即通过一种制度安排来合理地配置所有者与经营者之间的权利与责任关系。其主要特点是通过股东大会、董事会、监事会及管理层所构成的公司治理结构的内部治理。

　　财务管理的外部环境涉及范围很广,其中重要的有经济环境、金融环境、法律环境等。

【复习思考题】

1.简述财务管理环境的重要意义。

2.试述"两权三层"管理的含义及内容。

3.金融资产具有哪三个显著特点,它们之间存在怎样的关系?

4.试述金融市场在企业财务管理中的作用。

5.根据目前我国企业面临的国内外宏观经济环境,谈谈财务管理者应该如何运用宏观经济环境为企业创造价值。

第二章 在线测试

第三章　财务管理的价值观念
——时间价值与风险价值 ▶▶▶

学习目标

掌握货币时间价值及其相关概念；

了解货币时间价值的意义；

掌握现值、终值和年金的概念及计算方法；

熟悉货币时间价值在经济生活中的应用；

掌握风险的概念和度量方法；

掌握风险价值的概念和计算方法。

导入语

在上一次龟兔赛跑中，因为掉以轻心，兔子输了，很不服气，发誓要赢回来，于是它们再次约定进行投资比赛，并找了讲授公司财务管理的王老师做裁判。王老师说，现在有两个角色，你们可以自己挑选。

一个是从现在起每年定期定额投资 1 万元在基金上，平均年收益率为 10%，投资 7 年，到第 8 年就停止追加新投资，只用原来的本金与获利再自动投资，同样每年收益率为 10%；另一个则是从第 8 年开始投资，同样是每年定期投资 1 万元，每年收益率为 10%，这样连续 30 年。

"请你们选其中的一方参加比赛，到第 37 年看谁赚的钱多。"

兔子想了想，以前我虽然先跑得快，但后面睡大觉去了，而乌龟却不停地跑，这次我跟乌龟换个角色，它先跑，然后我不停地追，就不信会跑不过它。于是，兔子就挑了后面那个角色。

结果到了第 37 年后兔子一看，傻眼了：乌龟前面 7 年共用了 7 万元的本金，达到了 165.5 万元；而自己用了 30 万元的本金，却只有 164.5 万元。于是，王老师宣判乌龟再次获胜。

"怎么，我又错了？"兔子还是没弄懂到底是怎么回事。

本章主要阐述货币时间价值及其相关概念，包括现值、终值和年金等；熟练掌握复利、终值、现值、年金终值、现值的计算；掌握资金时间的灵活应用。理解和掌握风险的概念、风险程度、风险价值的计量方法以及风险和收益的关系。

关键词

货币时间价值(the time value of money)

单利和复利(simple interest and compound interest)

现值(present value)

终值(final value)

年金现值(present value of annuity)

年金终值(future value of annuity)

风险价值(risk value)

第一节　货币时间价值的概念

货币时间价值是财务管理的基本观念之一。因其非常重要并且涉及所有财务管理活动,被称为财务管理的"第一原则"。

一、货币时间价值的概念

在商品经济中,有一种现象:一定量的资金在不同时点上具有不同的价值。例如,现在的 100 元和 1 年以后的 100 元其经济价值是不同的,或者说其经济效用不同。现在的 100 元要比 1 年后的 100 元经济价值更大些,即使没有通货膨胀也是如此。这是为什么呢? 我们将现在的 100 元存入银行,1 年后可以得到 105 元(假定年利率为 5%),即 100 元经过 1 年的时间增加了 5 元,这就是货币时间价值在起作用。因此,随着时间的推移,周转使用的资金价值发生了增值。综上所述,资金在周转使用中随着时间推移而产生的货币增值称为货币时间价值。

货币在周转使用中为什么会产生时间价值呢? 这是因为任何资金使用者把资金投入生产经营以后,劳动者借以生产新产品,创造新价值,都会带来利润,实现增值。周转的时间越长,所获得的利润越多,实现的增值额就越大。所以货币时间价值的实质,就是资金周转使用后的增值额。如果资金是资金使用者从资金所有者那里借来的,那么资金所有者要分享一部分资金的增值额给资金使用者。

例如,现在某企业持有 100 万元,有三个投资方案:①选择无风险投资——存款,年利率为 2%,第一年年末价值增值为 2 万元,即增值额为 2 万元;②购买企业债券,年利率为 5%,增值额为 5 万元;③选择购买股票,预期收益率为 10%,增值额为 10 万元。同样是 100 万元,投资方案不同,在一定时期内的增值额也不相同,那么以哪一个为资金时间价值的标准呢?

一般来讲,资金的时间价值相当于在没有风险、没有通货膨胀条件下的社会平均资金的利润率。例如,年利率为 2%,不考虑通货膨胀因素,100 万元的增值额 2 万元可以看作 100 万元资金 1 年的时间价值。

货币时间价值的大小有两种表示方式:①用绝对值表示,即用货币时间价值额来表示货币在生产经营中产生的增值额;②用相对值表示,即用货币时间价值率来表示,不包括风险收益和通货膨胀因素的平均投资利润率或平均投资报酬率。在实际工作中两种方式都可以采用,通常用相对值——货币时间价值率表示。

货币时间价值是货币资金在价值运动中形成的一种客观规律,只要商品经济以及借贷关系存在,货币时间价值就必然发挥作用。

二、货币时间价值的意义

货币时间价值是贯穿于筹资、投资和生产经营的全过程,对提高企业经济效益具有重要的意义。

货币时间价值是企业进行筹资决策、提高筹资效益的重要依据。货币时间价值是确定资本成本、进行资本结构决策的重要基础。筹资时机和举债期限的选择均要考虑货币时间价值。

货币时间价值是企业进行投资决策、评价投资效益的重要依据。利用货币时间价值原理从动态上衡量同一投资的不同方案以及不同投资项目的最佳方案,为企业投资决策提供依据,从而提高投资决策的正确性。树立时间价值观念能够使投资者有意识地加强投资经营管理,能够使投资项目建设期尽量缩短,从而争取更大的货币时间价值。

货币时间价值是企业进行生产经营决策的重要依据。例如,生产经营、销售方式、定价决策、流动资金周转速度的决策等,都必须有正确的货币时间价值观念。

第二节　货币时间价值的计算

为了计算货币时间价值,需要引入终值和现值的概念,以表示不同时点的货币价值。终值是指一定资金在未来某时点上的价值,包括本金和时间价值,即本利和;现值是指未来某一时点上的一定量资金折合为现在的价值,即未来值扣除时间价值后剩余的本金。有关货币时间价值的指标有许多种,这里着重说明单利终值和单利现值、复利终值和复利现值、年金终值和年金现值的计算。

一、单利终值和单利现值的计算

在单利方式下,本金能带来利息,利息必须在提出以后再以本金的形式投入才能生息,否则不计利息。

(一)单利终值

单利终值(一般用 F 表示)是指一定现金在若干期后按照单利计息的本利和。单利终值的计算公式为:

$$F = P \cdot (1 + i \cdot n)$$

式中,P 为现值(或本金);F 为终值;i 为利率(一般以年为单位);n 为计息期数。

【例 3-1】 某人存入银行 15 万元,银行存款利率为 5%,单利计息终值,求 5 年后的本利和。

解:$F=15\times(1+5\%\times5)=18.75$(万元)

(二)单利现值

单利现值(一般用 P 表示)是指以后时间收到或付出的现金按单利倒算求得的现在价值,即本金。由终值求现值的过程称为折现。折现的利率称为折现率,单利现值的计算公式为:

$$P=F/(1+i\cdot n)$$

【例 3-2】 某人存入一笔钱,希望 5 年后得到 15 万元,若银行存款年利率为 5%,问现在应存入多少钱?

解:$P=15/(1+5\%\times5)=12$(万元)

(三)单利终值和现值的关系

根据单利终值和单利现值的计算公式可知,单利终值和单利现值互为逆运算。

二、复利终值和复利现值的计算

货币时间价值一般都是按照复利计算的,本书如果不特别说明,即表示按照复利计息。所谓复利,是指不仅本金要计算利息,利息也要计算利息,即通常所说的"利滚利"。

(一)复利终值

复利终值是指一定量的本金在若干期后按复利计算的本利和。复利终值计算公式的推导过程,如表 3-1 所示。

表 3-1　复利终值计算公式的推导过程

年份	利息	本利和(F)
第 1 年	$P\cdot i$	$P+P\cdot i=P\cdot(1+i)=P\cdot(1+i)^1$
第 2 年	$(P+P\cdot i)\cdot i$	$(P+P\cdot i)+(P+P\cdot i)\cdot i=P\cdot(1+i)\cdot(1+i)=P\cdot(1+i)^2$
第 3 年	$[(P+P\cdot i)+(P+P\cdot i)\cdot i]\cdot i$	$[(P+P\cdot i)+(P+P\cdot i)\cdot i]+[(P+P\cdot i)+(P+P\cdot i)\cdot i]\cdot i=P\cdot(1+i)(1+i)(1+i)=P\cdot(1+i)^3$

从表 3-1 可以得出,第 n 期后的本利和即终值为:

$$F=P\cdot(1+i)^n$$

复利终值计算公式中的 $(1+i)^n$ 称为复利终值系数,或称为 1 元的复利终值,记作 $(F/P,i,n)$。因此,复利终值的计算公式可以表示为:

$$F=P\cdot(F/P,i,n)$$

【例3-3】 某人存入银行15万元,若银行存款年利率为5%,要求按照复利计算5年后的本利和(终值)。

解:$F=15×(1+5\%)^5=19.14$(万元)

系数表 复利终值系数表

为了便于计算,可编制"复利终值系数表"备用。该表的第一行是利率i,第一列是计息期数n,相应的$(F/P,i,n)$值在其纵横相交处。通过该表可以查出,$(F/P,5\%,5)=1.2763$。因此,利用查复利终值系数表的方法计算如下:

$F=15×(F/P,5\%,5)=15×1.2763=19.14$(万元)

复利终值系数表的作用不仅在于已知i和n查找1元的复利终值,而且可以在已知1元复利终值和n时查找i,或者已知复利终值和i时查找n。

拓展阅读 72法则

●问答3.1(单选题)

※某公司拥有闲置资金1000万元,现有一投资机会,投资报酬率为9%,请问经过( )年可使现有资金增加到2000万元。

A.6   B.7   C.8   D.无法计算

(二)复利现值

复利现值是复利终值的对称概念,是指以后时间收回或付出的货币按照复利法贴现的现在价值。复利现值的计算,是已知F,i,n时,求P。

通过计算复利终值可知:

$$F=P·(1+i)^n$$

所以复利现值的计算公式为:

系数表 复利现值系数表

$$P=F·(1+i)^{-n}=F·(P/F,i,n)$$

式中,$(1+i)^{-n}$是把终值折算为现值的系数,称为复利现值系数,或称为1元的复利现值,记作$(P/F,i,n)$。

为了便于计算,可以编制"复利现值系数表"。该表的使用方法和"复利终值系数表"相同。

拓展阅读 世界第八大奇迹——复利的力量

【例3-4】 某人拟在5年后获本利和15万元,若投资报酬率为10%,他现在应该投入多少元?

解:$P=15×(P/F,10\%,5)=15×0.621=9.315$(万元)

(三)复利息

本金P的n期复利息计算公式为:

$$I=F-P$$

式中,I为利息额。

【例3-5】 本金1000元,投资5年,年利率为8%,每年复利一次,求其本利和与复利息。

解：$F=1\,000\times(1+8\%)^5=1\,000\times1.469=1\,469$(元)

$I=1\,469-1\,000=469$(元)

(四)名义利率与实际利率

复利的计息期不一定总是一年,也可能是季度、月或日。当利息在一年内要复利几次时,给出的年利率叫作名义利率。

【例3-6】　本金1\,000元,投资5年,年利率为8%,每季度复利一次,求其本利和与复利息。

解：每季度利息$=8\%\div4=2\%$

复利次数$=5\times4=20$

$F=1\,000\times(1+2\%)^{20}=1\,000\times1.486=1\,486$(元)

$I=F-P=1\,486-1\,000=486$(元)

当一年内复利几次时,实际得到的利息要比按名义利率计算的利息高。【例3-6】的利息额为486元,比【例3-5】要多17元。【例3-6】的实际年利率高于8%,可用下述方法计算。

$F=P\cdot(1+i)^n$

$1\,486=1\,000\times(1+i)^5$

$(1+i)^5=1.486$

$(F/P,i,5)=1.486$

查表得出：

$(F/P,8\%,5)=1.469$

$(F/P,9\%,5)=1.538$

用插值法求得实际利率：

$$\frac{1.538-1.469}{9\%-8\%}=\frac{1.486-1.469}{i-8\%}$$

$i=8.25\%$

实际利率和名义利率之间的关系可以表示为：

$$1+i=\left(1+\frac{r}{m}\right)^m$$

式中,r为名义利率;m为每年复利次数;i为实际利率。

将【例3-6】的数据代入得：

$$i=\left(1+\frac{r}{m}\right)^m-1=(1+2\%)^4-1=1.0824-1=8.24\%$$

$F=1\,000\times(1+8.24\%)^5=1\,000\times1.486=1\,486$(元)

三、年金终值和年金现值的计算

年金是指在一定时期内,每期相等金额的收付款。例如,分期付款赊购、分期偿还贷款、发放养老金、分期支付工程款、每年相同时间的销售收入等,都属于年金收付形式。年金的收付款方式有多种形式。根据收款或付款在时间上、方式上的不同,年金可以分为普通年金、预付年金、递延年金和永续年金四种形式。

授课视频 年金
的概念和种类

(一)普通年金终值和现值

普通年金是指从第一期起,在一定时期内每期期末等额收付的系列款项,又称为后付年金。普通年金的收付形式,如图3-1所示。横线代表时间的延续,用数字标出各期的顺序号;竖线的位置表示支付的时刻,竖线下端的数字表示支付的金额。

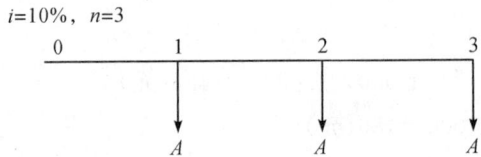

图3-1　普通年金的收付形式

授课视频 普通
年金终值和现值

1.普通年金终值

普通年金终值是指一定时期内每期期末等额的系列收付款项的复利终值之和,如零存整取的本利和即普通年金的终值。

由图3-2可知,期数为3,利率为10%,等额收付款项为1 000的普通年金终值为$1\ 000\times(1+10\%)^0+1\ 000\times(1+10\%)^1+1\ 000\times(1+10\%)^2=3\ 310$元。

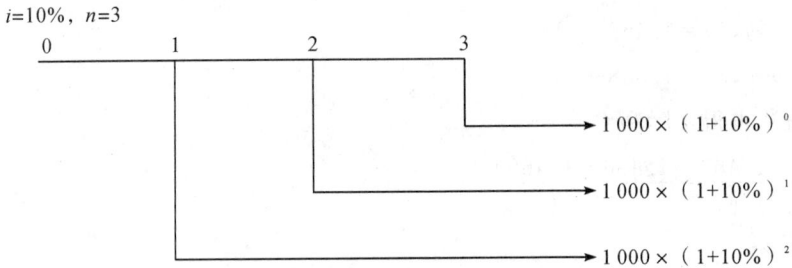

图3-2　普通年金终值计算过程

假设每期等额收付款是A,年金期数为n,利率为i,年金终值为F_A,可以推导出普通年金终值的计算公式为:

$$F_A = A(1+i)^{n-1}+A(1+i)^{n-2}+\cdots+A(1+i)^1+A(1+i)^0$$
$$= A[(1+i)^{n-1}+(1+i)^{n-2}+\cdots+(1+i)^1+(1+i)^0]$$
$$= A\times\sum_{t=1}^{n}(1+i)^{t-1}$$

另外,

$$F_A = A(1+i)^{n-1}+A(1+i)^{n-2}+\cdots+A(1+i)^1+A(1+i)^0$$

该式两边同时乘以$(1+i)$:

$$F_A(1+i)=A(1+i)^n+A(1+i)^{n-1}+\cdots+A(1+i)^2+A(1+i)^1$$

上述两式相减：

$$(1+i)F_A - F_A = A(1+i)^n - A$$

$$F_A = \frac{A \cdot (1+i)^n - A}{(1+i)-1}$$

即：

$$F_A = A \cdot \frac{(1+i)^n - 1}{i}$$

系数表 年金终
值系数表

式中，$\dfrac{(1+i)^n-1}{i}$ 是普通年金为 1，利率为 i，经过 n 期的年金终值，又称为普通年金终值系数。$\dfrac{(1+i)^n-1}{i}$ 还可以记作 $(F/A,i,n)$。因此，普通年金终值的计算公式又可以表示为：

$$F_A = A \cdot (F/A,i,n)$$

为了便于计算，可以编制"年金终值系数表"以供查找相应的年金终值系数。

【例 3-7】 按图 3-1 的数据，如果 A 为 1 000 元，则查表可以求出普通年金终值。

解：$F_A = 1\,000 \times (F/A,10\%,3) = 1\,000 \times 3.310 = 3\,310$（元）

2.偿债基金

偿债基金是指为了在约定的未来某一时点清偿某笔债务或积聚一定数额的资金而必须分成等额形式的存款准备金。年金终值的计算是在已知等额支付款项 A，利率 i，期数 n 的情况下，求复利终值之和；而偿债基金是在已知年金终值 F_A 的情况下，求 A。

已知普通年金终值的计算公式为：

$$F_A = A \cdot \frac{(1+i)^n - 1}{i}$$

可知：

$$A = F_A \cdot \frac{i}{(1+i)^n - 1}$$

式中，$\dfrac{i}{(1+i)^n-1}$ 为普通年金终值系数的倒数，称为偿债基金系数，记作 $(A/F,i,n)$。它可以把普通年金终值折算为每年需要支付的金额。偿债基金系数可以制成表格备查，也可以根据普通年金终值系数求倒数的方式确定。

【例 3-8】 假设某企业有一笔 4 年后到期的借款，金额为 1 000 万元，如果存款的年复利率为 10%，求建立的偿债基金是多少？

解：$A = F \cdot \dfrac{i}{(1+i)^n-1} = F \cdot (A/F,i,n) = F \cdot \dfrac{1}{(F/A,i,n)}$

$= 1\,000 \times 1/4.6410 = 215.47$（万元）

因此，企业每年存入 215.47 万元，4 年后可以得到 1 000 万元偿还债务。

3.普通年金现值

普通年金现值是指一定时期内每期期末等额的系列收付款项的复利现值之和。

【例 3-9】 某人要出国，出国期限为 5 年。在出国期间，他每年年末需支付 2 万元的房屋物业管理等费用，已知银行利率为 5%，现在需要向银行存入多少钱？

解：设年金为 P_A，则其计算过程，如图 3-3 所示。

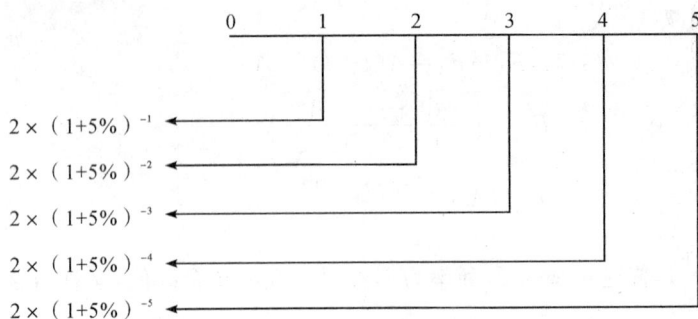

图 3-3　年金 P_A 计算过程

$$P_A = 2 \times (1+5\%)^{-1} + 2 \times (1+5\%)^{-2} + 2 \times (1+5\%)^{-3} + 2 \times (1+5\%)^{-4} + 2 \times (1+5\%)^{-5}$$

$$= 2 \times 0.9524 + 2 \times 0.9070 + 2 \times 0.8638 + 2 \times 0.8227 + 2 \times 0.7835$$

$$= 8.66(万元)$$

系数表　年金现值系数表

计算普通年金现值的一般公式：

$$P_A = A(1+i)^{-1} + A(1+i)^{-2} + \cdots + A(1+i)^{-(n-1)} + A(1+i)^{-n}$$

等式两边同时乘以 $(1+i)$：

$$P_A(1+i) = A + A(1+i)^{-1} + A(1+i)^{-2} + \cdots + A(1+i)^{-(n-1)}$$

后式减前式：

$$P_A(1+i) - P_A = A - A(1+i)^{-n}$$

$$P_A = A \cdot \frac{1-(1+i)^{-n}}{i}$$

式中，$\dfrac{1-(1+i)^{-n}}{i}$ 是普通年金为 1，利率为 i、经过 n 期的年金现值，记作 $(P/A, i, n)$，即普通年金现值系数，可以根据编制的"年金现值系数表"备查。

沿用【例 3-9】的数据计算：

$$P_A = 2 \times (P/A, 5\%, 5)$$

查表得：$(P/A, 5\%, 5) = 4.3295$

则：$P_A = 8.66(万元)$

4. 资本投资回收的计算

资本投资回收是指在给定的年限内等额回收初始投资额或清偿债务的价值指标。资本回收额的计算是年金现值的逆运算。其计算公式为：

$$A = P \cdot \frac{i}{1-(1+i)^{-n}} = P \cdot (A/P, i, n) = \frac{P}{(P/A, i, n)}$$

式中，$\dfrac{i}{1-(1+i)^{-n}}$ 是普通年金现值系数的倒数，它可以把普通年金现值折算为年金，称为投资回收系数。

【例 3-10】　企业如果以 10% 的利率借得 10 000 元，投资于某个寿命为 10 年的项目，每年至少要收回多少现金是有利的？

解：根据公式 $A = P \cdot (A/P, i, n) = \dfrac{P}{(P/A, i, n)} = 10\,000 \times 0.1627 = 1\,627(元)$。

因此，每年要至少收回现金 1 627 元，才能还清贷款本息。

(二)预付年金终值和现值

预付年金是指从第一期起，在一定时期内每期期初等额收付的系列款项，又称即付年金，或先付年金。预付年金与普通年金的区别仅在于付款时间的不同。普通年金的等额收付款项发生在期末，而预付年金的收付款项发生在期初。普通年金和预付年金的支付形式，如图 3-4 所示。

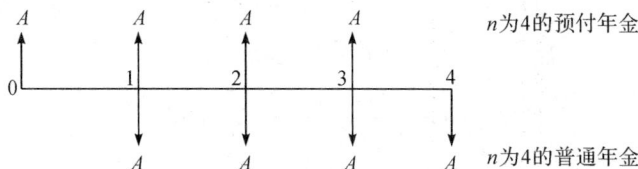

图 3-4　普通年金和预付年金的支付形式

由于普通年金是最常用、最普遍的，因此，年金终值系数表和年金现值系数表都是按照普通年金编制的。计算预付年金终值和现值要在普通年金终值和现值计算公式的基础上，通过适当的调整，利用普通年金系数表来计算预付年金的终值和现值。

1. 预付年金终值

预付年金终值是指一定期间内每期期末等额的系列收付款项的复利终值之和。

如图 3-4 所示，时间轴以上是预付年金，时间轴以下为普通年金。预付年金终值和普通年金终值的付款次数相同，但是其付款时间不同，因此 n 期预付年金终值比普通年金终值多计一次利息。预付年金终值的计算公式为：

$$F = A(1+i)^n + A(1+i)^{n-1} + \cdots + A(1+i)^2 + A(1+i)^1$$

即，在 n 期普通年金终值基础上乘以 $(1+i)$ 就是 n 期预付年金的终值，则计算公式为：

$$F = \frac{A(1+i) \times [1 - (1+i)^n]}{1 - (1+i)}$$

$$= A \cdot \frac{(1+i)^n - 1}{i} \times (1+i)$$

$$= A \cdot \left[\frac{(1+i)^{n+1} - 1}{i} - 1 \right]$$

式中，$\left[\dfrac{(1+i)^{n+1} - 1}{i} - 1 \right]$ 是预付年金终值系数，或称为 1 元的预付年金终值。它和普通年金终值系数 $\dfrac{(1+i)^n - 1}{i}$ 相比，期数加 1，而系数减 1，可记作 $[(F/A, i, n+1) - 1]$，并可以利用"年金终值系数表"查得 $(n+1)$ 期的值，减去 1 后得出 1 元预付年金终值。

【例 3-11】　某人每期期初存入 3 万元，年利率为 10%，存 3 年，终值为多少？

解：$F = 3 \times [(F/A, 10\%, 3+1) - 1]$

查"年金终值系数表"得：$(F/A, 10\%, 4) = 4.6410$

$F = 3 \times (4.6410 - 1) = 10.923 (万元)$

2. 预付年金现值的计算

预付年金现值是指一定时期内每期期初等额的系列收付款项的复利现值之和。

由图 3-4 可知,预付年金现值和普通年金现值的收付款项的期数相同,但是收付款项的时间不同,预付年金的每期款项比普通年金的每期款项少贴现一期,因此,n 期普通年金现值除以 $[1/(1+i)]$,即乘上 $(1+i)$,便可以得到 n 其预付年金的现值。

$$P = A + A(1+i)^{-1} + A(1+i)^{-2} + \cdots + A(1+i)^{-(n-1)}$$

式中,各项为等比数列,首项是 A,公比为 $(1+i)^{-1}$,根据等比数列求和公式:

$$P = \frac{A \cdot \left[1 - \left(\frac{1}{1+i} \right)^n \right]}{1 - \left(\frac{1}{1+i} \right)}$$

$$= A \cdot \frac{1 - (1+i)^{-n}}{i} \cdot (1+i)$$

$$= A \cdot \left[\frac{1 - (1+i)^{-(n-1)}}{i} + 1 \right]$$

式中,$\left[\dfrac{1 - (1+i)^{-(n-1)}}{i} + 1 \right]$ 是预付年金现值系数,或称为 1 元的预付年金现值。它和普通年金现值系数 $\left[\dfrac{1 - (1+i)^{-n}}{i} \right]$ 相比,期数要减 1,而系数要加 1,可以记作 $[(P/A, i, n-1) + 1]$。可以通过"年金现值系数表"查得 $(n-1)$ 期的值,然后加 1,得出 1 元预付年金现值。

授课视频 Excel
财务函数

【例 3-12】 某公司租用一台设备,在 4 年中每年年初支付租金 5 000 元,利息率为 8%,这些租金的现值是多少?

解:$P = 5\,000 \times [(P/A, 8\%, 3-1) + 1]$

$= 5\,000 \times 2.577$

$= 12\,885 (元)$

● 问答 3.2(判断题)

◆ 一般来讲,在相同的条件下,预付年金的终值大于普通年金的终值,而预付年金的现值小于预付年金的现值。请问此说法是否正确。（ ）

　　　　　　　　A. 正确　　　　　　　　　　　B. 错误

(三)递延年金终值和现值

递延年金是指第一次收付款发生时间与第一期无关,而是隔若干期(m)后才发生的一系列等额收付款项。它是普通年金的特殊形式。递延年金的支付形式,如图 3-5 所示。

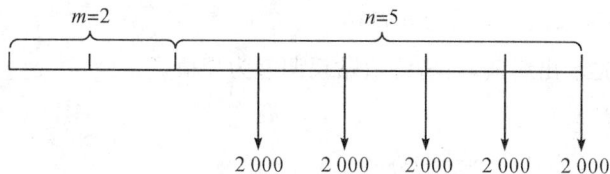

图 3-5　递延年金的支付形式

从图 3-5 可以看出,前两期没有发生收付款。一般用 m 表示递延期,假设 m 为 2,第一次支付发生在第三期期末,连续支付 5 次,即 $n=5$。

1. 递延年金终值的计算

递延年金终值的计算和普通年金类似,根据图 3-5 的数据计算:

$$F = A \cdot (F/A, i, n)$$
$$= 2\,000 \times (F/A, 10\%, 5)$$
$$= 2\,000 \times 6.1052$$
$$= 12\,210.4(元)$$

2. 递延年金现值的计算

递延年金现值的计算有三种方法:

第一种方法是把递延年金看作 n 期的普通年金,先求出递延期末(m 期末)的现值,然后再将此值调整至第一期期初。

$$P_n = A \cdot (P/A, i, n)$$
$$= 2\,000 \times (P/A, 10\%, 5)$$
$$= 2\,000 \times 3.7908$$
$$= 7\,581.6(元)$$
$$P_m = P_n \times (1+i)^{-m}$$
$$= 7\,581.6 \times (1+10\%)^{-2}$$
$$= 7\,581.6 \times 0.8264$$
$$= 6\,265.43(元)$$

第二种方法是假设递延期中也发生收付,先求出 $(m+n)$ 期的年金现值,再将未发生支付的递延期(m)的年金现值扣除,即可得到最终结果。

$$P_{(m+n)} = A \cdot (P/A, i, m+n)$$
$$= 2\,000 \times (P/A, 10\%, 2+5)$$
$$= 2\,000 \times 4.8684$$
$$= 9\,736.8(元)$$
$$P_{(m)} = A \cdot (P/A, i, m)$$
$$= 2\,000 \times (P/A, 10\%, 2)$$
$$= 2\,000 \times 1.7355$$
$$= 3\,471(元)$$

$$P_{(n)} = P_{(m+n)} - P_{(m)}$$
$$= 9\ 736.8 - 3\ 471 = 6\ 265.8(元)$$

第三种方法是先求出终值,再将终值贴现调整为现值。

$$F_{(n)} = 12\ 210.2(元)$$
$$P_{(m+n)} = 2\ 000 \times (P/A, i, m+n)$$
$$= 2\ 000 \times (P/A, 10\%, 7)$$
$$= 2\ 000 \times 0.5132$$
$$= 6\ 266.38(元)$$

● 问答 3.3(判断题)

◆ 递延年金的终值和现值大小受递延期长短的影响,一般递延期越长,递延年金的终值越大,而现值越小。试问此说法是否正确。(　　　)

　　　　　　　A.正确　　　　　　　　　　B.错误

(四)永续年金

永续年金是指无限期等额收付的特种年金。它是普通年金的特殊形式,即期限趋于无穷的普通年金。西方有些债券为无期债券,这些债券的利息可以视为永续年金。优先股因为有固定的股利而没有具体的到期日,所以,优先股股利可以看作永续年金。

永续年金没有终止的时间,也就没有办法计算终值。永续年金的现值可以通过普通年金现值的计算公式推导出来:

$$P_A = A \cdot \frac{1-(1+i)^{-n}}{i}$$

当 $n \to \infty$ 时,$(1+i)^{-n}$ 的极限为零,上式可以写为:

$$P = \frac{A}{i}$$

【例 3-13】 某人士拟在某大学建立一项永久性奖学金,每年计划颁发 20 000 元。若利率为 8%,现需存入多少钱?

解:$P = 20\ 000 \div 8\% = 250\ 000(元)$

【例 3-14】 某公司想使用一办公楼,现有两种方案可供选择。

方案一:永久租用办公楼一栋,每年年初支付租金 10 万元,一直到无穷。

方案二:购买该办公楼,一次性支付 120 万元。

目前存款利率为 10%,从年金角度考虑,哪一种方案更优?

解:方案一:$P_1 = 10 \times (1+10\%) \div 10\% = 110(万元)$

方案二:$P_2 = 120(万元)$

因此,应该优先考虑方案一。

综上所述,货币时间价值计算中各系数之间的关系,如表 3-2 所示。

表3-2　货币时间价值系数及其关系

名称	表达式	系数之间的关系
单利终值系数和单利现值系数	$(1+i \cdot n)$ 与 $1/(1+i \cdot n)$	互为倒数关系
复利终值系数和复利现值系数	$(1+i)^n$ 与 $(1+i)^{-n}$	互为倒数关系
普通年金终值系数和偿债基金系数	$(F/A,i,n)$ 与 $(A/F,i,n)$	互为倒数关系
普通年金现值系数和投资回收系数	$(P/A,i,n)$ 与 $(A/P,i,n)$	互为倒数关系
预付年金终值系数与普通年金终值系数	$[(F/A,i,n+1)-1]$ 与 $(F/A,i,n)$ 或 $(F/A,i,n)(1+i)$ 与 $(F/A,i,n)$	期数加1,系数减1,或普通年金终值系数的 $(1+i)$ 倍
预付年金现值系数与普通年金现值系数	$[(P/A,i,n-1)+1]$ 与 $(P/A,i,n)$ 或 $(P/A,i,n)(1+i)$ 与 $(P/A,i,n)$	期数减1,系数加1或普通年金现值系数的 $(1+i)$ 倍
递延年金现值系数	$(F/A,i,n) \times (P/F,i,m)$	$(m+n)$ 期与 m 期普通年金现值系数之差
永续年金系数	$1/i$	普通年金现值系数的特殊形式

第三节　货币时间价值的应用

货币时间价值在实际经济生活和财务管理过程中时常出现,然而,并非所有的情况都如上节所述,把已知未知条件、求现值还是终值描述的非常清楚,财务管理人员只有真正领会货币时间价值计算的规律,才能在实际应用中游刃有余。

一、计算期数 n

【例3-15】　有甲、乙两台设备可供选用,甲设备的年使用费比乙设备低500元,但价格高于乙设备2 000元。若资本成本为10%,甲设备的使用期应长于多少年,选用甲设备才是有利的。

解:要使得选用甲设备有利,就要使期限为 n 年,A 为500元的年金现值≥2 000元即可。
即:$500 \times (P/A,10\%,n) \geqslant 2\ 000$

可得:$(P/A,10\%,n)=4$,通过查看年金现值系数表,查找利率为10%,系数为4所对应的 n,因无法直接确定期数 n,可找出与4最近的两个上下临界系数值,即期数分别是6和5,系数分别是4.3553和3.7908,再将系数之间的变动看成是线性变动,采用插值法来计算,如表3-3所示。

表3-3　期数与年金现值系数

期数	年金现值系数
6	4.3553
n	4.0000
5	3.7908

利用已知数据,采用插值法计算如下:

$$(n-5)/(6-5)=(4.0000-3.7908)/(4.3553-3.7908)$$

可以求出:$n=5.4$(年)

即只要甲设备的使用期长于 5 年,选用甲设备才是有利的。

二、测算贷款利率

贷款利率的计算,原理和方法同期数的计算基本一致。现在以普通年金为例,说明在 P、A 和 n 已知的情况下,推算利率 i 的过程。

(1)计算出系数 P/A,设其为 x。

(2)查普通年金现值系数表,沿着已知 n 所在的行横向查找,若能找到恰好等于 x 的值,则该系数所对应的 i 值即为所求的利率值。

(3)如果找不到恰好等于 x 的值,则在该行查找最为接近 x 的左右相邻值和对应的相邻值的利率,再运用插值法求 i。

【例 3-16】 某企业在第一年年初向银行借入 100 万元,在以后的 10 年里,每年年末等额偿还 13.80 万元,当年利率为 6% 时,10 年的年金现值系数为 7.36;当年利率为 7% 时,10 年的年金现值系数为 7.02,要求根据插值法估计该笔借款的利率(保留两位小数)。

解:$P=A\times(P/A,i,10)$

$100=13.80\times(P/A,i,10)$

即 $P/A=(P/A,i,10)=100/13.80=7.25$

利用已知数据,采用插值法计算如下:

$$(6\%-7\%)/(6\%-i)=(7.36-7.02)/(7.36-7.25)$$

得出:$i=6.32\%$

因此,该笔借款的利率为 6.32%。

三、养老金问题

【例 3-17】 某职工现年 50 岁,预计在退休后(60 岁)每年年末从银行取 2 万元作为生活费,从现在起,他每年年末至少存入银行多少钱,才能满足他的未来开支需要。(预计寿命 80 岁,存款利率为 5%)

解:为了计算得出在工作的 10 年间每年应该存入的金额 A,方法有多种,其基本原则就是保障退休后 20 年的每年开支 2 万元。为此,我们应该计算使得年金 A 的价值大于等于年金 B($B=2$)的价值。因为资金存在时间价值,所以不同时点的现金流只有折算到同一时点才具有可比性。问题的关键是要确定"同一时点",并将年金折算到该时点即可。这里"同一时点"无论设在哪里,其计算结果都是一样的。

1.以 60 岁为"同一时点"的计算

以 60 岁为"同一时点",计算最简单,只要计算求得存款 A 折算到 60 岁时点的价值

（年金终值）大于等于未来20年每年2万元折算到60岁时点的价值（年金现值）即可。

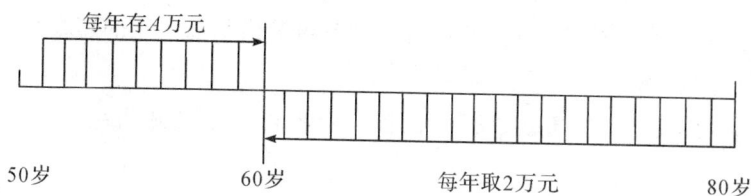

每年存A万元　　　50岁　　60岁　　每年取2万元　　80岁

因此，计算公式为：

$$A \times (F/A, 5\%, 10) \geqslant 2(P/A, 5\%, 20)$$

2. 以50岁为"同一时点"的计算

首先，将20个2万元折算到60岁时点，即对其求年金现值$2 \times (P/A, 5\%, 20)$。再将其折算到50岁时，对其前述结果再求复利现值，即$2 \times (P/A, 5\%, 20) \times (P/F, 5\%, 10)$。其次，将A折算到50岁时点，即对A求年金现值$A \times (P/A, 5\%, 10)$，要使存款满足后来的开支需要，则应该满足：

$$A \times (P/A, 5\%, 10) \geqslant 2 \times (P/A, 5\%, 20) \times (P/F, 5\%, 10)$$

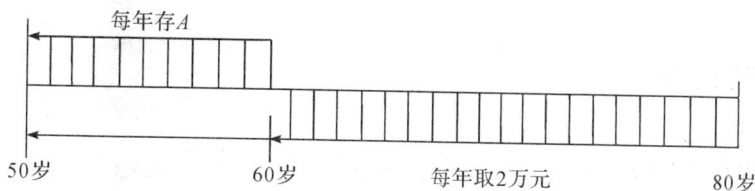

每年存A　　50岁　　60岁　　每年取2万元　　80岁

3. 以80岁为"同一时点"的计算

首先，将A折算到60岁时点，即对A求年金终值$A \times (F/A, 5\%, 10)$，再将其结果折算到20年后的80岁时，即对其结果求复利终值$A \times (F/A, 5\%, 10) \times (F/P, 5\%, 20)$。要使存款满足后来的开支需要，则：

$$A \times (F/A, 5\%, 10) \times (F/P, 5\%, 20) \geqslant 2 \times (F/A, 5\%, 20)$$

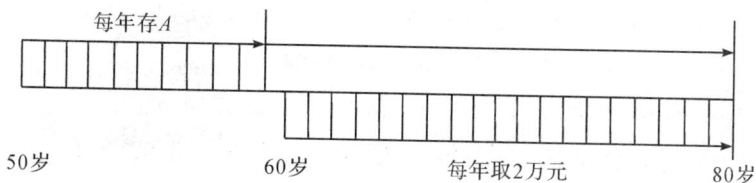

每年存A　　50岁　　60岁　　每年取2万元　　80岁

上述计算方法虽然有三种，但其基本原则只有一个，那就是在了解经济问题本质的基础上确定"同一时点"。只要将现金折算到该时点，我们便可以做出正确的判断和决策。本例不管采用哪种方法，通过查表计算都可以得到相同的结果，即A为1.98万元。

四、利率变动问题

随着经济周期和资金供求关系等的变动，市场利率也时常发生变化，导致货币时间价值的计算比较复杂。

【例 3-18】 某企业年初向银行借入一笔 10 年期的可变利率贷款 100 万元。规定从第一年起按年分期等额还本付息，年利率为 6％。从第六年开始，银行宣布年利率按 9％ 计算。试分别计算该笔借款前 5 年的还款数额 A 和后 5 年的还款数额 B。

授课视频 贷款利率调整的计算

解：前 5 年的还款数额 A 比较容易确定，计算公式为：

$$100 = A \times (P/A, 6\%, 10)$$

查表得：A 为 13.59 万元。

对于如何计算后 5 年的还款数额，仍然可以利用"同一时点"的概念。

为了方便起见，下面以第 5 年末为"同一时点"来介绍。

不管利率是多少，在第 5 年末，尚未偿还的金额是不会变化的，因此，在第 5 年末这一时点，利率为 6％ 时（年还款额 A＝13.59 万元）折算到该点的价值和利率为 9％（还款额为 B 万元）折算到该点的价值应该是相等的。即：

$$13.59 \times (P/A, 6\%, 5) = B \times (P/A, 9\%, 5)$$

求得 B 为 14.71 万元。这种以"同一时点"为依据来计算还款额的方法可以简化分析过程，大家比较容易理解和接受。

五、偿债问题

【例 3-19】 海洋公司获得了一笔 600 万元的银行长期借款，借款期限为 4 年，年复利率为 9％。银行规定的还款方式为：前三年每年年末归还一笔相等金额的款项，最后一年归还本息共 300 万元，四年内全部还清。要求：(1)计算该公司前三年每年年末归还的金额；(2)编制该公司对上述借款的还款计划表。

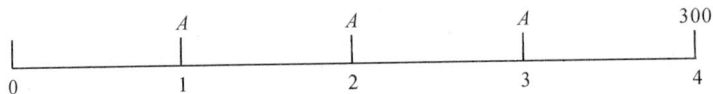

授课视频 还款计划表

解：(1) $P = 600 = A \times (P/A, 9\%, 3) + 300 \times (P/F, 9\%, 4)$

$= A \times 2.5313 + 300 \times 0.7084$

$A = (600 - 300 \times 0.7084) \div 2.5313 = 153.07$（万元）

所以，该公司前三年每年年末归还的金额为 153.07 万元。

(2)该公司借款的本息还款计划，如表 3-4 所示。

表 3-4　还款计划　　　　　　　　　　　　　　　　单位：万元

年份	年初尚未归还本金余额	当年利息	年末止本利和	计划还款额	当年归还本金数额
第 1 年	600.00	54.00	654.00	153.07	99.07
第 2 年	500.93	45.08	546.01	153.07	107.99
第 3 年	392.94	35.36	428.30	153.07	117.71
第 4 年	275.23	24.77	300.00	300	275.23
合计		159.21		759.21	600.00

六、购房按揭款的计算

【例 3-20】 小宋夫妇俩 2016 年末已有积蓄 20 万元。此后每月的工资收入估计能有 6 000 元,除去日常生活开支每月 2 500 元左右,每月还可积蓄约 3 500 元。现在他们准备购置一房产,总房价约为 45 万元,准备首付一部分房款,余款实行银行按揭。已知银行按揭的月利率为0.5%,按揭从 2017 年 1 月开始。小宋夫妇俩正在商讨购房付款的事宜。请你帮助他们计算分析和解决下列问题:

授课视频 Excel 财务函数功能(按揭贷款)

(1)如果小宋夫妇考虑现有积蓄 20 万元中留存 5 万元准备装修用,购房时首付 15 万元,按揭年限想短一些,初步定为 10 年,采用按月等额还款方式。请问小宋夫妇能否支付每月的按揭款?

(2)如果小宋夫妇决定将按揭年限定为 15 年,请你为他们计算每月应付的按揭款。

(3)在 15 年按揭的前提下,银行规定从 2019 年 1 月起,按揭的月利率由原来的 0.5% 降到0.45%,这样一来,请你计算小宋夫妇每月的按揭款可比原来少付多少?

(4)如果小宋夫妇在 2017 年和 2018 年的收入大大超过了预期水平,他们想在 2019 年 1 月初将剩余 13 年的房款一次性还清,请你按下调后的利率计算他们在 2019 年 1 月初应一次性支付多少价款?

解:(1)按照 10 年按揭,每月的还款额为:

A＝300 000÷年金现值系数(0.5%,120)

300 000÷90.073 45＝3 330.62(元)

小宋夫妇能支付每月的按揭款。

(2)按照 15 年按揭,每月的付款额为:

A＝300 000÷年金现值系数(0.5%,180)

300 000÷118.503 5＝2 531.57(元)

按揭年限 15 年,小宋夫妇每月应付按揭款 2 531.57 元。

(3)当利率下调后,从 2019 年 1 月起每月的付款额为 B,可以得到:

2 531.57×年金现值系数(0.5%,156)＝B×年金现值系数(0.45%,156)

B＝(2 531.57×108.140 4)÷111.916 8＝2 446.15(元)

2 531.57－2 446.15＝85.42(元)

小宋夫妇每月可少付 85.42 元按揭款。

(4)一次性支付款项为:

2 446.15×111.916 8＝273 765.28(元)

以上主要介绍的是货币时间价值计算的基本原理。在财务管理实际工作中,财务管理人员可采用 Excel 的财务函数功能进行计算,可以大大提高工作效率和计算的准确度。

第四节　风险的概念和计量

拓展阅读　中华
古人理财观趣谈

　　企业的经济活动大都是在风险和不确定的情况下进行的,离开了风险因素就无法正确评价企业收益的高低。资金风险价值原理,揭示了风险同收益之间的关系,它同货币时间价值原理一样,是财务决策的基本依据。如果货币时间价值是财务管理的第一原则,风险价值就是财务管理的第二原则。财务管理人员应当理解和掌握资金风险价值的概念和有关计算方法。

一、风险的概念和种类

(一)风险的概念

　　风险一般是指在一定条件下和一定时期内可能发生的各种结果的变动程度。如果某一行为只有一种结果,则不存在风险;如果有多种可能的结果,则该行为存在风险。风险由风险因素、风险事故和风险损失三个要素构成。从财务的角度来看,风险主要是指无法达到预期报酬率的可能性。

　　风险是客观存在的,按风险的程度,可以把企业财务决策划分为以下三种。

　　1. 确定性决策

　　决策者对未来的情况完全确定时做出的决策,称为确定性决策。例如,世代公司将100万元投资于利率为10%的国库券,由于国家实力雄厚,到期得到5%的报酬率几乎是肯定的,因此,一般认为这种投资就是确定性投资。

　　2. 风险性决策

授课视频　风险
的概念和要点

　　决策者对未来的情况不能完全确定,且未来的情况出现的可能性——概率具体分布已知或可以估计,这种情况的决策称为风险性决策。

　　3. 不确定性决策

　　决策者对未来的情况不仅不能完全确定,而且对其可能出现的概率也不清楚,这种情况下的决策称为不确定性决策。严格来讲,风险和不确定性是不同的,风险性决策可以进行概率计算,不确定性因无法确定事件发生的可能性或概率而无法准确计量。但是,在财务管理中,常常对不确定性投资方案中的各种情况出现的可能性规定一些主观概率,就可以将不确定性投资方案转化为风险性的投资方案而进行定量分析。因此,规定了概率后的不确定性决策与风险性决策就没有了区别,在财务管理上不予区分。

●问答 3.4(判断题)

　　◆由于企业投资风险的存在,财务管理人员应该只选择那些确定性的投资机会,将企业可能发生的损失降到最低水平。(　　　)

A. 正确	B. 错误

(二)风险的种类

从个别投资主体的角度看,企业所面临的风险可分为市场风险和企业特有风险。市场风险,又称为系统风险,是指那些影响所有企业的因素所引起的风险,如通货膨胀、经济周期、宏观经济政策调整和战争等。这些风险能影响所有企业,不可能通过多角化投资来分散,因此,市场风险又称为不可分散风险。企业特有风险是指发生于个别企业的特有事件造成的风险,如新产品开发失败、项目投资决策失误、企业管理水平低下、现金流动性差、资本结构不合理、资产配置失调等。这类风险可以通过多角化投资来分散。因此,企业特有风险又称为可分散风险。

从企业本身来看,风险可分为经营风险和财务风险。经营风险是指生产经营活动的不确定性。例如,决策人员和管理人员在经营管理过程中出现失误导致公司盈利水平发生变化而使投资者预期收益下降的风险。经营风险是企业经营过程中面临的最大风险,是公司特有风险的一种,也是可以分散的,但并不是所有企业都可以回避的。不过站在投资者的立场上,如果采取分散投资,当一个企业发生不利事件时,可以被其他企业发生的有利事件相抵消,因此,经营风险就可以被分散。财务风险是指因举债而给企业财务成果带来的风险,是负债筹资带来的风险,因此又称为筹资风险。

●问答3.5(单选题)

※以下投资风险中,属于非系统风险的特征是(　　　)。

A.不能被投资多样性所稀释　　　　B.只能回避不能消除

C.通过投资组合可以分散　　　　D.对各投资者的影响程度相同

二、风险对策

(一)规避风险

当风险所造成的损失不能由该项目可能获得的收益予以抵消时,应当放弃该项目,以规避风险。例如,拒绝与不守信用厂商的业务往来,放弃可能明显导致亏损的投资项目。

(二)减少风险

减少风险主要有两方面的意思:一是控制风险因素,减少风险的发生;二是控制风险发生的频率,降低风险的损害程度。减少风险常用的方法有:进行准确的预测;对决策进行多方案优选;及时与政府部门沟通获取政策信息;在发展新产品前,充分进行市场调研;采用多领域、多地域、多项目、多品种的投资以分散风险。

(三)转移风险

对可能给企业带来灾难性损失的项目,企业应以一定代价,采取某种方式转移风险。例如:向保险公司投保;采取合资、联营、联合开发等措施实现风险共担;通过技术转让、租赁经营和业务外包等实现风险转移。

(四)接受风险

接受风险包括风险自担和风险自保两种。风险自担是指风险损失发生时,直接将损失摊入成本或费用,或冲减利润。风险自保是指企业预留一笔风险金或随着生产经营的进行,有计划计提资产减值准备等。

三、风险的衡量

风险报酬具有不易计量的特性。财务管理人员要计算在一定风险条件下的投资报酬,必须利用概率论和数理统计的方法,按未来年度预期报酬的平均偏离程度进行估量。

(一)概率分布

随机事件是指在相同条件下可能发生也可能不发生的事件,或者说这种事件的未来结果虽然不能确定,但是出现的各种结果及其可能性可以预测。随机事件结果出现的可能性叫作概率。概率越大,这种结果出现的可能性就越大。随机事件的结果就叫作随机变量。

一般来讲,必然发生事件的概率为1,不可能发生事件的概率为0,而随机事件发生的概率介于0～1。因此,任何概率必须符合以下两条规则:

(1)$0 \leqslant P_i \leqslant 1$,即每个随机变量出现的概率在0～1;

(2)$\sum_{i=1}^{n} P_i = 1$,即所有随机变量的概率之和等于1。

其中,P_i表示随机变量出现的概率;i表示随机变量可能出现的情况。

如果将所有随机变量都列出来,对应每个随机变量赋予一定的相应概率,这一完整的描述就称为概率分布。

【例3-21】 ABC公司有两个投资机会,A投资机会是一个高科技项目,该领域竞争激烈,如果经济发展迅速,该项目做得好,就能取得较大市场占有率,利润会很高,反之利润会很低,甚至出现亏损。B项目是一个老产品并且是必需品,销售前景可以准确测算。假如未来的经济情况只有三种:繁荣、正常和衰退,有关的概率分布和预期报酬,如表3-5所示。

表3-5 公司未来经济情况及投资报酬率

经济情况	发生概率	A项目报酬率	B项目报酬率
繁荣	0.3	90%	20%
正常	0.4	15%	15%
衰退	0.3	−60%	10%
合计	1	——	——

要求:根据上述资料分析A、B两个项目的概率分布,并判断两个项目的风险水平。

解：该例中,概率表示每一种经济情况出现的可能性,同时也就是各种不同预期报酬率出现的可能性。例如,未来经济情况出现繁荣的可能性为 0.3,这种情况若真的出现,则 A 项目可获得高达 90% 的报酬率,也就是说,采纳 A 项目获利 90% 的可能性是 0.3。当然,报酬率作为一个随机变量,受多种因素的影响。在此,我们假设其他因素都相同,只有经济情况一个因素影响报酬率。

如果随机变量只取有限个数值,并且对应这些数值有确定概率,则称随机变量是离散分布的。【例 3-21】就属于离散型分布,它有三个值,分别是 0.3、0.4 和 0.3,如图 3-6 所示。

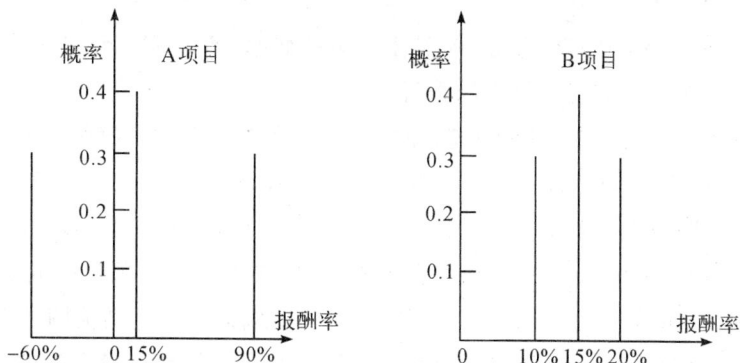

图 3-6　A、B 项目概率分布

对于 A 项目,当经济状况繁荣时,预期收益率为 90%,而经济状况一般时,预期收益率为 15%,当经济状况衰退时,预期收益率为 -60%。从图 3-6 看出各种情况的预期收益率差异较大,较分散地分布在横坐标。一般来讲,概率分布越分散,投资的风险程度越大,概率分布越集中,投资的风险程度越小。A 项目的概率分布明显比较分散,因此,A 项目的风险程度大于 B 项目。

实际上,出现的经济情况不止三种,有无数可能的情况会出现,如果对每种情况都赋予一个概率,并分别测算其报酬率,则可以用连续型分布描述,如图 3-7 所示。

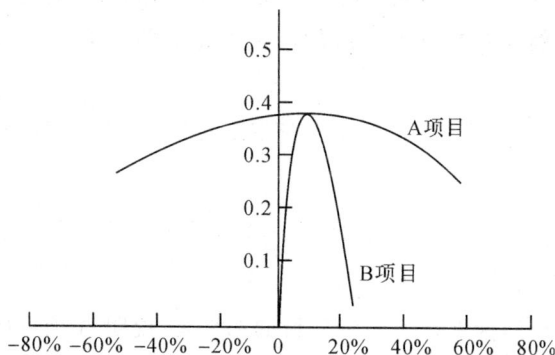

图 3-7　A、B 项目连续型分布

如图 3-7 所示,例题中的报酬率呈正态分布,其主要特征为对称的钟形。实际上并非所有的情况都按正态分布,但是,按照统计学的理论,不论总体分布是正态还是非正态,当样本很大时,其样本平均数都呈正态分布。所以,正态分布在统计学上应用广泛。

(二)期望值

期望值是随机变量的各种取值,以相应的概率为权重计算的加权平均数,它反映随机变量取值的平均化,并不直接反映风险水平。对于一个投资项目来说,未来的投资报酬期望值越大,表明该项目可创造的投资报酬率越高;反之,期望值越小,则投资报酬率越低。

投资项目收益率的期望值计算公式为:

$$\overline{K} = \sum_{i=1}^{n} K_i P_i$$

式中,$\overline{K}$为期望值;P_i为第i种结果出现的概率;K_i为第i种结果出现后的预期报酬率;n为所有可能结果的数目。

【例3-22】 沿用【例3-21】的资料,试计算 A、B 项目报酬率的期望值。

解:K 期望值(A)$= 0.3 \times 90\% + 0.4 \times 15\% + 0.3 \times (-60\%) = 15\%$

K 期望值(B)$= 0.3 \times 20\% + 0.4 \times 15\% + 0.3 \times 10\% = 15\%$

两者的预期报酬率相同,但是其概率分布不同(见图3-6)。A项目的报酬率的分散程度大,变动范围在$-60\% \sim 90\%$;B项目的报酬率的分散程度小,变动范围在$10\% \sim 20\%$。说明这两个项目的报酬率相同,但是风险程度不同。为了定量地衡量风险的大小,还要使用统计学中衡量概率分布离散程度的指标。

(三)标准差

标准差是各种可能的报酬率偏离期望值的综合差异,它是反映随机变量离散程度的指标,常用 σ 来表示,其计算公式为:

$$\sigma = \sqrt{\sum_{i=1}^{n} (K_i - \overline{K}_{\text{期望值}})^2 \cdot P_i}$$

标准差是一个绝对值指标,只有对期望值相同的投资项目,才能比较它们的风险程度大小。在期望值相同的情况下,标准差越大,风险程度越高;标准差越小,风险程度越低。

【例3-23】 沿用【例3-21】和【例3-22】的数据,试计算 A、B 项目的标准差,并判断 A、B 项目风险水平。

解:$\sigma_A = \sqrt{(90\% - 15\%)^2 \times 0.3 + (15\% - 15\%)^2 \times 0.4 + (-60\% - 15\%)^2 \times 0.3}$
$= 58.09\%$

$\sigma_B = \sqrt{(20\% - 15\%)^2 \times 0.3 + (15\% - 15\%)^2 \times 0.4 + (10\% - 15\%)^2 \times 0.3}$
$= 3.87\%$

由计算可知,A 项目的标准差大于 B 项目的标准差,说明 A 项目的投资风险大于 B 项目,应该选择 B 项目。

(四)标准离差率

对于期望值不同的投资项目的风险程度的比较,应该用标准离差与期望值的比例表

示,即标准离差率,通常用 V 表示。标准离差率的计算公式为:

$$V = \frac{\sigma}{K} \times 100\%$$

【例 3-24】　甲项目的预期报酬率为 30%,标准差为 60%;乙项目的预期报酬率为 10%,标准差为 25%。请问应该选哪个项目进行投资?

解: $V_{甲} = 60\% \div 30\% = 2$

$V_Z = 25\% \div 10\% = 2.5$

由计算结果可知,甲项目的标准离差率小于乙项目的标准离差率,因此,乙项目的风险水平高于甲项目,应该选择甲项目进行投资。

第五节　风险价值的计量

一、风险价值

风险可能给投资者带来超出预期的收益,也可能带来超出预期的损失。一般而言,投资者都厌恶风险,人们进行风险性投资是为了得到额外收益。投资者因冒风险投资而要求获得的超过时间价值的额外收益,称之为风险收益,又称为风险价值、风险报酬。人们总是希望冒较小的风险获得较大的收益,至少要使所得的报酬与所冒的风险相当。一般来说,风险报酬的大小取决于投资风险的大小,风险越大要求的必要报酬率就越高。

风险报酬的表现形式有两种,即风险报酬额和风险报酬率。在实际工作中,通常以相对数——风险报酬率来表示。

风险报酬率是指某资产持有者因承担该资产的风险而要求的超过无风险利率的额外收益,其计算公式为:

风险报酬率=必要报酬率-无风险报酬率

必要报酬率也称为最低必要报酬率或最低要求报酬率,表示投资者对某资产合理要求的最低报酬率。必要报酬率与认识到的风险有关,人们对资产的安全性有不同的看法:如果某公司陷入财务危机的可能性很大,也就是说投资该公司股票产生损失的可能性很大,那么,投资该公司股票的投资者就会要求有一个较高的报酬率,所以该股票的必要报酬率就会较高;相反,如果某项投资的风险较小,那么,对这项投资要求的必要报酬率也就很小。

二、风险价值的计算

投资者冒的风险越大,要求得到的风险价值越高。这就是说,风险报酬的大小应该与所冒风险的大小成正比,因此表示风险价值的风险报酬率应该与反映风险程度的标准离差率成正比。

授课视频　风险价值

(一)风险报酬率的计算

借助风险价值系数,就可以将投资报酬率的标准离差率转换为风险报酬率。风险报酬率的计算公式为:

$$R_r = b \cdot V$$

式中,R_r 为风险报酬率,b 为风险价值系数,V 为标准离差率。

在不考虑通货膨胀因素的情况下,投资的总报酬率为:

$$R = R_f + R_r = R_f + b \cdot V$$

式中,R 为投资报酬率;R_f 为无风险报酬率。

投资报酬率、风险价值系数和标准离差率三者之间的关系,如图 3-8 所示。

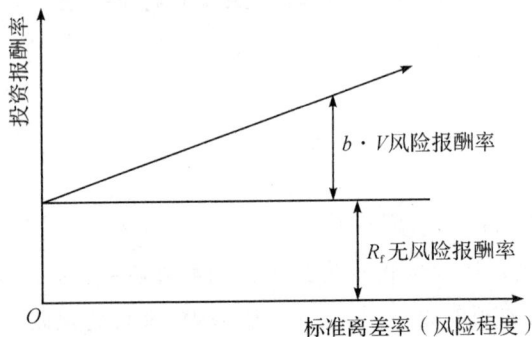

图 3-8　风险报酬关系

风险价值系数的数学意义是指该项投资的风险报酬率占该项投资的标准离差率的比例。如果投资者愿意冒较大的风险以追求较高的报酬率,那么可以把风险价值系数定得小一些;反之,就可以定得大一些。风险价值系数可以根据同类项目的投资报酬率、无风险报酬率和标准离差等历史资料确定。

1.根据以往同类项目加以确定

【例 3-25】　企业进行某项投资,其同类项目的资产报酬率为 15%,标准离差率为40%,无风险报酬率为 12%,则可以推算此类项目的风险价值系数为:

$$解:b = \frac{R - R_f}{V} = \frac{15\% - 12\%}{40\%} = 7.5\%$$

2.在调查的基础上确定

【例 3-26】　某项目的最高报酬率为 28%,最高风险程度为 200%,最低报酬率为 8%,最低风险程度为 20%。求风险报酬系数 b。

解:$b = (28\% - 8\%)/(200\% - 20\%) = 11\%$

除此之外,还可以采用专家评价法确定风险价值系数。

【例 3-27】　某企业投资 35 万元用于甲项目,预期未来投资报酬率的概率分布,如表3-6 所示。经过分析测算,确定该投资项目的风险价值系数为 8%。试计算该投资项目的风险报酬率。

表 3-6　投资项目的报酬率与概率分布

经济情况	发生概率	甲项目报酬率/%
繁荣	0.2	20
正常	0.7	10
衰退	0.1	5

解: $K_A = 0.2 \times 20\% + 0.7 \times 10\% + 0.1 \times 5\% = 11.5\%$

$$\sigma_A = \sqrt{(20\% - 11.5\%)^2 \times 0.2 + (10\% - 11.5\%)^2 \times 0.7 + (5\% - 11.5\%)^2 \times 0.1}$$
$$= 4.50\%$$

$V = 4.50\% \div 11.5\% \times 100\% = 39.13\%$

$R_r = b \cdot V = 8\% \times 39.13\% = 3.13\%$

所以该项投资的风险报酬率为 3.13%。

(二)风险报酬额的计算

风险报酬额的计算有两种方法。

第一,在已知投资额的前提下,用投资额乘以风险报酬率,即得到风险报酬额。其计算公式为:

$$P_r = C \cdot R_r$$

式中,P_r 为风险报酬额,C 为投资额,R_r 为风险报酬率。

第二,利用风险报酬率占总报酬率的比例,计算风险报酬额。其计算公式为:

$$P_r = P_m \cdot R_r / R$$

式中,P_m 为投资项目总报酬额。

【例 3-28】 已知某项目总报酬为 300 万元,无风险报酬率为 10%,风险报酬率为 5%,求投资风险报酬额 P_r。

解: $P_r = 300 \times 5\% \div (10\% + 5\%) = 100$(万元)

该项投资风险报酬额 P_r 为 100 万元。

风险测试 风险
偏好测试

【案例分析】

案例分析
削峰平谷,稳健
经营

案例解析

【分析要点】

1.《诗经·小雅·十月》中说,"百川沸腾,山冢崒崩,高岸为谷,深谷为陵"。意思是说,百川汹涌澎湃,山顶从高处崩塌下来,高岸低陷变成深谷,深谷隆起变成山陵。"削峰平谷"这一自然现象用于企业经营投资,其寓意是什么?

2."削峰平谷"谋略在经济不景气时容易做到,可在经济繁荣时期,要想坚持"削峰平谷"谋略,你认为经营者必须具备什么潜质?你会在经济繁荣时期选择"削峰平谷"谋略吗?

3.管理到了一定层次以后就是管理哲学问题了,你认为本案例的管理哲学是什么?你能从中得到什么启示?

【本章小结】

货币时间价值是财务管理的基本观念之一。因其非常重要并且涉及所有财务管理活动,被称为财务管理的"第一原则"。一般来讲,货币的时间价值相当于在没有风险、没有通货膨胀条件下的社会平均资金利润率。在实际工作中,通常用相对值——货币时间价值率来表示。

为了计算货币时间价值,需要引入终值和现值的概念,以表示不同时点的货币价值。终值是指一定资金在未来某时点上的价值,包括本金和时间价值,即本利和;现值是指未来某一时点上的一定量资金折合为现在的价值,即未来值扣除时间价值后所剩余的本金。有关货币时间价值的指标有许多种,本章着重介绍了单利终值和单利现值、复利终值和复利现值、年金终值和年金现值的计算方法。

资金风险价值原理揭示了风险同收益之间的关系,它同货币时间价值原理一样,是财务决策的基本依据,风险价值则是财务管理的"第二原则"。从财务的角度来看,风险主要是指无法达到预期报酬率的可能性。从个别投资主体的角度看,企业所面临的风险可分为市场风险和企业特有风险。市场风险又称为不可分散风险。企业特有风险是可分散风险。从企业本身来看,风险可分为经营风险和财务风险。经营风险是指生产经营活动的不确定性,而使投资者预期收益下降的风险。财务风险是指因举债而给企业财务成果带来的风险,是负债筹资带来的风险,又称为筹资风险。

风险价值具有不易计量的特性。风险水平的衡量采用概率分布、期望值、标准差和标准离差率来进行定性定量分析。一般来讲,概率分布越分散,投资的风险程度越大;概率分布越集中,投资的风险程度越小。期望值反映项目的收益水平。标准差是一个绝对值指标,只能用来比较期望值相同的各种投资和风险程度。对于期望值不同的投资项目的风险程度的比较,应该用标准离差与期望值的比例来表示,即标准离差率。

投资者因冒风险投资而要求获得的超过时间价值的额外收益,称之为风险收益,又称为风险价值、风险报酬。一般来说,风险报酬的大小与风险水平成正比,风险越大要求的必要报酬率就越高。

风险报酬率是指某投资持有者因承担该投资的风险而要求的超过无风险报酬率的额外报酬,其计算公式为:风险报酬率=必要报酬率-无风险报酬率。

【复习思考题】

　　1.什么是货币时间价值,简述货币时间价值的意义。

　　2.如何计算复利终值和复利现值?

　　3.简述年金的类型和各类年金的终值和现值的计算方法。

　　4.什么是风险和风险价值? 如何理解风险和报酬之间的关系?

第三章 在线测试

【综合自测】

　　1.【目的】练习预付年金现值的计算与应用。

　　【资料】企业需用一设备,购买价格为 3 600 元,可用 10 年。如租用,则每年年初需付租金 500 元,除此以外,买与租的其他情况均相同。假设利率为 10%。

第三章 综合自测参考答案

　　【要求】分析企业应该租赁该设备还是购买该设备。

　　2.【目的】练习货币时间价值的计算。

　　【资料】某公司年初从银行贷款 800 万元用于技术改造,从当年开始每年向银行偿还一笔贷款,连续偿还 8 年,银行贷款利率为 5%,按复利计算。

　　【要求】

　　(1)每年偿还 120 万元,连续偿还 8 年能否还清这笔贷款?

　　(2)若想在 8 年内恰好还清这笔贷款,每年年末应向银行偿还多少贷款?

　　3.【目的】练习风险价值的衡量。

　　【资料】某企业有 A、B 两个投资项目,计划投资额均为 1 000 万元,其收益(净现值)的概率分布,如表 3-7 所示。

表 3-7　投资项目净现值及概率

市场情况	概率	A项目净现值/万元	B项目净现值/万元
好	0.2	200	300
一般	0.6	100	100
差	0.2	50	−50

　　【要求】

　　(1)分别计算 A、B 两个项目净现值的期望值。

　　(2)分别计算 A、B 两个项目期望值的标准离差。

　　(3)判断 A、B 两个投资项目的优劣。

　　4.【目的】练习资金时间价值的计算。

　　【资料】某人现在有 10 万元,希望 5 年后达到 15 万元。

　　【要求】计算年收益率是多少(采用内插法计算)?

　　5.【目的】练习借款还款计划的计算。

　　【资料】ABC 公司从银行获取一笔 800 万元的长期借款,借款期限为 5 年,年复利率为

9%。银行规定的还款方式为：前 4 年每年年末归还一笔相等金额的款项,最后一年归还本息共计 400 万元,5 年内全部还清本息。

【要求】

(1)试计算该笔借款前 4 年每年应等额还款的数额。

(2)试计算第一年偿还的本金数额。

(3)试计算最后一年偿还的本金数额。

(4)试计算 5 年中共支付的利息总额。

第二篇　筹资管理

第四章　筹资管理基础 ▶▶▶

学习目标

了解企业筹资的目的与要求；

分析企业筹资环境，掌握现行的筹资渠道和方式；

理解企业筹集所需资金量的确定方法。

导入语

长期以来，融资难、融资贵是中小企业可持续发展的极大障碍。特别是 2020 年新冠肺炎疫情暴发以来，很多中小企业面临资金短缺问题，因此解决中小企业筹资困难迫在眉睫。近年来，各级政府和监管部门一直在鼓励和引导金融机构向中小企业提供融资服务，在各项政策措施下，部分问题得到解决，部分问题有了新变化，但中小企业融资问题还是没有得到彻底解决。截至目前，财政部、中国人民银行、中国银行保险监督管理委员会等部门出台了一系列支持中小企业的融资政策。为有效推动中小企业融资难、融资贵问题的解决，苏宁董事长张近东在 2020 年两会上建议：一方面，应继续抓政策落地，提高执行力；另一方面，建议由地方政府牵头，整合区域内政策机构力量和各方数据，建立完善全面、互联互通的地方中小企业政策执行和信息集成的综合体系，为金融机构创新中小金融业务模式提供数据支撑。

本章首先通过对筹集资金的目的和原则的解释，进而阐述企业可以采用的筹资渠道和筹资方式，最后介绍企业筹资所需资金量的预测方法。

关键词

筹资渠道(financing channels)

筹资方式(mode of financing)

销售百分比法(percentage of sales method)

线性回归分析法(linear regression analysis method)

第一节　筹资概述

资金是企业的"血液"。筹集企业生产经营所需的资金是企业财务管理的一项重要内容,任何企业能正常运营,都离不开资金。企业筹资是指企业根据其运营的实际情况,合理估计资金需求,通过筹资渠道和资本市场,运用适当的筹资方式,经济有效地获取生产经营活动所需资金的财务行为,也是财务管理的首要环节。

一、筹集资金的动机

资金是企业进行生产经营活动的首要条件。筹资的数量与结构直接影响企业效益的好坏,从而对企业的生存与发展起着不可忽视的作用。企业设立、扩大经营规模和偿还债务,都需要筹集资金。企业筹集资金的动机主要有以下几个方面。

(一)满足企业创建对资金的需要

2013 年,我国对《公司法》做出修改之后,取消了公司设立的最低限额,完全由公司股东或者发起人自行确定公司注册资本的数额。筹建期间,企业需要预测购置设备、厂房等的长期资本需要量,并安排流动资金形成企业的经营能力。企业除了筹措股权资金以外,还可通过银行借款等方式筹措债务资金。

(二)满足企业日常经营活动的正常波动对资金的需要

企业在日常经营过程中,常常会出现季节性或临时性的资金需求,如大额的原材料采购、集中性的工资发放等,均会引起除了正常经营活动资金需求以外的波动需求,这就需要企业临时筹措资金以维持企业的支付能力。

(三)满足企业扩大经营或对外投资对资金的需要

随着企业的成长,就需要扩大经营规模、开展对外投资以实现扩大再生产。因此,除了日常生产经营活动所需的资金以外往往需要大量追加筹资。这种扩张性的筹资需考虑投资金额以及投资的具体安排,避免资金的闲置或者投资时机延误等不利后果。

(四)满足企业调整资本结构对资金的需要

当企业的资本结构不合理时,通过不同的筹资方式进行调整,运用合适的筹资方式组合可以使企业的资本结构趋于合理,从而有利于企业实现价值最大化。例如,企业债务资本比例过高则财务风险较大,可通过增加股权资金比例优化资本结构;企业股权资本比例较大则资本成本负担较重,可通过筹资增加债务资本进行优化。又如,在债务到期时,企业为了保持现有的最佳资本结构,即便有偿债能力,也会选择举借新债偿还旧债。

二、筹集资金的原则

企业筹资决策将涉及筹资渠道与方式、筹资数量、筹资时机、筹资风险、筹资成本等方面。其中,筹资渠道受到筹资环境的制约,外部的筹资环境和企业的筹资能力共同决定了企业的筹资方式。企业筹资还必须在国家宏观筹资体制的框架下做出选择,受到国家金融制度的约束。具体来说,企业筹资应遵循以下基本原则。

(一)规模适当原则

企业筹资规模受到企业债务契约约束、企业规模大小等多方面因素的影响。同时,不同时期企业的资金需求量往往也不同。财务管理人员要认真分析科研、生产、经营等状况,采用一定的方法,预测资金的需求量,合理确定筹资规模。这样,既能避免因资金筹集不足而影响生产经营的正常进行,又能防止因资金筹集过多而造成资金闲置。

(二)筹措及时原则

企业在筹集资金时,应根据资金需要量的具体情况,合理安排资金的筹集时间,适时获取适量的资金。企业筹资必须与投资相互配合,避免筹资过早而造成资本闲置或者筹资滞后而延误投资的最佳时机。

(三)来源合理原则

不同来源的资金对企业的收益和成本有不同的影响。企业应认真分析资金来源市场状况,结合企业资金结构,合理选择资金来源,即企业应充分利用资本市场资源,寻求适合企业的资金渠道。

(四)成本最低原则

企业筹集资金的渠道多种多样,方式也有多种,不论何种渠道、何种方式筹资都要付出一定的代价,包括资本占用成本(如借款利息、债券利息、股息等)和资本取得成本(如股票发行费、债券注册费等),即资本成本。不同资金来源的资本成本各不相同,且取得资金的难易程度也不一样。因此,要综合考察各种筹资渠道和筹资方式,研究各种资金来源的构成,求得筹资方式的最优组合,以便降低综合的资本成本。

三、筹资渠道与筹资方式

(一)筹资渠道

筹资渠道是指筹集资金的来源和通道。认识筹资渠道的种类和每种筹资渠道的特点,有利于企业充分开拓和正确利用筹资渠道。目前,我国企业的筹资渠道主要有:

1.国家财政资金

国家对企业的投资是国有企业的主要资金来源。现有的国有企业的资金来源大部分是过去由国家以财政拨款的方式投资形成的。国家财政资金基础坚固,来源充沛,为大中型企业的生产经营活动提供了可靠的保障,再加上国家不断加大扶持基础性产业和公益性产业,决定了国家财政资金今后仍然是国有企业筹集资金的重要渠道。

2.银行信贷资金

银行信贷资金有居民储蓄、单位存款等比较稳定的资金来源,贷款方式灵活,能适应各种企业的资金需要,是企业的重要筹资渠道。银行信贷资金可分为商业性银行贷款和政策性银行贷款。商业银行是以营利为目的、从事信贷资金投放的金融机构,主要为企业提供各种商业贷款。政策性银行为各种企业提供政策性贷款。

3.非银行金融机构资金

非银行金融机构是指保险公司、信托投资公司、证券公司、租赁公司、企业集团所属的财务公司等非银行机构。它们可以为企业直接提供资金,或者为企业筹资提供服务。非银行金融机构资金供应灵活,并且服务形式多样,有广阔的发展前景。

4.其他企业资金

企业在生产过程中会形成部分暂时闲置的资金,可以在企业之间相互调剂使用。企业间的购销业务也可以通过商业信用方式来实现,形成企业间的债权债务关系。企业间的相互投资和商业信用的存在使其他企业资金成为企业资金的重要来源。

5.居民个人资金

居民个人资金主要指向民间个体投资者筹资。居民利用手中的闲余资金向企业投资,这也是企业资金的一种来源。随着人民生活水平的提高,这部分资金的利用空间会越来越大。

6.企业内部资金

企业内部资金是指企业在经营过程中自然形成的内部资金,如提取的盈余公积、计提折旧、未分配利润等形成的资金。这些资金的特点是无须企业通过一定的方式去筹集,而直接由企业内部自动生成或转移。

7.境外资金

境外资金是指由境外人士和组织向我国企业投入的资金,是外商投资企业的重要资金来源。企业通过吸引外国以及我国港、澳、台地区的资本投资,可以大大增强资金实力。

(二)筹资方式

筹资方式是指企业筹集资金所采用的具体形式,标志着资金的属性。正确认识筹资方式和种类以及每种筹资方式的特点,有利于企业选择合适的筹资方式,实现最佳的筹资组合。企业常用的筹资方式有:

1.吸收直接投资

吸收直接投资是指企业以协议等形式吸收国家、其他企业及个人直接投入的资金而形成企业资金的一种筹资方式。

2.发行股票

股票是指股份制公司签发的证明股东拥有公司股份的书面凭证。股份制公司可以通过本公司或下属公司发行股票成为上市公司,直接从资本市场筹资。

3.留存收益

留存收益是指企业从历年实现的净利润中提取或形成的留存于企业的内部积累,包括盈余公积和未分配利润两类。留存收益是企业将利润转化为股东对企业追加投资的过程。

4.金融机构贷款

金融机构贷款是指从银行或非银行金融机构取得借款,需要在规定的期限内还本付息。金融机构贷款是企业负债经营时采取的主要方式。

5.商业信用

商业信用是指商品交易中延期付款和延期交货而形成的借贷关系,是企业之间的一种直接信用关系。商业信用是企业短期筹资的主要方式。

6.发行债券

债券是指企业向社会公众筹集资金而向出资者出具的债务凭证。持有者凭借这种凭证有权按照约定的方式要求发行者还本付息。企业通过发行债券从资本市场筹资是企业筹集资金的重要方式。

7.租赁

租赁是指出租人以收取租金为条件,在合同规定的期限内,将资产租给承租人使用的一种经济行为。租赁包括经营租赁和融资租赁,租赁直接涉及的是物而不是钱,但在实质上具有借贷性质,是现代企业筹集资金的一种特殊方式。

以上就是企业筹资可供选择的主要方式,其中,前三种筹资方式属于权益资金筹集,后四种筹资方式属于负债资金筹集。随着我国金融市场的发展,企业筹资有多种方式可以选择,可以根据自身的实际情况选择合理的筹资方式。

(三)筹资渠道与筹资方式的对应关系

筹资渠道解决的是资金的来源问题,筹资方式解决的是资金的属性问题,它们之间存在一定的对应关系。一定的筹资方式可能只适用于某一特定的筹资渠道,但是,同一渠道的资金往往可以采用不同的方式取得。筹资渠道与筹资方式的对应关系,如表4-1所示。

拓展阅读　筹资方式比较

表4-1　筹资渠道与筹资方式的对应关系

筹资渠道	吸收直接投资	发行股票	留存收益	金融机构贷款	商业信用	发行债券	租赁
国家财政资金	√	√					
银行信贷资金				√			
非银行金融机构资金	√	√		√		√	√
其他企业资金	√	√			√	√	√
居民个人资金	√	√				√	
企业内部资金			√				
境外资金	√					√	√

四、筹资的分类

企业采用不同方式筹集的资金,按照不同的标准可以分为不同的筹资类别。

(一)股权筹资、债务筹资和衍生工具筹资

授课视频 筹资的分类和筹资方式

按照企业所取得的权益资金不同,企业筹资可分为股权筹资、债务筹资和衍生工具筹资三类。股权资本是股东投入的,企业依法长期拥有、能够自主调配运用的资本。股权资本在企业持续经营期间,投资者不得抽回,因而称为企业的自有资本或权益资本。企业的股权筹资可以通过吸收直接投资、发行股票、内部积累等方式取得。权益资本一般不用偿还本金,形成企业的永久性资本,因此,财务风险小,一般筹资成本较高。债务资本是企业按照合同向债权人取得的,在规定时间内需要偿还的债务。企业通过债务筹资形成债务资本。债务资本通过向金融机构借款、发行债券、融资租赁等方式获得。债务资本到期需要归还本金、支付利息,债权人对企业的经营状况不承担责任,因而债务资本的财务风险比较大,一般筹资成本较低。衍生工具筹资包括兼具债务筹资性质和权益资金性质的混合融资和其他衍生工具融资。我国上市公司目前常用的混合融资方式是可转让债券融资,最常见的其他衍生工具融资方式是认股权证融资。

(二)直接筹资和间接筹资

按照是否以金融机构为媒介获取资金,企业筹资方式可分为直接筹资和间接筹资两类。

直接筹资是指企业直接与资金供给者协商融通资金的融资方式。直接筹资不需要通过金融机构来筹措资金,是企业直接从社会取得资金的方式。直接筹资方式主要有发行股票、发行债券、吸收直接投资等。直接筹资方式可以筹集到股权资金,也可以筹集到债务资金。相对来说,直接筹资的手续比较复杂,筹资费用较高;但是筹资领域比较广,能够直接利用社会资金,有利于提高企业的知名度和资信度。

间接筹资是指企业借助于银行或非银行的金融机构筹集资金。在间接筹资方式中,银行等金融机构发挥中介的作用,预先筹集资金,然后提供给企业。间接筹资的基本方式是银行存款,此外还有商业信用和融资租赁等方式。间接筹资形成的主要是债务资金,主要用于满足企业资金周转的需要。间接筹资手续简单,筹资效率比较高,筹资费用偏低,但是容易受金融政策的制约和影响,筹资规模有时候不能满足企业资金的需要。

(三)内部筹资和外部筹资

按资金的来源范围不同,企业筹资可分为内部筹资和外部筹资两类。

内部筹资是指企业通过利润留存而形成的筹资来源。内部筹资数额大小主要取决于企业的可以分配利润的多少和利润分配政策,一般无须花费筹资费用,从而降低了资本

成本。

外部筹资是指企业向外部筹措资金而形成的筹资来源。处于初创期的企业,内部筹资的可能性是有限的;处于成长期的企业,内部筹资往往难以满足需要,这就需要企业广泛地开展外部筹资,如发行股票、债券、取得商业信用、银行借款等。企业向外部筹资大多需要花费一定的筹资费用,从而提高了筹资成本。

(四)长期筹资和短期筹资

按筹集资金的使用期限不同,企业筹资可分为长期筹资和短期筹资两类。

长期筹资是指企业筹集使用期限在1年以上的资金。长期筹资的目的主要在于形成和更新企业的生产和经营能力,或扩大企业生产经营规模,或为对外投资筹集资金。长期筹资通常采取吸收直接投资、发行股票、发行债券、长期借款、融资租赁等方式,所形成的长期资金主要用于购建固定资产、形成无形资产、进行对外投资、垫付流动资金等。从资金权益性质来看,长期资金可以是股权资金,也可以是债务资金。

短期资金是指筹集使用资金在1年以内的资金。短期资金主要用于企业的日常资金周转,一般在短期内需要偿还。短期筹资经常利用商业信用、短期借款、保险业务等方式来筹集。

● 问答4.1(多选题)

> ※ 下列各项中,属于外部股权筹资的是(　　　)。
> A. 商业信用　　　　　　　　　　B. 吸收直接投资
> C. 发行股票　　　　　　　　　　D. 发行债券

第二节　资金需要量预测

企业无论通过什么渠道、采用什么方式筹集资金,都应预先测定资金的需要量。通过资金需要量的预测,使企业资金的筹集量与需要量达到平衡,防止筹资不足而影响生产经营或筹资过剩而降低筹资效益。

企业筹资预测的基本依据主要有以下几个方面:

第一,法律依据。这主要是指对企业负债限额的限制。

2013年《公司法》修订后,取消了公司设立的最低限额,取消有限责任公司最低注册资本3万元、一人有限责任公司最低注册资本10万元、股份有限公司最低注册资本500万元的限制。因而企业在筹资预测过程中便不再需要考虑企业注册资本的限额。2020年《证券法》修订后取消了累计债券余额不超过公司净资产的40%等条件限制。

第二,企业经营规模依据。一般而言,公司规模越大,所需资本就越多,反之则越少。企业筹划重大投资项目时,需要进行专项的筹资预算。

第三,其他因素。其中包括利率的高低、对外投资的多少、企业的信用状况等都会对筹资数量有一定的影响。

资金需要量的预测方法分为定性预测法和定量预测法。

一、定性预测法

定性预测法是根据调查研究所掌握的情况和数据资料,凭借预测人员的知识和经验,对未来资金需要量做出预测的方法。定性预测法比较简便,尤其是对于需要立即做出判断和一些缺乏完备、准确的历史资料或影响因素复杂、难以分清主次、客观上不具备定量预测条件的预测项目具有一定的效果。这种方法容易受主观影响,精确度低。定性预测法的基本预测过程是:首先,由熟悉财务情况和生产经营情况的专家,根据过去所积累的经验进行分析判断,提出预测的初步意见;然后,通过召开座谈会或者发出各种表格等形式,对上述预测的初步意见进行修正补充。这样经过一次或者几次预测以后,得出预测的最终结果。定性预测法在数据不足或不能充分说明的情况下采用,是十分有用的一种预测方法,但是它不能揭示资金需要量与有关因素之间的数量关系。常见的定性预测法有集合意见法、专家会议法、德尔菲法等。

二、定量预测法

定量预测法是依据有关财务比率与资金需要量之间的关系,预测资金需要量的方法。这种方法预测的结果科学而准确,有较高的可行性,但计算较为复杂,要求具有完备的历史资料。定量预测法又分为因素分析法、销售百分比法、线性回归分析法、高低点法等。下面将介绍最常用的两种具体方法。

(一)销售百分比法

销售百分比法是依据销售额与资金需要量之间的比率关系预测资金需要量的方法。如某企业每年为销售 100 元商品,需要 30 元存货,存货与销售额的比例是 30%(30÷100)。销售额如果增至 200 元,那么该企业需要 60 元(200×30%)存货,可见这种方法是假定企业的一部分资产、负债和销售收入之间存在着稳定的百分比关系,而且企业各项资产、负债与所有者权益结构已达到最优。

运用销售百分比法进行资金需要量预测的基本步骤是:①预测销售收入增长率或者增长额;②确定预测期留存收益数;③分别确定随销售收入变动而变动的资产和负债项目,并分别计算变动的资产和负债占销售收入的百分比;④确定需要增加的资金总额;⑤确定对外界资金需求量。

【例 4-1】 甲企业 2020 年销售收入为 50 000 万元,销售净利率为 10%,股利支付率为 60%,企业现有生产能力尚未饱和,增加销售无须追加固定资产投资。经预测,该企业2021 年销售收入将达到 60 000 万元,企业的销售净利率和利润分配政策不变。甲企业

2020 年 12 月 31 日的资产负债表,如表 4-2 所示,要求预测甲企业 2021 年的资金需要量。

表 4-2　资产负债表

2020 年 12 月 31 日　　　　　　　　　　　　　　　　　单位:万元

资产	金融	负债	金额
库存现金	2 500	应交税费	5 000
应收账款	7 500	应付账款	2 500
存货	15 000	短期借款	12 500
固定资产净值	15 000	应付债券	5 000
		实收资本	10 000
		留存收益	5 000
合计	40 000	合计	40 000

解:(1)预测销售收入增长率和增长额

甲企业 2020 年销售收入为 50 000 万元,经预测,该企业 2021 年销售收入将达到 60 000 万元,则该企业的销售增长额和增长率分别为:

销售增长额＝60 000－50 000＝10 000(万元)

销售增长率＝10 000/50 000×100%＝20%

(2)确定预测期留存收益数

预测期留存收益＝预测期的收入×预计销售净利率×留存收益率

　　　　　　　＝60 000×10%×(1－60%)

　　　　　　　＝2 400(万元)

(3)确定随销售收入变动而变动的资产和负债项目

一般来说,运用销售百分比法就是要确定与销售额保持基本不变关系的资产和负债项目。企业随销售收入变动而变动的敏感资产项目主要为经营性资产,包括库存现金、应收账款、存货等项目。固定资产等长期资产视不同情况而定,当生产能力有剩余时,销售收入增加不需要增加固定资产;当生产能力饱和时,销售收入增加需要增加固定资产,但不一定按比例增加。随销售收入变动而变动的经营性负债,即敏感负债项目主要包括应交税费、应付账款、应付票据等,不包括短期借款、短期融资券、应付债券、长期借款等筹资性负债。

● 问答 4.2(多选题)

※采用销售百分比法预测资金需要量时,下列各项中,属于非敏感项目的有(　　　　)。

A. 交易性金融资产　　　　　　　　　B. 存货

C. 长期借款　　　　　　　　　　　　D. 应付账款

资产类除固定资产外,都将随销售量的增加而增加。负债与所有者权益类的应交税费与应付账款会随销售量的增加而增加。由于企业的利润没有全部分配出去,所以留存收益会有所增加,具体分析如表 4-3 所示。

表 4-3　甲企业的销售比率

资产	占销售收入百分比/%	负债	占销售收入百分比/%
库存现金	5	应交税费	10
应收账款	15	应付账款	5
存货	30	短期借款	不变动
固定资产净值	不变动	应付债券	不变动
		实收资本	不变动
		留存收益	不变动
合计	50	合计	15

注：表中"占销售收入百分比"是用资产负债表中相关数据与 2020 年(基期)销售收入的数额相比计算得出的

(4)确定需要增加的资金总额

从表 4-3 中可以看出，销售收入每增加 100 元，必须增加 50 元的资金占用(资产)，同时也会增加 15 元的资金来源(负债)。则每增加 100 元的销售收入需要筹集 35 元(50－15)的资金，即企业增加销售收入会产生 35%的资金需求。甲企业 2020 年销售收入增加 10 000 万元，则按照 35%的比率可预测将增加 3 500 万元的资金需求。

(5)确定对外界资金的需求量

上述 3 500 万元的资金需求通过留存收益可以筹集 2 400 万元，则企业必须向外界筹集的资金数为 1 100 万元。

上述资金预测过程也可用公式表示为：

$$外部筹资额＝预计资产增加－预计负债自然增加－预测期留存收益$$

$$＝\Delta S \cdot \frac{A}{S_1} - \Delta S \cdot \frac{B}{S_1} - S_2 \cdot P \cdot E$$

式中，ΔS 为销售的变动额；A 为随销售变化的资产(变动资产)；B 为随销售变化的负债(变动负债)；S_1 为基期销售额；S_2 为预测期销售额；P 为销售净利率；E 为收益留存比率；A/S_1 为变动资产占基期销售额的百分比；B/S_1 为变动负债占基期销售额的百分比。

根据上述资料可求得 2020 年甲企业对外筹资的需求量：

$$10\ 000 \times 50\% - 10\ 000 \times 15\% - 60\ 000 \times 10\% \times (1 - 60\%) = 1\ 100(万元)$$

(二)线性回归分析法

线性回归分析法是先假定资金需要量与营业业务量之间存在线性关系而建立的数学模型，然后根据历史资料，用回归直线方程确定参数预测资金需要量的方法。其预测模型为：

$$y = a + bx$$

式中，y 为资金需要量；a 为不变资金；b 为单位业务量所需要的变动资金；x 为业务量(以销售量代替)。

按照资金同业务量之间的关系，可以把资金分为不变资金、变动资金和半变动资金。

其中,不变资金是指在一定的营业规模内不随营业业务量增减的资金,主要包括为维持营业需要的最低数额的现金、原材料的保险储备、必要的成品或商品储备,以及固定资产占用的资金。变动资金是指随营业业务量变动而同比例变动的资金,一般包括在最低储备以外的现金、存货、应收账款等占用的资金。半变动资金是指虽然受营业业务量变化的影响,但不呈同比例变动的资金,如一些辅助材料占用的资金。半变动资金可以采用一定的方法划分为不变资金和变动资金两部分。

运用预测模型,在利用历史资料确定 a、b 数值的条件下,可以预测一定业务量 x 所需要的资金数量 y。a、b 可用回归直线方程组求出。

【例 4-2】 某企业 2016—2020 年的产销量和资金需要量,如表 4-4 所示。假定 2021 年预计产销量为 7.8 万件,要求预测 2021 年的资金需要量。

表 4-4 某企业 2016—2020 年产销量与资金需要量

年度	产销量 x/万件	资金需要量 y/万元
2016 年	6.0	500
2017 年	5.5	475
2018 年	5.0	450
2019 年	6.5	520
2020 年	7.0	550

解:(1)回归直线方程的数据计算,如表 4-5 所示。

表 4-5 回归直线方程的数据计算

年度	产销量 x/万件	资金需要量 y/万元	xy	x^2
2016 年	6.0	500	3 000	36
2017 年	5.5	475	2 612.5	30.25
2018 年	5.0	450	2 250	25
2019 年	6.5	520	3 380	42.25
2020 年	7.0	550	3 850	49
合计($n=5$)	$\sum x = 30$	$\sum y = 2\ 495$	$\sum xy = 15\ 092.5$	$\sum x^2 = 182.5$

(2)建立联立方程组,具体如下:

$$\begin{cases} \sum y = na + b\sum x \\ \sum xy = a\sum x + b\sum x^2 \end{cases} \Rightarrow \begin{cases} 2\ 495 = 5a + 30b \\ 15\ 092.5 = 30a + 182.5b \end{cases}$$

求得:$a = 205$,$b = 49$

(3)将 a,b 代入 $y = a + bx$,得:

$$y = 205 + 49x$$

(4)将 2021 年的预计产销量 7.8 万件代入上式,测得资金需要量为:

$$205 + 49 \times 7.8 = 587.2(万元)$$

运用线性回归法必须注意以下问题：

(1)资金需要量与业务量之间线性关系的假定要符合实际情况；

(2)确定 a,b 的数值时，应利用预测年度前连续若干年的历史资料，一般用 5 年，或至少 3 年的资料；

(3)应考虑价格等因素的变动情况。

【案例分析】

案例分析
商业地产多元化
融资模式探析

案例解析

【分析要点】

1.试分析比较万科和商业地产筹资模式的异同。

2.试就商业地产筹资方式进行分类，并比较其主要优缺点。

3.从万科多元化筹资案例中，你得到哪些启示？

4.试找一家你熟悉的上市公司，分析其主要的筹资方式有哪些？

【本章小结】

筹资的动机：企业创建、企业日常经营活动的正常波动、企业扩大经营或对外投资以及调整资本结构，都需要筹集资金。

筹资的原则：企业筹资应遵循规模适当、筹措及时、来源合理、成本最低原则。

筹资渠道是指筹集资金的来源和通道。我国企业目前的筹资渠道主要有：国家财政资金、银行信贷资金、非银行金融机构资金、其他企业资金、居民个人资金、企业内部资金和境外资金。

筹资方式是指企业筹集资金所采用的具体形式，标志着资金的属性。企业常用的筹资方式有：吸收直接投资、发行股票、留存收益、金融机构贷款、商业信用、发行债券和租赁。

筹资渠道解决的是资金的来源问题，筹资方式解决的是资金的属性问题，它们之间存在着一定的对应关系。一定的筹资方式可能只适用于某一特定的筹资渠道，但是，同一渠道的资金往往可以采用不同的方式取得。

企业无论通过什么渠道、采用什么方式筹集资金，都应预先测定资金的需要量。资金需要量的预测方法分为定性预测法和定量预测法。定性预测法是指利用直观的资料，依靠个人的经验主观分析和判断，对未来资金需要量做出预测的方法。定量预测法是依据有关财务比率与资金需要量之间的关系，预测资金需要量的方法。销售百分比法是依据销售额与资金需要量之间的比率关系预测资金需要量的方法。这种方法是假定企业的部分资产与负债和销售收入之间存在着稳定的百分比关系，而且企业各项资产、负债与所有者权益结构已达到最优。线性回归分析法是先假定资金需要量与营业业务量之间存在线性关系建立数学模型,然后根据历史资料,用回归直线方程确定参数预测资金需要量的方法。

【复习思考题】

1. 企业筹集资金的目的有哪些?
2. 企业筹集资金的原则是什么?
3. 筹资渠道与筹资方式分别有哪些,两者的关系是什么?
4. 筹资不足或筹资过剩会对企业产生什么影响?
5. 企业筹资额预测的依据有哪些?
6. 企业筹资额预测的方法有哪些?

第四章　在线测试

【综合自测】

1.【资料】某公司 2015—2019 年的销售量和资金需要量的历史资料,如表 1 所示。

表 1　历史资料

年度	产销量/件	资本需要额/万元
2015 年	1 200	1 000
2016 年	1 100	950
2017 年	1 000	900
2018 年	1 300	1 040
2019 年	1 400	1 100

第四章　综合自测参考答案

假定 2020 年的销售量预计为 1 500 件。

【要求】确定 2020 年的资金需要量。

2.【资料】某公司 2020 年需要追加外部筹资额为 49 万元,公司敏感负债占销售额的百分比为 18%,销售净利率为 8%,公司所得税税率为 25%,税后利润留存收益率为 50%,2019 年公司的销售额为 15 亿元,预计 2020 年销售额增长率为 5%。

【要求】测算该公司 2020 年公司需要增加的资金总额和公司留存收益。

第五章　筹资方式 ▶▶▶

了解企业的资本金制度；

掌握权益资金各种筹集方式及其优缺点；

掌握长期债务资金各种筹集方式及其优缺点；

了解各种筹资方式的程序。

导入语

海天集团是国内领先的消费类电子国有控股企业,在国内享有较高的知名度。海天集团董事长在 2017 年的工作会议上提出,"要通过并购重组、技术改造、基地建设等举措,用 5 年左右的时间使集团规模翻番,努力跻身世界先进企业行列"。根据集团发展需要,经研究决定,拟建设一个总投资额为 8 亿元的项目,该项目已获国家有关部门核准,预计两年建成。企业现有自有资金 2 亿元,尚有 6 亿元的资金缺口,企业资产负债率要求保持在恰当水平,集团财务部提出以下方案解决资金缺口问题。

方案一:向银行借款 6 亿元,期限 4 年,年利率为 10%,按年付息;

方案二:向银行借款 6 亿元,期限 1 年,年利率为 4.5%,按年付息;

方案三:直接在二级市场上出售持有的乙上市公司股票,该股票的每股初始成本为 18 元,现行市价为 30 元,预计未来成长潜力不大;

方案四:发行集团公司股票 3000 万股,共计 6 亿元,发行后集团公司第一大股东的股权被稀释,公司股权分散,不再属于国有控股;

方案五:不再向股东支付现金股利,这可以节省 2 亿元现金的同时采取租赁设备的方法以减少另外的 4 亿元资金的支付。

这五种筹资方案所采取的筹资方式在筹资风险、资本成本等方面各不相同。

筹资是一个财务问题,但又不仅仅是财务问题,在企业做出重大筹资方式决策时,需要有各方面管理人员和有关专家参与讨论,以便做出正确决策。本章将重点介绍各种权益性和债务性的筹资方式及其优缺点,并阐述各种筹资方式的基本程序。

关键词

资本金制度(capital system)

吸收直接投资(absorbing direct investment)

普通股(common stock)

优先股(preferred stock)

留存收益筹资(the using earnings retained)

长期借款融资(the long-term loan financing)

公司债券融资(the corporate bond financing)

可转换债券融资(the convertible bond financing)

租赁融资(leasing financing)

第一节　权益资金的筹集

权益资金也称自有资金,是企业依法筹集并长期拥有,自主调配运用的资本来源。其内容包括投资者投入的资本金和留存收益,它在数量上反映了投资者拥有的全部资金。权益资金主要通过吸收直接投资、发行股票和企业留存收益等筹资方式形成。

企业创立时,最初的资金主要来源于企业所有者。企业初创时吸收所有者的直接投资,必须建立资本金制度。企业存续期间吸收所有者的直接投资,要调整企业资本金的结构,从而改变企业的产权结构。因此,在阐述权益筹资之前,我们有必要先了解资本金制度。

一、资本金制度

资本金指企业在工商行政管理部门登记的注册资金。所有者对企业投入的资本金是企业从事正常经济活动、承担经济责任的物质基础,是企业在经济活动中向债权人提供的基本财务担保。

资本金按投资主体的不同,可分为国家资本金、法人资本金、个人资本金和外商资本金。与此相应的,股份制企业的股权可划分为国家股、法人股、个人股和外资股。这种分类有利于确定企业的所有制结构,保护投资者的合法权益。

在初始投资时,所在者投入企业的资本可能大于注册资本,从而形成资本公积。比如,股东以溢价方式购买股票形成的溢价款、外商投入的外币因汇率折算所形成的差额等。又如,在日常经营过程中,因接受捐赠、法定财产重估增值等原因形成的差额。资本公积在性质上属于全体所有者共同所有,它是一种资本储备形式,或者说是一种准资本,在适当的时候可按法定程序转为资本金。

二、吸收直接投资

吸收直接投资是指企业以协议、合同等形式吸收国家、法人和个人等直接投资,形成企业资本金的一种筹资方式。它适用于非股份制公司,是非股份制公司筹集权益资本的基本形式。

(一)吸收直接投资的种类

企业采用吸收直接投资方式筹集的资金一般可分为以下三类。

1.吸收国家投资

国家投资是指有权代表国家投资的政府部门或者机构将国有资产投入企业,这种情况下形成的资本叫作国有资本。吸收国家投资是国有企业筹集自有资金的主要方式。根据《企业国有资本与财务管理暂行办法》规定,国家对企业注册的国有资本实行保全原则。企业在持续经营期间,对注册的国有资本除依法转让外,不得抽回,并且以出资额为限承担相关责任。企业拟以盈余公积、资本公积转增实收资本的,国有企业和国有独资公司由企业董事会或经理办公会决定,并报主管财政机关备案;股份有限公司和有限责任公司由董事会决定,并经股东大会审议通过。吸收国家投资一般具有以下特点:①产权归属国家;②资金的运用和处置受国家约束较大;③在国有企业中采用较多。

2.吸收法人投资

法人投资是指法人单位以其依法可以支配的资产投入企业,这种情况下形成的资本叫作法人资本。吸收法人投资一般具有如下特点:①投资活动发生在法人单位之间;②以参与企业利润分配为目的;③出资方式灵活多样。

3.吸收个人投资

个人投资是指社会个人或本企业内部职工以个人合法财产投入企业,这种情况下形成的资本称为个人资本。吸收个人投资一般具有以下特点:①参加投资的人员较多;②每人投资的数额相对较多;③以参与企业利润分配为目的。

(二)吸收直接投资的出资方式

企业在采用吸收投资方式筹集资金时,投资者可以用现金、厂房、机械设备、材料物资、无形资产等作价出资。

1.以现金出资

以现金出资是吸收投资中一种重要的出资方式。有了现金,便可获取其他物质资源。因此,企业应尽量动员投资者采用现金方式出资。吸收投资中所需投入现金的数额,取决于投入的实物、工业产权之外,尚需多少资金来满足建厂的开支和日常周转需要。国外公司法或投资法对现金投资占资金总额的多少,一般都有规定,我国目前尚无这方面的规定,所以需要在投资过程中由双方协商加以确定。

2.以实物出资

以实物出资就是投资者以厂房、建筑物、设备等固定资产或原材料、商品等流动资产所进行的投资。一般来说,企业吸收的实物应符合如下条件:①确为企业科研、生产、经营所需;②技术性能比较好;③作价公平合理。实物出资所涉及的实物作价方法应按国家的有关规定执行。

3.以无形资产出资

以无形资产出资是指投资者以专有技术、商标权、专利权、土地使用权、版权等无形资产所进行的投资。该方式应按双方同意接受的数额确定无形资产的价值,还应有必要的文件作为处理依据。

新《公司法》取消了包括专利权、专有技术、商标权、著作权、土地使用权等在内的无形资产最高可以达到70%比例的限制,故无形资产可以100%作为注册资本注资,这一修订对于促进科技成果产业化具有极大的推动作用。

(三)吸收直接投资的优缺点

吸收直接投资是我国企业筹资中最早采用的一种方式,在计划经济下被广泛采用。其优点有:

第一,有利于增强企业信誉。吸收直接投资所获得的资金属于自有资金,与借入资本相比较,它能够提高企业的信誉和借款能力,对扩大企业经营规模、壮大企业实力具有重要作用。

第二,有利于尽快形成生产能力。吸收直接投资可以直接获取投资所需的先进设备和先进技术,有利于尽快形成生产能力。

第三,容易进行信息沟通。吸收直接投资的投资者比较单一,股权并未分散化,投资者甚至直接在公司担任管理层,公司易与投资者沟通。

第四,手续简便,筹资费用较低。吸收直接投资不同于股票发行,无须向中介机构支付手续费、佣金,故手续简便,筹资费用也相对较低。

吸收直接投资的缺点有:

第一,资金成本高。当企业经营较好、盈利较多时,投资者往往要求较高的红利回报,一般资金成本较高。

第二,不便于产权交易。该融资方式没有以证券为媒介,难以进行产权转让。

第三,融资规模受限。吸收直接投资的方式难以吸收大量的社会资本,融资规模受到限制。

第四,控制权集中,不利于公司治理。出资额较大的投资者对于公司经营管理有较大的控制权,容易损害其他中小投资者的利益。

● 问答 5.1(单选题)

※与发行债券相比,吸收直接投资的优点是(　　　　)。
A.资本成本低　　　　　　　　　B.产权流动较快
C.能够提升企业市场形象　　　　D.易于尽快形成生产能力

三、发行普通股

股票是股份公司为筹集权益资本发行的有价证券,是股东拥有公司股份的凭证。股票筹资是股份公司筹集权益资本的基本方式。它包括普通股和优先股。公司发行普通股股票筹集的资本称为普通股股本,它是股份有限公司的首要资本来源,也是股份有限公司筹集其他资本的基础。

(一)股票的分类

根据不同标准,可以对股票进行不同的分类。

1.按股东享有权利和承担义务的不同分类

按股东享有权利和承担义务的不同,可将股票分为普通股票和优先股票。普通股票简称普通股,是股份公司依法发行的代表股东享有平等的权利和义务、股利不固定的股票。普通股具备股票的一般特征,是股份公司资本的最基本部分。优先股票简称优先股,是股份公司依法发行的具有一定优先权的股票。其优先权体现在利润分红及剩余财产分配的权利方面优先于普通股。从法律上来讲,企业优先股不承担法定的还本义务,是企业权益资金的一部分,其股利的分配比例是固定的,这与债券利息相似。因此,优先股是一种具有双重性质的证券,既属权益资金,又兼有债券性质。

2.按股票票面是否记名分类

按股票票面有无记名,可将股票分为记名股票和无记名股票。记名股票是在股票上载有股东姓名或名称,并将其记入公司股东名册的一种股票。记名股票要同时附有股权手册,持有人只有同时具备股票和股权手册,才能领取股息和红利。记名股票的转让、继承要办理过户手续。无记名股票是指在股票上不记载股东姓名或名称的股票。凡持有无记名股票的人都可以成为公司股东。无记名股票的转让、继承无须办理过户手续,持有人只要将股票交给受让人,即可发生转让效力,移交股权。

我国《公司法》规定,股份有限公司向发起人、国家、法人发行的股票,必须采用记名股票;而向社会公众发行的股票,可以是记名股票,也可以是无记名股票;在股票转让时,记名股票须背书转让,并办理所有者变更登记;而无记名股票转让时要简单些,无须办理上述手续。

3.按股票票面有无金额分类

按股票票面有无金额,可将股票分为有面值股票和无面值股票。有面值股票是指在股票的票面上记载每股金额的股票。股票面值的主要功能是确定每股股票在公司所占的份额;另外还表明,在股份有限公司中,股东对每股股票所负有限责任的最高限额。无面值股票是指股票票面不记载每股金额的股票。无面值股票仅表示每一股在公司全部股票中所占有的比例。也就是说,这种股票只在票面上注明每股占公司全部净资产的比例,其价值随公司财产价值的增减而增减。目前,我国法律不允许发行无面值股票。

4.按发行对象和上市地区分类

按发行对象和上市地区不同,可将股票分为 A 股、B 股、H 股、N 股和 S 股等。

A 股,即人民币普通股,是由我国境内公司发行,以人民币标明票面金额并以人民币认购和交易的普通股。B 股,即人民币特种股,是以人民币标明普通股面值,以外币认购和买卖,在上海和深圳两个境内证券交易所上市交易的股票。它的投资人为境外投资者。H

股,即在内地注册,在香港上市的中资企业股,因香港的英文 Hong Kong 首字母而得名。依此类推,在纽约上市的股票为 N 股,在新加坡上市的股票为 S 股。

(二)股票发行的目的

股份有限公司发行股票,总的来说是为了筹集资金,但具体来说,有不同的原因:①设立新的股份有限公司。股份有限公司成立时,通常以发行股票的方式来筹集资金,形成公司的注册资本。②扩大经营规模。已设立的股份有限公司为不断扩大生产经营规模,也需要通过发行股票来筹集所需资金。通常,人们称此类股票发行为增资发行。③其他目的。其他目的的股票发行通常与集资没有直接联系,如发放股票股利等。

(三)上市公司股票发行的条件

上市的股份有限公司发行股票包括公开发行股票和非公开发行股票两种类型。公开发行股票又分为首次上市公开发行股票和上市公开发行股票,其中,上市公开发行股票,包括增发和配股两种方式。非公开发行股票向特定投资者发行,即定向增发。

按国际惯例,股份有限公司发行股票须具备一定的发行条件,取得发行资格,并办理必要手续。

1. 首次公开发行

首次公开发行股票,是指股份有限公司向社会公开发行股票并上市流通和交易。首次公开发行股票,应当符合《证券法》《公司法》规定的发行条件和经国务院批准的证券监督管理机构规定的其他发行条件。首次公开发行股票的一般条件为:

(1)公司具备健全且良好的运行机制。

(2)公司具有持续经营能力。

(3)公司在最近三年内的财务会计报告被出具无保留意见审计报告。

(4)发行人及其控股股东、实际控制人最近三年不存在贪污、贿赂、侵占财产、挪用财产或者破坏社会主义市场经济秩序的刑事犯罪。

(5)经国务院批准的证券监督管理机构规定的其他条件。

2. 增发

增发是指上市公司向社会公众发售股票的再融资方式。根据我国《证券法》《公司法》等的规定,上市公司申请增发新股,必须具备下列基本条件:

(1)前一次发行的股份已募足,并间隔一年以上。

(2)公司在最近三年内连续盈利,并可向股东支付股利(公司以当年利润分派新股,不受此项限制)。

(3)公司在最近三年内的财务文件无虚假记载。

(4)公司预期利润率可达同期银行存款利率。

3. 配股

配股是指上市公司向原有股东配售股票的再融资方式。配股除符合公开发行证券的条件外,还应当符合下列条件:

（1）上市公司必须与控股股东在人员、资产、财务上分开，保证上市公司的人员独立、资产完整和财务独立。

（2）公司章程符合《公司法》的规定，并已根据《上市公司章程指引》进行了修订。

（3）配股募集资金的用途符合国家产业政策的相关规定。

（4）前一次发行的股份已经募足，募集资金使用效果良好，本次配股距前次发行间隔一个以上完整的会计年度。

（5）公司上市超过3个完整会计年度的，最近3个完整会计年度的净资产收益率平均在10％以上；上市不满3个完整会计年度的，按上市后所经历的完整会计年度平均计算；属于农业、能源、原材料、基础设施、高科技等国家重点支持行业的公司，净资产收益率可以略低，但不得低于9％；上述指标计算期间内任何一年的净资产收益率不得低于6％。

（6）公司在最近三年内的财务会计文件无虚假记载或重大遗漏。

（7）本次配股募集资金后，公司预测的净资产收益率应达到或超过同期银行存款的利率水平。

（8）配售的股票限于普通股，配售的对象为股权登记日登记在册的公司全体股东。

（9）公司一次配股发行股份总额，不得超过该公司前一次发行并募足股份后其股份总额的30％，公司将本次配股募集资金用于国家重点建设项目、技改项目的，可不受30％比例的限制。

4. 非公开发行（定向增发）

上市公司非公开发行股票，是指上市公司采用非公开方式，向特定对象发行股票的行为，也叫定向增发。定向增发的发行对象为境外战略投资者的，应当经国务院相关部门事先批准。定向增发应当符合下列条件：

（1）非公开发行股票的发行对象不超过10名。

（2）发行对象属于下列情形之一的，具体发行对象及其认购价格或者定价原则应当由上市公司董事会的非公开发行股票决议确定，并经股东大会批准，认购的股份自发行结束之日起36个月内不得转让。

①上市公司的控股股东、实际控制人或者其控制的关联人；

②通过认购本次发行的股份取得上市公司实际控制权的投资者；

③董事会拟引入的境内外战略投资者。

（3）除此之外的发行对象，上市公司应当在取得发行核准批文后，按照有关规定以竞价方式确定发行对象和发行价格。发行对象认购的股份自发行结束之日起12个月内不得转让。

（4）发行价格不低于定价基准日前20个交易日公司股票均价的90％。

（四）股票发行的程序

根据国际惯例，任何未经法定程序发行的股票都不具效力。股份有限公司首次发行股票的基本程序如下：①发起人认足股份、交付股资；②提出公开募集股份的申请；③公告招股说明书,签订承销协议;④招认股份,缴纳股款;⑤召开创立大会,选举董事会、监事会;⑥办理公司设立登记,交割股票。

(五)股票的销售方式

股票的销售方式有自销方式和承销方式。其中,承销方式具体又分为包销和代销。包销是指证券公司将发行人的证券按照协议全部购入或者在承销期结束时将售后剩余证券全部自行购入的承销方式;代销是指证券公司代发行人发售证券,在承销期结束时,将未售出的证券全部退还发行人的承销方式。目前,我国股票发行方式分为公开间接发行(采用公募承销方式发行)和不公开直接发行(采用私募自销方式发行)。公开间接发行指通过中介机构,公开向社会公众发行股票。这种方式发行范围广,易于足额募集资本,股票的变现性强,流通性好,但发行成本较高。不公开直接发行指不公开对外发行股票,只向少数特定的对象直接发行,因而不需要中介机构承销。这种方式弹性较大,发行范围较小,股票变现性较差,但发行成本较低。

(六)股票发行价格

在股票发行工作开始前,还要确定股票的发行价格。股票的发行价格既是股票发行时所使用的价格,也是投资者认购股票时所支付的价格。股票发行价格除受内在价值影响外,还受股票的供求关系、政治及经济环境、资金供求关系和投资者心理等多种因素的影响。股票的发行价格通常有等价、时价和中间价几种。等价是指以股票的面额为发行价格,也称平价发行或面值发行。时价是指以公司原发行同种股票的现行市场价格为基准来选择增发新股的发行价格,也称市价发行。中间价是取股票市场价格与面值的中间值作为股票的发行价格,以中间价和时价发行既可能是溢价发行,也可能是折价发行。我国《公司法》规定,公司发行股票不准折价发行。

公司股票的发行价格由发行人和承销的证券公司协商确定,并报中国证监会核准。公司发行股票的价格应当参考公司经营业绩、净资产、发展潜力等方面的因素。实际工作中,股票的发行定价方式主要有以下几种:协商定价方式、一般的询价方式、累计投标询价方式和上网竞价方式等。无论采用何种方式,发行人和主承销商事先都要协商出一个发行底价或者发行价格的区间。这一发行底价或者发行价格的区间可以采用下列方法来估计:市盈率法、净资产倍率法、竞价确定法和现金流量折现法等。

1.市盈率法

市盈率法是先依据公司的盈利预测计算出发行人的每股收益,然后根据二级市场的平均市盈率、发行人的经营状况等拟定发行市盈率,最后根据每股收益与发行市盈率的乘积来决定发行价格。其计算公式为:

$$发行价格 = 每股收益 \times 发行市盈率$$

式中,每股收益可加权平均计算为:

$$每股收益 = \frac{发行当年预测净利润}{发行前总股本数 + 本次公开股本数 \times (12 - 发行月数) \div 12}$$

式中的"发行市盈率"是指公司股票市场价格与公司盈利的比率,其计算公式为:

$$发行市盈率 = \frac{每股市价}{每股净收益}$$

2.净资产倍率法

净资产倍率法又称资产净值法,是指首先确定发行公司拟募股资产的每股净资产值,然后根据证券市场的状况将其乘以一定的倍率,以此来确定股票发行价格的方法。该方法在国外,常用于房地产公司或者资产现值重于商业利益的公司的股票发行,但在国内一直未被采用。其计算公式为:

$$发行价格 = 每股净资产 \times 溢价倍数$$

3.竞价确定法

竞价确定法是指投资者在指定的时间内通过证券交易所交易网络,以不低于发行底价的价格并按限购比例或者数量进行认购委托。申购期满后,由交易场所的交易系统将所有有效申购按照"价格优先,时间优先"的原则,将投资者的认购委托由高价位向低价位排队,并由高价位到低价位累计有效认购数量。当累计数量恰好达到或者超过本次发行数量的价格,即为本次发行的价格。如果在发行底价上仍不能满足本次发行股票的数量,则底价为发行价。在该方法下,机构大户易于操纵发行价格。

4.现金流量折现法

现金流量折现法又称贴现现金流量法,是通过预测公司未来的盈利能力来计算公司的净现值,并按一定的折现率折现,从而确定股票发行价格的方法。这一方法在国际股票市场主要用于对新上市公路、港口、桥梁、电厂等基建公司的股票估值发行的定价。

(七)股票上市

1.股票上市的含义

股票上市是指股份有限公司公开发行的股票经批准在证券交易所进行挂牌交易。经批准在交易所上市交易的股票则为上市股票。股票经批准在证券交易所进行上市交易的股份有限公司简称上市公司。

拓展阅读 上海证券交易所股票上市规则

2.股票上市的条件

证券交易所规定股份有限公司申请上市的股票,应当符合下列条件(以上海证券交易所为例):

(1)股票经中国证监会核准已公开发行。

(2)公司股本总额不少于人民币5 000万元。

(3)公开发行的股份达到公司股份总数的25%以上;公司股本总额超过人民币4亿元的,公开发行股份的比例为10%以上。

(4)公司在最近3年内无重大违法行为,财务会计报告无虚假记载。

(5)交易所要求的其他条件。

股票上市公司必须公布其上市报告,并将其申请文件存放在指定的地点供公众查阅,股票上市公司还必须定期公布其财务和经营情况,每年定期公布其财务会计报表。

3. 退市风险警示

上市公司出现以下情形之一的,交易所对其股票实施退市风险警示(以上海证券交易所为例):

(1)最近两个会计年度经审计的净利润连续为负值或者被追溯重述后连续为负值。

(2)最近一个会计年度经审计的期末净资产为负值或者被追溯重述后为负值。

(3)最近一个会计年度经审计的营业收入低于1 000万元或者被追溯重述后低于1 000万元。

(4)最近一个会计年度的财务会计报告被会计师事务所出具无法表示意见或者否定意见的审计报告。

(5)因财务会计报告存在重大会计差错或者虚假记载,被中国证监会责令改正但未在规定期限内改正,且公司股票已停牌两个月。

(6)未在法定期限内披露年度报告或者中期报告,且公司股票已停牌两个月。

(7)因股权分布不具备上市条件,公司在规定的一个月内向本所提交解决股权分布问题的方案,并获得本所同意。

(8)因欺诈发行、重大信息披露违法或者其他涉及国家安全、公共安全、生态安全、生产安全和公众健康安全等领域的重大违法行为,本所对其股票做出实施重大违法强制退市决定的。

(9)公司可能被依法强制解散。

(10)法院依法受理公司重整、和解或者破产清算申请。

(11)本所认定的其他情形。

4. 股票上市的暂停、恢复与终止

上市公司在规定会计年度或者规定会计期间触及退市风险警示条款规定的内容(如净利润、净资产、营业收入等),其股票被实施退市风险警示后,在后续会计期间仍然没有起色或不再具有上市条件的,交易所暂停其股票上市。

公司股票暂停上市后,在规定的期限内,符合恢复上市条件时提出恢复上市申请,公司如获得核准,其股票恢复上市。如果公司提交的申请文件不符合前条要求,或者虽提交申请文件但明显不符合恢复上市申请条件的,交易所做出终止其股票上市的决定。

(八)普通股筹资的评价

1. 普通股融资的优点

(1)没有固定利息负担。发行股票筹集的资金是公司永久性资金,股利只是在有盈利的情况下需要支付,不是公司的法定费用支出。

(2)没有固定到期日,也不用偿还。公司利用普通股筹集的是永久性的资金,除非公司清算才需要偿还,它对保证企业的最低资金需求有重要的意义。

(3)筹资风险小。由于普通股没有固定到期日,不用支付固定的股利,因此这种筹资实际上不存在不能偿付的风险。

(4)提高公司的信誉。由于股票筹资降低了财务风险,增加了偿债能力,因此,公司的

授课视频　普通股的优缺点

信誉等级就会相应提高。

(5)筹资限制较少。利用优先股或债券筹资,通常有许多限制,这些限制往往会影响公司经营的灵活性,而利用普通股筹资则没有这种限制。

2.普通股融资的缺点

(1)资金成本较高。一般来说,普通股筹资的成本要大于债务资金。这主要是因为股票的股利从税后利润中支付,股利不能抵消所得税,而债务资金的利息可以在税前扣除。另外,股利率通常比债务利率高,发行费用也相对较高。

拓展阅读 注册制与核准制(保荐制)的差异

(2)容易分散控制权。股票代表着公司的所有权,增加普通股发行量,有可能导致现有股东对公司控制权的削弱。此外,新股东分享公司未发行新股前积累的盈余,会降低普通股的每股净收益,从而可能引起股价的下跌。

(3)公司过度依赖普通股筹资,会被投资者视为消极的信号,从而导致股票价格的下跌,进而影响公司其他融资手段的使用。过去,公司配股被看成积极进取的象征;现在不少上市公司的配股已经没有号召力,被股民看成只知"圈钱"不图回报的代名词。

另外,上市交易的普通股票增加了对社会公众股东的责任,其财务状况和经营成果都要公开,接受公众股东的监督。公司一旦经营出现问题或遇到财务困难,就有被他人收购的风险。

四、优先股

(一)优先股的含义与特征

优先股是优先于普通股获得特定权利的股份。优先股是一种特别股票,是股份公司发行的在分配红利和剩余财产时比普通股具有优先权的股份。它虽然属于自有资金但兼有债券的某些性质,如利率固定等。与债券不同的是,优先股没有固定的到期日。企业发行优先股的目的在于防止股权分散、调剂现金余缺、改善资本结构及维持举债能力。

公司的不同利益集团对优先股的认识是不同的。普通股股东一般把优先股看成一种特殊的债券,因为它必须在普通股之前取得收益、分享资产。从债券持有人的角度来看,优先股则属于股票,因为它对债券起到保护作用,可以减少债券的投资风险,属于主权资金。从公司管理当局和财务管理人员的角度来看,优先股具有双重性质,虽然优先股没有固定的到期日,但往往需要支付固定的股利,成为公司财务上的一项负担。

(二)优先股的分类

公司发行优先股,在操作方面与发行普通股无较大差别,由于公司与优先股股东的约定不同,因此有多种类型的优先股。

1.按股利能否累积,可将优先股分为累积优先股和非累积优先股

累积优先股是指在某个营业年度内,如果公司所获的盈利不足以分派规定的股利,则

由以后营业年度的盈利一起来支付的优先股股票。非累积的优先股,虽然对于公司当年所获得的利润有优先于普通股获得分派股息的权利,但如该年公司所获得的盈利不足以按规定的股利分配时,非累积优先股的股东不能要求公司在以后年度中予以补发。一般对投资者来说,累积优先股比非累积优先股更具吸引力,所以,累积优先股的发行更广。

2.按能否转换为普通股,可将优先股分为可转换优先股和不可转换优先股

可转换的优先股是指允许优先股持有人在特定条件下把优先股转换成为一定数额的普通股的股票。转换的比例是事先确定的,其数值大小取决于优先股与普通股的现行价格。可转换优先股是近年来日益流行的一种优先股。不可转换优先股是指不能转换成普通股的优先股股票。不可转换优先股只能获得固定的股利报酬,不能享有转换收益。

3.按能否参与公司剩余利润分配,可将优先股分为参与优先股和非参与优先股

参与优先股是指不仅能取得固定股利,还有权与普通股一同参与利润分配的股票。根据参与利润分配的方式不同,又可分为全部参与优先股和部分参与优先股。前者是指优先股股东有权与普通股股东共同分享本期剩余利润,后者则是指优先股股东有权按规定额度与普通股股东共同参与本期利润分配,超过规定额度部分的利润,归普通股股东所有。除了固定股息外,不再参与利润分配的优先股,称为非参与优先股。一般来讲,参与优先股较非参与优先股对投资者更为有利。

4.按是否有赎回优先股的权利,可将优先股分为可赎回优先股和不可赎回优先股

可赎回优先股又称可收回优先股,是指允许发行该类股票的公司,按一定的价格将已发行的优先股收回。发行这种股票时,一般都附有收回性条款,在该条款中规定了赎回该股票的价格。此价格一般会高于股票的面值。当该公司认为能够以较低股利的股票来代替已发行的优先股时,就往往行使这种权利。不可赎回优先股是指不能收回的优先股股票。因为优先股股票都有固定的股利,所以不可赎回优先股一经发行,便成为一项永久性的财务负担。在实际工作中,大多数的优先股是可赎回优先股,而不可赎回优先股则较为少见。

5.按股息率是否在股权存续期内调整,可将优先股分为固定股息率优先股和浮动股息率优先股

优先股股息率在股权存续期内不做调整的,称为固定股息率优先股;优先股股息率根据约定的计算方法进行调整的,称为浮动股息率优先股。优先股采用浮动股息率的,在公司章程中要事先明确优先股存续期内票面股息率的计算方法。

6.按是否强制向优先股股东分配利润,可将优先股分为强制分红优先股和非强制分红优先股

公司章程中规定,在有可分配税后利润时必须向优先股股东分配利润,称为强制分红优先股,否则即为非强制分红优先股。

(三)优先股股东的权利

优先股的优先权是相对于普通股来说的,优先股股东的权利主要表现在以下几个方面。

1.优先分配股利权

股份公司分派股息的顺序是优先股在前,普通股在后。这种优先分配股利的权利是优先股最主要的特征。股份公司不论其盈利多少,只要股东大会决定分派股息,优先股就可按照事先确定的股息率领取股息。由于优先股股息率事先确定,所以优先股的股息一般不会根据公司经营情况而增减。

2.优先分配剩余财产权

股份公司在解散、破产清算时,优先股与普通股相比具有公司剩余资产的优先分配权,不过优先股的优先分配权在债权人之后。只有还清公司债权人的债务且有剩余资产时,优先股才具有剩余资产的分配权。其金额只限于优先股的票面价值,加上累积未支付的股利。只有在优先股索偿之后,普通股才参与分配。

3.部分管理权

优先股股东一般没有选举权和被选举权,对股份公司的重大经营无投票权,但在某些情况下可以享有投票权。例如,公司股东大会需要讨论与优先股有关的问题(如推迟优先股股利的支付,把一般优先股转变为可转换优先股)时,优先股的股东可以享有表决权。

● 问答 5.2(多选题)

※优先股和普通股相比,优先权主要体现在(　　　　)。

A.优先分配剩余财产　　　　　　B.优先经营决策权

C.优先分配股利　　　　　　　　D.优先认购公司股权

(四)优先股筹资的评价

1.优先股筹资的优点

(1)没有固定到期日,不用偿还本金。优先股与公司债券相比,实际上是一种永久性负债,无偿还本金的义务,也无须另做筹资计划。而且,许多优先股都附有收回性条款,使得使用这种资金有很大的弹性。当公司财务状况较差时发行,当公司财务状况转好时收回。可以看出,发行优先股可提高企业的财务灵活性。

(2)股利支付既固定,又有一定的弹性。一般而言,股息率在发行时预先确定,但固定股利的支付并不构成公司的法定义务。如果公司的财务状况不好,可暂不支付优先股的股利,同时优先股股东也不能像债权人那样迫使公司破产。

(3)有利于提高公司信誉。优先股筹集的资金属于自有资金,因而优先股扩大了权益的基础,可适当增加公司的信誉,增强公司的借款能力。

另外,由于优先股股东一般没有投票权,所以发行优先股不会引起普通股股东的反对,其筹资能够顺利进行。当使用债务融资风险很大,利率很高,而发行普通股又会产生控制权问题时,优先股是一种最理想的筹资方式。有些国家的税法对于企业购买优先股的股息有部分免税的政策优惠,这就对发行公司的优先股股票的销售十分有利。

2.优先股筹资的缺点

（1）筹资成本高。由于优先股的股息从税后利润中支付，不能作为费用在税前扣除，所以加大了优先股的筹资成本。

（2）筹资限制多。发行优先股，通常会有许多限制性条款。例如，当公司发行优先股时，对普通股股利支付上的限制、对公司借款的限制等。

（3）财务负担重。由于优先股的股利一般是固定的，而且不能在公司支付所得税前扣除，所以当公司的盈利下降时，优先股的股利就成为较重的财务负担，有时不得不延期支付。

五、留存收益筹资

留存收益是指企业从历年实现的利润中提取或形成的留存于企业的内部积累，它主要包括盈余公积和未分配利润。留存收益来源于企业在生产经营活动中所实现的净利润，所有权归企业的所有者。它的存在实质上是企业所有者向企业追加的投资，是企业的一种筹资活动。所以，留存收益筹资亦称内部筹资或收益留用筹资。收益留用的具体方式有：当期利润不分配、向股东送红股（股票股利）、将盈利的一部分发放现金股利。

留存收益筹资是当今企业的重要筹资方式之一，与其他筹资方式相比，除了具有股票筹资方式的优点外，留存收益还具有不发生取得成本的优点。企业从外部筹集资金，无论采用何种筹资方式，都要发生取得成本，特别是发行股票和债券，资金的取得成本是相当高的。因此，内部筹资对企业来说非常有利，可以为企业节约一大笔资金取得成本等支出。同时，收益留用融资性质上属于主权融资，可以用作偿债而为债权人提供保障，相应增强了企业获取信用的能力。

留存收益筹资也有其缺点，主要表现为：保留留存收益往往会受到一些股东的反对；保留留存收益过多，股利支付过少，可能不利于股票价格的上涨，影响企业在证券市场上的形象，增加企业今后增发股票和发行债券的筹资难度。

六、认股权证筹资

认股权证是由股份公司发行的，能按规定的价格，在特定的时间内购买一定数量该公司股票的选择权凭证。它赋予持有者在一定期间以事先约定的价格优先购买发行公司一定数量普通股股票的权利。它的发行可以随附优先股或债券，也可以与优先股或债券相分离。公司发行认股权证的主要目的是吸引广大投资者和某些投资机构购买公司发行的债券或优先股股票。

（一）认股权证的基本要素

认股权证上主要规定持有者购买股票的价格、数量、期限等内容，这些内容构成了认股权证的基本要素。

1. 认购数量

认购数量可以用两种方式进行约定:一是确定每一单位认股权证可以认购若干公司发行的普通股;二是确定每一单位认股权证可以认购多少金额面值的普通股。

2. 认购价格

认购价格也称执行价格。认购价格的确定一般以认股权证发行时,发行公司的股票价格为基础。认购价格一般自始至终保持不变,也可以随着时间的推移逐步提高。如果公司股份增加或减少,就要对认购价格进行调整。

3. 认股期限

认股期限是指认股权证的有效期限。在有效期限内,认股权证的持有者可以随时购买股份;超过有效期,则认股权证失效。有些认股权证没有截止日期,长期有效。一般而言,认股期限越长,认股价格就越高。

4. 赎回条款

发行认股权证的公司大都制定有赎回条款,即规定在特定情况下,公司有权赎回其发行在外的认股权证。

(二)认股权证的发行

认股权证一般可以采用两种方式发行。最常用的方式是认股权证在发行债券或优先股之后发行。以这种方式发行时,认股权证将随同债券或优先股一同寄往认购者。在无纸化交易制度下,认股权证将随同债券或优先股一并由中央登记结算公司划入投资者账户。认股权证也可单独发行。公司可向对公司有突出贡献的人员或与公司有密切往来的利害关系者赠送认股权证,间接地使这些人员获得一些经济利益。

(三)认股权证的价值

1. 理论价值

认股权证在其有效期内具有价值。认股权证的价值有理论价值与实际价值之分。其理论价值可用下式计算:

理论价值=(普通股市价-执行价格)×认股权证一权所能认购的普通股股数

如果普通股市价低于其执行价格,认股权证的理论价值为一负数,但在某些时候,认股权证的持有者不会行使其认股权。所以,当出现这种情况时,认股权证的理论价值为零。影响认股权证理论价值的主要因素有:①普通股的市价。市价越高,认股权证的理论价值就越大。②剩余有效期间。认股权证的剩余有效期间越长,市价高于执行价格的可能性越大,认股权证的理论价值就越大。③换股比率。认股权证一权所能认购的普通股股数越多,其理论价值就越大;反之,则越小。④执行价格。执行价格越低,认股权证的持有者为换股而支付的代价就越小,普通股市价高于执行价格的机会就越大,认股权证的理论价值也就越大。

2. 实际价值

认股权证作为一种有价证券,其价值的实现必须借助市场这个媒介。对于单独发行的认股权证,其持有者可以将认股权证直接在市场上出售获取利益。若认股权证与优先股或债券是附在一起的,则持有者可以通过行使认股权购买普通股实现其与优先股或债券的分离,从而实现其价值。

认股权证在证券市场上的市场价格或售价称为认股权证的实际价值。一般来说,认股权证的实际价值高于其理论价值,理论价值是出售认股权证的最低限。认股权证的实际价值大于理论价值的部分称为超理论价值的溢价。之所以形成超理论价值的溢价,是因为认股权证的投资具有较大的投机性,认股权证起到给予投资者以高度的获利杠杆的作用。为了说明这一点,假设 A 公司规定认股权证的持有者以 20 元的价格,每一权认购一股普通股,普通股的每股市价为 25 元,则此时认股权证的售价为 5 元。如果李明准备投资,以 25 元的股价购买一股普通股,一年后股价上涨为 50 元,李明获得的资本利得为 25 元(假设无交易成本),资本利得率为 100%。但张军在一年前按认股权证的理论价值投资认股权证,投资 5 元买入一权,此时出售认股权证可获得收入 30 元,获利 25 元,资本利得率为 500%。而且,张军投资认股权证的可能总损失为 5 元,而李明的可能总损失为 25 元。巨额的资本利得,有限的损失,对于投资者来说吸引力巨大。认股权证在期权市场上公开买卖,相应助长了这种投机性。

(四)认股权证筹资的评价

发行附有认股权证的公司债券或优先股,投资者可享受到因公司繁荣成长而带来的利益。公司以较低的债券利率或股息率就能顺利将债券或优先股销售出去。不仅如此,发行附有认股权证的公司债券或优先股,还可能为将来的筹资奠定基础。如果公司能够稳定发展,那么其普通股价格上扬,从而促使认股权证的持有者积极行使认股权,这一自发性资本来源能够自动满足公司急剧发展的需要。但如果公司不能稳定发展,普通股下跌到执行价格以下,则认股权证并不能为公司带来资本。

为了使认股权证的持有者积极行使认股权,实现公司的筹资目的,公司必须改善财务状况和经营成果,给股东以丰厚的回报,增强认股权证的吸引力。另外,在设计认购期限上要精心考虑。

第二节　负债资金的筹集

负债资金的筹集是指企业通过增加负债的方式,如银行借款、发行公司债券、融资租赁和利用商业信用等形式筹集所需资金。按照所筹资金可使用时间的长短,负债筹资可分为长期负债筹资和短期负债筹资。本节着重介绍长期负债筹资。

一、长期借款筹资

长期借款是指企业向银行或非银行金融机构借入期限超过一年的贷款。长期借款是企业筹集长期负债资金的重要方式之一。

(一)长期借款的种类

1.按借款有无担保分类

授课视频 权益资金和负债资金的区别

按借款有无担保,长期借款可分为信用借款和抵押借款。信用借款是指不需提供任何抵押品做担保,仅凭信誉而获得的借款。这种借款一般只有信誉良好的企业才能够取得。由于风险较大,因此,银行通常收取较高的利息,并附加一定的限制条件。抵押借款是指要求提供相应的抵押品作为担保的借款。通常长期借款的抵押品是房屋、建筑物、机器设备、有价证券等。这些抵押品必须是能够变现的资产。一旦借款到期时借款企业不能归还借款,银行则有权处理抵押品并优先受偿。

2.按提供借款的机构不同分类

授课视频 负债的利弊分析

按提供借款的机构不同,长期借款可分为政策性银行借款、商业银行借款和其他金融机构借款。政策性银行借款一般指企业(主要是国有企业)向执行国家政策性贷款业务的银行申请的借款。商业银行借款是指由各商业银行向工商企业提供的借款,用来满足企业投资竞争性项目的资金需要。其他金融机构借款是由除银行以外的其他金融机构向企业提供的借款,其期限一般比银行借款长,但要求的利率也较高,对借款对象也较严格。

3.按借款的用途不同分类

按借款的用途不同,长期借款可分为基本建设借款、专项借款和流动资金借款。基本建设借款是指政府或企业为新建、改建、扩建生产经营固定资产、城市建设基础设施等而向银行申请借入的款项。专项借款是指政府或企业因专门用途而向银行申请借入的款项,包括生产周转借款、大修理借款、研发和新产品研制借款等。流动资金借款是指企业为了满足流动资金的需要而向银行申请借入的款项,包括临时借款、流动基金借款等。

(二)长期借款的程序

1.提出借款申请

公司申请借款应具备一定的条件,如具有偿还借款的能力;独立核算,自负盈亏,有法人资格;经营方向和业务范围符合国家产业政策,借款用途属于银行贷款办法规定的范围;在银行设有账户、办理结算等。只有具备条件的企业才能向银行或非银行金融机构提出借款申请。申请中需说明借款的原因与金额、用款时间与计划、还款期限及还款的资金来源。

2.银行审批

银行根据有关政策和贷款条件,对借款企业进行审查,依据审批权限,核准借款申请的金额和用款计划。其审查的主要内容有:企业的财务状况、信用情况、发展前景、借款投资项目的可行性等。

3. 签订借款合同

企业借款申请在获得批准后即可与银行或非银行金融机构签订借款合同。借款合同具体应包括借款的种类、金额、期限、利率、用途、还款的资金来源及方式、保护性条款、违约责任等内容。

4. 取得借款

借款合同签订后，企业就可以在借款限额内，按计划或实际需要，一次或陆续将借款转入企业存款账户使用。

5. 归还借款

借款合同期满后，企业应按照合同规定，按期偿还借款本金与利息或续签借款合同。

(三)长期借款的信用条件

由于长期借款的期限长、风险大，因此，按照国际惯例，银行通常会对借款企业提出一些有助于保证借款按时足额偿还的条件。这些条件写进借款合同中，形成了合同的保护性条款，归类起来主要有一般性保护条款、例行性保护条款和特殊性保护条款。

1. 一般性保护条款

一般性保护条款适用于大多数借款合同，但根据具体情况会有不同的内容。这是对借款企业资产流动性及偿债能力方面的要求条款，主要包括：借款企业必须保持一定的流动资金；保持资产的合理流动性及偿债能力；限制现金股利的支出；限制企业资本支出的规模；限制借入其他长期债务，防止其他贷款人取得对该企业资产的优先求偿权。

2. 例行性保护条款

此条款作为例行常规，在大多数借款合同中固定不变的列示，主要包括：借款企业必须定期及时提供财务报表；不能在正常情况下出售较多资产，以保持企业正常的生产经营能力；不得擅自改变经营方向；如期缴纳税金和清偿其他到期债务，以防被罚款而造成现金流失；不能以企业的资产作抵押而获得其他形式的贷款；禁止应收票据贴现或应收账款转让等。

3. 特殊性保护条款

此条款是针对特殊情况而进行的特别规定，主要包括：借款应专款专用；要求企业主要领导人购买人身保险；不准企业投资于短期内不能收回资金的项目；限制企业高级职员的薪金和奖金总额等。

此外，短期借款筹资中的周转信贷协定、补偿性余额等条件，也同样适用于长期借款。

(四)长期借款的偿还方式

企业在申请长期借款时，就应考虑选择适当的还本付息方式。大体上，长期借款的偿还方式主要有以下三种。

第一，定期支付利息，到期一次性偿还本金。在这种偿还方式下，借款企业应早做准备，以保证到期足额偿还借款。但是，长期借款往往数额较大，一次性偿付本金反而会加大企业的还款压力，容易造成无法及时偿还的风险。因此，银行出于贷款安全性的考虑，一般不愿采取这一方式。

第二,定期归还数额相同的本息,即在借款期限内每年按相同的金额归还部分本金和利息,直至全部还清。这一方式会提高企业使用借款的实际利率。

第三,平时逐期偿还小额本金和利息,余额到期时一次性清偿。这种偿还方式一般适用于金额巨大的借款。

(五)长期借款的优缺点

1.长期借款的优点

(1)筹资速度较快。与发行股票和债券获得长期资本相比,长期借款筹资不需要发生像证券发行那样的准备、层层申报与审批、推销等事项,而只需与银行等贷款机构达成协议即可。程序相对简单,所花时间较短,企业可以迅速获得所需资本。

(2)资本成本较低。利用长期借款筹资,利息可在税前支付,可减少企业实际负担的利息费用,因此,比股票筹资的成本要低;与债券相比,长期借款的利率通常低于债券利率,而且筹资的取得成本较低。

(3)灵活性强。借款时,借款企业与银行进行直接接触,通过协商确定借款的有关事项;借款期间,如果企业有关情况发生了变化,也可与银行进行协商,调整借款的数量和条件。这为企业利用长期借款带来了一定的灵活性。

(4)便于利用财务杠杆效应。长期借款不改变企业的控制权,因而股东不会出于控制权问题反对借款。长期借款的利率一般是固定或相对固定的,这就为企业利用财务杠杆效应创造了条件。当企业的资本报酬率超过了贷款利率时,会增加普通股股东的每股收益,提高企业的净资产报酬率。

2.长期借款的缺点

(1)筹资数量有限。长期借款的数额往往受到贷款机构资本实力的制约,不可能像发行债券、股票那样一次性筹集到大笔资本,无法满足企业生产经营活动大跨度的方向转变和大规模的范围调整等需要。

(2)风险较高。长期借款有固定的还本付息期限,企业到期必须足额支付。在企业经营不景气时,这种情况无异于釜底抽薪,会给企业带来更大的财务困难,甚至可能导致破产。当然,企业若与银行等债权人协商能进行债务重组,将债务展期、减免部分本息、降低利息率、债转股等,则可暂时获得喘息的机会。

(3)限制条款较多。长期借款合同对借款用途有明确规定,对企业资本支出额度、再融资等行为有严格的约束,以后企业的生产经营活动必将受到一定程度的影响。

● 问答 5.3(多选题)

※相对于股权融资而言,银行借款筹资的优点有( )。			
A.筹资风险小	B.筹资速度快	C.资本成本低	D.筹资数额大

二、公司债券筹资

债券是指债务人为筹集资金而发行的、约定在一定期限内向债权人还本付息的有价证券。由企业发行的债券称为公司债券或企业债券。发行债券是企业筹集资金的重要方式。长期债券是指期限超过一年的公司债券,通常是为某大型投资项目一次融通大笔长期资金。

(一)公司债券的种类

1.按是否记名,可分为记名债券和无记名债券

记名债券,应当在公司债券存根簿上载明债券持有人的姓名及住所、债券持有人取得债券的日期及债券的编号等信息。记名债券,由债券持有人以背书方式或者法律、法规规定的其他方式转让,转让后由公司将受让人的姓名或者名称及住所记载于公司债券的存根簿上。

无记名债券,应当在公司债券存根簿上载明债券总额、利率、偿还期限和方式、发行日期及债券的编号。无记名公司债券的转让,由债券持有人将该债券交付给受让人后即发生转让的效力。

2.按是否能够转换成公司股权,可分为可转换债券与不可转换债券

可转换债券是指债券持有者可以在规定的时间内按规定的价格转换为发行债券公司股票的一种债券。这种债券在发行时,对债券转换为股票的价格和比率等都做了详细规定。《公司法》规定,可转换债券的发行主体是股份有限公司中的上市公司。不可转换债券是指不能转换为发行债券公司股票的债券,大多数公司债券都属于这种类型。

3.按有无特定财产担保,可分为担保债券和信用债券

担保债券是指以抵押方式担保发行人按期还本付息的债券,主要是指抵押债券。抵押债券按其抵押品的不同,又可分为不动产抵押债券、动产抵押债券和证券信用抵押债券。

信用债券是无担保债券,是仅凭公司自身的信用发行的、没有抵押品做担保的债券。在公司清算时,信用债券的持有人因无特定的资产作为担保品,只能作为一般债权人参与剩余产品的分配。

4.按债券可否提前赎回,可分为可提前赎回债券和不可提前赎回债券

如果公司在债券到期前有权定期或随时购回全部或部分债券,这种债券就称为可提前赎回债券,反之则是不可提前赎回债券。

5.按债券票面利率是否变动,可分为固定利率债券和浮动利率债券

固定利率债券是指在偿还期内利率固定不变的债券。浮动利率债券是指利率随市场利率定期变动的债券。

6.按发行人是否给予投资者选择权,可分为附有选择权的公司债券和不附有选择权的公司债券

附有选择权的公司债券,是指给予债券持有人一定的选择权,如可转换公司债券、附认股权证的公司债券、可退还公司债券等。可转换公司债券的持有者可以根据发行公司债券募集办法的规定,在一定时间内按照规定的价格将债券转换成公司发行的股票;附认股权证的公司债券是指所发行的债券附带允许债券持有人按照特定价格认购股票的一种长期选择权;可退还公司债券,是指在规定的期限内可以退还的债券。反之,债券持有人没有上述选择权的债券,即为不附有选择权的公司债券。

7.按发行方式,可分为公募债券和私募债券

公募债券是指按法定手续经证券主管部门批准公开向社会投资者发行的债券。

私募债券是指以特定投资者为对象非公开发行的债券,发行手续简单,一般不能公开上市交易,因为这种发行方式受到限制,极少使用。

8.按持有人是否参加公司利润分配,可分为参加公司债券和非参加公司债券

参加公司债券是指除了可按预先约定获得利息收入外,还享有一定程度参与发行公司收益分配权利的公司债券,其参与利润分配的方式和比例必须事先规定。非参加公司债券是指持有人只能按照事先约定的利率获得利息的公司债券,没有参与分配公司利润的权利,大部分债券都属于非参加公司债券。

(二)发行债券需考虑的因素

一般而言,发行债券所筹集的资金期限较长,资金使用自由,而已购买债券的投资者无权干涉企业的经营决策,现有股东对公司的所有权不变。从这一角度看,发行债券在一定程度上弥补了股票筹资和向银行借款的不足。因此,发行债券是许多企业非常愿意选择的筹资方式。但是,债券筹资也有其不足之处,主要是因为公司债券投资的风险性较大,发行成本一般高于银行贷款,所以还本付息对公司构成较重的财务负担。企业通常权衡这三种方式的利弊得失后,再选择最恰当的方式筹集所需资金。企业在决定通过债券筹集资金后,接着就要考虑发行何种类型的债券以及发行债券的条件。债券发行的条件是指债券发行者筹集资金时所必须考虑的有关因素,具体包括发行额、面值、期限、偿还方式、票面利率、付息方式、发行价格、发行费用、有无担保等。因为公司债券通常是以发行条件进行分类的,所以确定发行条件的同时也就确定了所发行债券的种类。适宜的发行条件可使筹资者顺利地筹集资金,使承销机构顺利地销售出债券,也使投资者易于做出投资决策。在选择债券发行条件时,企业应根据债券发行条件的具体内容综合考虑下列因素。

1.债券发行额

债券发行额是指债券发行人一次性发行债券时预计筹集的资金总量。企业应根据自身的资信状况、资金需求程度、市场资金供给情况,债券自身的吸引力等因素进行综合判断后再确定一个合适的发行额。发行额定得过高,会造成发售困难;发行额定得太小,又不易满足筹资的需求。

2.债券面值

债券面值即债券票面金额。企业可根据不同认购者的需要,使债券面值多样化,既有大额面值,也有小额面值。

3.债券的期限

从债券发行日起到偿还本息日止的这段时间称为债券的期限。企业通常根据资金需求的期限、未来市场利率走势、流通市场的发达程度、债券市场上其他债券的期限情况、投资者的偏好等来确定发行债券的期限。一般而言,当资金需求量较大,债券流通市场较发达,利率有上升趋势时,可发行中长期债券;否则,应发行短期债券。

4.债券的偿还方式

按照偿还日期不同,债券的偿还方式可分为期满偿还、期中偿还和延期偿还三种或分为可提前赎回和不可提前赎回两种;按照债券的偿还方式不同,可分为以货币偿还、以债券偿还和以股票偿还三种。企业可根据自身实际情况和投资者的需求灵活做出决定。

5.票面利率

票面利率可分为固定利率和浮动利率两种。一般地,企业应根据自身资信情况、承受能力、利率变化趋势、债券期限的长短等因素选择利率形式与利率的高低。

6.付息方式

付息方式一般可分为一次性付息和分期付息两种。企业可根据债券期限情况、筹资成本要求、对投资者的吸引力等因素确定不同的付息方式,如对中长期债券可采取分期付息方式,按年、半年或季度付息等,对短期债券可以采取一次性付息方式。

7.发行价格

债券的发行价格即债券投资者认购新发行的债券时实际支付的价格。债券的发行价格可分为平价发行(按票面面值发行)、折价发行(以低于票面面值的价格发行)和溢价发行(以高于票面面值的价格发行)三种。选择不同发行价格的主要考虑因素是使投资者得到的实际收益与市场收益率相近,因此,企业可根据市场收益率和市场供求情况灵活选择。

8.发行方式

企业可根据市场情况、自身信誉和销售能力等因素,决定是采取向特定投资者发行的私募方式,还是向社会公众发行的公募方式;是自己直接向投资者发行的直接发行方式,还是让证券中介机构参与的间接发行方式;是公开招标发行方式,还是与中介机构协商议价的非招标发行方式等。

9.担保情况

发行的债券有无担保,是债券发行的重要条件之一。一般而言,由信誉卓著的第三方担保或以企业自己的财产作为抵押,可以增加债券投资的安全性,减小投资风险,提高债券的吸引力。企业可以根据自身的资信状况决定是否以担保形式发行债券。通常,大金融机构、大企业发行的债券多为无担保债券,而信誉等级较低的中小企业大多发行有担保债券。

10.债券选择权情况

一般说来,有选择权的债券利率较低,也易于销售。但可转换公司债券在一定条件下可转换成公司发行的股票,有认股权证的债券持有人可凭认股权证购买所约定的公司的股票等,都会影响公司的所有权。可退还的公司债券在规定的期限内可以退还给发行人,因而增加了企业的负债和流动性风险。企业可根据自身资金需求情况、资信状况、市场对债券的需求情况以及现有股东对公司所有权的要求等选择是否发行有选择权的债券。

11.债券发行费用

债券发行费用是指发行者支付给有关债券发行中介机构和服务机构的费用,债券发行者应尽量减少发行费用,在保证发行成功和有关服务质量的前提下,选择发行费用较低的中介机构和服务机构。

(三)债券发行价格的确定

债券发行价格是发行公司发行债券时所使用的价格,也是投资者向发行公司认购其所发行债券时实际支付的价格。公司债券的发行价格通常有三种:平价、溢价和折价。

授课视频 债券发行价格的计算

债券的发行价格主要受四种因素的综合影响:一是债券面额。它是决定债券发行价格的基本因素。一般情况,面额越大,发行价格越高。二是票面利率。它是债券的名义利率。一般而言,债券的票面利率越高,发行价格也越高;反之亦然。三是市场利率。它是衡量债券票面利率高低的参照对象。一般来说,债券的市场利率越高,债券的发行价格越低;反之亦然。四是债券期限。债券期限越长,债权人的风险越大,要求的利息报酬越高,债券的发行价格就可能越低。

在发行债券时已确定的票面利率与当时的市场利率一致时,以平价发行。在不一致时,为了协调债券购销双方在债券利息上的利益,在平价发行的基础上,就衍生出调整发行价格的溢价、折价发行方法。当票面利率高于市场利率时,以溢价发行;当票面利率低于市场利率时,以折价发行。债券发行价格计算公式为:

$$债券发行价格 = \frac{债券票面金额}{(1+市场利率)^n} + \sum_{i=1}^{n} \frac{债券票面金额 \times 票面利率}{(1+市场利率)^i}$$

式中,n为债券期限;i为付息期限;市场利率为债券发行时的市场利率。

从货币时间价值原理出发,上述公司确定的债券发行价格由两部分组成:一部分是债券到期,还本面额按市场利率折现的现值;另一部分是债券各期利息(年金形式)的现值。

【例5-1】 某公司发行一种债券,该债券的面值为100万元,票面利率为6%,期限为5年.若市场年利率为8%。

要求计算以下三种付息方式的债券发行价格:

(1)每年年底付息一次;

(2)一次性还本付息;

(3)每半年付息一次。

解:(1)债券发行价格 $= 100 \times 6\% \times (P/A,8\%,5) + 100 \times (P/F,8\%,5)$
$= 6 \times 3.993 + 100 \times 0.681 = 92.06(万元)$

（2）债券发行价格 $= (100 + 100 \times 6\% \times 5) \times (P/F, 8\%, 5)$

$\qquad\qquad\qquad = 130 \times 0.681 = 88.53$（万元）

（3）债券发行价格 $= 100 \times 6\%/2 \times (P/A, 8\%/2, 10) + 100 \times (P/F, 8\%/2, 10)$

$\qquad\qquad\qquad = 3 \times 8.111 + 100 \times 0.676$

$\qquad\qquad\qquad = 91.93$（万元）

（四）债券融资的评价

就发行公司而言，长期债券融资既有利又有弊。

1. 债券融资的优点

（1）债券成本低。公司债券的利息费用可以在税前扣除，使得债券成本一般低于股票成本。

（2）保障股东的控制权。公司债券持有人除获取固定利息以外，不参与公司的管理决策，不会分散股东对公司的控制权。

（3）具有财务杠杆作用。公司债券持有人不能参与公司超额盈余的分配，公司的超额盈余可用于分配给股东或留存公司经营，从而增加了股东和公司的财富。

（4）筹集资金的使用限制条件少。公司债券与长期借款相比，债券筹集资金的使用具有显著的灵活性和自主性。

（5）筹资范围广、筹资规模大、期限长。债券筹资的对象十分广泛，它既可以向各类银行或非银行的金融机构筹资，也可以向其他法人单位、个人筹资，因此，比较容易筹集较大金额的资金，满足企业长期资金的需要。

2. 债券融资的缺点

（1）财务风险较高。长期债券有固定的到期日和固定的利息，当企业经营状况较差时，仍需向债券持有人偿还本息，易使企业陷入财务困境。

（2）限制条件较多。债券融资可能对企业财务的灵活性造成不良影响，甚至会影响企业后续的融资能力。

三、可转换债券融资

可转换债券又称可转换公司债券，是指发行人依照法定程序发行，在一定期间内依据约定的条件可以转换成股份的公司债券。可转换债券是一种混合性金融产品，可以被看作普通公司债券与期权的组合体。其特殊性在于它所特有的转换性。作为现代金融创新的一种产物，可转换债券在某种程度上兼具了债务性证券与所有权证券的双重功能。在转换权行使之前属于公司的债务资本，权利行使之后则成为发行公司的所有权资本。

（一）可转换债券的基本要素

1. 标的股票

可转换债券作为期权的二级派生产品，与期权一样也有标的物，它的标的物一般是发行公司自己的普通股票，不过也可以是其他公司的股票，如该公司的上市子公司。

2. 票面利率

可转换债券的票面利率一般大大低于普通债券的票面利率,其上限是同期银行存款利率。可转换债券的持有者看重的是转换为普通股票获得资本利得的好处,因此,如果发行公司的预期收益增长前景良好,可以将票面利率设计得低一些。

3. 转换价格

转换价格是指可转换债券在存续期间内债券持有者据以转换为普通股而给付的每股价格。转换价格一般定在比债券发售日股票市场价格高出 10%~30%。

4. 转换比率

转换比率是指每一份可转换债券在既定的转换价格下能转换为普通股股票的数量。在债券面值和转换价格确定的前提下,转换比率为债券面值与转换价格之商。

$$转换比率 = \frac{债券面值}{转换价格}$$

5. 转换期限

转换期限是指可转换债券转换为股票的起始日至结束日的期间。转换期间的规定通常有四种情形:发行日至到期前、发行日至到期日、发行后某日至到期前、发行后某日至到期日。至于选择哪种,要看公司的资本使用情况、项目情况、投资者要求、可转换债券的期限等。由于转换价格高于公司当前股价,因此,投资者一般不会在债券发行后立即行使转换权。公司采取前两种类型能吸引更多的投资者。如果公司现在的股东不希望过早稀释控制权,就可采用后两种类型。

6. 赎回条款

赎回是指在一定条件下公司按事先约定的价格买回未转股的可转换债券。发行公司为了避免市场利率下降而带来的损失,同时为了避免可转换债券的持有者过分享受因公司收益大幅度提高所产生的回报,通常设有赎回条款。赎回条款通常包括不赎回期、赎回价格、赎回条件等。公司在赎回债券之前要向投资者发出赎回通知,此时,投资者必须在转股与回售给发行公司之间做出选择。在正常情况下,投资者会选择前者。可见,赎回条款最主要的功能是强制可转换债券的持有者积极行使转股权,因此又被称为加速条款。

7. 回售条款

回售是指公司股票价格在一定时期内连续低于转股价格达到某一幅度时,可转换债券的持有者按事先约定的价格将债券回售给发行公司。回售对于投资者而言实际上是一种卖权,有利于降低投资者的持券风险。与赎回一样,回售条款也有回售时间、回售价格和回售条件等规定。

8. 转换调整条款与保护条款

发行公司发行可转换债券之后,其股票价格可能出现巨大波动。如果股价表现不佳,又未设计回售条款,公司可设计转换调整条款以保护公司利益,预防投资者到期集中挤兑引发公司破产的悲剧。转换调整条款又称向下修正条款,允许发行公司在约定时间内将转股价格向下修正为原转换价格的 70%~80%。

(二)可转换债券筹资评价

1. 可转换债券筹资的优点

(1)资本成本低于普通债券。由于可转换债券的利率大大低于普通债券,因此,发行公司在转换前所支付的利息费用很低,转换之后又节约了股票发行的成本。

(2)稳定股价。转换价格通常高于公司当前股价,因此,在当前股权融资时机不佳时,发行可转换债券可以延迟当前低价股权融资,从而避免了进一步降低公司股票市价。可转换债券的转换期限较长,对公司股价的影响较温和,也有利于公司股价的稳定。

(3)增强筹资灵活性。发行可转换债券不影响公司偿还其他债务的能力,不会受到其他债权人的反对。同时,其投资者是公司的潜在股东,与公司利益冲突较少。如果公司对可转换债券的有关条款设计周到,将有助于公司主动调整资本结构,增强公司财务弹性。

2. 可转换债券筹资的缺点

(1)增强了对管理层的压力。发行可转换债券之后,如果其股价长期低迷,持券者到期未能转股,会造成公司集中兑付债券本金的财务压力;或者,债券转股票后股价迅速大幅下跌,两者都会影响公司的声誉,恶化公司的财务形象。因此,管理层须保持公司经济效益的稳定增长,这种压力很大。

(2)回售风险。若可转换债券发行后,公司业绩虽然不错但公司股票却随大盘下跌,或者公司业绩不佳股价长期低迷,在设有回售条款的情况下,投资者则集中在一段时间内将债券回售给发行公司,公司如果对此准备不足将导致公司陷入财务支付危机之中。

(3)股价大幅上扬风险。如果可转换债券发行之后,公司股价大幅度上扬,持券者纷纷按较低转换价格行使转换权,这实际上会相对减少公司的筹资数量,投资者则获益过多。

四、租赁融资

租赁是指通过签订合同的方式,出让财产的一方(出租方)收取货币补偿(租金),使用财产的一方(承租方)支付使用费(租金)而融通资产使用权的一种交易行为。在这项交易中,承租方不仅得到了所需要的机器设备的使用权,而且通过这一行为达到了最终筹集资金的目的。从出租方角度看,其通过出租业务获取了租金,用于补偿资产的折旧及其他费用之后可获得一定的收益。出租方既可以是专业的设备租赁公司,也可以是设备厂房处于闲置的一般企业。对于后者而言,这种出租有利于提高企业的经济效益,改善企业的资产质量,优化稀缺财务资源的配置。

租赁是一个古老的经济范畴。古代租赁的主要对象是土地、房屋和一些通用性器具和家具。近代租赁开始于工业革命时期,那时还只是出租方与承租方之间的直接租赁,尚无专业的租赁公司。现代租赁业是第二次世界大战后开始的。20世纪50年代,第一批租赁公司在美国成立。现代租赁业的最大特点是金融资本与工业资本在信贷环节上的相互融通,使得租赁业成为一种融通资金的行业。现代租赁业以融资租赁为主,并由专业的租赁公司专门从事租赁业务。目前,租赁已经成为留存收益、发行债券与股票之外的一条主要融资渠道。

(一)租赁的分类

1. 租赁一般按性质分为经营租赁与融资租赁

(1)经营租赁。经营租赁也称营业租赁或使用租赁,一般租赁期限较短,租金较低,风险较小。租赁物一般是通用的耐用物品,如电脑、汽车、房屋等;租赁期间内由出租方负责资产的维修、保养,并提供专门的技术服务;承租方可以提前解约(一般要提前通知出租方并给予一定的赔偿)。从实质上看,它是一种短期资金的融通方式。对于承租方来讲,经营租赁一般适用于季节性生产企业,或租赁资产的技术更新很快,或承租方资金虽然充裕可以购买所生产的产品,但对畅销期长短没有把握等情形。

(2)融资租赁。融资租赁也称财务租赁或金融租赁。融资租赁是现代设备租赁的主要形式。它是指由出租方用资金购买承租方选定的设备,并按照签订的租赁协议或合同将设备租给承租方长期使用的一种融通资金方式。融资租赁的特点有:

第一,交易涉及三方。融资租赁交易涉及出租方、承租方和供货方,承租方与出租方是租赁关系,出租方与供货方是买卖关系,承租方与供货方存在选货与技术服务的关系。

第二,双合同关联。承租方与出租方的租赁合同,出租方与供货方的购销合同,两个合同之间存在密切联系。出租方为租出而买入,有预期收入才发生现时支出。

第三,承租方对设备和供应商具有选择的权利和验货责任。融资租赁的设备往往是专用设备,承租方对设备的技术参数要求很具体,而出租方可能也了解不多,因此,承租方要负责选货和验货。

第四,合同不可撤销。由于出租方购入的设备自身往往并不使用,所以如果承租方要求解除租约,出租方损失就很惨重了。为了避免出现这类情况,融资租赁合同是不可撤销的,双方必须严格履行。

第五,租赁期限比较长。根据美国会计准则的规定,租赁期只有超过资产经济寿命期的75%,才能称为融资租赁。出租方通过一次融资租赁的租金收入的现值应大于设备的现值。

第六,期满时承租方对设备的处置有选择权。承租方既可以选择退回给出租方,也可以续租或留购。

第七,在租赁期内,设备的保养、维修、保险费用和设备过时的风险由承租方承担。

2. 融资租赁按出资比例和租赁模式分为直接租赁、售后回租和杠杆租赁

(1)直接租赁。它是融资租赁的主要形式。承租方提出租赁申请时,出租方并没有承租方所需要的资产,而是按照承租方的要求选购或制造,然后再出租给承租方。

(2)售后回租。它是指制造企业先将其资产出售给租赁公司,随即又向租赁公司原封不动地租回,按租赁合同规定分期支付租金。承租企业通过这一租赁方式,不仅获得了资金,而且还保留了售出资产的使用权,与抵押贷款相似。

(3)杠杆租赁。它是融资租赁的衍生物,是国际上比较流行的一种融资租赁方式。杠杆租赁要涉及承租、出租和贷款三方当事人。出租人在购买资产时只需垫付一部分资金,通常为 20%～40%,其余 60%～80% 的资金以该资产为抵押向贷款人借资支付,然后出租人将购进的资产出租给承租人,并将收取租金的权利转让给提供资金的贷款人。在杠杆租赁中,贷款人对购进的资产没有追索权,该资产所有权仍归出租人,这样出租人就用较少的资金带动巨额的租赁业务,获得了财务杠杆利益。杠杆租赁的出租人一般愿意将上述利益以低租金的方式转让给承租人一部分,从而使杠杆租赁的租金低于一般融资租赁的租金。

●问答5.4(多选题)

※关于售后回租的租赁业务,下列说法正确的有(　　　)。
A.资产的出售和租回实质上是同一笔业务
B.租赁期间,承租人支付的属于融资利息的部分,作为企业财务费用在税前扣除
C.买主同时是承租人,卖主同时是出租人
D.对于出租人来讲,售后回租交易同其他租赁业务的会计处理没有什么区别

(二)融资租赁的程序

1.选择租赁公司

企业决定采用融资租赁方式租入资产后,首先需了解各个租赁公司的经营范围、业务能力以及与其他金融机构的关系和资信情况,取得租赁公司的融资条件和租赁费率等资料,经过比较选出最佳租赁公司。

2.办理租赁委托

企业选定租赁公司后,便可填写《租赁申请书》,说明所需设备的具体要求,同时提供企业的财务报表,以办理租赁委托手续。

3.签订购货合同

如果是需要购入资产的租赁(一般为直接租赁或杠杆租赁),应由承租企业与租赁公司一方或双方合作组织选定设备制造厂商,经过协商后,签订购货合同。

4.签订租赁合同

租赁合同须由租赁双方共同签订,它是租赁业务的重要法律文件。

5.办理验货与投保

租赁企业收到租赁设备,要进行验收。租赁公司可以向保险公司办理保险事宜。

6.按期支付租金

承租企业在租期内按合同规定的租金数额、支付方式等,定期向租赁企业支付租金。

7.处理租赁期满的设备

租赁合同期满时,承租企业应按租赁合同的规定,实行返还、留购和优惠续租政策。

(三)租金的确定

融资租赁决策取决于租金的数额和支付方式,而租金又受租赁资产的购置成本、预计资产的产值、租赁利率、租赁手续费、租赁期限以及支付方式的影响。一般租金支付次数

越多,每次支付的额度越小。一般租金的支付方式为平均分摊法和等额年金法。

1.平均分摊法

平均分摊法没有考虑货币时间价值,是先以商定的利率和手续费率计算出租赁期间的利息和手续费,然后连同设备价款一起按支付次数平均分摊。每次支付租金的计算公式为:

$$\text{每次支付租金} = \frac{\text{租赁设备价款} - \text{租赁设备的预计残值} + \text{租赁期间利息} + \text{租赁期间手续费}}{\text{租期}}$$

【例 5-2】 某企业采用融资租赁方式于 2021 年 1 月 1 日从租赁公司租入一设备,设备价款为 200 000 元。租期为 5 年,到期后,预计租赁期满设备残值为 20 000 元,设备归承租方所有。双方商定的年利率为 9%,租赁手续费为设备价格的 2%。租金每年末支付一次,求每次支付的租金。

解:每次支付租金 $= \dfrac{(200\ 000 - 20\ 000) + [200\ 000 \times (1 + 9\%)^5 - 200\ 000] + 200\ 000 \times 2\%}{5}$

$= 58\ 344(\text{元})$

2.等额年金法

我国目前的融资实务中,大多采用等额年金法。它是运用年金现值的计算原理计算每期应付租金的方法,计算时通常确定一个租费率作为贴现率。按照年金支付的时间,我们可以分别计算后付租金和先付租金。

后付租金 $\qquad\qquad A = \dfrac{P}{(P/A, i, n)}$

先付租金 $\qquad\qquad A = \dfrac{P}{[P/A, i, (n-1)] + 1}$

式中,A 为每年支付的租金;P 为等额租金现值;$(P/A, i, n)$ 为等额租金现值系数;n 为支付租金期数;i 为租费率。

【例 5-3】 根据【例 5-2】的资料,设租赁费率为 10%,求承租方每年年末(后付年金)支付的租金。

解:每年年末支付的租金 $= \dfrac{P}{(P/A, i, n)} = \dfrac{200\ 000}{(P/A, 10\%, 5)} = 52\ 759.5(\text{元})$

一般承租公司可通过编制租金摊销计划表有计划地安排租金的支付,后付年金情况下编制的租金摊销计划,如表 5-1 所示。

表 5-1 租金摊销计划 单位:元

日期	支付租金 (1)	应付租金 (2)=(4)×10%	本金减少 (3)=(1)-(2)	应还本金 (4)
2020.01.01				200 000.0
2020.12.31	52 759.5	20 000.0	32 759.5	167 240.5
2021.01.01	52 759.5	16 724.1	36 035.4	131 205.1
2021.12.31	52 759.5	13 120.5	39 639.0	91 566.0
2021.01.01	52 759.5	9 156.6	43 602.9	47 963.2
2021.12.31	52 759.5	4 796.3	47 963.2	0
合计	263 797.5	63 797.5	200 000.0	—

(四)融资租赁的评价

1.融资租赁的优点

(1)迅速获得所需资产。融资与购买并行,一般比承租企业自筹资金购置资产的速度快,可使承租企业尽快形成生产能力。

(2)增加长期负债融资的灵活性。融资租赁很好地规避了长期借款和长期债券融资中的种种限制,扩充了长期债券融资的范围。

(3)增强承租企业的流动性。售后租回这一融资租赁方式,能使企业将自己的资产迅速变现,补充企业的营运资金,提高了企业的偿债能力。

(4)规避资产过时的风险。在科技日新月异的今天,融资租赁中的租赁合同明确规定这种风险由承租人承担。

(5)承租企业可享受租金在所得税前扣除的利益。

2.融资租赁的缺点

(1)融资成本高。租金总额一般高于该资产购置成本的30%,而且租赁的支付期固定,易造成企业的财务负担。此外,承租人在租期届满时如放弃对该资产的续租和留购,则丧失了该资产的残值。

(2)难以对承租资产进行更新改造,融资租赁合同中规定未经出租人允许,承租人不得擅自对租赁资产进行改良。

●问答 5.5(单选题)

※与银行借款相比,下列各项中不属于融资租赁筹资特点的是( )。

A.资本成本低 B.融资风险小

C.融资期限长 D.融资限制少

【案例分析】

案例分析
华为融资结构
案例

案例解析

【分析要点】

1.试述华为公司目前融资结构的不足之处。

2.请为华为公司融资结构提出可行的优化方案。

【本章小结】

企业可以通过权益融资和债务融资两种方式取得长期资金。

权益资金也称自有资金,是企业依法筹集并长期拥有,自主调配运用的资本来源。其内容包括投资者投入的资本金和留存收益,它在数量上反映了投资者拥有的全部资金。权益资金主要通过吸收直接投资、发行普通股、发行优先股、优先认股权、认股权证和企业留存收益等筹资方式形成。

负债资金的筹集是指企业通过增加负债的方式,如银行借款、发行公司债券(包括可转换债券)和融资租赁等形式筹集所需资金。

权益融资的特点主要有:没有固定的股利负担,且不用还本,可长期占用资金;但资本成本较高,容易分散企业的控制权。

债务筹资的特点表现为:筹集的资金具有使用上的时间性,需要到期偿还并按期支付债务利息,从而形成企业固定的财务负担;债务利息可在税前扣除,资本成本一般比权益筹资成本要低,且不会分散对企业的控制权。

各种筹资方式都有各自的优缺点,企业应根据需要灵活选择。

【复习思考题】

第五章 在线测试

1.简述权益融资的优缺点。

2.简述债务融资的优缺点。

3.简述普通股与优先股的区别。

4.简述留存收益融资的优缺点。

5.可转换债券筹资的灵活性体现在哪里?

6.简述融资租赁的优缺点。

【综合自测】

第五章 综合自测参考答案

1.【资料】振兴公司发行 5 年期的债券,面值为 1 000 元,付息期为 1 年,票面利率为 10%。

【要求】(1)计算市场利率为 8% 时的债券发行价格;(2)计算市场利率为 12% 时的债券发行价格。

2.【资料】某企业发行面值为 1 000 元,期限为 5 年、票面利率为 12% 的长期债券,因市场利率变化,企业决定以 1 116.80 元的价格售出。

【要求】试确定当时的市场利率为多少?

第六章 资本成本与资本结构 ▶▶▶

![学习目标]

掌握个别资本成本的计算方法；

掌握加权平均资本成本与边际资本成本的计算方法；

掌握经营杠杆、财务杠杆、复合杠杆的计算及其经济意义；

了解资本结构的含义及其对企业经营的影响；

理解资本结构理论；

掌握最优资本结构的确定方法。

![导入语]

现实中,公司的融资渠道是多样化的,通常包括银行贷款、发行债券和股票等。那么公司是如何确定资本成本的呢? 假设企业的一个部门希望通过 7% 的贷款利率获得资金来购买动力系统,另一部门希望通过发行股票的方式为新项目筹集资金,股票的成本为15%。据估算,动力系统的回报率为 9%,新项目的回报率为 14%。如果我们分别来看,用7% 的贷款支持 9% 的动力项目是值得的,用成本高达 15% 的股权融资为 14% 回报率的项目筹资是不划算的。如果我们再考虑融资的比例结构,如负债和股权各占 50%,那么综合起来看公司的融资成本是 11%。现在看来,以 11% 的综合融资成本投资回报率为 14% 的新项目是划算的,反而是投资动力系统显得不划算。因此,企业在为项目融资时,必须要站在企业整体资金的立场上来权衡。

本章主要阐述资本结构相关的基本理论方法,包括资本成本、财务杠杆和资本结构理论等;熟练掌握加权平均资本成本、经营杠杆、财务杠杆和复合杠杆的计算;在理解资本结构理论的基础上做出企业资本结构优化决策。

![关键词]

资本成本(capital cost)

加权平均资本成本(weighted average cost of capital)

经营杠杆系数(degree of operating leverage)

财务杠杆系数(degree of financial leverage)

复合杠杆系数(degree of total leverage)

资本结构理论(capital structure theory)

第一节　资本成本

一、资本成本的概念与作用

资本成本是衡量资本结构优化程度的标准,也是投资获得经济效益的最低要求。资本成本一般用资本成本率来表示。

(一)资本成本的概念

资本成本是指企业为筹集和使用资金而付出的代价。资本成本包括筹资费用和用资费用两部分。

1.筹资费用

筹资费用是指企业在筹措资金过程中为获取资金而支付的费用,如借款手续费和证券发行费等。它通常是在筹措资金时一次性支付的,如证券的印刷费、发行手续费、行政费、律师费、资信评估费、公证费等,因此视为筹资额的一项扣除。

2.用资费用

用资费用是指企业在生产经营、投资过程中因使用资金而支付的费用,如长期借款的利息、长期债券的债息、优先股的股息、普通股的红利等,这是资本成本的主要内容。

在财务管理中,资本成本一般用相对数表示,资本成本的计算公式为:

$$资本成本＝每年的用资费用÷(筹资总额－筹资费用)$$

(二)资本成本的种类

按用途的不同,资本成本可分为个别资本成本、加权平均资本成本和边际资本成本。

1.个别资本成本

个别资本成本是指单种筹资方式的资本成本,包括长期借款成本、长期债券成本、优先股成本、普通股成本和留存收益成本。其中,前两种称为债务资本成本,后三种称为权益资本成本或自有资本成本。个别资本成本一般用于比较和评价各种筹资方式。

2.加权平均资本成本

加权平均资本成本是指对各种个别资本成本进行加权平均而得到的结果,其权数可以在账面价值、市场价值和目标价值之中选择。加权平均资本成本一般用于资本结构决策。

3.边际资本成本

边际资本成本是指新筹集部分资本的成本,在计算时,也需要进行加权平均。边际资本成本一般用于追加筹资决策。

上述三种资本成本之间存在着密切的关系。个别资本成本是加权平均资本成本和边际资本成本的基础,加权平均资本成本和边际资本成本都是对个别资本成本的加权平均。三者都与资本结构紧密相关,但具体关系有所不同。个别资本成本高低与资本性质关系很大,债务资本成本一般低于权益资本成本;加权平均资本成本主要用于评价和选择资本结构;而边际资本成本主要用于在已经确定目标资本结构的情况下,考查资本成本随筹资规模变动而变动的情况。当然,三种资本成本在实务中往往同时运用,缺一不可。

(三)资本成本的作用

资本成本对于企业筹资决策、投资决策,乃至整个财务管理和经营决策都有重要的作用。

1.资本成本是比较筹资方式、选择筹资方案的依据

个别资本成本是比较、评价各种筹资方式的依据。在评价各种筹资方式时,一般会考虑的因素包括对企业控制权的影响、对投资者吸引力的大小、融资的难易和风险大小、资本成本的高低等,而资本成本是其中的重要因素。在其他条件相同时,企业筹资应选择资本成本率最低的方式。

2.平均资本成本是衡量资本结构是否合理的重要依据

企业财务管理的目标是企业价值最大化。企业价值是企业资产带来的未来现金流量的贴现值。计算企业价值时,经常采用企业的平均资本成本作为贴现率,当平均资本成本最小时,企业价值最大,此时的资本结构是企业理想的资本结构。

3.资本成本是评价投资项目可行性的主要标准

在投资决策中,资本成本是评价投资项目的可行性、比较投资方案和进行投资决策的经济标准。一般而言,一个投资项目只有当其投资收益率高于其资本成本率时,在经济上才是合理的。因此,资本成本率是企业用以确定投资项目是否达到要求的投资收益率的最低标准。

4.资本成本是评价企业整体经济业绩的重要依据

一定时期企业资本成本率的高低,不仅可以反映企业筹资管理水平,还可以作为评价企业整体经营业绩的标准。企业的生产经营活动,实际上就是所筹集资本经过再投资后形成资产的营运。企业的总资产税后报酬率只有高于其资本成本率,这样才能带来剩余收益。

二、个别资本成本

个别资本成本是指单一融资方式的资本成本,包括银行借款资本成本、公司债券资本成本、普通股资本成本、留存收益资本成本、优先股资本成本等。

(一)银行借款资本成本

银行借款资本成本主要包括筹资费用和借款利息,只是银行长期借款的筹资费用相

对较少。长期借款的利息费用属于税前费用,具有抵税作用。其资本成本的计算公式如下:

$$K_l = \frac{i(1-T)}{1-f} \times 100\%$$

式中,K_l 为长期借款的资本成本;i 为长期借款的年利率;T 为企业使用的所得税税率(一般为 25%);f 为筹资费用率。

【例6-1】 某公司取得 5 年期长期借款 1 000 万元,年利率为 10%,每年付息一次,到期一次性还本,筹资费用率为 0.2%,所得税税率为 25%,求长期债券资金成本。

解:$K_l = \dfrac{10\% \times (1-25\%)}{1-0.2\%} = 7.52\%$

(二)公司债券资本成本

公司债券资本成本由公司实际负担的债券利息和发行债券支付的筹资费用构成。公司发行债券要事先规定债券利率,以便到期按规定利率支付利息。债券成本中的利息计入当期财务费用,在税前支付,具有减税作用。公司债券的筹资费用主要包括申请发行债券的手续费、债券注册费、印刷费、上市费以及推销费用等。债券既可以溢价发行,也可以折价发行,其资本成本计算公式为:

$$K_b = \frac{I(1-T)}{B(1-f)}$$

式中,K_b 为债券资本成本;B 为债券筹资额;I 为债券票面年利息。

【例6-2】 某公司发行长期债券面值为 600 万元,债券利率为 12%,溢价发行,发行价格为 680 万元,筹资费用率为 2%,所得税税率为 25%,求长期债券资本成本。

解:$K_b = \dfrac{600 \times 12\% \times (1-25\%)}{680 \times (1-2\%)} \times 100\% = 8.10\%$

(三)普通股资本成本

普通股资本成本是企业以普通股方式筹集资金所支付的各项费用。企业发行普通股筹集资金要支付筹资费用和股利,这里股利构成了主要的融资成本,根据股利的增长情况不同,普通股可以分为恒定股利股票和固定增长股利股票。

1.恒定股利股票

对于恒定股利股票,资本成本的计算公式为:

$$K_s = \frac{D}{P(1-f)} \times 100\%$$

式中,K_s 为恒定股利股票资本成本;D 为每期恒定股利;P 为当前股票发行价格。

2.固定增长股利股票

对于固定增长股利股票,资本成本的计算公式为:

$$K_s = \frac{D_1}{P(1-f)} \times 100\% + g$$

式中，K_s 为恒定股利股票资本成本；D_1 为下一期股票股利；g 为股利固定增长率。

【例 6-3】 某公司发行普通股每股市价为 40 元，本期每股股利为 5 元，每股筹资费用率为 2.5%，预计股利每年增长 3%，求该普通股资本成本。

解：$K_s = \dfrac{5 \times (1+3\%)}{40 \times (1-2.5\%)} \times 100\% + 3\% = 16.21\%$

(四)留存收益资本成本

留存收益是企业资金的一项重要来源，是一种所有者权益，它实际上是股东对企业进行追加投资，股东对这部分投资与以前缴给企业的股本一样，也要求有一定的报酬。留存收益的资本成本计算有两种方法：一是在债务成本的基础上加上股东要求的风险溢价；二是与普通股基本相同，但不用考虑筹资费用。其计算公式为：

$$K_e = \dfrac{D_1}{P} \times 100\% + g$$

【例 6-4】 某企业当前普通股每股市价为 40 元，近期每股股利为 5 元，预计股利每年增长 3%，求留存收益资本成本。

解：$K_e = \dfrac{5}{40} \times 100\% + 3\% = 15.5\%$

(五)优先股资本成本

优先股资本成本是企业以发行优先股方式筹集资金所支付的各项费用。和发行普通股不同的是，公司向优先股股东支付的股利一般每年固定不变，因此，其资本成本的计算公式和固定股利的普通股资本成本基本一致，即：

$$K_p = \dfrac{D}{P(1-f)} \times 100\%$$

三、加权平均资本成本

加权平均资本成本（WACC）是指分别以各种资本成本为基础，以各种资金占全部资金的比重为权数计算出来的综合资本成本。它是综合反映资本成本总体水平的一项重要指标。综合资本成本率是由个别资金成本率和各种长期资金比例这两个因素所决定的。综合资本成本的计算存在权数价值的选择问题，即每种个别资本按什么价值确定权数的问题。可供选择的价值形式有以下四种。

(一)账面价值

账面价值即以各个个别资本的账面价值来计算权数。其优点是资料容易取得，可以直接从资产负债表的右方得到。其缺点是，当债券和股票的市价脱离账面价值较大时，影响准确性；同时，账面价值反映的是过去的资本结构，不适合未来的筹资决策。

(二)现行市价

现行市价以每种个别资本的现行市价来计算权数。其优点是能够反映实际的资本成本，但现行市价处于经常变动之中，不容易取得；而且，现行市价反映的只是现实的资本结构，也同样不适用未来的筹资决策。

(三)目标价值

目标价值以未来预计的目标市场价值来确定权数。对于公司筹措新资、反映期望的资本结构来说，目标价值是有益的，但目标价值的确定难免具有主观性。

(四)修正的账面价值

修正的账面价值以每种个别资本的账面价值为基础，根据债券和股票的市价脱离账面价值的程度，适当地对账面价值予以修正，据以计算权数。这种方法能够比较好地反映实际资本成本和资本结构。加权平均资本成本的计算公式为：

$$K_w = \sum W_j K_j$$

式中，K_w 为加权平均资金成本；W_j 为第 j 种资金占总资金的比重；K_j 为第 j 种资本成本。

【例 6-5】 某公司长期债券、普通股和留存收益分别为 600 万元、120 万元和 20 万元，资本成本分别为 8.2%、15.82% 和 15.5%，求加权平均资本成本。

解：$K_w = \dfrac{600 \times 8.2\% + 120 \times 15.82\% + 20 \times 15.5\%}{600 + 120 + 20} = 9.63\%$

四、边际资本成本

(一)边际资本成本的计算

个别资本成本与综合资本成本，是企业过去筹集的或目前使用的资本成本。企业在追加筹资和追加投资的决策中必须考虑边际资本成本的高低。企业在追加筹资时又有两种情况：其一，改变现行的资本结构。如认为现行资本结构中债务比重过高，要降低资产负债率，可以选择发行普通股或优先股或将两者组合进行追加筹资。其二，不改变现行资本结构。即认为现行资本结构为理想资本结构，按现行资本结构进行追加筹资。在追加筹资时还有一个基本约定，即追加筹资规模不同，个别资本成本率也不同。一般随着追加筹资规模的扩大，个别资本成本率会逐步提高。换言之，企业不可能以一个固定的资本成本率筹集到无限的资本。边际资本成本在计算时需要按加权平均法来计算，其权数必须为市场价值权数，不应采用账面价值权数。例如，万达技术公司 2019 年年末的长期资本中负债占 55%，公司管理层认为负债比重过高，决定向现有普通股股东实施配股方案，10 配 1，每股市场价值为 5 元，资本成本率为 11%。此资本成本率即为边际资本成本。通过配股，该公司的自有资本比重得以提高。

(二)边际资本成本的规划

在未来追加筹资过程中,为了便于比较不同规模范围的筹资组合,企业可以预先计算边际资本成本,并以图或表的形式反映。

【例6-6】 南洋运输公司目前拥有长期资本400万元,其中,长期借款60万元,长期债券100万元,普通股(含留存收益)240万元。为了满足追加投资的需要,拟筹集新的长期资本,试确定筹集新长期资本成本(为方便计算,假设债券发行额可超过净资产的40%)。

解:(1)公司经过分析,测定了各类资本成本的分界点及各个个别资本成本筹资范围内的个别资本成本率,如表6-1所示。

表6-1 南洋运输公司筹资资料

资本种类	资本成本分界点/万元	个别资本筹资范围/万元	资本成本/%
长期借款	4.5	4.5以内	3
	9.0	4.5～9.0	5
		9.0以上	7
长期债券	20	20以内	10
	40	20～40	11
		40以上	12
普通股	30	30以内	13
	60	30～60	14
		60以上	15

(2)公司决定,筹集新资本仍保持现行的资本结构,即长期借款占15%,长期债券占25%,普通股占60%。

(3)计算追加筹资总额的突破点,并划分追加筹资总额各段范围。

所谓筹资突破点,是指在保持其资本结构不变的条件下可以筹集到的资本总额。换言之,在筹资突破点以内筹资,资本成本不会改变,一旦超过了筹资突破点,即使保持原有的资本结构,其资本成本也会增加。筹资突破点的计算公式为:

$$筹资突破点 = \frac{可用某一特定成本率筹集到某种资本的最大数额}{该种资本在资本成本中所占的比重}$$

根据上述资料,计算出若干筹资突破点:

①筹资突破点 $1 = \dfrac{4.5}{15\%} = 30$(万元)　　④筹资突破点 $4 = \dfrac{40}{25\%} = 160$(万元)

②筹资突破点 $2 = \dfrac{9}{15\%} = 60$(万元)　　⑤筹资突破点 $5 = \dfrac{30}{60\%} = 50$(万元)

③筹资突破点 $3 = \dfrac{20}{25\%} = 80$(万元)　　⑥筹资突破点 $6 = \dfrac{60}{60\%} = 100$(万元)

由此可得七组追加筹资总额范围:30万元以内;30万～50万元(含);50万～60万元(含);60万～80万元(含);80万～100万元(含);100万～160万元(含);160万元以上。

(4)分组计算边际资本成本,计算结果如表6-2所示。

表 6-2 南洋运输公司边际资本成本计算结果

筹资范围	资本种类	资本结构/%	个别资本成本/%	综合资本成本/%
30万元以内	长期借款	15	3	10.75
	长期债券	25	10	
	普通股	60	13	
30万～50万元(含)	长期借款	15	＊5	11.05
	长期债券	25	10	
	普通股	60	13	
50万～60万元(含)	长期借款	15	5	11.65
	长期债券	25	10	
	普通股	60	＊14	
60万～80万元(含)	长期借款	15	＊7	11.95
	长期债券	25	10	
	普通股	60	14	
80万～100万元(含)	长期借款	15	7	12.20
	长期债券	25	＊11	
	普通股	60	14	
100万～160万元(含)	长期借款	15	7	12.80
	长期债券	25	11	
	普通股	60	＊15	
160万元以上	长期借款	15	7	13.05
	长期债券	25	＊12	
	普通股	60	15	

注:以上带有＊符号旁的数字比上一组筹资范围中相应的个别资本成本有所变动

第二节　杠杆原理

一、杠杆效应的含义

财务管理中的杠杆效应是指由于特定费用(如固定成本或固定财务费用)的存在,当某一财务变量以较小幅度变动时,另一相关财务变量也会以较大幅度变动的现象,包括经营杠杆、财务杠杆和复合杠杆三种形式。

二、企业计算利润过程中的相关概念

(一)销售收入

销售收入是指企业通过产品销售或提供劳务所获得的货币收入,以及形成的应收销

货款。从数量上来看,销售收入(S)的大小与销售数量(Q)和销售价格(p)相关,销售收入的计算公式为:

$$S = Q \cdot p$$

(二)成本

成本是生产和销售一定种类与数量产品以耗费资源用货币计量的经济价值。根据与数量之间的依存关系,成本可以分为固定成本与变动成本。

1.固定成本

固定成本(用 F 表示),是指其总额在一定时期和一定业务量范围内不随业务量发生任何变动的那部分成本。属于固定成本的主要有按直线法计提的折旧费、保险费、管理人员工资、办公费等。其基本特征是:固定成本总额不因业务量(Q)的变动而变动,如图 6-1(a)所示,但是单位固定成本随业务量的增减呈反方向变动,如图6-1(b)所示。

(a)固定成本总额　　(b)单位固定成本

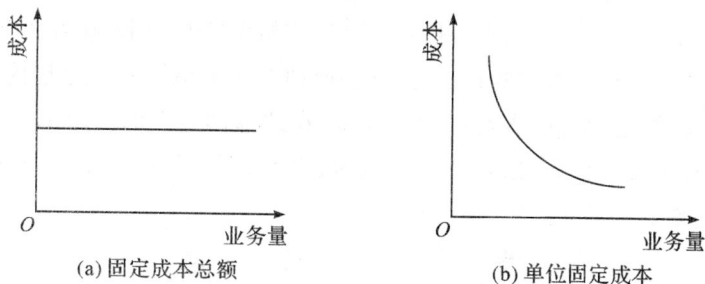

图 6-1　固定成本习性模型

2.变动成本

变动成本(用 VC 表示),是指总额随着业务量成正比例变动的那部分成本。例如,直接材料、直接人工、按销售量支付的推销员佣金、装卸费、包装费等都属于变动成本。其基本特征是:变动成本总额(VC)因业务量(Q)的变动而成正比例变动,如图 6-2(a)所示,但是单位变动成本(v)不变,如图 6-2(b)所示。

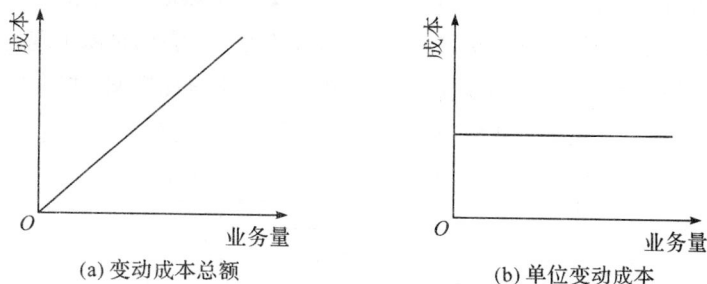

(a)变动成本总额　　(b)单位变动成本

图 6-2　变动成本习性模型

●问答 6.1(单选题)

※下列各项中,不属于变动成本的是( )。

A.研发活动消耗的材料费

B.按业务量计提的固定资产折旧

C.按销售收入一定百分比支付的技术转让费

D.随产品销售的包装物成本

3.混合成本

从成本习性来看,固定成本和变动成本只是两种极端的类型。在现实经济生活中,大多数成本与业务量之间的关系处于两者之间,即混合成本。顾名思义,混合成本就是"混合"了固定成本和变动成本这两种不同性质的成本。一方面,它们要随业务量的变化而变化;另一方面,它们的变化又不能与业务量的变化保持纯粹的正比例关系。

混合成本兼有固定与变动两种性质,可进一步将其细分为半变动成本和半固定成本。

(1)半变动成本。半变动成本是指在有一定初始量的基础上,随着业务量的变化而成正比例变动的成本。这些成本的特点是:它一般拥有一个初始的固定基数,在此基数内与业务量的变化无关,这部分成本类似固定成本;在此基础之上的其余部分,则随着业务量的增加成正比例增长。比如,固定电话座机费、水费、电费等均属于半变动成本。其成本习性模型,如图 6-3 所示。

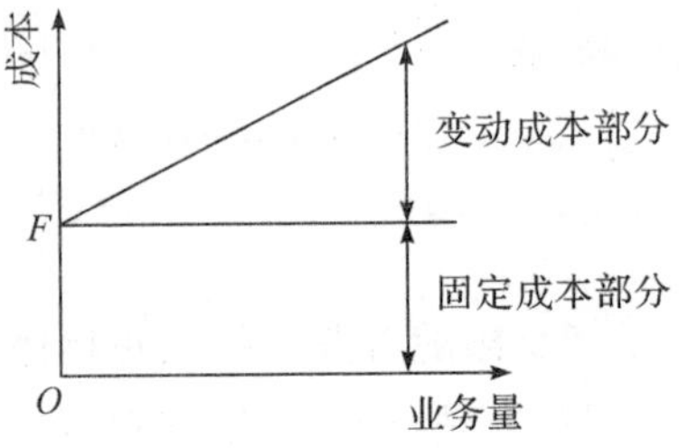

图 6-3 半变动成本习性模型

(2)半固定成本。半固定成本也称为阶梯式变动成本,这类成本在一定业务量范围内的发生额是固定的,但是当业务量增长到一定限度,其发生额就突然跳跃到一个新的水平,然后在业务量增长的一定限度内,发生额又保持不变,直到另一个新的跳跃出现。例如,企业的管理员、运货员、质检员的工资等成本就属于这一类。其成本习性模型,如图 6-4 所示。

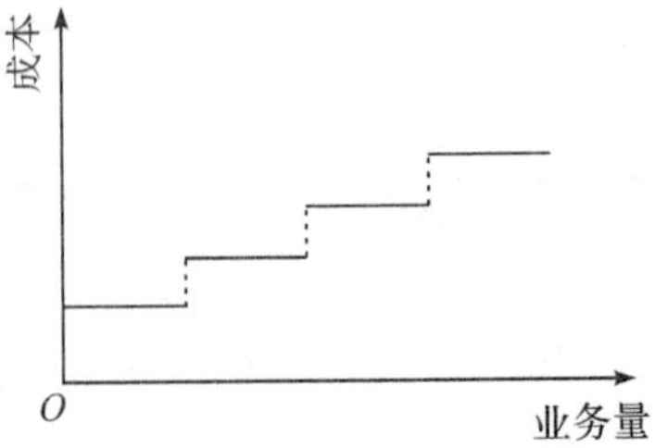

图 6-4 半固定成本习性模型

（三）边际贡献

边际贡献（一般用 M 表示）是销售收入扣除变动成本后的差额。其计算公式为：

$$边际贡献＝销售收入－变动成本总额$$

用字母表示为：

$$M＝S－VC＝(p－v)\cdot Q＝m\cdot Q$$

式中，m 为单位边际贡献。

边际贡献不是利润，边际贡献只有扣除了固定成本以后才能称为利润，即息税前利润。

边际贡献除以销售收入的商称为边际贡献率（R），即：

$$R＝\frac{M}{S}＝\frac{(p－v)\cdot Q}{p\cdot Q}＝\frac{m}{p}$$

边际贡献率和变动成本率（V/P）相加之和等于 1。

（四）利润

1. 息税前利润

虽然用收入减去固定成本和可变成本就得到了利润，但是现实中的利润是一个复杂的概念。例如，在上述中我们没有扣除利息（用 I 表示），也没有扣除企业所得税（所得税税率为 T）。因此，这里的利润只能称为息税前利润（用 $EBIT$ 表示），其计算公式为：

$$息税前利润＝销售收入总额－变动成本总额－固定成本$$
$$＝(销售单价－单位变动成本)\times产销量－固定成本$$

即：　　$$EBIT＝S－VC－F＝pQ－vQ－F＝(p－v)Q－F$$

2. 税前利润

在息税前利润的基础上进一步扣除利息，得到税前利润，即 $EBIT－I$。

3. 税后利润

在税前利润的基础上扣除企业所得税得到税后利润，即 $(EBIT－I)\cdot(1－T)$。

4. 税后利润的进一步分配

企业的税后利润一般做如下分配：①提取盈余公积；②支付给股东的红利，包括普通股股利和优先股股利，其中优先股股利在扣除所得税之后才能分配到股东手中，因而有税后优先股股利（用 PD 表示）与税前优先股股利（用 $\dfrac{PD}{1－T}$ 表示）。

上述内容可以用图 6-5 表示为：

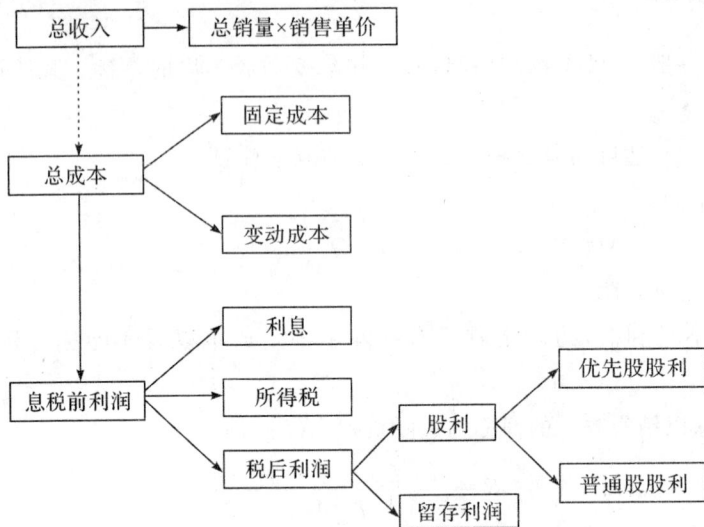

图 6-5　成本、收入与利润的关系

每股收益（EPS）是评价股份有限公司盈利水平的重要指标。计算公式为：

$$EPS=\frac{(p-v)Q-F-T-PD}{N}$$

式中，N 为普通股发行在外的股数。

(五)盈亏平衡点

当息税前利润等于零时的产量称为盈亏平衡点。令 $(p-v)Q-F=0$，解得盈亏平衡点销售量 Q^*：

$$Q^*=\frac{F}{p-v}=\frac{F}{m}$$

即：盈亏平衡点销售量等于固定成本总额除以单位边际贡献。
将上述公式的两边同时乘以单价 p，可以得出：

$$Q^*\times p=\frac{F}{p-v}\cdot p$$

变形可得边际贡献额 S^*：

$$S^*=\frac{F}{(p-v)/p}=\frac{F}{R}$$

即：盈亏平衡点销售额等于固定成本总额除以边际贡献率。

三、经营杠杆

(一)经营杠杆的含义

有 A、B、C 三家企业,营业收入和固定成本已知,变动成本占营业收入的 60%,我们可以计算出每家企业每年的息税前利润,最后也能够算出每家企业息税前利润变动的比率($\Delta EBIT/EBIT$)。这三家企业息税前利润变动率计算,如表6-3所示。

授课视频 经营杠杆

表6-3 A、B、C三家企业息税前利润变动率计算 单位:万元

	A企业	B企业	C企业
	20×1年		
营业收入	3 000	3 000	3 000
固定成本	0	600	800
变动成本	1 800	1 800	1 800
息税前利润	1 200	600	400
	20×2年		
营业收入	4 500	4 500	4 500
固定成本	0	600	800
变动成本	2 700	2 700	2 700
息税前利润	1 800	1 200	1 000
息税前利润变动比率	50%	100%	150%

我们发现,三家企业每年的营业收入相同,变动成本相同,唯一的差别在于固定成本不同,导致了息税前利润不同,进而息税前利润变动比率不同。固定成本越高,息税前利润的放大幅度越大。说明在销售增长率($\Delta S/S$)相同的情况下,固定成本能够放大息税前利润变动比率。

经营杠杆效应是指在某一固定成本的作用下,息税前利润变动率大于产销量的变动率的现象。

(二)经营杠杆的计量

经营杠杆效应的大小一般用经营杠杆系数来表示。经营杠杆系数,又称经营杠杆率(DOL),它是指息税前利润变动率相当于产销量变动率的倍数。其计算公式为:

$$DOL = \frac{\Delta EBIT/EBIT}{\Delta S/S}$$

授课视频 经营杠杆系数

式中,DOL为经营杠杆系数;分子为息税前利润变动比率;分母为销售增长率。

根据企业收入、成本和利润间的关系,DOL还可以进一步化简。

根据$S = p \cdot Q$,可知$\Delta S = p \cdot \Delta Q$,进而$\Delta S/S = \Delta Q/Q$。

根据$EBIT = (p-v) \cdot Q - F$,可知$\Delta EBIT = (p-v) \cdot \Delta Q$。

于是 $DOL = \frac{\Delta EBIT/EBIT}{\Delta Q/Q} = \frac{\Delta Q \cdot (p-v)/EBIT}{\Delta Q/Q} = \frac{Q \cdot (p-v)}{EBIT} = \frac{S-VC}{S-VC-F}$

式中,$(S-VC)$为边际贡献,用M表示。很显然,$M = EBIT + F$。

经营杠杆系数的简化公式为边际贡献与息税前利润的比:

$$DOL = \frac{M}{EBIT}$$

(三)经营杠杆系数与经营风险的关系

经营风险是指企业未使用债务时经营的内在风险。引起企业经营风险的主要原因是,市场需求和成本等因素的不确定性,经营杠杆本身并不是利润不稳定的根源。但是,经营杠杆扩大了市场和生产等不确定因素对利润变动的影响。而且,经营杠杆系数越高,利润变动越剧烈,企业的经营风险就越大。

1.产品需求

市场对企业产品的需求越稳定,经营风险就越小;反之,经营风险就越大。

2.产品售价

产品售价变动不大,经营风险则小;反之,经营风险则大。

3.产品成本

产品成本是收入的抵减,成本不稳定,会导致利润不稳定,因此,产品成本变动大的,经营风险就大;反之,经营风险就小。

4.调整价格的能力

当产品成本变动时,若企业具有较强的调整价格的能力,经营风险越小;反之,经营风险越大。

5.固定成本的比重

一般来说,在其他因素一定的情况下,固定成本越高,经营杠杆系数越大,企业经营风险也就越大。

总之,影响经营杠杆系数的因素包括产品销售数量、产品销售价格、单位变动成本和固定成本总额等。经营杠杆系数将随固定成本的变化呈同方向变化,即在其他因素一定的情况下,固定成本越高,经营杠杆系数越大。同理,固定成本越高,企业经营风险也越大;如果固定成本为0,则经营杠杆系数等于1。

企业一般可以通过增加销售额、降低产品单位变动成本、降低固定成本比重等措施使经营杠杆系数下降,降低经营风险,但这往往要受到相关条件的制约。

授课视频 经营杠杆系数与经营风险

●问答 6.2(多选题)

※在息税前利润为正的前提下,下列与经营杠杆系数保持同步变化的因素有( )。

A.固定成本   B.销售价格   C.销售量   D.单位变动成本

四、财务杠杆

授课视频 财务杠杆和财务杠杆系数

(一)财务杠杆的概念

已知有 A、B、C 三家企业,企业发行股票数分别为 20 000 股、15 000 股和 10 000 股。企业所得税税率为 25%,每年的息税前利润、债务利息已知,假设不存在优先股。我们不难算出税前利润、税后利润和每股收益,进而算出每家企业每股收益变动的百分比$\left(\dfrac{\Delta EPS}{EPS}\right)$。这三家企业每股收益变动率计算,如表6-4所示。

表6-4　A、B、C三家企业每股收益变动率计算　　　　单位:元

	A 企业	B 企业	C 企业
20×1 年			
息税前利润	200 000	200 000	200 000
债务利息	0	40 000	80 000
税前利润	200 000	160 000	120 000
所得税费用	50 000	40 000	30 000
税后利润	150 000	120 000	90 000
优先股股利	0	0	0
每股收益	7.5	8	9
20×2 年			
息税前利润	400 000	400 000	400 000
债务利息	0	40 000	80 000
税前利润	400 000	360 000	320 000
所得税费用	100 000	90 000	80 000
税后利润	300 000	270 000	240 000
优先股股利	0	0	0
每股收益	15	18	24
每股收益变动百分比	100%	125%	167%

这里每股收益 EPS 的计算公式为:

$$EPS=\frac{(EBIT-I)\cdot(1-T)-PD}{N}$$

可见,三家企业虽然息税前利润相同,涨幅$\left(\dfrac{\Delta EBIT}{EBIT}\right)$也相同,但是债务利息不同(这是债务不同导致的),进而引发了每股收益变动百分比的不同。债务利息越高,每股收益变动的放大幅度越大。

这种在某一固定的债务与权益融资结构下,息税前利润的变动引起每股收益产生更大程度变动的现象就称为财务杠杆效应。

(二)财务杠杆的计量

只要在企业的筹资方式中有固定财务费用支出的债务和优先股,就会存在财务杠杆效应,但不同企业财务杠杆的作用程度不完全一致,对财务杠杆计量的主要指标是财务杠杆系数(用 DFL 表示)。根据上文的描述很容易得到财务杠杆系数的公式为:

$$DFL=\frac{\Delta EPS/EPS}{\Delta EBIT/EBIT}$$

式中,分子为普通股每股收益变动率,分母为息税前利润变动比率。

同样,DFL 可以在原始定义的基础上进行简化。根据 EPS 的公式可知:

$$\Delta EPS = \frac{\Delta EBIT \cdot (1-T)}{N}$$

将其代入原始定义式中:

$$DFL = \frac{EBIT \cdot (1-T)}{(EBIT-I) \cdot (1-T) - PD} = \frac{EBIT}{(EBIT-I) - PD/(1-T)}$$

式中,分子为息税前利润;分母为税前利润$(EBIT-I)$与税前优先股股息$\left(\dfrac{PD}{1-T}\right)$的差值。

DFL 的简化公式为:

财务杠杆系数＝息税前利润/(税前利润－税前优先股股息)

(三)财务杠杆与财务风险的关系

财务风险,亦称筹资风险,是指企业在经营活动中与筹资有关的风险,尤其是指在筹资活动中利用财务杠杆可能导致企业股权资本所有者权益下降的风险,甚至可能导致企业破产的风险。由于财务杠杆的作用,当息税前利润下降时,税后利润下降得更快,所以给企业股权资本所有者造成更大的财务风险。财务杠杆会加大财务风险,企业举债比重越大,财务杠杆效应越强,财务风险越大。

五、复合杠杆

(一)复合杠杆的概念

因存在固定成本而产生经营杠杆效应;同样,因存在固定财务费用而产生财务杠杆效应。如果两种杠杆共同起作用,那么销售额稍有变动就会使每股收益产生更大的变动。

复合杠杆是指因固定生产经营成本和固定财务费用的共同存在而使普通股每股利润变动率大于产销量变动率的杠杆效应。有时复合杠杆系数也称为总杠杆系数。

(二)复合杠杆的计量

只要企业同时存在固定生产经营成本和固定财务费用等财务支出,就会存在复合杠杆的作用,对复合杠杆计量的主要指标是复合杠杆系数或复合杠杆度,用 DTL 表示。复合杠杆系数是指普通股每股利润变动率相当于产销量变动率的倍数,其计算公式为:

$$DTL = \frac{\Delta EPS/EPS}{\Delta S/S}$$

通过对比 DOL 与 DFL 的定义,我们可以发现 $DTL = DOL \cdot DFL$,即:

复合杠杆系数＝经营杠杆系数×财务杠杆系数

同样,复合杠杆系数也可以简化为:

$$DTL = \frac{M}{EBIT} \cdot \frac{EBIT}{(EBIT-I) - PD/(1-T)} = \frac{M}{(EBIT-I) - PD/(1-T)}$$

即：　　　　　复合杠杆系数＝边际贡献/(税前利润－税前优先股股息)

【例 6-7】 某公司经营杠杆系数为 1.5,财务杠杆系数为 2,该公司目前每股收益为 1 元,若使营业收入增加 10％,求总杠杆系数、息税前利润增长率及每股收益增长率。

解:根据题意可知 $DOL=1.5, DFL=2, EPS=1, \dfrac{\Delta S}{S}=10\%$

那么 $DTL=1.5\times2=3$

由 $DOL=\dfrac{\Delta EBIT/EBIT}{\Delta S/S}$,得 $1.5=\dfrac{\Delta EBIT/EBIT}{10\%}$,进而 $\dfrac{\Delta EBIT}{EBIT}=15\%$

由 $DTL=\dfrac{\Delta EPS/EPS}{\Delta S/S}$,得 $3=\dfrac{\Delta EPS/EPS}{10\%}$,进而 $\dfrac{\Delta EPS}{EPS}=30\%$

【例 6-8】 某公司本年的销售量为 100 万件,售价为 20 元/件,单位变动成本为 12 元,总固定成本为 50 万元,税后优先股股息为 75 万元,利息费用为 20 万元,所得税税率为 25％,试计算经营杠杆系数、财务杠杆系数、复合杠杆系数和盈亏平衡点。

解:由题意可知,销售额 $S=100\times20=2\,000$(万元)

边际贡献 $M=(20-12)\times100=800$(万元)

固定成本 $F=50$ 万元,利息费用 $I=20$ 万元,所得税税率 $T=25\%$

可知,息税前利润 $EBIT=M-F=800-50=750$(万元)

税前利息 $EBIT-I=750-20=730$(万元)

税前优先股股息 $\dfrac{PD}{1-T}=\dfrac{75}{1-25\%}=100$(万元)

$DOL=\dfrac{M}{EBIT}=\dfrac{800}{750}=1.07$

$DFL=\dfrac{M}{(EBIT-I)-PD/(1-T)}=\dfrac{750}{730-100}=1.19$

$DTL=DOL\times DFL=1.27$

盈亏平衡点 $Q^*=\dfrac{F}{P-V}=\dfrac{50}{20-12}=6.25$(万件)

复合杠杆系数的意义:首先,它能够估计出销售变动对每股收益造成的影响。比如,销售每增长(降低)1％,就会造成每股收益增长(降低)3％。其次,它使我们看到了经营杠杆与财务杠杆之间的相互关系,即达到某一复合杠杆系数,经营杠杆和财务杠杆可以有很多不同的组合。比如,经营杠杆系数较高的公司可以在较低的程度上使用财务杠杆;经营杠杆系数较低的公司可以在较高的程度上使用财务杠杆等。这有待公司在考虑了各有关的具体因素之后做出选择。

●问答 6.3(单选题)

※甲公司 2019 年每股收益为 1 元,2020 年经营杠杆系数为 1.25、财务杠杆系数为1.2。假设公司不进行股票分割,如果 2020 年每股收益想要达到 1.6 元,根据杠杆效应,其营业收入应比 2019 年增加(　　　)。

A.50％　　　　　　B.60％　　　　　　C.40％　　　　　　D.30％

(三)复合杠杆与复合风险的关系

企业复合杠杆系数越大,每股利润的波动幅度越大。复合杠杆作用使普通股每股利润大幅波动而造成的风险,称为复合风险。复合风险直接反映企业的整体风险。在其他因素不变的情况下,复合杠杆系数越大,复合风险就越大;复合杠杆系数越小,复合风险就越小。通过计算分析复合杠杆系数及普通股每股利润的标准离差和标准离差率可以揭示复合杠杆与复合风险的内在联系。

● 问答6.4(多选题)

※下列关于杠杆系数的说法中,正确的有( )。
A.复合杠杆系数能够起到财务杠杆和经营杠杆的综合作用
B.财务杠杆系数＝息税前利润÷税前利润
C.经营杠杆系数较低的公司可以在较高程度上使用财务杠杆
D.复合杠杆系数越大,企业经营风险就越大

第三节　资本结构

资本结构是企业筹资决策的核心问题。企业应考虑有关影响因素,运用适当的方法确定最佳资本结构,并在以后追加筹资中继续保持。资本结构问题总的说是负债资本的比例问题,即负债在企业全部资本中所占的比重。

一、资本结构的含义及其对企业经营的影响

资本结构是指企业各种资本的构成及其比例关系。资本结构有广义和狭义之分。狭义的资本结构是指长期资本结构;广义的资本结构包括长期资本和短期资本的结构、权益资本和负债资本的结构、长期资本内部的结构等。这里所指的资本结构是狭义的资本结构。

在企业筹资中,往往是长期筹资与短期筹资、债务筹资与所有权筹资、内部筹资与外部筹资、直接筹资与间接筹资等的组合。例如,普通股与优先股的比例关系、普通股股本中国家股的比重问题、普通股股本结构与股价的关系等。资本结构侧重研究长期资本来源中债务资本与自有资本的比例关系。

一个企业的债务资本是企业外部债权人对企业的投资,企业使用债权人的投资进行经营就是举债经营。举债经营能为企业和股东创造更大的经济利益,被认为是最精明的举动。因为在经济处于上升阶段和通货膨胀比较严重的情况下,举债经营无论对企业还是对股东都是有益处的。原因如下:

(1)举债可以降低资本成本。债务资本的利息率一般低于企业权益资本的股息率或分红率；并且，债务的利息在税前支付，企业可以减少所得税，因而债务资本成本总是低于权益资本成本。

(2)举债可以获得杠杆利益。由于债务利息一般是相对固定的，随着息税前利润的增加，单位利润所负担的固定利息就会减少，因此，企业所有者所分得的税后利润就会随之增加。

(3)举债可以增加权益资本收益。这除了杠杆利益的原因之外，还由于在经济上升阶段，企业经营比较顺利，获利水平往往较高，特别是投资收益率大于债务资本利息率。企业举债越多，其权益资本的收益率就会提高，因此给股东带来了超额利润。

(4)举债可以减少货币贬值的损失。在通货膨胀日益加重的情况下，利用举债扩大再生产，比利用权益资本更为有利，可以减少通货膨胀造成的贬值损失。

但是，举债经营并非完美无缺，也存在一些缺陷：

(1)资本来源不稳定。如果权益资本比重过低，负债比例过大，企业再举债会因风险过大而被贷款方拒绝。

(2)资本成本可能升高。虽然债务资本成本一般都小于权益资本成本，似乎举债始终是有利的，但是，随着企业负债比例的逐步提高，债权人在提供贷款时会逐步提高利息率或提出额外要求，这势必增加资本成本，给企业经营带来压力。在企业负债率超过一定幅度之后，使用债务资本的资本成本会超过使用权益资本的资本成本。

(3)财务杠杆风险会出现。由于企业举债后的资本使用不当，或者出现整个宏观经济不景气，企业投资报酬率甚至低于借款利息率，所以就会降低股东的净资产利润率。

(4)现金流量需求的增加。举债以后意味着要定期向债权人付出现金，如果企业收益质量稍差或财务状况不佳，企业的信誉与财务形象将受到损害，再融资的资本成本会提高。过度的负债、对未来盲目乐观、不善的经营管理和财务管理是很多问题企业破产或被兼并的主要原因。

二、资本结构理论

资本结构理论包括净收益理论、净营业收益理论、权衡理论、传统理论、代理理论和等级筹资理论等。

(一)净收益理论

该理论认为，利用债务可以降低企业的综合资本成本。由于债务成本一般较低，所以，负债程度越高，综合资金成本越低，企业价值就越大。当负债率达到 100% 时，企业价值将达到最大。如果用 K_b 表示债务资本成本、K_s 表示权益资本成本、K_w 表示加权平均资本成本、V 表示企业总价值，则净收益理论可用图 6-6 来描述。

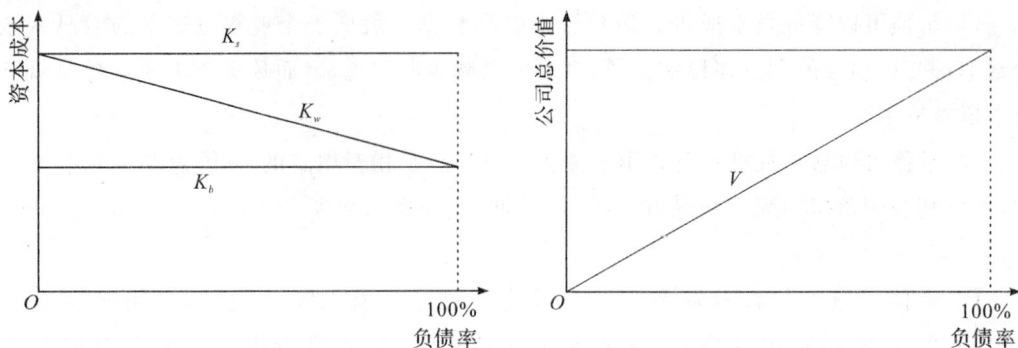

图 6-6 净收益理论

(二)净营业收益理论

该理论认为,资本结构与企业的价值无关,决定企业价值高低的关键要素是企业的净营业收益。尽管企业增加成本较低的债务资本,但加大了企业的风险,导致权益资本成本的提高,企业的综合资本成本仍保持不变。不论企业的财务杠杆程度如何,其整体的资本成本不变,企业的价值也就不受资本结构的影响,因而不存在最佳资本结构,如图 6-7 所示。

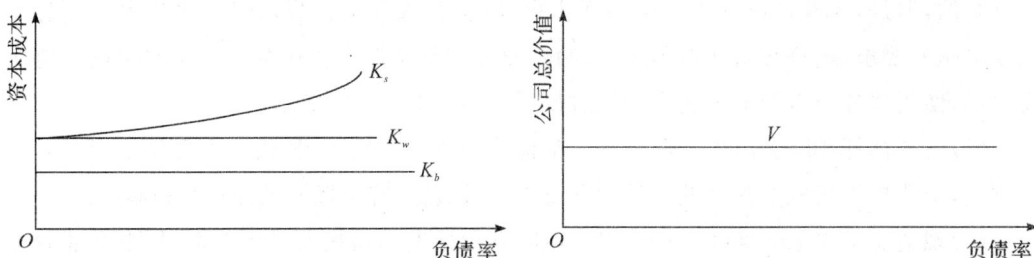

图 6-7 净营业收益理论

(三)权衡理论

权衡理论认为,在没有企业和个人所得税的情况下,任何企业的价值,不论其有无负债,都等于经营利润除以适用于其风险等级的收益率。风险相同的企业,其价值不受有无负债及负债程度的影响;但在考虑所得税的情况下,由于存在税额庇护利益,企业价值会随负债程度的提高而增加,因此,股东也可获得更多利益。于是,负债越多,企业价值也会越大。但是在现实生活中,有的假设是不成立的,因此早期权衡理论推导出的结论并不完全符合现实情况,只能作为资本结构研究的起点。此后,在早期权衡理论的基础上不断放宽假设,继续研究,几经发展,最终提出了税负利益—破产成本的权衡理论,如图 6-8 所示。

图 6-8 中:V_L 为只有负债税额庇护而没有破产成本的企业价值(破产成本是指与破产有关的成本);V_u 为无负债时的企业价值;V_L' 为同时存在负债税额庇护、破产成本的企业价值;TB 为负债税额庇护利益的现值;FA 为破产成本;D_1 为破产成本变得重要时的负债水平;D_2 为最佳资本结构。

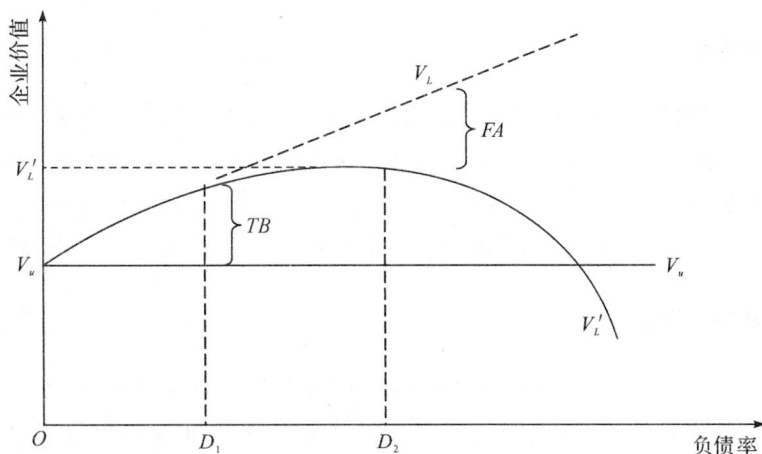

图 6-8　税负利益—破产成本权衡理论

图 6-8 说明:(1)负债可以为企业带来税额庇护利益。(2)最初的权衡理论假设在现实中不存在,事实是各种负债成本随负债率的增大而上升,当负债率达到某一程度时,息税前盈余会下降,同时企业负担破产成本的概率会增加。(3)当负债率未超过 D_1 点时,破产成本不明显;当负债率达到 D_1 点时,破产成本开始变得重要,负债税额庇护利益开始被破产成本所抵销;当负债率达到 D_2 点时,边际负债税额庇护利益恰好与边际破产成本相等,企业价值最大,达到最佳资本结构;负债率超过 D_2 点后,破产成本大于负债税额庇护利益,导致企业价值下降。

(四)传统理论

传统理论是一种介于净收益理论和净营业收益理论之间的理论。传统理论认为,企业利用财务杠杆尽管会导致权益成本的上升,但在一定程度内却不会完全抵消利用低成本债务所获得的好处,因此会使加权平均资本成本下降,企业总价值上升。但是,超过一定程度地利用财务杠杆,权益成本的上升就不能再为债务的低成本所抵销,加权平均资本成本便会上升。以后,债务成本也会上升,它和权益成本的上升共同作用,使加权平均资本成本上升加快。加权平均资本成本从下降变为上升的转折点,是加权平均资本成本的最低点,这时的负债率就是企业的最佳资本结构。传统理论可以用图 6-9 来描述。

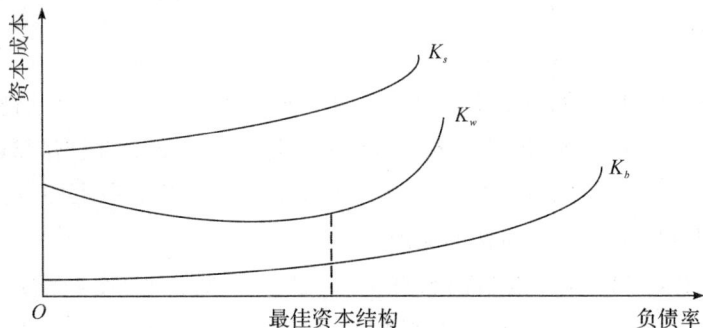

图 6-9　传统理论

(五)代理理论

该理论认为,债权筹资有很强的激励作用,并将债务视为一种担保机制。这种机制能够促使经理人员多努力工作,少个人享受,并且做出更好的投资决策,从而降低因两权分离而产生的代理成本;但是,负债筹资可能导致另一种代理成本,即企业接受债权人监督而产生的成本。均衡的企业所有权结构是由股权代理成本和债权代理成本之间的平衡关系来决定的。

(六)等级筹资理论

该理论认为,首先,外部筹资的成本不仅包括管理和证券承销成本,还包括不对称信息所产生的"投资不足效应"而引起的成本。其次,债务筹资优于股权投资。由于企业所得税的节税利益,负债筹资可以增加企业的价值,即负债越多,企业的价值增加越多,这是负债的第一种效应;但是,财务危机成本期望值的现值和代理成本的现值会导致企业价值的下降,即负债越多,企业价值减少额越大,这是负债的第二种效应。由于上述两种效应相抵消,因此,企业应适度负债。最后,由于非对称信息的存在,企业需要保留一定的负债容量以便有利可图的投资机会来临时可发行债券,避免以太高的成本发行新股。

从成熟的证券市场来看,企业的筹资优序模式:首先是内部筹资,其次是借款、发行债券和可转换债券,最后是发行新股筹资。

但是,20世纪80年代新兴证券市场(如中国)具有明显的股权融资偏好,其原因主要有以下三点:第一,在不健全的资本市场机制前提下,市场和股东对代理人(董事会和经理层)的监督效率很低,经理们有较多的私人信息和可自由支配的现金流量;第二,代理人认为企业股权筹资的成本是以股利来衡量的,而股利的发放似乎是按代理人的计划分配的,从而使他们认为股票筹资的成本是廉价的;第三,经理们利用股权筹资可使他们承担较小的破产风险。

三、资本结构优化决策

最佳资本结构是指在一定条件下使企业加权平均资本成本最低,企业价值最大的资本结构。确定最佳资本结构的方法有每股收益比较法、比较资本成本法和公司价值分析法。

(一)每股收益比较法

负债的偿还能力是建立在未来盈利能力基础之上的。企业的盈利能力,一般是用息税前利润($EBIT$)表示。负债筹资是通过它的杠杆作用来增加股东财富的。股东财富用每股收益(EPS)来表示。每股收益最大的方案就是最优方案。下面举例说明该方法的应用。

授课视频 每股收益无差别点

【例6-9】 某企业目前已有1 000万元长期资本,均为普通股,股价为10元/股。现企业希望再实现500万元的长期资本融资以满足扩大经营规模的需要。有三种筹资方案可供选择。方案一:全部通过年利率为10%的长期债券融资;方案二:全部是优先股股利率(税后)为12%的优先股筹资;方案三:全部依靠发行普通股股票筹资,按照目前的股价,需增发50万股新股。假设企业预期的息税前利润为210万元,企业所得税税率为25%。要求计算在预期的息税前利润水平下进行融资方案的选择。

解:方案一:流通股股票数额=100万股,利息 $I=500×10\%=50$(万元)

$$EPS_1=\frac{(EBIT-50)×(1-25\%)-0}{100}$$

方案二:流通股股票数额=100万股

$$EPS_2=\frac{(EBIT-0)×(1-25\%)-500×12\%}{100}$$

方案三:流通股股票数额=150万股

$$EPS_3=\frac{(EBIT-0)×(1-25\%)-0}{150}$$

将息税前利润210万元代入上式得到:

$EPS_1=1.2$ $EPS_2=0.975$ $EPS_3=1.05$

因此,方案一是最优的。

(二)比较资本成本法

比较资本成本法,是通过计算各方案加权平均的资本成本,并根据加权平均资本成本的高低来确定最佳资本结构的方法。最佳资本结构亦即加权平均资本成本最低的资本结构。

【例6-10】 某公司原来的资本结构:利率为10%的债券1 000万元;每股面值1元,发行价为10元的普通股100万股。资本总额为2 000万元。目前股票价格为10元,今年期望股利为1元/股,预计以后每年增加股利5%。假设该公司的所得税税率为30%,发行各种证券均无融资费。

该企业现拟增资500万元,以扩大生产经营规模,现有如下三个方案可供选择。

甲方案:增加发行500万元的债券,因负债增加,投资人风险加大,债券利率增至12%,预计普通股股利不变,但由于风险加大,普通股市价降至8元/股。

乙方案:发行债券250万元,年利率为10%,发行股票25万股,每股发行价为10元,预计普通股股利不变。

丙方案:发行股票45.45万股,普通股市价增至11元/股。

试分别计算各方案的加权平均资本成本。

解:(1)甲方案各种资本的比重和资本成本

$W_{b1}=1\,000/2\,500×100\%=40\%$

$W_{b2}=500/2\,500×100\%=20\%$

$W_s=1\,000/2\,500×100\%=40\%$

$K_{b1}=10\%×(1-30\%)=7\%$

$W_{b2}=12\%×(1-30\%)=8.4\%$

$K_s=1/8+5\%=17.5\%$

甲方案的加权平均资本成本为：

$WACC=40\%\times7\%+20\%\times8.4\%+40\%\times17.5\%=11.48\%$

（2）乙方案各种资本的比重和资本成本

$W_b=(1\ 000+250)/2\ 500\times100\%=50\%$

$W_s=(1\ 000+250)/2\ 500\times100\%=50\%$

$K_b=10\%\times(1-30\%)=7\%$

$K_s=1/10+5\%=15\%$

乙方案的加权平均资本成本为：

$WACC=50\%\times7\%+50\%\times15\%=11\%$

（3）丙方案各种资本的比重和资本成本

$W_b=1\ 000/2\ 500\times100\%=40\%$

$W_s=(1\ 000+500)/2\ 500\times100\%=60\%$

$K_b=10\%\times(1-30\%)=7\%$

$K_s=1/11+5\%=14.1\%$

丙方案的加权平均资本成本为：

$WACC=40\%\times7\%+60\%\times14.1\%=11.26\%$

从以上计算可以看出，乙方案的加权平均资本成本最低，所以应选用乙方案，即该公司应保持原来的资本结构，50%为负债资本，50%为自有资本。

该方法通俗易懂，计算过程也不是十分复杂，是确定资本结构的一种常用方法。但因所拟定的方案数量有限，故有把最优方案漏掉的可能。

（三）公司价值分析法

公司价值分析法是在充分反映公司财务风险的前提下，以公司价值的大小为标准，经过测算确定公司最佳资本结构的方法。与比较资本成本法和每股收益比较法相比，公司价值分析法充分考虑了公司的财务风险和资本成本等因素的影响，进行资本结构的决策以公司价值最大化为标准，更符合公司价值最大化的财务目标；但其测算原理及测算过程较为复杂，通常用于资本规模较大的上市公司。

1. 公司价值的测算

关于公司价值的内容和测算基础与方法，目前主要有三种认识：

（1）公司价值等于其未来净收益（或现金流量，下同）。按照一定的折现率折现的价值，即公司未来净收益的折现值。这种测算方法的原理有其合理性，但因其中所含的不确定因素很多，难以在实践中加以应用。

（2）公司价值是其股票的现行市场价值。公司股票的现行市场价值可按其现行市场价格来计算，有其客观合理性，但股票的价格经常处于波动之中，很难确定按哪个交易日的市场价格计算，另外，只考虑股票的价值而忽略长期债务的价值不符合实际情况。

（3）公司价值等于其长期债务和股票的折现价值之和。这种测算方法相对比较合理，也比较现实。

2.公司最佳资本结构的确定

运用上述原理计算公司的总价值和综合资本成本,并以公司价值最大化为标准比较确定公司的最佳资本结构。所以,公司的最佳资本结构应当是可使公司的总价值最大,而不一定是每股收益最大的资本结构。同时,在公司总价值最大的资本结构下,公司的资本成本也是最低的。

公司的市场总价值 V 应该等于其股票的总价值 S 加上债券的价值 B,即:

$$V = S + B$$

假设公司的经营利润是可以永续的,股东和债权人的投入及要求的回报不变,股票的市场价值则可表示为:

$$S = \frac{(EBIT - I)(1 - T) - PD}{K_s}$$

式中,K_s 为权益资本成本。

能够让公司的市场总价值 V 最大化的方案是最优方案。

【例 6-11】 某公司年息税前盈余为 500 万元,资本全部由普通股资本组成,股票账面价值 2 000 万元,所得税税率为 40%。该公司认为目前的资本结构不够合理,准备用发行债券购回部分股票的办法予以调整。经咨询调查,目前的债务资本成本和权益资本的成本情况,如表 6-5 所示。

表 6-5　不同债务水平对公司债务资本成本和权益资本成本的影响

债券的市场价值 B /百万元	税前债务资本成本 K_b/%	股票 β 值	无风险报酬率 R_f/%	平均风险股票必要报酬率 R_m/%	权益资本成本 K_s/%
0	—	1.20	10	14	14.8
2	10	1.25	10	14	15.0
4	10	1.30	10	14	15.2
6	12	1.40	10	14	15.6
8	14	1.55	10	14	16.2
10	16	2.10	10	14	18.4

根据表 6-5 的资料,运用公式,即可计算出筹措不同金额的债务时公司的价值和加权平均资本成本,如表 6-6 所示。

表 6-6　不同债务水平公司价值和加权平均资本成本

债券的市场价值 B/百万元	股票的市场价值 S/百万元	公司的市场价值 V/百万元	税前债务资本成本 K_b/%	权益资本成本 K_s/%	加权平均资本成本 $WACC$/%
0	20.27	20.27	—	14.8	14.80
2	19.20	21.20	10	15.0	14.15
4	18.16	22.16	10	15.2	13.54
6	16.46	22.46	12	15.6	13.36
8	14.37	22.37	14	16.2	13.41
10	11.09	21.09	16	18.4	14.23

从表 6-6 可以看到，在没有债务的情况下，公司的总价值就是其原有股票的市场价值。当公司用债务资本部分地替换权益资本时，一开始公司总价值上升，加权平均资本成本下降；在债务达到 600 万元时，公司总价值最高，加权平均资本成本最低；债务超过 600 万元后，公司总价值下降，加权平均资本成本上升。因此，债务为 600 万元时的资本结构是该公司的最佳资本结构。

【案例分析】

案例分析
分工受限于市场的范围

案例解析

【分析要点】

1.试从成本角度分析"分工受限于市场的范围"原理，说明为何许多业务只能在大城市才能发展？

2.为何水运便捷的地方，市场分工也发达？

3.从这段文字中，你得到什么启示？

【本章小结】

资本取得的财务运作不仅要合理选择融资方式，而且还要科学安排资本结构。资本结构优化既是企业筹资活动追求的基本目标，也是评价企业筹资活动效益的重要依据。资本成本和杠杆效应是进行资本结构决策的两个基本原理。

【复习思考题】

第六章 在线测试

1.什么是资本成本，资本成本包括哪些内容？

2.分析资本成本的作用是什么？

3.资本成本按习性不同可以分为几种，分别解释每种资本成本的特点。

4.解释经营杠杆的概念和经营杠杆产生的原因。

5.分析经营杠杆系数与经营风险的关系。

6.解释财务杠杆的概念和财务杠杆产生的原因。

7.分析财务杠杆系数与财务风险的关系。

8.什么是资本结构？如何确定最优资本结构？

【综合自测】

1.【资料】甲企业上年的资产总额为 800 万元，资产负债率为 50%，负债利息率为 8%，固定成本为 60 万元，优先股股利为 30 万元。所得税税率为 25%。

【要求】根据这些资料计算出的财务杠杆系数若为 2，则边际贡献为多少万元？

140

2.【资料】A 企业 2019 年年末总股本为 300 万股,该年利息费用为 500 万元,假定该部分利息费用在 2020 年保持不变,预计 2020 年销售收入为 16 000 万元,预计息税前利润与销售收入的比率为 15%。该企业决定于 2020 年初从外部筹集资金 850 万元。具体筹资方案有两个:

第六章 综合自测参考答案

方案 1:发行普通股股票 100 万股,发行价为每股 8.5 元。2019 年每股股利为 0.5 元,预计股利增长率为 5%。

方案 2:发行债券 850 万元,债券利率为 10%,适用的企业所得税税率为 25%。

假定上述方案的筹资费用均忽略不计。

【要求】

(1)计算 2020 年预计息税前利润。

(2)计算每股收益无差别点时的息税前利润。

(3)根据每股收益分析法做出最优筹资方案决策,并说明理由。

(4)计算方案 1 增发新股的资本成本和方案 2 增发债券的资本成本。

(5)计算方案 2 在无差别点上的财务杠杆系数。

(6)若乙公司预计息税前利润在每股收益无差别点上增长 20%,计算采用方案 2 时该公司每股收益的增长幅度。

3.【资料】东方公司目前的资本结构为:公开发行的长期债券 900 万元,普通股 1 200 万元,留存收益 900 万元。其他有关信息如下:

(1)债券税后资本成本为 4%;

(2)股票与股票指数收益率的相关系数为 0.5,股票指数的标准差为 3.0,该股票收益率的标准差为 3.9;

(3)国库券的利率为 5%,股票市场的风险附加率为 8%;

(4)公司所得税税率为 25%;

(5)由于股东要比债权人承担更大的风险,所以要求的风险溢价为 5%。

【要求】

(1)按照资本资产定价模型计算普通股成本。

(2)按照债券收益加风险溢价法计算留存收益成本。

(3)计算公司的加权平均资本成本。

第七章　营运资金管理 ▶▶▶

📖 学习目标

了解营运资金的概念和内容；

熟悉营运资金的特点和管理原则；

掌握现金的特点和管理目标；

熟悉理想现金余额的计算方法；

熟悉信用政策的内容和制定方法；

了解存货的功能和成本；

把握存货经济订货批量模型的假设条件和确定方法；

了解及时生产的存货系统。

🔺 导入语

1999 年，海信的"零库存管理模式"在汤业国执掌海信电器帅印的时候就享誉中国的彩电业，但当时仅仅是一种管理模式的探索，虽然取得了一些成绩，更多的经营管理研究者和同行也只能在报纸或者网站上阅读到海信关于"零库存管理模式"的只言片语。经过几年的锤炼，2006 年初，海信集团董事长周厚健在海信集团经济工作会议上明确表示"海信的资金周转和占用管理已经成为海信的核心竞争力之一"。海信在 2001 年底开始推行的任务绩效指标(task performance indicator，TPI)，逐步为海信建立了详细的目标管理体系，这些总指标又被层层分解至末端，直至不能再被分解。依托从三星公司学习来的 TPI，海信逐步完成了目标管理运作模式的建立，将资金管理的责任层层捆绑到每一个担当者身上，保证了资金管理的有效性，使海信的经营方向更明确，资金管理指标更易达成。

本章主要阐述企业营运资本管理的基本理论方法，包括营运资本的含义、内容、特点；

营运资本管理的政策和筹资策略;企业持有现金的动机与成本、最佳现金持有量的计算及现金的日常管理;应收账款的功能与成本、信用政策的选择及应收账款的账龄分析法;存货成本及存货管理的经济进货批量模型、准时生产的存货系统等。

关键词

营运资金(working capital)

现金管理(cash management)

应收账款(accounts receivable)

信用政策(credit policy)

存货管理(inventory management)

经济订货批量(economic order quantity)

第一节　营运资金管理概述

一、营运资金的概念

营运资金又称营运资本,其有广义和狭义之分。广义的营运资金称为总营运资金,是指一个企业投放在流动资产上的资金,具体包括现金、有价证券、应收账款、存货等。狭义的营运资金是指净营运资金,是企业维持日常经营所需的资金,通常指流动资产减去流动负债后的差额。通常所说的营运资金多指狭义的营运资金,用公式表示为:

营运资金总额＝流动资产总额－流动负债总额

之所以使用"营运资金"这一概念,是因为在企业的流动资产中,来源于流动负债的部分因面临债权人的短期索求权,而无法供企业在较长期限内自由运用。只有扣除短期负债后的剩余流动资产,即营运资金,才能为企业提供一个宽裕的自由使用期间。

营运资金是流动资产的一个有机组成部分,因其具有较强的流动性而成为企业日常生产经营活动的润滑剂和衡量企业短期偿债能力的重要指标。在客观上存在现金流入量与流出量不同步和不确定的现实情况下,企业持有一定量的营运资金十分重要。

二、营运资金的内容

(一)流动资产

流动资产是指可以在一年或超过一年的一个营运周期中变现或耗用的资产,主要包括现金、交易性金融资产、应收及预付款和存货等。企业拥有较多的流动资产,可在一定程度上降低财务风险。

現金是指可以立即用来购买物品、支付各项费用或用来偿还债务的交换媒介或支付手段，主要包括库存现金和银行活期存款，有时也将即期或到期的票据看作现金。现金是流动资产中流动性最强的资产，可以直接支用，也可以立即投入流通。企业拥有现金则具有较强的偿债能力和承担风险的能力。但因为现金不会带来报酬或只有极低的报酬，所以，在财务管理中应注意平衡资金的流动性与收益性之间的关系，不能过多地保留现金。

交易性金融资产是指企业为了近期内出售而持有的债券投资、股票投资和基金投资。企业持有交易性金融资产，一方面能带来较好的收益，另一方面又能增强企业资产的流动性，降低企业的财务风险。因此，适当持有交易性金融资产是较好的财务策略。

应收及预付款项是指企业在生产经营过程中所形成的应收而未收的或预先支付的款项，包括应收账款、应收票据、其他应收款和预付货款等。在商品经济条件下，为了加强市场竞争能力，企业拥有一定数量的应收及预付款项是不可避免的，企业应力求加速账款的回收，减少坏账损失。

存货是指企业在生产经营活动中为销售或者耗用而储备的物资，包括材料、燃料、低值易耗品、在产品、半成品、产成品和库存商品等。存货在流动资产中占有较大的比重。加强存货管理与控制，使存货保持在最佳水平上，是财务管理中一项重要的内容。

(二)流动负债

流动负债是指需要在一年或者超过一年的一个营业周期内偿还的债务。流动负债又称短期负债，具有成本低、偿还期短的特点。流动负债包括短期借款、应付职工薪酬、应付账款、应付票据、应付短期融资券、应交税费和应付股利等。

三、营运资金的特点

营运资金的特点体现在流动资产和流动负债的特点上。

(一)流动资产的特点

流动资产投资，又称经营性投资，与固定资产投资相比，有如下特点：

(1)投资回收期短。投资于流动资产的资金一般在一年或一个营业周期内收回，对企业影响的时间比较短。

(2)流动性强。流动资产相对固定资产等长期资产来说比较容易变现，这对于财务上满足临时性资金需求具有重要意义。

(3)具有并存性。流动资产在循环周转过程中，各种不同形态的流动资产在空间上同时并存，在时间上依次继起。流动资产的每次循环都要经过采购、生产、销售等过程，一般按照现金、原材料、在产品、产成品、应收账款、现金的顺序转化。因此，合理配置流动资产各项目的比例，是保证流动资产得以顺利周转的必要条件。

授课视频 营运资金的特点和重要性

144

(4)具有波动性。流动资产易受企业内外环境的影响,其资金占用量的波动往往很大,财务管理人员应有效预测和控制这种波动,以防止其影响企业正常的生产经营活动。

(5)收益性低。和固定资产以及长期股权性投资等非流动资产相比,流动资产收益偏低。

(二)流动负债的特点

与长期负债筹资相比,流动负债筹资具有如下特点:

(1)速度快。申请短期借款往往比申请长期借款更容易、更便捷,通常在较短时间内便可获得。

(2)弹性大。与长期负债相比,短期负债给债务人以更大的灵活性。

(3)成本低。在正常情况下,短期负债筹资所发生的利息支出低于长期负债筹资的利息支出。

(4)风险大。尽管短期负债的成本低于长期负债,但其风险却高于长期负债。

四、营运资金管理

(一)营运资金管理的重要性和必要性

企业现金流量预测上的不准确性以及现金流入和流出的非同步性,使营运资本成为企业生产经营活动的重要组成部分。另外,营运资本的持有额越多,其偿还到期债务的能力就越强,这也要求企业保持一定数量的营运资金。

营运资金周转是整个企业资金周转的依托,是企业生存与发展的基础。只有营运资金能够正常周转,企业供产销各个环节才能得以相继,进而通过实现销售收入来补偿生产经营中的耗费,并赚取一定的利润用于未来的发展。

营运资金在企业资金总额中所占比重很高,流动资产占企业资产总额的比重一般在50%以上,流动负债的比重也不低。因此,如果营运资金管理不善,就会导致企业资金周转不灵,乃至企业破产倒闭。因此,企业的财务管理人员常常把大量的时间用于营运资金的管理上。一个企业的经营失败及陷入财务危机往往也都表现为营运资金管理的失败。

(二)营运资金管理的原则

企业的营运资金在全部资金中占有相当大的比重,而且周转期短,形态易变,是企业财务管理工作的一项重要内容。实证研究表明,财务管理人员的大量时间都用于营运资金管理。企业进行营运资金管理应遵循以下原则。

1.保证合理的资金需求

企业应认真分析生产经营状况,合理确定营运资金的需要数量。企业营运资金的需求数量与企业生产经营活动有直接关系。一般情况下,当企业产销两旺时,流动资产会不断增加,流动负债也会相应增加;而当企业产销量不断减少时,流动资产和流动负债也会相应减少。营运资金的管理必须把满足正常合理的资金需求作为首要任务。

2.提高资金使用效率

加速资金周转是提高资金使用效率的主要手段之一。提高营运资金使用效率的关键就是采取得力措施,缩短营业周期,加速变现过程,加快营运资金周转。因此,企业要千方百计地加速存货、应收账款等流动资产的周转,以便用有限的资金,服务于更大的产业规模,为企业取得更好的经济效益提供条件。

3.节约资金使用成本

在营运资金管理中,企业必须正确处理保证生产经营需要和节约资金使用成本两者之间的关系。要在保证生产经营需要的前提下,遵守勤俭节约的原则,尽量降低资金使用成本。一方面,企业要挖掘资金潜力,盘活全部资金,精打细算地使用资金;另一方面,企业要积极拓展融资渠道,合理配置资源,筹措低成本资金,服务于生产经营。

4.保持足够的短期偿债能力

偿债能力的高低是企业财务风险高低的标志之一。合理安排流动资产与流动负债的比例关系,保持流动资产结构与流动负债结构的适配性,保证企业有足够的短期偿债能力是营运资金管理的重要原则之一。流动资产、流动负债以及两者之间的关系能较好地反映企业的短期偿债能力。流动负债是在短期内需要偿还的债务,而流动资产则是在短期内可以转化为现金的资产。因此,如果一个企业的流动资产比较多,流动负债比较少,就说明企业的短期偿债能力较强;反之,则说明短期偿债能力较弱。但如果企业的流动资产太多,流动负债太少,则也不是正常现象,这可能是流动资产闲置或流动负债利用不足所致。

(三)营运资金的管理政策

从营运资金的特点出发,营运资金的管理内容涉及如何确定营运资金的数量,如何筹措营运资金,如何合理安排好流动资产与流动负债之间的关系等问题。围绕营运资金管理所制定的方针政策,称为营运资金的管理政策。

营运资金筹资策略是营运资金管理的核心内容。营运资金筹资策略是指在总体上如何为流动资产筹资,采用短期资金来源还是长期资金来源,或者两者兼而有之。制定营运资金筹资政策,就是确定流动资产所需要的资金中短期资金和长期资金的比例。营运资金的筹资政策,通常用经营性流动资产中长期筹资来源的比例来衡量,该比例称为易变现率。易变现率计算公式为:

$$易变现率=\frac{(股东权益+长期债务+经营性流动负债)-长期资产}{经营性流动资产}$$

根据易变现率的大小不同,企业营运资本的筹资政策,一般可分为三种类型:适中型筹资政策、保守型筹资政策和激进型筹资政策。易变现率高,资金来源的持续性强,偿债压力小,管理起来比较容易,称为保守型筹资政策。易变现率低,资金来源的持续性弱,偿

146

债压力大,称为激进型筹资政策。适中型筹资政策介于保守型和激进型之间,即易变现率和资金来源的持续性适中,偿债压力一般。

1.适中型筹资政策

适中型筹资政策的基本原则是:尽可能贯彻筹资的匹配原则,即短期资产由短期资金来融通,长期资产由长期资金来融通。筹资的匹配原则,不仅适用于流动资产的筹集,也适用于长期资本的筹集,具有普遍适用性。

流动资产按照投资需求的时间长短可分为稳定性流动资产和波动性流动资产。稳定性流动资产是指那些即使企业处于经营淡季也仍然需要保留的、用于满足企业长期、稳定运行的流动资产所需的资金。波动性流动资产是那些受季节性、周期性影响的流动资产需要的资金,如季节性存货、销售旺季的应收账款等。从投资需求上看,稳定性流动资产是长期需求,甚至可以说是永久需求,应当用长期资金支持。只有季节性变化引起的资金需求才是真正的短期需求,可以用短期资金来支持。现实中的筹资匹配原则是长期占用的资金(包括稳定性流动资产投资)应由长期资金来支持,短期占用的资金(只是临时性流动资产需求,不是全部流动资产)应由短期资金来支持。

适中型筹资政策的特点是:对于波动性流动资产,用临时性负债筹集资金,也就是利用短期银行借款等短期金融负债工具取得资金;对于稳定性流动资产需求和长期资产,用权益资本、长期债务和营运性流动负债筹集。该政策可以用以下公式表示:

长期资产+稳定性流动资产=股东权益+长期债务+经营性流动负债

波动性流动资产=短期金融负债

适中型筹资政策,如图 7-1 所示。

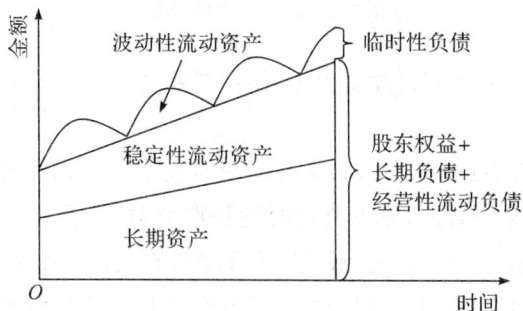

图 7-1　适中型筹资政策

适中型筹资政策要求企业的短期金融负债筹资计划严密,实现现金流动与预期安排相一致。企业应该根据波动性流动资产需求时间和数量选择与之匹配的短期金融负债。

【例 7-1】　宏达股份公司在生产经营的淡季,需占用 300 万元的流动资产和 500 万元的长期资产。在公司经营的高峰期,会额外增加 200 万元的季节性存货需求。按照适中型筹资政策,企业只有在生产经营的高峰期才借入 200 万元的短期借款。800 万元长期资产(300 万元流动资产和 500 万元长期资产之和)均由权益资本、长期债务和经营性流动负债来解决。分别求公司营业高峰期和低谷期的易变现率。

解:公司营业高峰期易变现率=(800-500)÷(300+200)=60%

公司营业低谷期易变现率＝(800－500)÷300＝100％

资金来源有效期与资产有效期的匹配,是一种战略性的安排,而不是要求完全匹配,实际上,公司也很难做到完全匹配。

这种类型的企业用长期资金来购置部分长期流动资产和固定资产,用短期资金来购置另外一部分长期流动资产和全部短期流动资产。这种策略的资金成本较低,因而能减少利息支出,增加企业收益。但是,短期资金融通了一部分长期资产,风险比较大,喜欢冒险的财务管理人员在融通资金时大都使用了此类型。

2.保守型筹资政策

保守型筹资政策的特点是:短期金融负债只融通部分波动性流动资产的资金需要,另一部分波动性流动资产和全部稳定性流动资产,则由长期资金来支持。极端保守的筹资政策完全不使用短期借款,全部资金都来源于长期资产。该筹资政策,如图7-2所示。

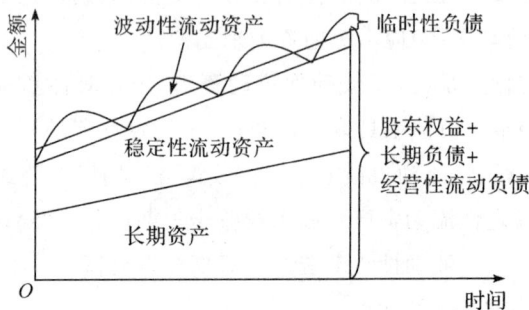

图 7-2　保守型筹资政策

如图 7-2 所示,与适中型筹资政策相比,保守型筹资政策下临时性负债占全部资金来源的比例较小,即易变现率较大。

【例 7-2】　沿用【例 7-1】的资料,如果公司只是在生产经营的旺季借入资金低于 200 万元,比如 100 万元的短期借款,而不论何时的长期负债、经营性流动负债和权益资本之和总是高于 800 万元,比如 900 万元,那么旺季季节性存货的资金需要只是一部分(100 万元)靠当时的短期借款来解决,其余部分的季节性存货和全部长期性资金需要则由权益资金、长期负债和经营性流动负债提供。而在生产经营的淡季,企业则可将闲置的资金(100 万元)投资于短期有价证券。求易变现率。

解:营业高峰期易变现率＝(900－500)/500＝80％

营业低谷期易变现率＝(900－500)/300＝133％

这种策略的风险较小,但成本较高,会使公司的收益减少。所以,保守型筹资政策是一种风险和收益均较低的营运资本筹资政策。

3.激进型筹资政策

激进型筹资政策的特点是:短期金融负债不但融通临时性流动资产的资金需要,还解决了部分长期性资产的资金需要。极端激进的筹资政策是全部稳定性流动资产都采用短期借款。该筹资政策,如图7-3所示。

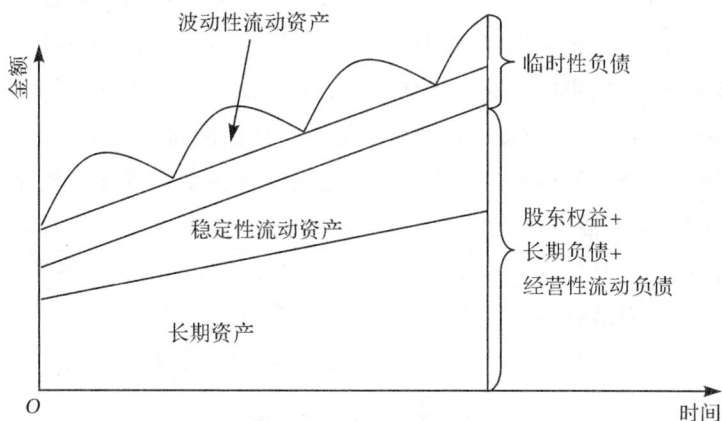

图 7-3 激进型筹资政策

如图 7-3 所示,在激进型筹资政策下,临时性负债在企业全部资金来源中所占比例大于适中型筹资政策。

【例 7-3】 沿用【例 7-1】的资料,假设该公司生产经营淡季占用 300 万元流动资产和 500 万元长期资产。在生产经营的高峰期,额外增加 200 万元的季节性存货需求。如果公司的权益资本、长期债务和经营性流动负债的筹资额度低于 800 万元(低于正常经营期的流动资产占用与长期资产占用之和),比如只有 700 万元,那么就会有 100 万元的长期性资产和 200 万元的临时性流动资产(在经营高峰期内)由短期金融负债筹资解决。这种情况表明,公司如果实行激进型筹资政策,求易变现率。

解:营业高峰期易变现率=(700-500)/500=40%

营业低谷期易变现率=(700-500)/300=67%

这种策略的成本较低,收益和风险较大。所以,激进型筹资政策是一种收益性和风险性较高的营运资金筹资政策。

(四)营运资金管理政策选择的影响因素

风险和收益的权衡是影响营运资金管理政策选择的首要因素,此外,在进行营运资金管理政策选择时,还必须适当考虑以下因素。

行业因素。行业因素是决定营运资金水平的重要因素之一。不同行业的经营内容和经营范围有着明显的差异,从而导致不同行业的流动资产比例、流动负债比例以及流动比率等也存在着较为明显的差异。这就会影响该行业的企业营运资金管理政策的选择。

规模因素。规模因素也是决定营运资金水平的重要因素之一。规模大的企业与规模小的企业相比,其流动资产比例可以相对较低,因为规模大的企业有较强的筹资能力,当出现偿债风险时,通常能够迅速筹集到资金,承担风险的能力较强,从而可以使流动资产比例处于一个较低的水平。规模大的企业与规模小的企业相比,还可以有更低的流动负债比例,这是因为大企业在资本市场上筹集长期资金的能力较强,因而对流动负债的依赖程度相对小于中小企业。

利息率因素。利息率的动态变化及长短期资金利息率的静态差异均会对营运资金水平产生明显影响。当利息率较高时,企业倾向降低流动资产比例,以减少对流动资产的投资,降低利息支出。当长、短期资金的利息率相差较小时,企业倾向降低流动负债比例,以更多地利用长期资金。反之,流动资产比例和流动负债比例则会出现相反的变动趋势。

经营决策因素。企业的各项经营决策对营运资金水平也有着非常明显的影响。这些经营决策主要包括:生产决策、信用政策、股利政策、长期投资决策等。营运资金的战略选择是企业整体战略的一个重要组成部分,因此,在进行营运资金的战略选择时,必须充分考虑企业其他有关经营战略所可能产生的影响。

第二节　现金管理

现金是指在生产过程中暂时停留在货币形态的资金,包括库存现金、银行存款、银行本票、银行汇票等。有价证券是公司现金的一种转换形式,可以作为现金的替代品。

现金是变现能力最强、收益性最低的流动资产,现金管理的过程就是在现金的流动性与收益性之间进行权衡选择的过程,其目的是在保证企业经营活动现金需要的同时,降低企业闲置的现金数量,提高资金收益率。

一、持有现金的动机

企业持有现金的动机,主要包括交易性动机、预防性动机和投机性动机。

(一)交易性动机

交易性动机是指持有现金以便满足日常支付的需要,如用于购买原材料、支付工资、交纳税款、支付股利等。企业每天的现金收入和现金支出很少等额发生,保留一定的现金余额可使企业在现金支出大于现金收入时不至于中断交易。企业满足交易动机所持有的现金余额主要取决于企业的销售水平。企业销售扩大,销售额增加,所需现金余额也随之增加。

(二)预防性动机

预防性动机是指企业为应付紧急情况而需要保持的现金支付能力。由于市场行情的瞬息万变和其他各种不可测因素的存在,企业通常难以对未来现金流入量和流出量做出准确的估计和预期。因此,在正常业务活动现金需要量的基础上,追加一定数量的现金余额以应付未来现金流入和流出的随机波动,是企业在确定必要现金持有量时应当考虑的因素。企业为应付紧急情况所持有的现金余额主要取决于以下三个方面:一是企业愿意承担风险的程度;二是企业临时举债能力的强弱;三是企业对现金流量预测的可靠程度。

授课视频 现金管理的目标

(三)投机性动机

投机性动机是指企业为了抓住各种瞬息即逝的市场机会,获取较大的利益而准备的现金余额。比如,企业遇到廉价原材料或者其他资产供应的机会,或者在适当时机购入价格有利的股票及其他有价证券等。投机性动机只是企业确定现金余额时所需考虑的次要因素之一,其持有量的大小往往与企业在金融市场的投资机会及企业对待风险的态度有关。

现金是变现能力最强的非营利性资产。现金管理的过程就是在现金的流动性与收益性之间进行权衡选择的过程。现金管理使现金收支能在数量上和在时间上相互衔接,对于保证企业经营活动的现金需要,降低企业闲置的现金数量,提高资金收益率具有重要意义。

●问答 7.1(单选题)

※某公司发现某股票的价格因突发事件而大幅下降,预判有很大的反弹空间,但是苦于没有现金购买。这说明该公司持有的现金未能满足(　　　)。

A.投机性需求　　　　B.预防性需求　　　　C.决策性需求　　　　D.交易性需求

二、现金的成本

企业持有现金的成本通常由机会成本、管理成本和短缺成本三个部分组成。

(一)机会成本

现金的机会成本是指企业因保留一定现金余额而丧失的再投资收益。再投资收益是企业不能同时用该现金进行有价证券投资所产生的机会成本,这种成本在数额上等同于资本成本。例如:某企业的资本成本为10%,年均持有现金100万元,则该企业每年持有现金的机会成本为10万元(100×10%)。放弃的再投资收益即机会成本属于变动成本,它与现金持有量成正比例变动关系。

(二)管理成本

现金的管理成本是指企业因持有一定数量的现金发生的管理费用。例如,管理人员工资、必要的安全措施费用等。这部分费用具有固定成本的性质,它在一定范围内与现金持有量没用明显的关系,是与决策无关的成本。

拓展阅读 现金管理暂行条例及实施细则

(三)短缺成本

现金的短缺成本是指因现金持有量不足,又无法及时通过有价证券变现加以补充而给企业造成的损失,包括直接损失和间接损失。现金的短缺成本与现金持有量呈反向变动关系。

三、最佳现金持有量的确定

确定最佳现金持有量的模式主要有成本分析模式、存货模式和随机模式。

(一)成本分析模式

成本分析模式是根据现金有关成本,分析预测其总成本最低时现金持有量的一种方法。运用成本分析模式确定现金最佳持有量,只考虑因持有一定量的现金而产生的机会成本及短缺成本,而不予考虑管理费用和转换成本。机会成本即因持有现金而丧失的再投资收益,与现金持有量成正比例变动关系,用公式表示为:

$$机会成本=平均现金持有量 \times 有价证券利率(或报酬率)$$

短缺成本与现金持有量呈反向变动关系。现金的成本同现金持有量之间的关系,如图7-4所示。

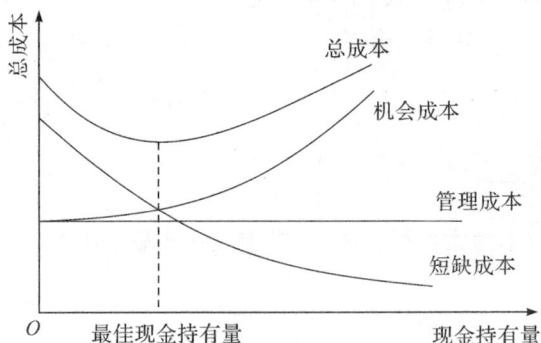

图7-4 成本分析模式

从图7-4可以看出,由于各项成本同现金持有量的变动关系不同,因此,总成本曲线呈抛物线形,抛物线的最低点,即成本最低点,该点所对应的现金持有量便是最佳现金持有量,此时总成本最低。

运用成本分析模式确定最佳现金持有量的步骤是:①根据不同现金持有量测算并确定有关成本数值;②按照不同现金持有量及其有关成本资料编制最佳现金持有量测算表;③在测算表中找出总成本最低时的现金持有量,即最佳现金持有量。在这种模式下,最佳现金持有量,就是持有现金而产生的机会成本与短缺成本之和最小时的现金持有量。

【例7-4】 某企业现有A、B、C、D四种现金持有方案,有关成本资料,如表7-1所示。

表7-1 现金持有量备选方案   单位:元

项目	方案A	方案B	方案C	方案D
现金持有量	100 000	200 000	300 000	400 000
机会成本	10 000	20 000	30 000	40 000
短缺成本	48 000	25 000	10 000	8 000

根据表 7-1,可采用成本分析模式计算该企业的最佳现金持有量,如表 7-2 所示。

表 7-2　最佳现金持有量测算

单位:元

项目	方案 A	方案 B	方案 C	方案 D
机会成本	10 000	20 000	30 000	40 000
短缺成本	48 000	25 000	10 000	8 000
总成本	58 000	45 000	40 000	48 000

通过分析比较表 7-2 中各方案的总成本可知,C 方案的相关总成本最低,因此,企业平均持有 300 000 元的现金时,各方面的总代价最低,300 000 元为最佳现金持有量。

(二)存货模式

存货模式是将存货经济订货批量模型原理用于确定目标现金持有量,其着眼点也是现金相关成本之和最低。

运用存货模式确定最佳现金持有量时,是以下列假设为前提的:①企业所需要的现金可通过证券变现取得,且证券变现的不确定性很小;②企业预算期内现金需要总量可以预测;③现金的支出过程比较稳定、波动较小,而且每当现金余额降至零时,均通过部分证券变现得以补足;④证券的利率或报酬率以及每次固定性交易费用可以获悉。

利用存货模式计算最佳现金持有量时,对短缺成本不予考虑,只对机会成本和转换成本予以考虑。机会成本和转换成本随着现金持有量的变动呈反向变动趋势,因而能够使现金管理的机会成本与转换成本之和保持最低的现金持有量,即最佳现金持有量。

设 T 为一个周期内现金总需求量;F 为每次转换有价证券的成本;Q 为最佳现金持有量(每次证券变现的数量);K 为有价证券利息率(机会成本);TC 为现金管理相关总成本。则:

现金管理相关总成本＝持有机会成本＋转换成本

即:

$$TC = (Q/2) \cdot K + (T/Q) \cdot F$$

现金管理相关总成本、机会成本和转换成本的关系,如图 7-5 所示。

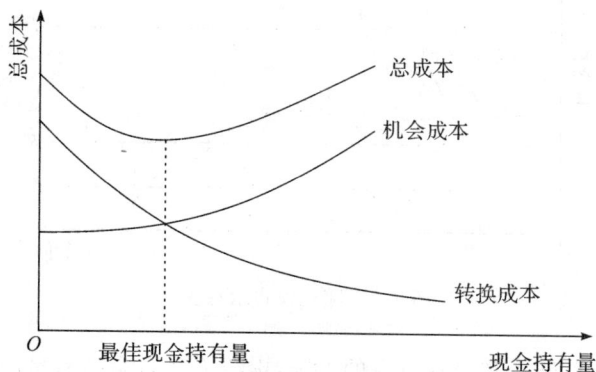

图 7-5　存货模式

从图 7-5 可以看出,现金管理的相关总成本与现金持有量呈凹形曲线关系。当持有现金的机会成本与证券变现的转换成本相等时,现金管理的相关总成本最低,此时的现金持有量为最佳现金持有量,即:

$$Q = \sqrt{(2TF)/K}$$

将上式代入总成本计算公式得到最低现金管理总成本为:

$$TC = \sqrt{2TFK}$$

【例 7-5】 某企业现金收支状况比较稳定,预计全年(按 360 天计算)需要现金 400 万元,现金与有价证券的转换成本为每次 400 元,有价证券的年利率为 8%,则:

最佳现金持有量 $Q = \sqrt{2 \times 4\,000\,000 \times \dfrac{400}{8\%}}$

$= 200\,000$(元)

最低现金管理相关总成本 $TC = \sqrt{2 \times 4\,000\,000 \times 400 \times 8\%}$

$= 16\,000$(元)

转换成本 $= (4\,000\,000 \div 200\,000) \times 400 = 8\,000$(元)

持有机会成本 $= (200\,000 \div 2) \times 8\% = 8\,000$(元)

有价证券交易次数 $= 4\,000\,000 \div 200\,000 = 20$(次)

有价证券交易间隔期 $= 360 \div 20 = 18$(天)

(三)随机模式

随机模式是在现金需求量难以预知的情况下进行现金持有量控制的方法。对企业来说,现金需求量往往波动大且难以预知,但企业可以根据历史经验和现实需要,测算出一个现金持有量的控制范围,即制定出现金持有量的上限和下限,将现金持有量控制在上下限之内。当现金持有量达到控制上限时,用现金购入有价证券,使现金持有量下降;当现金持有量降低到控制下限时,则抛售有价证券换回现金,使现金持有量回升。若现金量在控制的上下限之内,便不必进行现金与有价证券的转换,只要保持它们各自的现金存量即可。这种对现金持有量的控制,称之为随机模式,如图 7-6 所示。

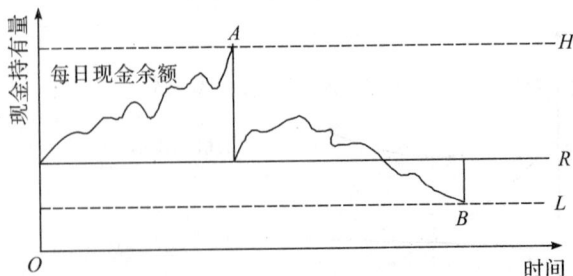

图 7-6 随机模式示意图

在图 7-6 中,虚线 H 为现金持有量的上限,虚线 L 为现金持有量的下限,实线 R 为最优现金回归线。可以看出,企业的现金持有量(表现为每日现金余额)是随机波动的,当其

达到 A 点时,即达到了现金控制量的上限,企业应当用现金购买有价证券,使现金持有量回落到现金目标控制线 R 的水平;当现金存量降低至 B 点时,即达到了现金控制的下限,企业则应转让有价证券换回现金,使其存量回升至现金回归线水平。现金存量在上下限之间的波动属于控制范围内的变化,是合理的,不予理会。以上关系中现金持有量上限 H、最优现金回归线 R 可按下列公式计算:

$$R=\sqrt[3]{3b\delta^2/4i}+L$$
$$H=3R-2L$$

式中,b 为每次有价证券的转换成本;i 为有价证券的日利息率;δ 为预期每日现金余额变化的标准差(可根据历史资料测算)。而下限 L 的确定,则要受到企业每日的最低现金需要、管理人员的风险承受倾向等因素的影响。

【例 7-6】 假定百安公司有价证券的年利率为 10%,每次有价证券的转换成本为 40 元,公司的现金最低持有量为 3 000 元,根据历史资料分析出现金余额波动的标准差为 600 元,假设公司现有现金 20 000 元。求最优现金回归线 R、现金持有量上限 H。

解:$R=\sqrt[3]{(3\times40\times600^2)/\left(4\times\dfrac{10\%}{360}\right)}+3\ 000\approx6\ 388(元)$

$H=3\times6\ 388-2\times3\ 000=13\ 164(元)$

这样,当公司的现金余额达到 13 164 元时,即应以 6 836(13 164−6 388)元投资于有价证券,使现金持有量回落到 6 388 元;当公司的现金余额降至 3 000 元时,则应转让3 388 元的有价证券,使现金持有量回升为 6 388 元,如图 7-7 所示。

图 7-7 随机模式

随机模式建立在企业的现金未来需求总量和收支不可预测的前提下,因此,计算出来的现金持有量比较保守。

企业在确定最佳现金持有量的基础上,可以调剂现金余缺。现金余缺是指计划期现金期末余额与最佳现金余额(又称理想现金余额)相比后的差额。如果期末现金余额大于最佳现金余额,则说明现金有多余,应设法进行投资或偿还债务;如果期末现金余额小于最佳现金余额,则说明现金短缺,应进行筹资予以补充。期末现金余缺的计算公式为:

现金余缺=期末现金余额−最佳现金余额

　　　　=期初现金余额+(现金收入−现金支出)−最佳现金余额

　　　　=期初现金余额±净现金流量−最佳现金流量

●问答 7.2(单选题)

※某公司持有有价证券的平均利率为 5%,公司的现金最低持有量为 1 500 元,现金余额的最优返回线为 8 000 元。如果公司现有现金 20 000 元,根据现金持有量随机模型,此时应当投资于有价证券的金额为(   )元。

A.0   B.6 500   C.12 000   D.18 500

四、现金回收的管理

现金回收的管理目的是尽快收回现金,加速现金的周转。为此,企业应根据成本与收益比较原则选用适当方法加速账款的收回。

现金回收主要采用的方法有邮政信箱法和银行业务集中法两种。

(一)邮政信箱法

邮政信箱法又称锁箱法,是西方企业加速现金流转的一种常用方法。企业可以在各主要城市租用专门的邮政信箱,并开立分行存款户,授权当地银行每日开启信箱,在取得客户支票后立即予以结算,并通过电汇将货款拨给企业所在地银行。该方法缩短了支票邮寄及在企业的停留时间,但成本较高。

(二)银行业务集中法

这是一种通过建立多个收款中心来加速现金流转的方法。在这种方法下,企业指定一个主要开户行(通常是总部所在地)为集中银行,并在收款额较集中的若干地区设立若干个收款中心;客户收到账单后直接汇款到当地收款中心,中心收款后立即存入当地银行;当地银行在进行票据交换后立即转给企业总部所在地银行。该方法缩短了现金从客户到企业的中间周转时间,但在多处设立收账中心,增加了相应的费用支出。为此,企业应在权衡利弊得失的基础上,做出是否采用银行业务集中法的决策。

五、现金支出的管理

拓展阅读 现金"浮游量"的利用

现金管理的另一个方面就是决定如何使用现金。企业应根据风险与收益权衡原则选用适当方法延期支付账款。与现金回收的管理相反,现金支出的管理主要任务是尽可能延缓现金的支出时间。延期支付账款的方法一般有以下几种:①合理利用"浮游量"。所谓现金的"浮游量",是指企业账户上现金余额与银行账户上所示的存款余额之间的差额。②推迟支付应付款。企业可在不影响信誉的情况下,尽可能推迟应付款的支付期。③采用汇票付款。企业在使用支票付款时,只要受票人将支票存入银行,付款人就要无条件地付款。但汇票不一定是"见票即付"的付款方式,这样就可以合法地延期付款。

第三节　应收账款管理

应收账款是指企业因对外赊销产品、材料、供应劳务等而应向购货或接受劳务的单位收取的款项。企业在采取赊销方式促进销售、减少存货的同时,会因持有应收账款而付出一定的代价,主要包括机会成本、管理成本和坏账成本,但同时也会因销售增加而产生一定的收益。信用政策的制定就是在成本与收益比较原则的基础上,做出信用标准、信用条件和收账政策的具体决策方案。企业还应通过采取应收账款的管理措施,主要包括应收账款追踪分析、应收账款账龄分析、应收账款收现率分析和建立应收账款坏账准备制度,降低坏账损失风险。

一、应收账款的功能

应收账款的功能是指应收账款在企业的生产经营活动中的作用,主要表现在以下几个方面。

(一)促进销售的功能

在激烈竞争的市场经济中,企业采用赊销方式,为客户提供商业信用,可以扩大产品销售,提高产品的市场占有率。通常为客户提供的商业信用是不收取利息的,所以,对于接受商业信用的客户来说,实际上等于得到了一笔无息贷款,这对客户具有极大的吸引力。与现销方式相比,客户更愿意采用赊销方式购买企业的产品。因此,应收账款具有促销的功能。

授课视频　应收账款的管理目标

(二)减少存货的功能

在赊销促销的同时,企业库存的商品数量自然会有所减少,加快了企业存货的周转速度。一般来讲,企业的应收账款所发生的相关费用与存货的仓储、保管费用相比相对较少。因此,企业通过赊销的方式,将产品销售出去,资产由存货形态转化为应收账款形态,这样可以节约企业的支出费用。

二、应收账款的成本

应收账款的成本包括机会成本、管理成本和坏账成本。

(一)机会成本

应收账款的机会成本是指因资金投放在应收账款上而丧失的其他收入,如投资于有

价证券便会有利息收入。这一成本的大小通常与企业应收账款占用资金(应收账款投资额)、资本成本率有关。其计算公式为:

应收账款的机会成本＝应收账款占用资金×资本成本率

应收账款占用资金＝应收账款平均余额×变动成本率

应收账款平均余额＝日销售额×平均收账期

其中,资本成本率一般可按有价证券利率计算。

拓展阅读 应收账款为何居高不下?

(二)管理成本

应收账款的管理成本是指企业对应收账款进行日常管理而发生的开支。应收账款的管理成本主要包括:对客户的资信调查费用、应收账款账簿记录费用、催收拖欠账款发生的费用等。

(三)坏账成本

坏账成本,即因应收账款无法收回而给企业带来的损失。这一成本一般与应收账款数量呈同方向变动,即应收账款越多,坏账成本也越多。基于此,为规避发生坏账成本给企业生产经营活动的稳定性带来的不利影响,企业应合理提取坏账准备金。

三、信用政策

应收账款赊销的效果好坏,依赖于企业的信用政策。企业的信用政策包括:信用标准、信用期限、现金折扣政策和收账政策。

(一)信用标准

信用标准是指客户获得企业的商业信用所应具备的最低条件,通常以预期的坏账损失率来表示。它表明企业可接受的信用风险水平。因此,企业在确定信用标准之前,必须对客户进行全面的资信调查与分析。

对客户的资信调查,目前比较常见的方法是利用"5C"系统来评估和分析。"5C"系统是由品质(character)、能力(capacity)、资本(capital)、抵押(collateral)和经济状况(conditions)等五个以字母"C"开头的指标构成。

品质是指客户的信誉,即履行偿债义务的可能性。企业必须设法了解客户过去的付款记录,看其是否有按期如数付款的一贯性作风,以及与其供货企业的关系是否良好。这一点经常被视为评价客户信用的首要因素。

能力是指客户的偿债能力,即其流动资产的数量和质量以及与流动负债的比例。客户的流动资产越多,其转换为现金的能力越强。同时,还应该注意客户流动资产的质量,看是否有存货过多、过少或质量下降,影响其变现能力和支付能力。

资本是指客户的财务实力和财务状况,表明客户可能还债的背景。

抵押是指客户拒绝付款或无力支付款项时被用作抵押的资产。这对于不知底细的或信用状况有争议的客户来说尤其重要。一旦收不到这些客户的款项，便以抵押品抵补。如果这些客户能提供足够的抵押，就可以考虑向他们提供相应的信用政策。

经济状况是指可能影响客户付款能力的经济环境。比如，万一出现经济不景气，会对客户的付款产生什么影响，客户会如何做等，这需要了解客户在过去困难时期的付款历史。

当然，除了对客户的资信调查以外，企业在确定信用标准时，也受企业自身条件的限制。换句话说，资信状况基本一致的客户，可能从不同的销售商处获得不同的信用额度或待遇，这主要是因为销售商在确定信用标准时还要考虑以下因素：

（1）同行业竞争对手的情况。如果对手实力很强，企业欲取得或保持优势地位，就需要采取较低的信用标准；反之，其信用标准可以相应严格一些。

（2）企业承担违约风险的能力。当企业具有较强承担违约风险的能力时，就可以较低的信用标准提高竞争力，争取客户，扩大销售；反之，其只能选择严格的信用标准以尽可能降低违约风险的程度。

（3）企业内部销售部门的管理水平以及企业与客户之间的密切关系也是制定信用标准时必不可少的影响因素。

一般而言，如果企业信用标准过高，将使许多客户因信用品质达不到设定的标准被拒之门外，其结果尽管有利于降低违约风险及收账费用，但是会降低企业市场竞争能力和销售收入。相反，如果企业采用较低的信用标准，虽然有利于企业扩大销售，提高市场竞争能力和市场占有率，但同时也会导致坏账损失风险加大和收账费用的增加。为此，企业应在成本与收益比较原则的基础上，确定适宜的信用标准。

【例 7-7】　万德公司原来的信用标准是只对预计坏账 5% 以下的客户提供商业信用。其销售产品的边际贡献率为 20%，同期有价证券的利息率为 10%。公司拟修改原来的信用标准，为了扩大销售，决定降低信用标准，有关资料如表 7-3 所示。试计算分析新方案的可行性。

表 7-3　两种不同的信用标准下的有关资料

项目	原方案	新方案
信用标准（预计坏账损失率）	5%	7.5%
销售收入/元	100 000	150 000
应收账款的平均收账期/期	45	75
应收账款的管理成本/元	1 000	1 200

解：根据表 7-3，计算两种信用标准对利润的影响结果，如表 7-4 所示。

表 7-4　两种不同的信用标准下的利润计算　　　　　　单位:元

项目	原方案	新方案	差异
边际贡献	100 000×20%＝20 000	150 000×20%＝30 000	10 000
应收账款的机会成本	100 000×45×80%×10%/360＝1 000	150 000×75×80%×10%/360＝2 500	1 500
应收账款的管理成本	1 000	1 200	200
坏账成本	100 000×5%＝5 000	150 000×7.5%＝11 250	6 250
应收账款成本总额	7 000	14 950	7 950
净收益	13 000	15 050	2 050

由表 7-4 可知,选择原方案,可实现收益 13 000 元,而选择新方案,可增加收益 2 050 元,显然应该选择采用新方案。

(二)信用期限

信用期限是指企业允许客户从购货到支付货款的时间间隔。企业产品销售量与信用期限之间存在着一定的依存关系。通常,延长信用期限,可以在一定程度上扩大销售量,从而增加毛利。但不适当地延长信用期限,会给企业带来不良后果:一是使平均收账期延长,占用在应收账款上的资金相应增加,引起机会成本增加;二是引起坏账损失和收账费用的增加。因此,企业是否给客户延长信用期限,应视延长信用期限增加的边际收入是否大于增加的边际成本而定。

【例 7-8】　环海公司现采用 30 天付款的信用政策,公司财务主管拟将信用期限放宽到 60 天,仍按发票金额付款,不给予折扣,假设资本成本率为 15%,其他有关数据如表 7-5 所示。试判断应采用哪种信用期。

表 7-5　两种不同信用期限下的有关数据

项目	信用期 30 天	信用期 60 天
销售量/万件	200	240
销售额/万元(单价 50 元)	10 000	12 000
销售成本		
变动成本/万元(每件 40 元)	8 000	9 600
固定成本/万元	1 000	1 000
发生的收账费/万元	60	80
发生的坏账损失/万元	100	180

解:在分析时,应先计算放宽信用期限得到的收益,然后计算增加的成本,最后根据两者比较得出的结果做出判断。

1. 收益的增加

收益的增加＝销售量的增加×单位边际贡献

＝(240－200)×(50－40)＝400(万元)

2.成本的增加

(1)应收账款的机会成本增加

$$变动成本率 = \frac{40}{50} = 80\%$$

$$30\text{天信用期限应收账款的机会成本} = \frac{10\ 000}{360} \times 30 \times 80\% \times 15\% = 100(\text{万元})$$

$$60\text{天信用期限应收账款的机会成本} = \frac{12\ 000}{360} \times 60 \times 80\% \times 15\% = 240(\text{万元})$$

应收账款的机会成本增加 $= 240 - 100 = 140(\text{万元})$

(2)收账费用增加

收账费用增加 $= 80 - 60 = 20(\text{万元})$

(3)坏账损失增加

坏账损失增加 $= 180 - 100 = 80(\text{万元})$

3.改变信用期限税前净收益增加

税前净收益增加 = 收益增加 − 成本费用增加 $= 400 - (140 + 20 + 80) = 160(\text{万元})$

由于收益的增加大于成本的增加,净收益为正数,所以应该采用 60 天信用期。

(三)现金折扣政策

延长信用期限会增加应收账款占用的时间和金额。许多企业为了加速资金周转,及时收回货款,减少坏账损失,往往在延长信用期限的同时,采用一定的优惠措施。即在规定的时间内提前偿付货款的客户可按销售收入的一定比率享受折扣。如 $(2/10, n/45)$ 表示赊销期限为 45 天,若客户在 10 天内付款,则可享受 2% 的折扣。现金折扣实际上是对现金收入的扣减,企业决定是否提供以及提供多大程度的现金折扣,着重考虑的是提供折扣后所得的收益是否大于现金折扣的成本。

企业究竟应当核定多长的现金折扣期限,以及给予客户多大程度的现金折扣优惠,必须将信用期限及加速收款所得到的收益与付出的现金折扣成本结合起来考虑。同延长信用期限一样,采取现金折扣方式在有利于刺激销售的同时,也需要付出一定的成本代价,即给予现金折扣造成的损失。如果加速收款带来的机会收益能够补偿现金折扣成本,企业就可以采取现金折扣或进一步改变当前的折扣方针,如果加速收款的机会收益不能补偿现金折扣成本的话,现金优惠条件便被认为是不恰当的。

另外,企业还可以根据需要,采取阶段性的现金折扣期与不同的现金折扣率,如 $(3/10, 2/20, n/45)$ 等。意思是:给予客户 45 天的信用期限,客户若能在开票后的 10 日内付款,便可以得到 3% 的现金折扣;超过 10 日而能在 20 日内付款时,也可以得到 2% 的现金折扣;否则,只能全额支付票面款项。

【例 7-9】　沿用【例 7-6】,假定该公司在放宽信用期限的同时,为了吸引客户尽早付款,提出了 $(2/30, n/60)$ 的现金折扣条件,估计会有一半的客户(按 360 天信用期所能实现的销售量计算)将享受现金折扣优惠。试判断应采用哪种信用期。

解:具体分析步骤如下:

1.收益的增加

收益的增加＝销售量的增加×单位边际贡献

$$＝(240-200)×(50-40)=400(万元)$$

2.成本的增加

(1)应收账款的机会成本增加

变动成本率＝40÷50＝80％

30 天信用期限应收账款的机会成本$=\dfrac{10\ 000}{360}×30×80\%×15\%=100(万元)$

提供现金折扣后的应收账款的平均收款期＝30×50％＋60×50％＝45(天)

提供现金折扣的应收账款的机会成本$=\dfrac{12\ 000}{360}×45×80\%×15\%=180(万元)$

应收账款的机会成本增加＝180-100＝80(万元)

(2)收账费用增加

收账费用增加＝80-60＝20(万元)

(3)坏账损失增加

坏账损失增加＝180-100＝80(万元)

(4)现金折扣成本的变化

现金折扣成本增加＝新的销售水平×新的现金折扣率×享受现金折扣的客户比例

　　　　　　　　-旧的销售水平×旧的现金折扣率×享受现金折扣的客户比例

$$＝12\ 000×2\%×50\%-10\ 000×0×0=120(万元)$$

3.改变现金折扣后的税前净收益变化

净收益变化＝收益增加-成本费用增加＝400-(80＋20＋80＋120)＝100(万元)

由于收益的增加大于成本的增加,净收益增加,所以应采用 60 天信用期。由于可增加税前净收益,所以企业应当放宽信用期限,并提供现金折扣。

●问答 7.3(多选题)

※现金折扣政策的目的有(　　　　)。

A.吸引客户为享受优惠而提前付款　　　　B.减轻企业负担

C.缩短应收账款平均收账期　　　　D.节约收账费用

(四)收账政策

收账政策是指企业针对客户违反信用条件,拖欠甚至拒付账款所采取的收账策略与措施。

在企业向客户提供商业信用时,必须考虑三个问题:其一,客户是否会拖欠或拒付账款,程度如何;其二,怎样最大限度地防止客户拖欠账款;其三,一旦账款遭到拖欠甚至拒付,企业应采取怎样的对策。前两个问题主要靠信用调查和严格信用审批制度;第三个问题则必须通过制定完善的收账方针,采取有效的收账措施予以解决。

从理论上讲,履约付款是客户不容置疑的责任与义务,债权企业有权通过法律途径要求客户履约付款。但如果企业对所有客户拖欠或拒付账款的行为均付诸法律解决,往往并不是最有效的办法,因为企业解决与客户账款纠纷的目的,主要不是争论谁是谁非,而在于怎样最有成效地将账款收回。实际上,每个客户拖欠或拒付账款的原因是不尽相同的,许多信用品质良好的客户也可能因为某些原因而无法如期付款。此时,如果企业直接向法院起诉,不仅需要花费相当数额的诉讼费,而且除非法院裁决客户破产,否则收款效果往往也不是很理想。所以,通过法院强行收回账款一般是企业不得已而为之的最后办法。基于这种考虑,企业如果能够同客户商量折中的方案,也许能够更大程度地挽回损失。

通常的步骤是:当账款被客户拖欠或拒付时,企业应当首先分析现有的信用标准及信用审批制度是否存在纰漏;然后,企业重新对违约客户的资信等级进行调查、评价,将信用品质恶劣的客户从信用名单中删除,对其所拖欠的款项可先通过信函、电讯或者派人员前往等方式进行催收,态度可以渐加强硬,并提出警告;当这些措施均无效时,企业可考虑通过法院裁决。企业为了提高诉讼效果,可以与其他经常被该客户拖欠或拒付账款的企业联合向法院起诉,以增强该客户信用品质不佳的证据力。对于信用记录一向正常的客户,企业在去电、去函的基础上,不妨派人与客户直接进行协商,彼此沟通意见,达成谅解妥协,既可密切相互间的关系,又有助于较为理想地解决账款拖欠问题,并且一旦将来彼此关系置换时,也有一个缓冲的余地。当然,如果双方无法取得谅解,就只能付诸法律进行最后裁决了。

除上述收账政策外,有些国家还兴起了一种新的收账代理业务,即企业可以委托收账代理机构催收账款。但委托手续费往往较高,因此许多企业,尤其是那些资产较少、经济效益差的企业很难采用。

企业对拖欠的应收账款,无论采用何种方式进行催收,都需要付出一定的代价,即收账费用,如收款所花的邮电通讯费、派专人收款的差旅费和不得已时的法律诉讼费等。通常,企业为了扩大销售,增强竞争能力,往往对客户的逾期未付款项规定一个允许的拖欠期限,超过规定的期限,企业就应采取各种形式进行催收。如果企业制定的收款政策过宽,就会导致逾期未付款项的客户拖延时间更长,对企业不利;收账政策过严,催收过急,又可能伤害无意拖欠款项的客户,影响企业未来的销售和利润。因此,企业在制定收账政策时,要权衡利弊,进行成本效益分析,把握好尺度。

一般而言,企业加强收账管理,及早收回货款,可以减少坏账损失,减少应收账款上的资金占用,但会增加收账费用。因此,企业制定收账政策就是要在增加收账费用与减少坏账损失、减少应收账款机会成本之间进行权衡,若前者小于后者,则说明制定的收账政策是可取的。

【例7-10】 黄河公司的年赊销收入为720万元,平均收账期为60天,坏账损失为赊销额的10%,年收账费用为5万元。该公司认为通过增加收账人员等措施,可以使平均收账期降为 50 天,坏账损失降为赊销额的 7%。假设公司的资金成本率为 6%,变动成本率为 50%。要求:计算为使上述方案变得更经济合理,新增收账费用的上限(每年按 360 天计算)。

解:如果新方案的相关成本低于原方案的相关成本,则新方案可行,这时应该保证新增收账费用不得超过最高限度。

原方案总成本＝应收账款平均余额×变动成本率×资金成本率＋赊销额

　　　　　　×原坏账损失率＋原收账费用

　　　　　＝720×(60/360)×50%×6%＋720×10%＋5＝80.6(万元)

要使新方案可行,则:

新方案的成本＝720×(50/360)×50%×6%＋720×7%＋5＋新增收账费用,该新方案的成本应该小于等于 80.6 万元,即新增收账费用应该小于等于 22.2 万元。

四、应收账款的账龄分析

企业已经发生的应收账款时间有长有短,有的尚未超过信用期限,有的则超过了信用期限。一般来讲,拖欠时间越长,款项收回的可能性越小,形成坏账的可能性就越大。应收账款账龄分析就是考察研究应收账款的账龄结构。所谓应收账款的账龄结构,是指各账龄应收账款的余额占应收账款总计余额的比重。应收账款的账龄分析法是通过编制应收账款的账龄分析表,如表 7-6 所示,来反映不同账龄的应收账款所占的比例与金额,以便对应收账款的回收情况进行有效的控制。对此,企业应实施严密的监督,随时掌握收回情况。

表 7-6　账龄分析表

应收账款账龄	客户数量/户	金额/万元	百分比/%
信用期内	200	400	40
超过信用期 1～10 天	100	200	20
超过信用期 11～30 天	50	100	10
超过信用期 31～60 天	30	100	10
超过信用期 61～120 天	20	100	10
超过信用期 121～180 天	10	50	5
超过信用期 181～365 天	5	25	2.5
超过信用期 1 年	5	25	2.5
合计	420	1 000	100

拓展阅读 坏账隐患大增,北大荒等计提巨额坏账准备

通过账龄分析表,企业财务管理部门可以掌握如下信息:有多少欠款尚在信用期内;有多少款项超过了信用期,超过时间长短的款项各占多少;有多少欠款会因拖欠时间久而可能成为坏账等。

为了分别了解客户拖欠货款的情况,企业有时会按客户的重要顺序排列,编制更加详细的账龄分析表。通过此表,企业可以了解客户拖欠货款的金额比重较大以及哪些客户拖欠账款的时间较长,作为制定下一期信用政策的依据。

第四节 存货管理

存货是指企业在日常活动中持有以备出售的产成品或商品、处在生产过程中的在产品、在生产过程或提供劳务过程中耗用的材料和物料等。企业持有充足的存货,不仅有利于生产过程的顺利进行,节约采购费用与生产时间,而且能够迅速地满足客户各种订货的需要,从而为企业的生产与销售提供较大的机动性,避免因存货不足带来的机会损失。然而,存货的增加必然要占用更多的资金,将使企业付出更大的持有成本(存货的机会成本),而且存货的储存与管理费用也会增加,影响企业获利能力的提高。因此,如何在存货的功能(收益)与成本之间进行利弊权衡,在充分发挥存货功能的同时降低成本、增加收益,是存货管理的基本目标。而实现该目标所采用的存货管理方法主要有经济进货批量模型、准时生产的存货系统等。

一、存货的功能与存货的成本

(一)存货的功能

企业储存存货主要出于以下原因:防止停工待料、适应市场变化、降低进货成本、维持均衡生产等。

(二)存货的成本

存货可以满足企业生产经营管理的需要,但是,过多的存货要占用较多的资金,并且会增加包括仓储费、保险费、修理费、维护费以及管理人员工资在内的各项支出。与储存存货相关的成本主要包括以下三种:

1.进货成本

进货成本主要由存货的进价和进货费用构成。通常用 TC_a 来表示。其中,存货进价又称采购成本,是指存货本身的价值,等于采购单价与采购数量的乘积。若年需要量用 D 表示,单价用 U 表示,则采购成本为 $D \cdot U$。在一定时期进货总量既定的条件下,无论企业采购次数如何变动,存货的进价通常是保持相对稳定的(假设物价不变且无采购数量折扣),因而属于决策无关成本。进货费用又称订货成本,是指企业为组织进货而开支的费用。进货费用有一部分与订货次数有关,如差旅费、邮寄费等,这类变动性进货费用属于决策的相关成本;另一部分与订货次数无关,如常设采购机构的基本开支等,这类固定性进货费用则属于决策的无关成本,用 F_1 表示。每次订货的变动成本用 K 表示;订货次数等于存货年需要量 D 与每次进货量 Q 之商。订货成本的计算公式为:

$$订货成本 = F_1 + \frac{D}{Q} \cdot K$$

$$进货成本＝采购成本＋订货成本$$

$$TC_a = F_1 + \frac{D}{Q} \cdot K + D \cdot U$$

2.储存成本

储存成本是指企业因持有存货而发生的费用,包括存货占用资金的机会成本、仓储费用、保险费用、存货破损和变质损失等,通常用 TC_c 来表示。

储存成本可以按照与储存数额的关系分为变动性储存成本和固定性储存成本两类。其中,固定性储存成本与存货储存数额的多少没有直接联系,如仓库折旧费、仓库职工的固定月工资等,常用 F_2 来表示,这类成本属于决策的无关成本;而变动性储存成本则与存货储存数额成正比例变动关系,如存货资金的应计利息、存货的破损和变质损失、存货的保险费等,其单位成本通常用 K_c 表示。这类成本属于决策的相关成本。储存成本的计算公式为:

$$储存成本＝储存固定成本＋储存变动成本$$

$$TC_c = F_2 + K_c \cdot \frac{Q}{2}$$

3.缺货成本

缺货成本是指存货不足给企业造成的停产损失、延误发货的信誉损失及丧失销售机会的损失等,通常用 TC_s 表示。缺货成本能否作为决策的相关成本,应视企业是否允许出现存货短缺的不同情形而定。若企业允许发生缺货情形,则缺货成本便与存货数量呈反向相关,即属于决策相关成本;反之,若企业不允许发生缺货情形,此时缺货成本为零,也就无须加以考虑。

如果以 TC 来表示储存存货的总成本,它的计算公式为:

$$TC = TC_a + TC_c + TC_s = F_1 + \frac{D}{Q} \cdot K + D \cdot U + F_2 + K_c \cdot \frac{Q}{2} + T \cdot C_s$$

二、经济订货批量模型

经济订货批量是指能够使一定时期存货的相关总成本达到最低点的进货数量。通过上述对存货成本分析可知,决定存货经济订货批量的成本因素主要包括变动性订货费用(简称订货费用)、变动性储存成本(简称储存成本)以及允许缺货时的缺货成本。不同的成本项目与进货批量呈现着不同的变动关系。减少订货批量,增加订货次数,在影响储存成本降低的同时,也会导致订货费用与缺货成本的提高;相反,增加订货批量,减少订货次数,尽管有利于降低进货费用与缺货成本,但同时会影响储存成本的提高。因此,如何协调各项成本间的关系,使其总和保持最低水平,是企业组织进货过程需解决的主要问题。

(一)经济订货批量基本模型

经济订货批量基本模型以如下假设为前提:①企业一定时期的进货总量可以较为准确地予以预测;②存货的耗用或者销售比较均衡;③存货的价格稳定,且不存在数量折扣,进货日期完全由企业自行决定,并且每当存货量降为零时,下一批存货均能马上到位;④仓储条件及所需现金不受限制;⑤不允许企业出现缺货情形;⑥所需存货市场供应充足,不会因买不到所需存货而影响其他方面。

由于企业不允许缺货,即每当存货数量降至零时,下一批订货便会随即全部购入,所以不存在缺货成本。此时与存货订购批量、批次直接相关的就只有订货费用和储存成本两项。则有:

$$存货相关总成本=相关订货费用+相关存储成本$$

$$TC=\frac{D}{Q} \cdot K+K_c \cdot \frac{Q}{2}$$

$$经济订货批量\ Q^*=\sqrt{\frac{2D \cdot K}{K_c}}$$

$$经济订货批量的存货相关总成本\ TC_{(Q^*)}=\sqrt{2D \cdot K \cdot K_c}$$

$$经济订货批量平均占用资金\ W^*=P \cdot Q/2=U \cdot \sqrt{D \cdot K/2K_c}$$

$$年度最佳进货批次\ N^*=\frac{D}{Q}=\sqrt{D \cdot K_c/2K}$$

【例 7-11】 某企业每年需耗用甲材料 360 000 千克,该材料的单位采购成本为 100 元,单位年储存成本为 4 元,平均每次订货费用 200 元,则:

$$Q^*=\sqrt{2 \times 360\,000 \times \frac{200}{4}}=6\,000(千克)$$

$$TC_{Q^*}=\sqrt{2 \times 360\,000 \times 200 \times 4}=24\,000(元)$$

$$W^*=100 \times \frac{6\,000}{2}=300\,000(元)$$

$$N^*=\frac{360\,000}{6\,000}=60(次)$$

上述计算表明,当进货批量为 6 000 千克时,进货费用与储存成本总额最低。

●问答 7.4(单选题)

※下列各项因素中,不影响存货经济订货量计算结果的是( )。

A. 存货年需要量   B. 单位变动储存成本

C. 固定储存成本   D. 每次订货变动成本

(二)存在订货提前期经济订货量模型

经济订货量的基本模型是在前述假设条件下建立的,但是实际生活中能够满足这些假设条件的情况十分罕见。为使模型更接近实际情况,具有较高的可行性,需要逐一放宽条件,改进模型。下面介绍存在订货提前期经济订货量模型。

一般情况下,企业的存货不能做到随时补充,因为不能等存货用光再去订货,而需要在没有用完时提前订货。在提前订货的情况下,企业再次发出订单时,尚有存货的库存

量,称为再订货点,用 R 表示。它的数量等于交货时间 L 和每日平均需要量 d 的乘积:

$$R = L \cdot d$$

【例 7-12】 沿用【例 7-9】的资料,假设企业订货日到到货日的时间差为 10 天,每日存货的需要量为 75 千克,那么:

$$R = 10 \times 75 = 750 (千克)$$

企业在尚有存货 750 千克时,就应该发出订单订货,等下一批订货到达企业时,原有存货刚好用完。此时有关存货的每次订货批量、订货次数、订货时间间隔等并无变化,与瞬时补充时相同。订货提前期如图 7-8 所示。

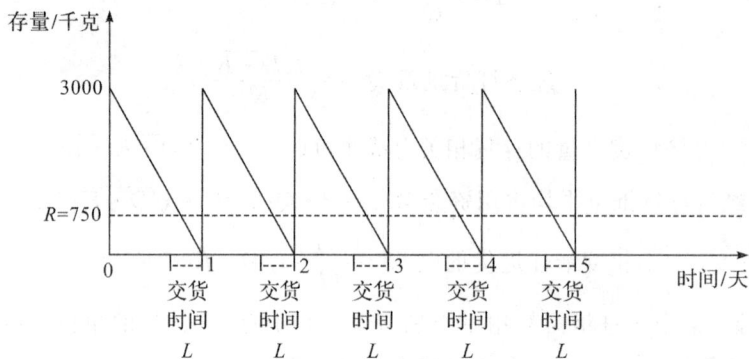

图 7-8 订货提前期

三、准时生产的存货系统

准时生产系统(just-in-time,JIT),是指通过合理规划企业的产供销过程,使从原材料采购到产成品销售每个环节都能紧密衔接,减少制造过程中不增加价值的作业,减少库存,消除浪费,从而降低成本,提高产品质量,最终实现企业效益最大化。

拓展阅读 准时制

(一)准时生产的存货系统的基本原理

准时生产的存货系统的基本原理是:只有在使用之前才从供应商处进货,从而将原材料或配件的库存数量减少到最小;只有在出现需求或接到订单时才开始生产,从而避免产成品的库存。准时生产的存货系统要求企业在生产经营的需要与材料物资的供应之间实现同步,使物资传送与作业加工速度处于同一节拍,最终将存货降到最低限度,甚至零库存。

(二)准时生产的存货系统的优缺点

准时生产的存货系统的优点是:降低库存成本;减少从订货到交货的加工等待时间,提高生产效率;降低废品率、再加工和担保成本。但准时生产的存货系统要求企业内外部全面协调与配合,一旦供应链被破坏,或企业不能在很短的时间内根据客户需求调整生产,企业生产经营的稳定性将会受到影响,经营风险加大。此外,为了保证能够按合同约定频繁小量配送,供应商可能要求额外加价,企业因此丧失了从其他供应商那里获得更低价格的机会收益。

【案例分析】

案例分析
云南白药应收
账款管理问题
分析

案例解析

【分析要点】

    1.阅读云南白药公司的应收账款管理案例,试分析其主要成因。

    2.收集其他上市公司应收账款管理成功的案例,为云南白药公司应收账款管理提出改进建议和对策。

【本章小结】

    营运资金是指一个企业维持日常经营所需的资金,通常指流动资产减去流动负债后的差额。流动资产具有投资回收期短等特点。企业流动资产主要包括现金、有价证券、应收账款、存货等。营运资本筹资政策一般有三种,即保守型、适中型和激进型筹资政策。

    现金是在生产过程中暂时停留在货币形态的资金,包括库存现金、银行存款、银行本票、银行汇票等。企业持有现金的动机,主要出于交易性动机、预防性动机和投机性动机。现金管理的目标就是要在资产的流动性能力和盈利能力之间做出抉择,使风险和报酬达到均衡,以使企业取得最大的长期利益。确定最佳现金持有量的方法主要有存货模式、随机模式和成本分析模式等。现金管理的内容主要是对日常的现金收支进行控制,力求加速收款,延缓付款。

    企业发生应收账款的主要原因是企业通过赊销可以促进销售,扩大市场占有份额;减少存货,节约存货资金占用和存货管理费用(如储备费、保险费等)。企业进行应收账款管理的基本目标就是在充分发挥应收账款功能的基础上,降低应收账款投资的成本,使提供商业信用、扩大销售所增加的收益大于有关的各项费用。应收账款信用政策包括信用标准、信用期限、现金折扣政策和收账政策。对企业发生应收账款还应进行账龄分析。

    存货管理的目标就是要在存货的成本与收益之间进行利弊权衡,实现两者的最佳组合,以最低的成本提供企业经营所需的存货。存货管理的方法主要包括经济进货批量模型、准时生产的存货系统等。

【复习思考题】

    1.什么叫营运资金,它有什么特点和内容?

    2.现金的持有动机包括哪些?现金管理的目标是什么?

    3.应收账款的功能和成本分别是什么?

    4.应收账款的信用政策包括哪些内容?如何制定科学的信用政策?

5.什么是经济订货批量,如何确定经济订货批量?

6.如何实施对现金、应收账款和存货的日常管理?

第七章 在线测试

【综合自测】

1.【资料】某企业只生产销售一种产品,每年赊销额为 240 万元,该企业产品变动成本率为 80%,资金利润率为 25%。企业现有 A、B 两种收账政策可供选用。其他相关资料如表 1 所示。

表 1　A、B 政策的其他相关资料

项目	A 政策	B 政策
平均收账期/天	60	45
坏账损失率/%	3	2
应收账款平均余额/万元		
收账成本/万元	×××	×××
应收账款机会成本/万元		
坏账损失/万元		
年收账费用/万元	1.8	3.2
收账成本合计/万元		

第七章 综合自测参考答案

【要求】

(1)计算填列表 7-7 中空白部分(一年按 360 天计算)。

(2)对上述收账政策进行决策。

2.【资料】某企业 2019 年 A 产品销售收入为 4 000 万元,总成本为 3 000 万元,其中,固定成本为 600 万元。假设 2020 年该企业变动成本率维持在 2019 年的水平,现有两种信用政策可供选用:①甲方案给予客户 45 天信用期限(n/45),预计销售收入为 5 000 万元,货款将于第 45 天收到,其收账费用为 20 万元,坏账损失率为货款的 2%;②乙方案的信用政策为(2/10,1/20,n/90),预计销售收入为 5 400 万元,将有 30% 的货款于第 10 天收到,20% 的货款于第 20 天收到,其余 50% 的货款于第 90 天收到(前两部分货款不会产生坏账,后一部分货款的坏账损失率为该部分货款的 4%),收账费用为 50 万元。该企业 A 产品销售额的相关范围为 3 000 万~6 000 万元,企业的资本成本率为 8%(为简化计算,本题不考虑增值税因素)。

【要求】

(1)计算该企业 2019 年的下列指标:①变动成本总额;②以销售收入为基础计算的变动成本率。

(2)计算甲、乙两种方案的收益之差。

(3)计算甲方案的应收账款相关成本。

(4)计算乙方案的应收账款相关成本。

(5)在甲、乙两种方案之间做出选择。

3.【资料】某公司本年度需耗用甲材料 36 000 千克,该材料采购成本为 200 元/千克,年度储存成本为 16 元/千克,平均每次进货费用为 20 元。

【要求】

(1)计算本年度甲材料的经济进货批量。

(2)计算本年度甲材料经济进货批量下的相关总成本。

(3)计算本年度甲材料经济进货批量下的平均资金占用额。

(4)计算本年度甲材料的最佳进货批次。

4.**【资料】**甲公司生产、销售 A 产品,该产品的变动成本率为 60%,单位售价为 100 元。公司目前采用 20 天按发票金额付款的信用政策,70% 的客户(按销售量计算,下同)能在信用期内付款,另外 30% 的客户平均在信用期满后 30 天付款,逾期应收账款的收回需要支出占逾期账款 4% 的收账费用,公司每年的销售量为 48 000 件。

为了扩大销售量、缩短平均收现期,公司拟推出(4/10,1/20,n/30)的现金折扣政策。采用该政策后,预计销售量会增加 10%,40% 的客户会在 10 天内付款,20% 的客户会在 20 天内付款,30% 的客户会在 30 天内付款,另 10% 的客户会在 30 天后付款,逾期应收账款的收回需要支出占逾期账款 5% 的收账费用。为了保证及时供货,平均存货水平需提高到 3 600 件,其他条件不变。假设风险投资的最低收益率为 10%,一年按 360 天计算。

【要求】

(1)计算改变信用政策后边际贡献、收账费用、应收账款应计利息、现金折扣成本的变化。

(2)计算改变信用政策的净损益,并回答该公司是否应推出该现金折扣政策。

第八章 长期投资管理 ▶▶▶

![学习目标]

理解长期投资的概念和特点；

了解长期投资的评价方法；

掌握现金流量的内容及计算方法；

掌握净现值、内含报酬率的计算方法和评价依据；

了解长期投资决策指标的优缺点；

掌握固定资产更新决策、经济寿命和合理投资期的判断方法；

掌握长期投资决策的风险分析方法。

![导入语]

M省A市某乳品公司始建于1987年，目前拥有全自动液态奶灌装生产线120条，日产各种奶制品800多吨。公司共有员工1 300余名，其中具有中、高级技术职称和大、中专以上学历的专业技术和管理人员300余人。公司于2000年通过ISO 9000国际质量管理体系认证，2004年获全国工业产品QS认证。公司产品连续10年被M省质量检测部门评为"免检产品"。该公司是M省奶制品加工行业的领军企业。

工业经济的快速发展，在给人类带来巨大物质财富的同时，也给人类的生态环境带来了不利影响。生活水平的提高和工作节奏的加快，加上运动不足，使得各种慢性疾病逐渐增多，尤其是各类咽喉疾病等有明显攀升之势。冬凌草是生长在A市的一种植物，具有清咽解毒、治疗咽喉肿痛等功效，是一种多功能、多用途的保健性植物，是集药用、食用为一体的重要经济植物，是生物医学科学研究的好材料。

用冬凌草制成的茶及茶饮料系列产品是一种重要的功能保健型饮料，对人类有重要的医疗和保健作用。随着人们生活水平的不断提高，医疗保健观念也发生了明显的变化，由过去的以治疗为主转变为以预防为主；由以药品为主转向以保健品为主。这就为冬凌草的开发利用开辟了广阔的发展空间。

公司投资苦茶项目决策组通过考察国内外一流饮料企业，结合企业实际，提出了投资项目两种决策方案：

方案一：在A市工业开发区内建设一条年产10万吨冬凌草苦茶饮料生产线。

方案二：在A市工业开发区内建设年产5万吨的苦茶饮料生产线和5万吨乳饮料生产线。

乳品公司的管理人员对本公司的各种资金来源进行了分析研究,得出该公司加权平均资本成本为 8%,该公司所得税税率为 25%。

根据以上资料,乳品公司开始对该项目进行投资决策可行性分析,并提交公司董事会讨论。

本章正是基于财务管理实践的需求,使读者掌握长期投资的含义、特点、内容和一般程序;掌握长期投资现金流量的含义与计算方法;掌握常用投资评价指标的计算;熟悉长期投资决策指标在不同情况下的具体运用等相关知识。

🔷 关键词

长期投资(long-term investments)

现金流量(cash flows)

净现金流量(net cash flow)

投资报酬率(rate of income on investment)

投资回收期(capital pay-off time)

净现值(net present value)

内含报酬率(internal rate of return)

风险调整贴现率(risk adjusted discount rate)

肯定当量系数(certainty equivalent coefficient)

第一节　长期投资概述

企业筹集所需要的资金后,接下去要做的就是通过资产配置,将所筹集的资金及时运用出去,形成现实生产能力和获利能力,以期实现资金的保值增值。

一、投资的含义

投资是指特定经济主体(政府、企业、个人)以本金回收并获利为基本目的,将货币、实物资产等作为资本投放于某一个具体对象,以在未来较长期间内获取预期经济利益的经济行为。

从个人投资来讲,个人在获得一定收入后自然会思考如何花这笔钱,是购买食物、衣服满足生活需求,还是存入银行。政府在筹集公共财政收入后也要对收入如何在教育、国防、公共基础设施的投入进行合理分配。

作为以盈利为目的的企业,其筹资实现后,也要科学决策所筹集的资金如何使用,以尽可能获得较大的收益,实现企业价值最大化的财务管理目标。企业投资主要包括:购建厂房设备、兴建电站、引进生产线、购买股票债券等经济行为。

二、企业投资分类

企业筹集资金后面临的任务就是合理有效地使用资金,表现形式就是企业的投资。从不同的角度,我们可以对企业的投资进行分类,以便进一步具体了解企业的投资活动。

(一)直接投资和间接投资

根据与企业生产经营业务的相关程度,企业投资可以分为直接投资和间接投资。

直接投资是指企业将所筹集的资金直接投放于形成生产经营能力的实体性资产,直接谋取经营利润的企业投资,如购买并配置劳动资料、劳动对象和劳动力等具体生产要素,开展生产经营活动。

间接投资是指企业将所筹集资金投放于和直接生产业务不密切相关的项目,如通过购买国债、企业债券甚至股票获取生产经营以外的额外利息以及其他收益。

当然,这里的分类是建立在假定企业是生产制造类企业的基础上的。

(二)短期投资和长期投资

根据企业投资回收时间的长短,企业投资可以分为短期投资和长期投资。

短期投资是指企业将所筹集的资金用于能够在一年内收回的投资项目,如将资金用于购买原材料、短期国债等。原材料一般能在一年内使用,转为产品的价值构成,并通过产品的销售而回到资金状态,从而实现收回。短期国债也能够通过在市场上出售而收回投资。

长期投资是指企业将筹集的资金用于一年以上才能收回的投资项目,如将资金用于构建厂房、购买机器设备等。无论是厂房还是机器设备,一旦购置,会在使用过程中逐步磨损,通过折旧的形式逐年逐月转移到产品价值构成上,并通过产品的出售回到资金状态,从而逐步实现回收。由于长期投资中固定资产占的比重最大,所以,长期投资又通常称为固定资产投资。本章介绍的长期投资就是指长期固定资产投资。

(三)对内投资和对外投资

根据企业投资时着眼点的不同,企业投资可以分为对内投资和对外投资。

对内投资是指企业将筹集的资金用于各项围绕本企业的生产经营活动展开的投资活动,如前面指出的购买原材料、机器设备,无形资产等,其着眼点立足于本企业,合理安排生产经营活动,多方挖掘企业利润潜力,实现企业价值最大化。

对外投资是指企业将筹集的资金用于联营投资或者通过收购股票控制和影响其他关键企业战略性的投资活动,其着眼点立足于企业所处的行业或者价值链,力图扩张企业业务范围,实现多元化经营,以减少企业风险,增加企业利润。

(四)独立投资和互斥投资

根据投资项目之间的相互关联,企业投资可以分为独立投资和互斥投资。

独立投资是相容性投资,各个投资项目之间互不相关、互不影响,可以并存。例如,建造一个饮料厂和建造一个纺织厂,它们之间并不冲突,可以同时进行。对于一个独立投资项目而言,其他投资项目是否被采纳或放弃,对本项目的决策并无显著影响。因此,独立投资项目决策考虑的是方案本身是否满足某种决策标准。例如,可以规定凡提交决策的投资方案,其预期投资报酬率都要求达到15％才能被采纳。这里,预期投资报酬率达到15％,就是一种预期的决策标准。

互斥投资是非相容性投资,各个投资项目之间相互关联、相互替代,不能并存。例如,对企业现有设备进行更新,购买新设备就必须处置旧设备,它们之间是互斥的。对于一个互斥投资项目而言,其他投资项目是否被采纳或放弃,直接影响本项目的决策,其他项目被采纳,本项目就不能被采纳。因此,互斥投资项目决策无论是何种类型的投资,都需要企业按照科学的程序和方法进行分析和实施。

三、长期投资的含义及其特点

(一)长期投资的含义

长期投资是指企业将筹集的资金用于一年以上才能收回的投资项目,如厂房的购建、大型机器设备的购置、新产品、新技术的研发等。企业管理层取得长期投资的目的在于持有而不在于出售,这是与短期投资相比的一个重要区别。

(二)长期投资的特点

众所周知,长期投资对企业有着极其重要的意义。一项长期投资决策做出后将在很长的时期内直接决定企业的正常生产经营和战略发展。这主要是由长期投资相应的特点决定的。

1.投资数额大

长期投资,一般都需要较多的资金,其投资数额往往是企业或其投资者多年的资金积累,在企业总资产中占有相当大的比重。因此,长期投资的决策需要企业慎重进行。

2.投资周期长

长期投资所需要的资金巨大,其投资周期也很长,往往需要几年、十几年甚至几十年才能收回投资。因此,长期投资对企业未来的生产经营活动和长期经济效益将产生重大影响,其投资决策的成败,对企业未来的命运将产生决定性作用。

3.投资风险大

长期投资的投资周期比较长,在做出投资决策的时候往往是在对未来许多因素,如市场销量、资产使用寿命等的预测基础上进行决策的。但是实际上,这些因素最终的出现总会和当初的预测产生或大或小的差异,影响长期投资预期结果的实现。因此,长期投资的预期投资目标最终能否实现,面临着较大的不确定性。

4.变现能力差

长期投资决策一旦形成,所实现的即为厂房、设备等不宜变现的固定资产,短期内要想改变是相当困难的,不是无法实现,而是代价太大。这就要求企业在决策的时候要十分慎重。

从以上特点可以看出,长期投资对企业来说非常的重要,轻率的投资对企业而言有害无益。任何长期投资都需要依照科学的程序和方法进行。

四、长期投资的程序

通过对企业长期的实践经验总结,科学的长期投资决策一般应该按照下列程序进行。

(一)投资项目的提出

企业的各级管理人员可以根据企业发展业务的需要先提出意向性投资意见,如购买新的生产设备、扩建厂房等;然后由企业的生产、市场和财务等部门的专业人士讨论,提出初步的投资计划。

(二)投资项目的评价

投资项目的评价:一是由生产、市场以及财务等专家分头预计项目的产量、销量、市场占有率、现金流量等关键指标;二是综合运用各项指标,通过一定的方法,对投资项目进行可行性分析,对不可行的投资项目予以淘汰,可行的投资项目进行下一步的选择。

(三)投资项目的决策

投资可行性分析后,企业的领导者要根据企业的战略目标,对均可行的不同投资项目进行选择。在企业的不同阶段,选择的依据可能不同,有时依据市场销量、有时依据现金流量、有时依据企业价值等。

(四)投资项目的执行

投资项目选定后,要积极付诸实施。在实施过程中,企业要注意观察投资项目的进展,保证投资所需要的资金、物资按时到位,确保投资按照预算如期贯彻执行。

(五)投资项目的可行性再评价

在投资项目执行过程中,企业要根据周围的客观环境的变化,对投资项目的可行性进行再评价,如果出现了少量的不利因素,则需要调整投资方案;如果出现了重大的情况变化,投资不再可行,就需要立即停止。

五、固定资产需要量的预测

长期投资中以固定资产投资为主要内容。在固定资产投资过程中,预测固定资产的投资资金需要量是基础性的工作。它不仅有利于企业合理筹集所需要的资金,降低资金成本,避免不必要的闲置浪费,更有利于企业对投资方案进行科学正确的评价。后面我们具体阐述投资评价的方法时,很多方法都是建立在固定资产需要量的基础上来进行评价分析的。

要预测固定资产的需要量,常用的方法有两大类:

第一类是经验估计法。经验估计法即企业的领导者以及企业生产部门、建设部门富有经验的管理人员,凭借自己过去的经验,对固定资产的投资额进行预测。这种方法最大的好处就是简单、易行、效率高,适用于企业初创和成长初期,规模较小时的固定资产投资需要量的预测。

第二类是定量分析法。定量分析法主要借助一些数学计算公式,结合企业生产需要进行定量分析。实践中常用的方法包括:①逐项预测法。逐项预测法即将这个投资分解为若干项目,对每一个项目进行数量测算后累积的方法。②单位生产能力估算法。单位生产能力估算法即根据同类项目的单位生产能力投资额和拟建项目的生产能力在考虑地理、通货膨胀等环境因素的基础上估算投资需要量的方法。定量分析法的优点是比较准确,可靠性高。在企业发展到较大规模时,采用定量分析法对企业更为有利。

第二节　现金流量的含义及其计算

面对不同的投资项目,投资决策的任务就是在这些项目中选择最优方案。那么到底依据什么对投资项目进行先后、优劣的排序呢?是投资项目的收入、投资项目的净利润还是其他?人们从企业长期的投资决策实践中逐步认识到,根据投资项目引起的现金流量的增减变化来评价各个投资项目相对来说更为科学。

一、现金流量的含义

现金流量是指一个投资项目使企业现金流入和流出的变化数量。一定时期内该项目引起的现金流入量减去现金流出量的差额,称为现金净流量(net cash flow, NCF)。

当然,这里的现金流量不仅仅指纯粹的货币资金的增减变化,可能还包括原材料、机会成本等的增减。

之所以要以现金流量作为评价项目经济效益的基础,主要是基于以下几个方面的原因。

(一)从投资项目完整的期限上看,现金(净)流量总额和利润总额相等

可以这么说,从一个投资项目完整的期限看,投资者从中能获得多少利润,就应该能够获得多少等额的现金,所以可以用现金流量代替利润来评价投资项目。

【例8-1】 某个投资项目,需要投资1 000万元,一年建成,使用期限2年,投入使用后

每年可获得现金销售收入 1 500 万元,现金支付成本 500 万元,投资项目不考虑残值。假设这个投资项目的完整期限为 3 年,分别计算投资者获得的利润总额和现金流量总额。

解:该投资的年折旧额＝1 000÷2＝500(万元)

该项目现金流量和利润总额的比较如表 8-1 所示。

表 8-1 现金流量和利润总额的比较 单位:万元

项目	第一年	第二年	第三年	总计
投资额	−1 000	0	0	−1 000
现金销售收入	0	1 500	1 500	3 000
现金支付成本	0	500	500	1 000
折旧	0	500	500	1 000
利润	0	500	500	1 000
现金流量总计	−1 000	1 000	1 000	1 000

由表 8-1 可知,利润和现金流量指标各不相同。第一年利润指标为 0,而现金流量指标为−1 000 元;第二、第三年利润指标为 500 元,而现金流量指标为 1 000 元。从三年整体来看,利润和现金流量是相同的,都是 1 000 元。因此,现金流量指标可以代替利润指标对投资项目进行评价。

(二)利润计算,主观随意性大,现金流量则相对客观可靠

利润在各年的分布,受折旧、存货计价、间接费用分配、成本计算方法等会计政策选择的影响,人为操纵可能性大,容易给投资者造成错觉;而现金流量的分布相对客观,不受会计政策选择的影响,对投资者评价投资项目而言更为可靠。

(三)采用现金流量分析,有利于科学地考虑货币时间价值

利润的计算是以年为单位,并不说明利润是在年头还是年尾获得。而作为投资者则是希望能尽早收回投资,现金流量则可以清楚地告诉投资者投资是在什么时间收回的。

(四)在投资分析中,现金流动状况比盈亏状况更重要

一个项目能否维持下去,不是取决于一定期间内是否盈利,而是取决于有没有现金用于各种支付。有些时候,投资项目有利润,但往往缺乏足够的现金支持该项目持续运转。

基于以上原因,我们将现金流量作为评价投资项目优劣的基础性指标。当然在有些情况下,出于简便考虑,我们也采用利润、收入等指标。

二、现金流量的内容

按照投资项目的投资时间,我们可以将投资项目引起的现金流量变化分为以下几个部分。

(一)初始现金流量

初始现金流量是指开始投资时发生的现金流量,一般包括建设投资与垫付的流动资金。

1.建设投资

建设投资是指在项目建设期内所发生的固定资产、无形资产和开办费等的投资。固定资产投资加建设期贷款利息为固定资产原值,但建设期的利息并没有支付,所以不作为现金流出。

2.垫付的流动资金

垫付的流动资金是指在项目投产前后,分次或一次性投放于流动资产项目的资金。垫付的流动资金可能发生在建设期内,也可能发生在生产经营期内,为简化分析,一般假定发生在建设期的末期(或发生在经营期的初期)。

(二)营业现金流量

营业现金流量是指投资项目整个经营期内因生产经营活动而使现金流入和流出。营业现金流量一般包括以下内容。

1.营业收入

营业收入是指项目投产后的生产经营期内实现的销售收入或业务收入,但必须是实现的现金收入。本期发生的赊销额不应计入本期的现金流入,而回收以前时期的赊销额则应计入本期的现金流入,但为了简化计算,可假定两者相等,不再单独计算。

2.付现的营运成本

付现的营运成本是指在生产经营期内每年发生的用现金支付的成本。它是当年的总成本扣除该年折旧额、无形资产摊销额、开办费摊销额等项目后的差额。每年的总成本中包含一部分当年非现金流出的内容,这些内容虽然也是成本,但不需要动用现实货币资金支出,所以不属于付现的营运成本。

3.支付的各项税款

支付的各项税款是指生产经营期内企业实际支付的流转税、所得税等税款。

(三)终结现金流量

终结现金流量是指投资项目完结时发生的现金流量。终结现金流量一般包括以下内容。

1.回收的固定资产残值

回收的固定资产残值是指投资项目的固定资产,在报废处理时所收回的价值。此项现金流入一般发生在项目计算期最后一年的年末,即发生在项目计算期的终结点。

2.回收的流动资金

回收的流动资金是指生产经营期结束时回收的原垫付的全部流动资金,此项现金流入只发生在项目计算期的终结点。

三、现金流量的具体计算

了解了投资项目的现金流入和流出，接下来需要对现金流动进行数量的分析和描述，我们一般通过计算每个时点上的现金净流量来进行。

(一)净现金流量的含义和计算

净现金流量，又称现金净流量，是指在项目计算期内由每年现金流入量与同年现金流出量之间的差额，它是计算项目投资决策评价指标的重要依据，所形成的序列指标为：

$$NCF_t = CI_t - CO_t(t=0,1,\cdots,n)$$

式中，NCF_t 为第 t 年净现金流量；CI_t 为第 t 年现金流入量；CO_t 为第 t 年现金流出量。

具体地，我们分别计算项目投资初始期、项目经营期和项目终结期的现金净流量如下，记流出为负，流入为正：

初始投资时发生的现金净流量＝－初始投资额

＝固定资产投资＋垫付流动资金＋其他

以上流出中，固定资产投资额一定发生，其余视投资项目的具体情况而定。

营业现金净流量＝营业期的营业收入－营业期的付现成本和税金(主要是所得税)

＝营业收入－付现成本－所得税

＝营业收入－(营业成本－非付现成本)－所得税

＝营业收入－营业成本－所得税＋非付现成本

＝(营业收入－营业成本)×(1－所得税税率)＋非付现成本

＝税后营业利润＋非付现成本

终结期的现金净流量＝固定资产的残值或变价收入＋原垫付的流动资金的回收

● 问答 8.1(多选题)

※在考虑所得税影响的情况下，下列可用于计算营业现金净流量的算式中，正确的是(　　)。

A.税后营业利润＋非付现成本

B.营业收入－付现成本－所得税

C.(营业收入－付现成本)×(1－所得税税率)

D.营业收入×(1－所得税税率)＋非付现成本×所得税税率

(二)净现金流量计算过程中几个需要注意的问题

1.区分相关现金流量和不相关现金流量

计算现金流量的目的在于评价投资项目的可行性以便于做出正确决策。因此，我们在计算过程中估计投资金额、营业收入的时候，都必须与这个投资项目相关。现金流出必须是因实施这个项目而发生的支出;现金流入必须是这个投资项目导致的流入。

一般来讲,相关现金流量须同时符合两个条件:①现金流量对未来有意义;②备选方案存在差异。

有些现金流出,在做出项目投资决策前已经发生了,称作沉没成本,视作不相关的现金流量。

【例 8-2】 双峰乳液公司正在评估建设一条巧克力牛奶生产线的现金流量。作为评估工作的一部分,公司已经向一家咨询公司支付了 100 000 元作为实施市场调查的报酬。这项支出是去年发生的,它与双峰乳液公司管理层面临的固定资产投资决策是否有关?

解:答案是无关的。这 100 000 元是不可以收回的。因此,这 100 000 元是沉没成本。当然,将 100 000 元用于市场调查决策本身,在它沉没之前绝对是相关的。我们的论点是一旦公司的某项支出发生了,这项成本就与将来的任何一项决策无关。

2. 不要忽视机会成本

在投资方案的选择中,如果选择了一个投资方案,则必须放弃投资于其他途径的机会。其他投资机会可能取得的收益是实行本方案的一种代价,被称为这项投资方案的机会成本。机会成本不是通常意义上的"成本",它不是一种支出或费用,而是失去的收益。这种收益不是实际发生的,而是潜在的。机会成本总是针对具体方案的,离开被放弃的方案就无从计量确定。

【例 8-3】 假设宏昌贸易公司在杭州拥有一个仓库可用于存放一种新式电子弹球机。公司希望能将这种机器卖给富裕的消费者。那么仓库和土地的成本是否应该包括在把这种新式电子弹球机推向市场的成本里面?

解:答案是应该。仓库的使用是免费的,它存在机会成本。这项成本相当于假设取消将这种电子弹球机推向市场的计划,并把仓库和土地用于他处(比如卖掉),公司能够获得的现金。因此,其他使用方式获得的收益就成为决策销售电子弹球机的机会成本。

3. 要考虑该投资项目对其他项目的影响

在做出投资决策后,可能的话,企业还要全盘考虑该投资项目对其他投资项目产生的现金流量的影响,并把这种影响作为投资决策的考虑因素之一。

【例 8-4】 华田公司正在进行设备更新决策,已知旧设备账面价值 10 000 元,已提折旧 7 500 元,尚可使用 1 年,残值为 0,除了折旧外,还要发生 8 000 元的变动成本。如果更新,旧设备可以卖 500 元。新设备取得成本为 1 500 元,尚可使用 1 年,1 年后估计残值为 0,年折旧额则为 1 500 元,年营运成本为 4 500 元。华田公司最近在进行设备更新决策,数据整理如表 8-2 所示。

表 8-2　新旧设备相关现金流量　　　　　　　　　　　　　　　　单位:元

新设备		旧设备	
取得成本	1 500	账面原价	10 000
年营运资金	4 500	账面净值	2 500
尚可使用年限	1 年	处理收益	500
		年营运资金	8 000
		尚可使用年限	1 年

要求:根据上述资料确定相关现金流量。

解:对新旧两个设备的分析如表 8-3 所示。

表 8-3　新旧设备的分析　　　　　　　　　　　　　　　　单位:元

	不更换旧设备	更换旧设备	成本差异
旧设备折旧	2 500		
或旧设备抵减价值		2 500	
旧设备处理收益		(500)	500
新设备折旧		1 500	(1 500)
营运成本	8 000	4 500	3 500
总成本	10 500	8 000	2 500

注:括号内的为负数

如表 8-3 所示,对于旧设备账面净值 2 500 元部分,继续使用则被折旧,更新旧设备则该部分计入当期损益,属于沉没成本,更新和继续使用设备不会有差异,因此不符合上述条件,属于非相关现金流量。而粗线框中的部分,旧设备处理收益(500)元,新设备折旧(1 500)元,营运成本 4 500 元,两种方案存在差异,且对将来有意义,则属于相关现金流量。

● 问答 8.2(单选题)

※已知某公司(使用的所得税税率为 25%)某投资项目经营期某年的税后净利润为 200 万元,非付现成本为 100 万元。因该项目与公司的另一个项目存在互补关系,如果另一项目的年收入增加 200 万元,则该投资项目该年的净现金流量为(　　)万元。

A. 300　　　　　　　B. 500　　　　　　C. 150　　　　　　D. 450

(三)净现金流量计算举例

【例 8-5】　方信公司准备购入一设备以扩充生产能力,现有甲、乙两种方案可供选择。假设所得税税率为 30%,公司资本成本率为 10%。

甲方案需投资 30 000 元,使用寿命 5 年,采用直线法计提折旧,5 年后设备无残值,5 年中每年销售收入为 15 000 元,每年付现成本为 5 000 元。

乙方案需投资 40 000 元,使用寿命、折旧方法与甲方案相同,5 年后有残值收入 5 000 元,5 年中每年销售收入为 18 000 元,付现成本第一年为 6 000 元,以后随着设

授课视频 现金流量的计算

备陈旧,逐年将增加修理费 300 元。开始投资时还需垫支营运资金 3 000 元。

要求计算两个方案各年的净现金流量。

解:(1)甲方案每年折旧额＝30 000÷5＝6 000(元)

$NCF_0 = -30\ 000(元)$

$NCF_{1-5} = 15\ 000 - 5\ 000 - (15\ 000 - 5\ 000 - 6\ 000) \times 30\% = 8\ 800(元)$

(2)乙方案每年折旧额＝(40 000－5 000)÷5＝7 000(元)

$NCF_0 = -(40\ 000 + 3\ 000) = -43\ 000(元)$

$NCF_1 = 18\ 000 - 6\ 000 - (18\ 000 - 6\ 000 - 7\ 000) \times 30\% = 10\ 500(元)$

$NCF_2 = 18\ 000 - 6\ 300 - (18\ 000 - 6\ 300 - 7\ 000) \times 30\% = 10\ 290(元)$

$NCF_3 = 18\ 000 - 6\ 600 - (18\ 000 - 6\ 600 - 7\ 000) \times 30\% = 10\ 080(元)$

$NCF_4 = 18\ 000 - 6\ 900 - (18\ 000 - 6\ 900 - 7\ 000) \times 30\% = 9\ 870(元)$

$NCF_5 = 18\ 000 - 7\ 200 - (18\ 000 - 7\ 200 - 7\ 000) \times 30\% + 5\ 000 + 3\ 000 = 17\ 660(元)$

第三节　长期投资决策评价指标及其计算

明确了现金流量是评价投资项目是否科学可行的主要指标后,人们以现金流量为主,设计了不同的投资决策指标,直接对投资项目进行优劣、好坏的评价和分析。

一、投资决策评价指标的含义

项目投资评价指标是指用于直接衡量和比较投资项目可行性、以便据以进行方案决策的定量化标准与尺度,是由一系列综合反映投资效益、投入产出关系的量化指标构成的。

项目投资决策评价指标比较多,本书主要以现金流量指标为基础介绍净现值、净现值率、获利指数、内部收益率以及投资报酬率、静态投资回收期等几项指标。

二、投资决策评价指标的分类

(一)按是否考虑货币时间价值分类

评价指标按其是否考虑货币时间价值可以分为两类:一是贴现的指标,即考虑了时间价值因素,称为动态指标,主要包括净现值法、现值指数法、内含报酬率法等;二是非贴现的指标,即没有考虑时间价值因素,也称为静态指标,主要包括投资回收期、投资利润率等。

(二)按指标性质不同分类

评价指标按性质不同,可以分为一定范围内越大越好的正指标和越小越好的反指标。

投资利润率、净现值、净现值率、获利指数和内部收益率属于正指标;静态投资回收期属于反指标。

(三)按指标数量特征分类

评价指标按其数量特征的不同,可以分为绝对量指标和相对量指标。前者包括以时间为计量单位的静态投资回收期指标和以价值量为计量单位的净现值指标;后者除获利指数用指数形式表现外,大多为百分比指标。

(四)按指标重要性分类

评价指标按其在决策中所处地位的重要性,可以分为主要指标、次要指标和辅助指标。净现值、内部收益率等为主要指标;静态投资回收期为次要指标;投资利润率为辅助指标。

(五)按指标计算的难易程度分类

评价指标按其计算的难易程度,可以分为简单指标和复杂指标。投资利润率、静态投资回收期、净现值率和获利指数为简单指标;净现值和内部收益率为复杂指标。

三、常见项目投资决策评价指标

(一)非贴现评价指标的含义、特点和计算方法

1. 平均报酬率

平均报酬率又称投资报酬率(average rate of return,ARR),是指生产经营期正常年度平均报酬占投资总额的比率。其计算公式为:

$$平均报酬率 = \frac{经营期平均净现金流量}{初始投资额}$$

该指标的优点在于计算简便,便于操作,但缺点在于:

(1)没有考虑资金时间价值,没有反映建设期长短及投资时间不同对项目的不同影响。

(2)该指标的分子是时期指标,分母是时点指标,因而可比性较差。

毫无疑问,在对单一项目进行评价时,计算出来的投资报酬率要高于企业要求的最低报酬率才可行;在对不同投资项目进行比较时,以投资报酬率高的项目为优。

【例 8-6】 沿用【例 8-5】的资料,分别计算甲、乙两种方案的投资报酬率。

解:甲方案投资报酬率=8 800÷30 000=29.33%

乙方案投资报酬率=(10 500+10 290+10 080+9 870+17 660)÷5÷43 000

=27.16%

甲方案的投资报酬率29.33%大于乙方案的投资报酬率27.16%,因此,甲方案为优。

2. 静态投资回收期

回收期,是指收回原始投资所需要的时间,也就是用每年现金净流量抵偿原始投资所需要的全部时间。静态投资回收期,就是不考虑货币时间价值的回收期。静态投资回收期包括两种形式:一种是包括建设期的投资回收期;另一种是不包括建设期的投资回收期。一般来说,回收期越短越好,经验上一般认为少于项目完整期限的1/2为宜。

(1)每年净现金流量相等时的回收期计算方法。当投资方案的生产经营期中,每年的现金净流量相等时,则有:

$$回收期＝原始投资额/年净现金流量$$

按上述公式计算的投资回收期是不包括建设期的投资回收期。如果要计算包括建设期的投资回收期,则应在上述公式计算结果的基础上再加上建设期。

(2)每年净现金流量不相等时的回收期计算方法。当生产经营期内各年现金净流量不相等时,就不能采用以上公式进行计算。此种情况下,先计算累计净现金流量,当累计净现金流量为0时,此年限即为投资回收期;当累计净现金流量无法直接找到0时,可利用以下公式进行计算:

$$回收期＝n＋\frac{第\,n\,年尚未收回投资额}{第(n＋1)年营业现金净流量}$$

式中,n 为累计现金净流量出现正值的年份数－1。

【例8-7】 沿用【例8-5】的资料,分别计算甲、乙两种方案的投资回收期。

解:甲方案投资回收期＝30 000÷8 800＝3.41(年)

乙方案累计现金净流量出现正值的年份数 $n＝4$

第 n 年尚未收回投资额＝43 000－10 500－10 290－10 080－9 870＝2 260(元)

$$投资回收期＝4＋\frac{2\,260}{17\,660}＝4.13(年)$$

所以,投资回收期为4.13年。

静态投资回收期方法的优点:方法简单,易于广泛采用;可在一定程度上反映方案的风险程度。一般投资回收期越短,说明投资方案的风险越小,反之,风险越大。

静态投资回收期方法的缺点:没有考虑货币时间价值因素;没有考虑回收期满后继续发生的净现金流量的变化情况,忽视了投资方案的获利能力。

(二)贴现评价指标的含义、特点及计算方法

1. 净现值

净现值(net present value,NPV),是指特定方案未来现金流入的现值与未来现金流出的现值之间的差额。按照这种方法,所有未来现金流入和流出都要按预定贴现率折算为它们的现值,然后再计算出它们之间的差额。其计算公式为:

$$NPV = \sum_{i=0}^{n} y_i (1+r)^{-i}$$

式中，n 为投资项目的年限，y_i 为第 i 年的现金净流入量，r 为基准收益率、资本成本率、市场利率或设定的贴现率。

净现值法的决策规则：在只有一个备选方案的采纳与否决策中，净现值为正则采纳，意味着该投资项目能够为投资者带来收益；在多个备选方案的互斥选择决策中，应选用净现值是正值且是最大者。

【例 8-8】 某企业拟建一项固定资产，需投资 100 万元，按直线法计提折旧，使用寿命 10 年，期末无残值。该项工程于当年投产，预计投产后每年可获利 10 万元。假定该项目的行业基准折现率为 10%，试求其净现值。

解：原始投资额 $NCF_0 = -100$（万元）

投产后每年相等的净现金流量 $NCF_{1\sim10} = 10 + 100/10 = 20$（万元）

根据普通年金的现值公式：

净现值 $NPV = -100 + 20(P/A, 10, 10\%) = 22.891$（万元）

【例 8-9】 设贴现率为 10%，有三项投资方案，各项投资终结时均无残值且采用直线法计提年折旧费。有关数据如表 8-4 所示。

解：$NPV_A = -20\,000 + 11\,800/1.1 + 13\,240/1.1^2 = 1\,669$（元）

$NPV_B = -9\,000 + 1\,200/1.1 + 6\,000/1.1^2 + 6\,000/1.1^3 = 1\,557$（元）

$NPV_C = -12\,000 + 4\,600/1.1 + 4\,600/1.1^2 + 4\,600/1.1^3 = -560$（元）

A、B 两项投资的净现值为正数，说明该方案的报酬率超过 10%。如果企业的资本成本率或要求的投资报酬率是 10%，理论上这两种方案是有利的，因而是可以接受的。但若 A、B 方案为互斥方案，如果 $NPV_A > NPV_B$，则应选择 A 方案；而 C 方案净现值为负数，说明该方案的报酬率达不到 10%，因而应予放弃。

表 8-4 三项投资方案的数据　　　　单位：元

年份	A 方案		B 方案		C 方案	
	净收益	现金净流量	净收益	现金净流量	净收益	现金净流量
第 0 年		−20 000		−9 000		−12 000
第 1 年	1 800	11 800	−1 800	1 200	600	4 600
第 2 年	3 240	13 240	3 000	6 000	600	4 600
第 3 年			3 000	6 000	600	4 600
合计	5 040	5 040	4 200	4 200	1 800	1 800

净现值法有如下特点：

(1)它充分考虑了货币的时间价值，不仅估算现金流量的数额，而且还考虑了现金流量的时间。

(2)它能反映投资项目在整个经济年限内，经过折现以后总的净收益。

(3)它可以根据需要来改变贴现率，因为项目的经济年限越长，贴现率变动的可能性越大，在计算净现值时，只需改变公式中的分母就行了。

（4）与其他方法同时使用时，该种方法决策的准确性相对较高，但是，由于它是一个绝对指标，当不同投资方案的投资额不相等时，单纯利用这个指标进行评价，结果会发生偏差，所以还需同时使用其他指标进行决策。

2. 现值指数

现值指数（present value index），又称为获利指数，用 PI 表示，定义为投资收益现值与初始投资额之比，即：

$$PI＝投资收益现值/初始投资额＝1＋净现值/初始投资额$$

在只有一个备选方案采纳与否的决策中，现值指数大于 1，则采纳，否则就拒绝。在当前资金有限的条件下，该指标比净现值指标更有用。但是，它们都依赖于贴现率，带有主观性。

【例 8-10】 沿用【例 8-9】的资料，求三个方案的现值指数。

解：$PI_A＝1＋1\ 669/20\ 000＝1.08$

$PI_B＝1＋1\ 557/9\ 000＝1.17$

$PI_C＝1－560/12\ 000＝0.95$

A、B 投资方案的现值指数均大于 1，说明其收益超过成本，即投资报酬率超过预定的贴现率。C 投资方案的现值指数小于 1，说明其报酬率没有达到预定的贴现率。

在资金有限的条件下，因 $PI_B＞PI_A$，所以 B 方案应是首选方案。

现值指数法有如下特点：现值指数法考虑了时间价值，能够真实地反映投资项目的盈亏程度。由于现值指数可以看成 1 元初始投资渴望获得的现值净收益，是一个相对数，因此，它可以反映投资的效率。而净现值法是一个绝对数指标，反映了投资的效益。

3. 内含报酬率

内含报酬率，也称为内部收益率（internal rate of reture, IRR），是指能够使未来现金流入量现值等于未来现金流出量现值的贴现率，或者说是使投资方案净现值为零的贴现率。

净现值法和现值指数法虽然考虑了时间价值，可以说明投资方案高于或低于某一特定的投资报酬率，但没有揭示方案本身可以达到的报酬率是多少。

内含报酬率是根据方案的现金流量计算的，是方案本身的投资报酬率。内含报酬率充分考虑了资本的时间价值，能够反映投资项目的真实报酬率。内含报酬率的概念易于理解，容易被人接受。

【例 8-11】 有一投资项目 A，净现金流量如表 8-5 所示。试计算该项目的内含报酬率。

表 8-5 项目 A 净现金流量

单位：元

年份	净现金流量
第 0 年	－20 000
第 1 年	11 800
第 2 年	13 240

解:内含报酬率的计算通常采用逐步测试法。首先是估计一个贴现率,用它来计算方案的净现值;如果净现值为正数,则说明方案本身的报酬率超过估计的贴现率,应提高贴现率做进一步测试;反之,则否,一直到净现值为0的贴现率,即为方案本身的贴现率。

根据上述资料,我们分别采用18%和16%进行测试,其结果如表8-6所示。

表8-6　测试结果　　　　　　　　　　　　　　　　　　　单位:元

年份	净现金流量	贴现率=18%		贴现率=16%	
		贴现系数	现值	贴现系数	现值
第0年	−20 000	1	−20 000	1	−20 000
第1年	11 800	0.847	9 995	0.862	10 172
第2年	13 240	0.718	9 506	0.743	9 837
净现值			−499		9

采用贴现率为16%测试,方案的净现值是9,接近0,可以认为项目A的报酬率就是16%。

如果对该测试结果不满意,还可以用插值法进行计算。

内含报酬率=16%+(2%×9)÷(9+499)=16.04%

●问答8.3(多选题)

※某企业拟按15%的期望投资报酬率进行一项固定资产投资决策,所计算的净现值指标为100万元,货币时间价值为8%。假定不考虑通货膨胀因素,则下列表述中正确的是(　　)。

A.该项目的现值指数小于1　　　　　　B.该项目的内含报酬率小于8%

C.该项目的风险报酬率大于7%　　　　D.该企业不应进行此项投资

四、运用项目投资评价指标应注意的事项

设计上述项目评价指标的目的在于直接为投资项目的可行与否提供决策。但是上述指标在设计时遵循了不同的假设条件,自身具有不同的特征,应用范围也不尽相同。因此,在实际中运用以上指标时要注意以下事项。

(一)单一投资项目评价指标

在只有一个投资项目作为决策对象时,即只需要对该项目是否可行进行判断,运用上述项目投资评价指标时,应该注意净现值、现值指数法和内含报酬率法都能得出一样的结论,因此,运用任何一种指标均可。

从经验上看,净现值、现值指数法和内含报酬率法等贴现评价方法的结论优于投资回

收期法、平均报酬率法等非贴现评价方法的结论。

(1)当净现值法、现值指数法和内含报酬率法认定项目可行,投资回收期法、平均报酬率法也认定项目可行,则该投资项目可行。

(2)当净现值法、现值指数法和内含报酬率法认定项目可行,投资回收期法、平均报酬率法认定项目不可行,则该投资项目也可行。

(3)当净现值法、现值指数法和内含报酬率法认定项目不可行,投资回收期法、平均报酬率法认定项目可行,则基本认定该投资项目不可行。

(二)多个互斥投资项目评价指标

所谓多个互斥的投资方案实质是在决策时面对的是多个互相排斥、不能并存的投资项目,这种不能并存的原因通常是没有足够的资金保证多个项目同时展开。因此,互斥项目的评价过程就是在每一个入选方案已经具备财务可行性的前提下,利用具体的决策指标,如净现值、内含报酬率等,对项目优劣进行排序,从而选择一个最优方案。这里又常常包括两种情况:

情况一,在所有项目的初始投资额和项目期限相同的情况下,无论采用净现值法,还是内含报酬率法,对项目优劣的排序结论都是一致的,可以选择任意一种方案进行决策。

情况二,更多的情况下,多个投资项目会出现初始投资额不同、每年现金流量也不同的情况,采用净现值法、内含报酬率法和现值指数法,可能出现相互矛盾的结论,此时我们的原则是以净现值法的评价结论为准。

授课视频 净现值法和内含报酬率法的比较

那么为什么会出现矛盾的情况呢?我们用下面例子进行说明。

【例 8-12】 有 A、B 两个投资项目,它们的初始投资额不等,详细情况如表 8-7 所示。

表 8-7　项目净现金流情况

指标	年度	A 项目	B 项目
初始投资额	第 0 年	110 000 元	10 000 元
营业现金流	第 1 年	50 000 元	5 050 元
	第 2 年	50 000 元	5 050 元
	第 3 年	50 000 元	5 050 元
NPV		6 100 元	1 726 元
IRR		17.28%	24.03%
PI		1.06	1.17
资本成本		14%	14%

解:从表 8-7 中可以看出,对于 A、B 两个项目,如果采用净现值法,则 A 项目要优于 B 项目;如果采用内含报酬率法,则 B 项目优于 A 项目,和前者产生矛盾。再比较净现值法和现值指数法,也有矛盾出现。

之所以会出现矛盾的地方,其原因就在于,当我们用净现值法对投资项目进行评价时,都假定两个项目的第一年和第二年的现金流量,在以后的投资项目期限内会产生相同的投资报酬,即资本成本都为14%,并且用这个报酬率进行项目评价;而在内含报酬率法中,假定A项目的第一年和第二年现金流量在以后的项目投资期限内产生的是17.28%的报酬率;而B项目的第一年和第二年现金流量在以后的投资项目期限内产生的是24.03%的报酬率。

在资本成本为14%的情况下,A项目的投资额虽然较B项目大,但是净现值也较B项目高,能够给企业带来更多的财富。因此,A项目要优于B项目。

当资本成本逐渐升高时会怎样呢?我们分别计算不同资本成本情况下的A、B项目净现值,如表8-8所示,A、B项目的净现值和内含报酬率对比情况,如图8-1所示。

表8-8　A、B方案不同折现率净现值

折现率/%	NPV_A/元	NPV_B/元
0	40 000	5 150
5	26 150	3 751
10	14 350	2 559
15	4 150	1 529
20	−4 700	635
25	−12 400	−142

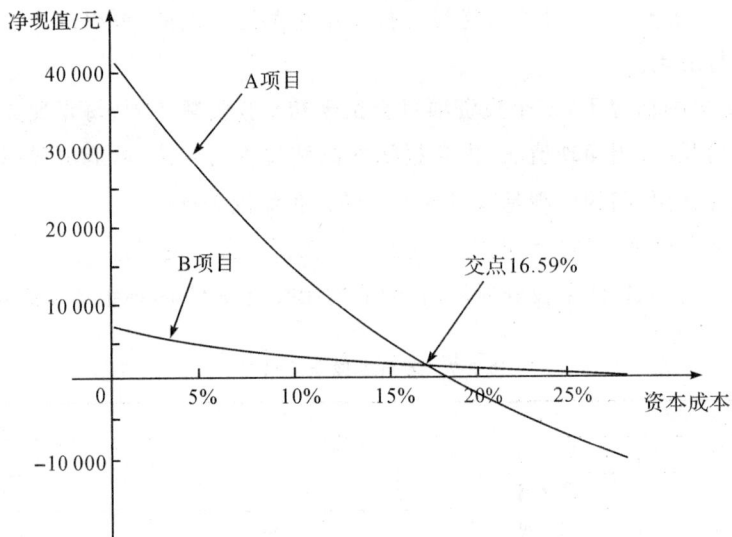

图8-1　净现值和内含报酬率对比情况

从图8-1中可以看出,当资本成本低于16.59%时,A项目净现值大于B项目,A项目优于B项目;当资本成本高于16.59%时,B项目无论净现值还是内含报酬率均大于A项目,所以B项目优于A项目。

所以,在不同评价指标出现矛盾的情况下,以净现值评价结论为主。

同样可以分析出,净现值法和现值指数法出现矛盾的原因在于初始投资额不同,前者采用减法,后者采用除法。基于企业追求财富最大,净现值大者优先考虑,因此也是以净现值法的结论为主。

（三）多个投资项目优次排序评价指标

在资金总量不受限制的情况下,分别计算每个项目的净现值,按照净现值大小排序,确定项目的优先次序。

在资金总量受到限制时,则必须在计算每个项目的净现值基础上,运用排列组合的方式,确定不同的投资项目的组合,寻找净现值和最大的组合项目,原则就是保证在充分利用资金的情况下,尽可能获取较高的净现值总量。

第四节　长期投资评价指标的应用

在实践中,长期投资决策所涉及的内容复杂多样,需要我们将前面讲过的基本方法进行灵活运用。

一、固定资产是否更新决策

固定资产更新是用新资产替代在经济和技术上都不宜继续使用的旧资产。对企业来说,随着科学技术的进步,过时的旧设备往往需要过多的维修费用来维持设备的正常生产能力,如果不能及时进行更新换代,就很可能导致企业生产成本上升、竞争力下降,市场份额萎缩。在市场竞争激烈的形式下,这显然是很危险的信号。但是对旧设备进行更新,意味着企业需要进行新的长期投资支出。那么,到底是否应该选择对旧设备进行更新呢?对此,应该选用科学方法进行判断。

情况一:在新旧设备未来可使用年限相同的情况下,我们通过比较净现值来进行决策。

【例8-13】　某公司有一台4年前购入的设备,购置成本100 000元,估计仍然可以使用6年。假定该设备已计提折旧40 000万元(直线法),账面余额60 000元,期末无残值。使用这台设备公司可取得年销售收入200 000元,每年付现成本为150 000元。

现在该公司技术部门了解到市面上出现了一种新兴可替代设备,可提高产品质量和产量,于是提议更新设备。已知新设备售价220 000元,估计可使用6年,期末残值为40 000元,若购入新设备,旧设备可折价30 000元,年销售收入提高至250 000元,每年还可节约付现成本10 000元,若该公司资本成本率为12%,所得税税率为40%。试对设备是否应该更新进行决策。

解:我们可以分别计算两个设备的净现值,并进行比较,选择较大者进行决策。当然,出于简便考虑,我们也可以直接计算两个方案的净现金流量的差额来比较两个方案的净现值NPV的差额来进行决策。

现用"△"表示新设备和旧设备相比的净现值差额,如果$NPV>0$,则选择新设备,否则继续使用旧设备。

①新设备年折旧＝(220 000－40 000)÷6＝30 000(元)

旧设备年折旧＝60 000÷6＝10 000(元)

△年折旧＝30 000－10 000＝20 000(元)

②△初始投资＝220 000－30 000＝190 000(元)

③公司因设备更新而引起的各年营业现金流量的增量,如表8-9所示。

表8-9 各年营业现金流量增量　　　　　　　　　　　　　　　单位:元

项目	1～6年现金流量增量
△销售收入①	50 000
△付现成本②	－10 000
△折旧额③	20 000
△税前净利④＝①－②－③	40 000
△所得税⑤＝④×40％	16 000
△税后净利⑥＝④－⑤	24 000
△营业净现金流量⑦＝⑥＋③＝①－②－⑤	44 000

④更新设备和继续使用旧设备两个方案的现金流量的增量,如表8-10所示。

表8-10 现金流量增量　　　　　　　　　　　　　　　　　　　单位:元

项目	第0年	第1年	第2年	第3年	第4年	第5年	第6年
△初始投资	－190 000						
△营业净现金流量		44 000	44 000	44 000	44 000	44 000	44 000
△期末现金流量							40 000
△现金流量	－190 000	44 000	44 000	44 000	44 000	44 000	84 000

⑤计算净现值

$\Delta NPV = -190\ 000 + 44\ 000 \times (P/A,12\%,6) + 84\ 000 \times (P/S,12\%,6)$

　　　　　$= 11\ 166(元)$

可见,使用新设备后,净现值可以增加11 166元,所以应该更新旧设备。

如果分别计算两种方案的净现值,然后比较其大小也可以得出同样的结论。

情况二:在新旧设备使用年限不同的情况下,我们通过比较新旧设备年平均成本来进行决策。

在上面例子中,我们假设在固定资产更新决策时,新设备的可使用年限与旧设备的剩余使用年限相等,我们采用差量净现值法进行决策。但在实际生活中更多的情况是,两种方案下的新旧设备使用年限不同,那么在这种情况下,计算净现值显然不合理,因为新旧设备的未来的现金流入即产出并不相同。但是,我们可以通过比较新旧设备的年度现金流出(成本),选择成本较小的方案。

【例8-14】 盛洪公司有一个旧设备,工程技术人员提出更新要求,资料如表8-11所示。

表 8-11　设备更新方案对比情况　　　　　　　　　　　　单位:元

项目	旧设备	新设备
原值	2 200	2 400
预计使用年限	10	10
已经使用年限	4	0
最终残值	200	300
变现价值	600	2 400
年运行成本	700	400

假设该企业要求的最低报酬率为 15％,试进行新旧设备的更新决策。

解:没有适当的现金流入,计算净现值或者内含报酬率均不可行。在这种情况下,我们认为年成本较低的方案是好方案。这里的年成本指的是投资方案导致的现金流出的年平均值,我们称之为固定资产的年平均成本。

所以,我们要做的就是计算新旧设备的年平均成本。如果不考虑货币时间价值,它是未来使用年限内现金流出总额和使用年限的比值。如果考虑货币时间价值,它是未来使用年限内现金流出总现值与年金现值系数的比值,即平均每年的现金流出。

(1)不考虑货币时间价值:

旧设备年平均成本 $=(600+700\times6-200)\div6=767$(元)

新设备年平均成本 $=(2\,400+400\times10-300)\div10=610$(元)

新设备年平均成本小于旧设备年平均成本,所以应选择更新旧设备。

(2)如果考虑货币时间价值,则有三种计算方式:

①计算现金流出的总现值,然后分摊给每一年。则:

$$旧设备年平均成本=\frac{600+700(P/A,15\%,6)-200(P/F,15\%,6)}{(P/A,15\%,6)}$$

$$=(600+700\times3.784-200\times0.432)\div3.784=836(元)$$

$$新设备年平均成本=\frac{2400+400(P/A,15\%,10)-300(P/F,15\%,10)}{(P/A,15\%,10)}$$

$$=(2\,400+400\times5.019-300\times0.247)\div5.019=863(元)$$

新设备年平均成本大于旧设备年平均成本,因此,选择继续使用旧设备。

②各年已经有相等的运行成本,只要将原始投资额和残值摊销到每年,然后求和,就可以得到每年平均的现金流出量。则:

平均年成本=投资摊销+运行成本-残值摊销

旧设备年平均成本 $=600/(P/A,15\%,6)+700-200/(F/A,15\%,6)=836$(元)

新设备年平均成本 $=2\,400/(P/A,15\%,6)+400-300/(F/A,15\%,6)=863$(元)

③将残值在原来投资额中扣除,视同每年承担相应的利息,然后与净投资额摊销及年运行成本总计,求出每年的平均成本。

旧设备年平均成本 $=(600-200)/(P/A,15\%,6)+200\times15\%+700=836$(元)

新设备年平均成本 $=(2\,400-200)/(P/A,15\%,6)+400\times15\%+700=863$(元)

使用设备年平均成本法需要注意的问题：

①年平均成本法就是把继续使用旧设备和购置新设备看成两个互斥的方案，而不是一个更换设备的特定方案。即从局外人的角度来考察：一个方案是用 600 元购买的旧设备，可使用 6 年；另外一个方案是 2 400 元购买的新设备，可使用 10 年。在此基础上比较各自的年平均成本谁高谁低，并做出选择。

②年平均成本法的假设前提是将来设备更换时，可以按照原来的年平均成本找到可替代的设备。例如，旧设备 6 年后报废时，仍然可以找到使用年平均成本为 836 元的替代设备。如果有证据显示，6 年后可替换设备年平均成本会高于当前的更新设备的市场年平均成本（863 元），则需要把 6 年后的更新成本纳入分析范围，合并计算当前使用旧设备和 6 年后更新设备的综合平均成本，然后与当前更新设备的年平均成本比较。这会成为一个多阶段决策的问题。

二、固定资产的经济寿命的判断

通过前面固定资产年平均成本概念，我们很容易发现，固定资产使用初期运行费比较低，以后随着设备逐渐陈旧，性能变差，维护费用、修理费用和能源消耗会逐渐增加。与此同时固定资产价值逐渐减少，资产占用的资金应计利息也会逐渐减少。随着时间的递延，运行成本和持有成本呈反方向变化，两者之和呈"马鞍形"变化，这样必然存在一个最经济的使用年限，如图 8-2 所示。

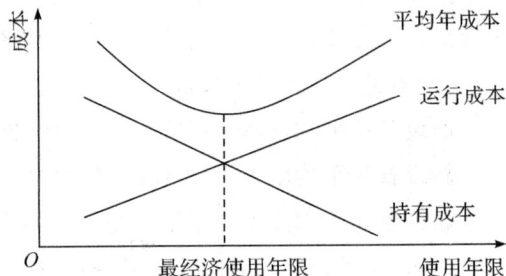

图 8-2　固定资产经济寿命

【例 8-15】　设某固定资产原值为 1 400 元，运行成本逐年增加，折余价值逐年下降。有关数据，如表 8-12 所示。试决策该固定资产应在何时更新最佳。

表 8-12　固定资产的经济寿命　　　　　　　　　单位：万元

更新年限	1	2	3	4	5	6	7	8
原值①	1 400	1 400	1 400	1 400	1 400	1 400	1 400	1 400
余值②	1 000	760	600	460	340	240	160	100
贴现系数③($I=8\%$)	0.926	0.857	0.794	0.735	0.681	0.630	0.583	0.541
余值现值④＝②×③	926	651	476	338	232	151	93	54
运行成本⑤	200	220	250	290	340	400	450	500
运行成本现值⑥＝⑤×③	185	189	199	213	232	252	262	271
更新时运行成本现值⑦＝$\sum_{n=1}^{8}$⑥	185	374	573	786	1 018	1 270	1 532	1 803
现值总成本⑧＝①－④＋⑦	659	1 123	1 497	1 848	2 186	2 519	2 839	3 149
年金现值系数⑨($I=8\%$)	0.926	1.783	2.577	3.312	3.399	4.623	5.206	5.749
平均年成本⑩＝⑧÷⑨	711.7	629.8	580.9	558.0	643.1	544.9	545.3	547.7

解:该固定资产在使用 6 年后更新最佳。因为此时的年平均成本为 544.9 万元,比其他时间更新的年平均成本都要低,所以 6 年是该固定资产的经济寿命。

三、合理投资期的决策

从开始投资至投资结束投入生产所需要的时间,称为投资期。企业集中施工力量,交叉作业、加班加点可以缩短工期,可以使投资项目提前竣工,较早投入生产,尽早产生现金流,但采取上述措施往往需要增加投资额。究竟是否应该缩短投资期,企业应进行认真分析,以判明得失。

在投资期决策中,我们也可以应用前面所讲的差量分析法,根据缩短投资期与正常投资期相比的 △ 净现金流量来计算 △ 净现值。如果△ 净现值为正,说明缩短投资期有利,如果 △ 净现值为负数,则说明缩短投资期得不偿失。当然,我们也可以不采用差量分析法,分别计算正常投资期和缩短投资期的净现值,并加以比较做出决策。差量分析法虽然简单,但是不能完整地表示两个方案的详细信息。

【例 8-16】 昌化公司进行一项投资,正常投资期为 3 年,每年投资 200 万元,3 年共需 600 万元。第 4 至第 13 年每年现金净流量为 210 万元。如果把投资期缩短为 2 年,每年需投资 320 万元,2 年共投资 640 万元,竣工投产后的项目寿命和每年现金净流量不变。资本成本为 20%。假设项目寿命终结时无残值,不用垫支营运资金。试分析判断是否应该缩短投资期。

解:(1)用差量分析法分析。首先通过表 8-13 计算缩短投资期和正常投资期相比的 △ 现金流量。

表 8-13　不同方案现金流量　　　　　　　　单位:万元

项目	第 0 年	第 1 年	第 2 年	第 3 年	第 4—12 年	第 13 年
缩短投资期的现金流量	−320	−320	0	210	210	0
正常投资期的现金流量	−200	−200	−200	0	210	210
缩短投资期的 △ 现金流量	−120	−120	200	210	0	−210

其次计算 △ 净现值。

缩短投资期的 △ 净现值 $= -120-120(P/F,20\%,1)+200(P/F,20\%,2)$
$+210(P/F,20\%,3)-210(P/F,20\%,13)$
$=20.9(万元)$

这表示,缩短投资期可以增加净现值 20.9 万元,所以应该采纳缩短投资期的方案。

(2)不用差量法分析。首先计算正常投资时的净现值。

正常投资期的净现值 $= -200-200(P/A,20\%,2)$
$+210(P/A,20\%,10)(P/F,20\%,3)$
$=4.1(万元)$

其次计算缩短投资期的净现值。

$$缩短投资期的净现值 = -320 - 320(P/F,20\%,1)$$
$$+210(P/A,20\%,10)(P/F,20\%,2)$$
$$=24.38(万元)$$

可以看出,缩短投资期能增加 20.28 万元(24.38−4.1)的净现值,所以应该采用缩短投资期的方案。

第五节　长期投资决策中的风险分析

前面在讨论投资决策时,假定现金流量是一定的,避开了现金流量波动的情况,也就是不考虑风险。实际上投资充满了不确定性。如果投资决策面临的不确定性比较小,一般就可以忽略它们的影响,把决策视为确定条件下的决策。如果投资决策面临的不确定性和风险比较大,那么应该对其进行计量并在决策时加以考虑。

项目投资决策的风险分析通常采用两种方法,即风险调整贴现率法和肯定当量法。

一、风险调整贴现率法

投资项目的风险分析常用的方法是风险调整贴现率法。它是根据项目的风险程度调整贴现率,然后根据调整后的贴现率计算项目的净现值并判断项目是否可行的一种决策方法。计算公式为:

$$调整后的净现值 = \sum_{t=0}^{n} \frac{预期现金流量}{(1+风险调整后的贴现率)^t}$$

式中,n 为项目期限;t 为项目期限内的第 1 至第 n 年。

风险调整贴现率法应用的主要问题是如何根据项目的风险程度来确定风险调整后贴现率。一般有如下几种方法:

(一)资本资产定价模型

按照资本资产定价模型,投资者要求的报酬率应为:

投资者要求的报酬率=无风险报酬率+β(市场平均报酬率−无风险报酬率)

式中,β 为系统性风险水平。

尽管资本资产定价模型是在有效证券市场中建立的,实物资本市场不可能像证券市场那样有效,但是基本逻辑关系是一样的。因此,上述公式可以改为:

项目要求的报酬率=无风险报酬率+β×(市场平均报酬率−无风险报酬率)

用符号表示,即:

$$k_j = R_f + \beta \cdot (k_m - R_f)$$

(二)风险报酬模型

根据前面章节的讨论,一项投资总的报酬率可以分为两个部分:无风险报酬率和风险

报酬率。因此,投资项目按照风险调整的贴现率可以表述为:

风险调整贴现率＝无风险报酬率＋风险报酬系数×标准离差率

用符号表示,即:

$$k_j = R_f + b_j \cdot V_j$$

按照投资风险调整贴现率后,具体的评价方法和无风险时相同。这种方法,对风险大的项目采用较高的贴现率;对风险小的项目采用较低的贴现率,简单明了,易于理解,因此被广泛采用。但它把时间价值和风险价值混在一起,人为地假定风险一年比一年大,这不符合实际。

二、肯定当量法

为了克服风险调整贴现率的缺点,人们提出了肯定当量法。这种方法的基本思路是:先用一个系数(一般为肯定当量系数)把有风险的现金流量调整为与之相当的无风险的现金流量,然后以无风险报酬率作为贴现率来计算项目的净现值并判断项目的优劣。计算公式为:

$$调整后的净现值 = \sum_{t=0}^{n} \frac{\alpha_t 预期现金流量}{(1+贴现率)^t}$$

式中,α_t 为第 t 年的现金流量的肯定当量系数,它是肯定的现金流量对与之相当的、不肯定的现金流量的比值。在进行评价时,可以根据各年预期现金流量风险的大小选取不同的肯定当量系数。当预期现金流量确定时,可取 $\alpha_t = 1.00$,当预期现金流量风险很小时,可取 $1.00 > \alpha_t \geq 0.80$;当风险一般时,可取 $0.80 > \alpha_t \geq 0.40$;当风险很大时,可取 $0.40 > \alpha_t > 0.00$。

肯定当量系数的选取,一般由有经验的分析人员主观判断确定,这样有可能会因人而异,敢于冒险的分析者会选取较高的系数,而不愿意冒险的分析者则会选取较低的系数。为了防止决策者偏好或者主观判断不同而造成的决策失误,不少企业根据标准离差率来确定肯定当量系数,因为标准离差率是衡量现金不确定性的一个有效指标。标准离差率和肯定当量系数的经验对照关系,如表8-14所示。

表 8-14　标准离差率和肯定当量系数经验对照

标准离差率	肯定当量系数	标准离差率	肯定当量系数
0.00～0.07	1.0	0.33～0.42	0.6
0.08～0.15	0.9	0.43～0.54	0.5
0.16～0.23	0.8	0.55～0.70	0.4
0.24～0.32	0.7	……	

肯定当量系数确定后,具体的评价方法与无风险时基本相同。

【例8-17】　鸿夏公司进行一项风险投资,其预期的现金流量和决策人员确定的肯定当量系数,如表8-15所示。假设无风险报酬率为 6%,试判断此项目是否可行。

表 8-15　预期现金流量与肯定当量系数

年份	第 0 年	第 1 年	第 2 年	第 3 年	第 4 年
预期现金流量	(100 000)	50 000	60 000	60 000	40 000
肯定当量系数	1.0	0.9	0.8	0.7	0.7

注:括号内的为负数

解:根据上述资料,该项目的净现值计算如下:

$$NPV = 0.9 \times 50\,000 \div (1+6\%) + 0.8 \times 60\,000 \div (1+6\%)^2 + 0.7 \times 60\,000$$
$$\div (1+6\%)^3 + 0.7 \times 40\,000(1+6\%)^4 - 1.0 \times 100\,000$$
$$= 42\,615(万元)$$

按照风险程度对现金流量进行调整后,计算所得的净现值为正数,所以项目可行,公司可以进行投资。

肯定当量法是通过调整现金流量而不是贴现率来评估项目投资风险,克服了风险调整贴现率法人为夸大远期风险的不足,且易于计算。因此,从理论上讲,它优于风险调整贴现率法。但是,这一方法在操作上也存在一定困难,那就是如何合理确定现金流量的肯定当量系数。

【案例分析】

案例分析
节能项目投资
案例分析

案例解析

【分析要点】

1.该案例中对华菱湘钢高炉煤气发电项目的评价方法主要采用哪几种？试分析每种评价指标的优缺点以及评价标准。

2.假如你是该公司的财务管理人员,你会采用什么评价方法和指标对该项目进行财务可行性分析,为什么？根据计算,你是否接受该投资方案？

【本章小结】

企业长期投资是指企业将筹集的资金用于一年以上才能收回的投资项目。具有投资数额大、投资周期长、投资风险大、变现能力差等特点。

投资决策以现金流量作为评价项目经济效益的基础。现金流量是指一个投资项目使企业现金流入和流出的变化数量。一定时期内现金流入量减去现金流出量的差额,称为净现金流量。

在投资决策的分析评价中,为了客观、准确、科学地分析评价各种投资方案是否可行,应根据具体情况,采用适当的方法来确定投资方案的各项指标。其中考虑时间价值因素的指标称为贴现的指标,也称为动态指标,主要包括净现值法、现值指数法、内含报酬率法等;没有考虑时间价值因素的指标,称为非贴现的指标,也称为静态指标,主要包括投资回收期、投资利润率等。

在实践中,需要灵活运用上述指标,对固定资产更新、经济寿命期和合理投资期等项目进行科学决策。

项目投资的风险分析通常采用两种方法,即风险调整贴现率法和肯定当量法。

【复习思考题】

1.净现金流量应如何计算?

2.静态投资回收期法有何优点?

3.投资决策的指标主要包括哪些内容?

4.试比较说明净现值法和内含报酬率法在投资决策评价上的差异。

第八章 在线测试

【综合自测】

1.【资料】甲公司现有生产线已经满负荷运转,鉴于其产品在市场上供不应求,公司准备购置一条生产线,公司及生产线的相关资料如下:

生产线的购买成本为 7 200 万元,预计使用 6 年,采用直线法计提折旧,预计净残值率为 10%,生产线投产时需要投入营运资金 1 200 万元,以满足日常经营活动需要,生产线运营期满时垫支的营运资金全部收回,生产线投入使用后,预计每年新增销售收入 11 880 万元,每年新增付现成本 8 800 万元,假定生产线购入后可立即投入使用。

假设甲公司使用的企业所得税税率为 25%,不考虑其他相关税金,公司要求的最低投资报酬率为 12%。

第八章 综合自测参考答案

【要求】

(1)计算投资期现金净流量。

(2)计算年折旧额。

(3)计算生产线投入使用后第一至第五年每年的营业现金净流量。

(4)计算生产线投入使用后第六年的现金净流量。

(5)计算净现值,并判断甲公司是否应该接受该方案,并说明理由。

2.【资料】某固定资产投资项目第一年投资 200 万元,以后 5 年每年营业收入为 100 万元,年营业成本为 90 万元,该固定资产采用直线法折旧,期末残值收入 10 万元,所得税税率为 20%。现有甲、乙两投资者对上述项目进行决策,甲投资者期望报酬率为 6%,乙投资者期望报酬率为 8%。

【要求】

(1)计算该项目的年营业现金净流量。

(2)甲、乙两投资者对该项目评价结果是否相同?

(3)该项目的内含报酬率为多少?(计算结果精确到 0.01)

3.【资料】某公司准备购入一设备以扩充生产能力,现有甲、乙两个方案可供选择。假设所得税税率为30%,公司资本成本率为10%。

甲方案需投资10 000元,使用寿命5年,采用直线法计提折旧,5年后设备无残值,5年中每年销售收入为6 000元,每年付现成本为2 000元。

乙方案需投资12 000元,采用直线法计提折旧,使用寿命也为5年,5年后有残值收入2 000元,5年中每年销售收入为8 000元,每年付现成本为3 500元。开始投资时还需垫支营运资金3 000元,假定开始投资时垫支的营运资金在项目结束时收回。已知$(P/A,10\%,5)=3.7908$,$(P/A,10\%,4)=3.1699$,$(P/F,10\%,5)=0.6209$。

【要求】

(1)分别计算甲方案和乙方案的净现值(NPV)。

(2)公司应选择哪种方案?

4.【资料】某公司考虑用一台新的效率更高的设备来代替旧设备,以减少成本,增加收益。新旧设备均采用直线法计提折旧,公司所得税税率为30%,资本成本为10%,其他情况,如表1所示。

表1 设备更新的相关数据

项目	旧设备	新设备
原价/元	50 000	60 000
可用年限/年	10	4
已用年限/年	6	0
尚可使用年限/年	4	4
税法规定残值/元	0	0
目前变现价值/元	20 000	60 000
每年可获得的收入/元	40 000	60 000
每年付现成本/元	20 000	18 000
折旧方法	直线法	直线法

【要求】

(1)计算新、旧设备两种方案各自的年折旧额。

(2)计算新、旧设备两种方案各自的初始现金流和营业现金流。

(3)计算新、旧设备两种方案各自的净现值,并对其做出是否更新的决策。

第九章 证券投资管理 ▶▶▶

学习目标

掌握企业证券投资基本理论方法；

了解证券投资的目的、种类和风险；

掌握债券投资的收益评价以及债券投资的决策；

熟悉股票投资的目的；

掌握股票投资的价值评估和收益评价；

熟悉证券组合投资的策略；

掌握资本资产定价模型；

了解基金投资的种类和财务评价。

导入语

当你参加工作后雇主会付给你薪金，若有结余你可能会考虑让手中的薪金增值吗？如购买股票或者债券等。你是否考虑过薪金与股票、债券的区别在哪里？很显然，薪金收入是在工作之后立即产生，而股票或债券的增值收入需要经过一段时间之后才能产生，兑现之前只能算作未实现的收益。这就产生了风险问题。如何对股票和债券给出一个合理的价值评估，以及如何通过风险管理手段规避风险就显得非常必要。

本章主要阐述企业证券投资基本理论方法，包括债券、股票和基金投资等；熟练掌握债券投资的收益评价、股票投资的价值评估的计算；掌握证券组合投资的灵活应用。运用资本资产定价模型评估投资的风险。

关键词

债券(bond)

股票(stock)

证券组合(portfolio)

资本资产定价模型(capital asset pricing model)

收益率(rate of return)

β系数(beta coefficient)

第一节　证券投资概述

证券是商品经济和社会化大生产发展的产物,其含义非常广泛。从法律的意义上说,证券是指各类记载并代表一定权利的法律凭证的统称,用以证明持券人有权依其所持证券记载的内容而取得相应的权益。从一般意义上来说,证券是指用以证明或设定权利所做成的书面凭证,它表明证券持有人有权取得该证券拥有的特定权益。证券也称有价证券,它通常分为三类:货币证券,如票据、存款单等;资本证券,如股票、债券、认股权证等;商品证券,如货运单、提单等。狭义的有价证券仅指资本证券,即本章所指的证券。证券投资是指企业通过购买股票、债券等有价证券,借以获取金融资产收益或其他权利的经济行为。这里的有价证券,是指由政府或金融机构或企业所发行的具有一定面额的、代表一定所有权和债权,可以转让的凭证。证券投资是企业对外投资的重要组成部分,科学地进行证券投资管理,能够增加收益、减少风险,有利于企业财务管理目标的实现。

一、证券投资的种类

证券的种类很多,了解证券的种类对做好证券投资是非常重要的。有价证券可以按不同的标准分为以下几种不同的类型。

(一)股票、债券和投资基金

按照所体现的权益关系和经济内容的不同,证券可分为股票、债券和投资基金。

股票是股份有限责任公司依照《公司法》的规定,为筹集资本所发行的表示一定数额或一定比例股份的有价证券。股票的持有人就是公司的股东,对公司财产享有所有权和经营权,并可凭股票权益比例分享企业净收益,获得股利收入。股票的特点是既不定期支付利息,也没有规定的偿还期限。债券是政府、金融机构和企业向社会公众筹措资金而发行的,载明到期还本付息的一种固定收益的有价证券。债券是一种债务证书,是对借款承担偿付本息义务的凭证。投资基金是一种集合投资制度,由基金发起人以信托、契约或公司的形式,通过发行基金券将众多投资者的资金集中起来,委托由投资专家组成的专门投资机构进行专业的资金投放和投资管理,投资者按出资比例分享投资收益,并共同承担投资风险的一种证券。

(二)政府证券、金融证券和公司证券

按照发行主体的不同,证券可分为政府证券、金融证券和公司证券。

政府证券是政府为了筹集财政资金或建设资金,以其信誉作为担保,按照一定程序向社会公众投资者募集资金并发行的债权债务凭证。政府债券有两大类:一类是由中央政府发行的债券称为国家债券,它占政府债券中的绝大部分;另一类是由地方政府各职能部

门发行的债券,称为地方债券。中央政府一般都具有较好的偿还能力,所以各国政府证券通常都是无担保证券。金融证券是指由商业银行或非银行金融企业为了筹措信贷资金,向投资者发行的、承诺到期还本付息的有价证券。我国已经发行的金融债券中还包括大额可转让定期存单。金融证券是以银行或非银行金融机构的信誉作为偿还担保的,一般不设特殊担保。公司证券,也称企业证券,是指公司或企业为筹集生产所需资金而发行的有价证券,包括股票和公司债券。国外公司证券的发行人限于股份有限公司,其他企业不得发行证券,法律上也无企业证券的概念。根据《公司法》和《证券法》等法律法规,我国股份公司、有限公司以及其他国家投资的企业,可以依照一定程序发行证券,因此存在企业证券的概念。

上述有价证券,在发行条件上,公司证券发行条件最为严格,政府证券最为宽松;在发行程序上,政府证券被称为"豁免证券",经中央政府或立法机关批准后即可发行,其他证券的发行审查规则比较严格,国家往往要设立专门的监管机构实施审查;在证券投资风险程度上,政府证券虽不设特别担保,但风险程度往往最低;金融证券次之;公司证券的投资风险则主要取决于公司的经营状况、资产状况和财务状况,并同时受国家政治、经济状况的影响,具有较高的投资风险。

(三)短期证券和长期证券

按照到期日的长短,证券可分为短期证券和长期证券。

短期证券是指期限短于一年的证券,如短期国债、商业票据、银行承兑汇票等。长期证券,是指期限长于一年的证券,如股票、债券等。

一般而言,短期证券的风险小,变现能力强,但收益率相对较低。长期证券的收益率一般较高,但时间长,风险大。

(四)固定收益证券和变动收益证券

按照收益状况的不同,证券可分为固定收益证券和变动收益证券。

固定收益证券是指在证券票面上规定固定的收益率的证券,如债券和优先股票面一般有固定的股息率等。变动收益证券是指证券的票面上不标明固定的收益率,其收益情况随企业经营状况而变动的证券。普通股是典型的变动收益证券。

一般来说,固定收益证券风险小,但收益不高;而变动收益证券风险大,但收益较高。

(五)所有权证券和债权证券

按照所体现的权益关系不同,证券可分为所有权证券和债权证券。

所有权证券是指证券的持有人便是证券发行单位的所有者的证券。这种证券的持有人一般对发行单位都有一定的管理和控制权。股票是典型的所有权证券,股东便是发行股票的企业的所有者。债权证券是指证券的持有人是发行单位的债权人的证券,这种证券的持有人一般无权对发行单位进行管理和控制。当一个发行单位破产时,债权证券要优先清偿,而所有权证券是在最后清偿,因此,所有权证券一般要承担比较大的风险。

上述有价证券种类的划分，并非单一的分类，而是相互交叉和相关的。例如，长期证券既可以是一种固定收益的证券，也可以是一种债权性证券或混合性证券。而权益性证券则既可以是一种收益不固定证券，也可以是长期性的证券。因此，从多方面、多角度认识有价证券的特性，可以使企业根据不同的投资目的，做出合理的选择。

二、证券投资的目的

企业进行有价证券投资，重要的是以正确的投资目的指导自己的投资行为，把证券投资作为实现企业整体目标的手段之一，围绕企业的整体目标规划自身的证券投资行为。一般来讲，常见的企业有价证券投资的目的主要可以分为短期和长期两种。

(一)短期有价证券投资的目的

1.出于投机的目的

企业进行短期证券投资有时完全是出于投机的目的，以期获取较高的收益。在西方经济学中，"投机"是用以表述通过预期市场行情的变化而赚取收益的经济行为。可以说，投机与证券市场是不可分割的，有证券市场必然有证券投机。企业出于投机的目的进行证券投资时，一般用企业较长时期闲置不用的资金进行投资，但也必须要控制风险，不能因此而损伤企业整体的利益。

拓展阅读 投资与投机的区别

2.与筹集长期资金相配合

处于成长期或扩张期的企业，通过发行长期证券所获得的资金一般不会一次性用完，而是逐渐地、分次地使用。这样，暂时不用的资金可投资于有价证券，以获取一定的收益，而当企业需要资金时，则可卖出有价证券以获得现金。

3.调剂资金余缺，保持资金需求量均衡

企业一般都持有一定量的有价证券，以替代大量非盈利的现金余额，由于现金这种资产不能给企业带来收益，因此，企业可以利用闲置的现金进行短期证券投资，以获取一定的收益。短期证券的投资在多数情况下是出于预防的动机。在现金流出超过现金流入时，售出有价证券，以增加现金。尤其是从事季节性生产经营的企业，在一年内的某些月份有剩余现金，而在其他几个月则会出现现金短缺，这些企业通常在现金有剩余时购入有价证券，而在现金短缺时出售有价证券。

(二)长期有价证券投资的目的

1.建立偿债基金和企业发展基金

为保证企业生产经营活动中未来的资金需要，如为了保证某些不可延展的债务按时偿还，企业可以事先将一部分资金投资于债券等收益稳定的证券，只要经过适当的投资组合，这种证券投资可以保证投资者在未来某一时期或某一期间内得到稳定的现金收入，从而保证企业在未来时点的资金支付。

2.获得对相关企业的控制权

企业为扩大自己的经营范围、市场份额或影响力,需要控制某些特定的企业。例如,有些企业往往从战略上考虑要控制另外一些企业,这可以通过股票投资实现。如果企业的控制目标是上市公司,就可以通过在证券市场上购入目标公司的股票来达到自己的目的。

3.进行多样化投资,分散投资风险

为减少投资风险,企业需要进行适度的多样化投资。在某些情况下,企业直接进行实业方面的多样化投资有一定的困难,而利用证券市场则可以较方便地达到投资于其他行业,使投资对象多样化的目的。

第二节　债券投资管理

一、债券投资的概念和原则

债券投资是企业以债券作为投资对象的一种投资方式。投资债券既要获得收益,又要控制风险。因此,根据债券收益性、安全性、流动性的特点,企业在进行债券投资决策时应遵循以下三项原则。

(一)收益性原则

不同种类的债券收益性大小各不相同:国家(包括地方政府)发行的债券,是以政府的税收作为担保的,具有充分安全的偿付保证,一般被认为是没有风险的投资;企业债券则存在着能否按时偿付本息的风险,作为对这种风险的报酬,企业债券的收益性必然要比政府债券高。

(二)安全性原则

投资债券相对于其他投资工具要安全得多,但这是相对的,因为经济环境有变、经营状况有变,所以债券发行人的资信等级也不是一成不变的。就政府债券和企业债券而言,政府债券的安全性是绝对高的,企业债券则有时面临违约的风险,尤其是企业经营不善甚至破产时,偿还全部本息的可能性不大,因此,企业债券的安全性远不如政府债券。对抵押债券和无抵押债券来说,有抵押品作为偿债的最后担保,其安全性就要相对高一些。

(三)流动性原则

流动性原则是指收回债券本金的速度快慢程度。债券的流动性强意味着能够以较快的速度将债券兑换成货币,而价值不受损失;反之,则表明债券的流动性差。影响债券流动性的主要因素是债券的期限,期限越长,流动性越弱;期限越短,流动性越强。另外,不同类型债券的流动性也不同。例如,政府债券在发行后就可以上市转让,故流动性强;企

业债券的流动性往往有很大的差别,对于那些资信卓著的大公司或规模小但经营良好的公司发行的债券其流动性是很强的;反之,那些规模小、经营差的公司发行的债券,其流动性要差得多。

二、债券的估价

债券作为一种投资,现金流出是其购买价格,现金流入是利息和本金的归还,或出售时得到的现金。债券的价值或债券的内在价值,是指债券未来现金流入按投资者要求的必要投资收益率进行贴现的现值,即债券各期利息收入的现值加上债券到期偿还本金的现值之和。债券的未来现金流入包括利息流入、本金流入、转让价款流入等。债券的内在价值是投资者为取得未来的货币收入目前愿意投入的资金。只有债券的价值大于市场价格才值得购买,才能获取投资收益。因此,债券价值是债券投资决策时使用的主要指标之一。不同的计息方法,债券价值的估算方法各有不同。

(一)债券特征

假如一张面值为 1 000 元,票面利率为 10％的 5 年期债券。它意味着在今后的 5 年内每年向该债券持有者支付 100 元的票面利息,并在到期日将 1 000 元归还投资者。这里我们可以看出普通债券包含以下几个特征:(1)面值:债券到期后所偿还的金额,用字母 B 表示;(2)票面利息:每期末给予投资者的利息性报酬,用字母 A 表示;(3)票面利率:票面利息除以面值,是基于面值计算票面利息的依据,用 $\frac{A}{B}$ 表示;(4)到期期限:距离偿还面值的时间,用 n 表示。

使用现金流来刻画债券特征,如表 9-1 所示。

表 9-1　5 年期债券现金流

期限	0	1	2	3	4	5
现金流/元	—	100	100	100	100	100＋1 000

抽象地表述债券现金流,如表 9-2 所示。

表 9-2　n 年期债券现金流

期限	0	1	2	…	$n-1$	n
现金流	—	A	A	…	A	$A+B$

可见持有债券到期的投资者所获得的现金流由两部分构成:一是票面利息收入 A,二是面值收入 B,其中,票面利息是典型的年金。

(二)债券复利计算估价模型

在证券市场上投资者有很多种投资选择,他可以把手中的资金存到银行,可以购买债券,也可以购买股票等。凭经验可知这些不同的投资选择的获利程度(或者收益率)是不一样的,一般而言市场利率是衡量资金机会成本的最佳选择,因为它是投资者要求的最低收益率。因此在做投资分析时,通常使用市场利率(用 i 表示)作为贴现率。

有了贴现率,就可以计算出债券的内在价值或者理论上的发行价格,用 P_0 表示。在理想的证券市场均衡状态上不存在套利机会,故债券的价值就是债券现金流的贴现值,用公式可以表示为:

$$P_0 = A \cdot (P/A, i, n) + B \cdot (P/F, i, n)$$

式中,第一部分 $A \cdot (P/A, i, n)$ 表示票面利息的现值和,第二部分 $B \cdot (P/F, i, n)$ 表示到期时票面价值的现值。

根据上述资料,假如市场利率 $i = 3\%$,则证券的价值为:

$100 \times (P/A, 3\%, 5) + 1\,000 \times (P/F, 3\%, 5) = 1\,320.62$(元)

如果市场利率分别为 10% 和 12%,请你计算证券的价值,你能发现什么规律?

当 $i = 10\%$ 时,证券价值为:

$100 \times (P/A, 10\%, 5) + 1\,000 \times (P/F, 10\%, 5) = 1\,000$(元)

当 $i = 12\%$ 时,证券价值为:

$100 \times (P/A, 12\%, 5) + 1\,000 \times (P/F, 12\%, 5) = 927.88$(元)

很显然,我们发现随着市场利率 i 的逐渐提高(从 3% 提高到 12%),证券的价值 P_0 逐渐降低(从 1\,320.62 元降到 927.88 元)。

我们还可以看到,市场利率 i 与票面利率 $\dfrac{A}{B}$ 的相对大小影响债券价值与面值的相对大小,具体而言:

(1)当市场利率等于票面利率时,债券价值等于票面价值,称为平价发行;

(2)当市场利率低于票面利率时,债券价值高于票面价值,称为溢价发行;

(3)当市场利率高于票面利率时,债券价值低于票面价值,称为折价发行。

(三)债券估价的其他种类

1.平息债券

平息债券是基本债券的变形,利息可以在一年内多次平均支付。例如,一年的票面利息分两次支付,年中一次,年末一次。

【例 9-1】 假如一张面值 1\,000 元,票面利率为 10% 的 5 年期债券,每半年支付一次利息,当市场利率为 8% 时,求债券的发行价格。

解:债券的每期利息 $= 1\,000 \times 10\% \div 2 = 50$(元)

债券持有者的现金流,如图 9-1 所示。

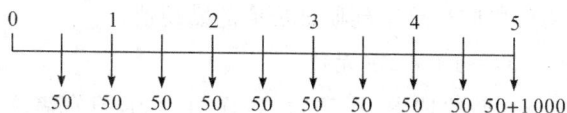

图 9-1 债券持有者的现金流(元)

债券发行价格$=50\times(P/A,4\%,10)+1\,000\times(P/F,4\%,10)=1\,081.15$(元)

如果用公式可以表述为：

$$P_0=\frac{A}{2}\cdot(P/A,i/2,2n)+B\cdot(P/F,i/2,2n)$$

这里，票面利息变为原先的一半，贴现率按半年期计算，计息频次加倍。

2. 零息债券

零息债券的特点是在债券到期日按照承诺支付一笔款项，债券持有期间不支付任何利息。

【例9-2】 2020年甲公司需要一笔为期25年，金额2.5亿美元的资金。它通过发行企业债券筹措资金，并承诺25年后每张债券归还1 000美元，但是该债券平时不支付利息（零息债券）。当时的市场利率是8.53%。那么，你愿意为每张债券支付多少钱呢？

解：发行价格等于25年后1 000美元的现值：

$P_0=1\,000\times(P/F,8.53\%,25)=130.1$(美元)

【例9-3】 有一10年期国库券，面值为1 000元，票面利率为8%，单利计息到期一次性还本付息。市场利率为10%，分别按照复利和单利贴现计算债券的价值。

解：该国库券到期时，一次性还本付息额$=1\,000\times(1+8\%\times10)=1\,800$(元)

如果按照复利贴现，则债券价值$=1\,800\times(P/F,10\%,10)=693.9$(元)

如果按照单利贴现，则债券价值$=\dfrac{1\,800}{1+10\%\times10}=900$(元)

三、二级市场债券定价

以上讨论了新发行债券的定价问题，现实中债券作为一种投资品可以在二级市场上流通，这里探讨二级市场债券定价问题。

【例9-4】 某公司2019年1月1日发行面值为1 000元，票面利率为10%的5年债券。该债券一年付息一次，期末还本。市场年贴现率为12%。2021年1月1日，投资者至少以多少元的价格购买该债券才划算？

解：该债券还有3年到期，其价值应当等于债券从购入之日起到债券到期时所产生的现金流的现值：

$100\times(P/A,12\%,3)+1\,000\times(P/F,12\%,3)=951.96$(元)

【例9-5】 某公司2018年1月1日发行面值为1000元，票面利率为10%的5年债券。该债券一次性还本付息（单利计息），贴现复利计息。市场贴现率为12%。2020年1月1日投资者至少以多少元的价格购买该债券才划算？

解：该债券到期时的价值为：$1\,000\times(1+5\times10\%)=1\,500$(元)

投资者支付的购买价格应当等于到期日价值的贴现值：

$1\,500\times(P/F,12\%,3)=1\,067.7$(元)

【例9-6】 已知$m+n$期的债券，票息为A，面值为B，投资者在第m期末将债券卖出，市场利率为i，求卖出价格是多少？伴随到期日临近，卖价如何变化？刚刚发行不久，卖价如何变化？

解：债券在未到期时的出售价格为剩余期数的票息与面值的现值之和：

$$P = A(P/A, i, n) + B(P/F, i, n) = A\left[\frac{1}{i} - \frac{1}{i(1+i)^n}\right] + B\frac{1}{(1+i)^n}$$

当临近到期日时，$n \to 0$

$$\lim_{n \to 0} P = \lim_{n \to 0} A\left[\frac{1}{i} - \frac{1}{i(1+i)^n}\right] + B\frac{1}{(1+i)^n} = B$$

结论：当债券临近到期日时，债券价格趋向面值。

当债券刚发行时，$n \to m+n$

$$\lim_{n \to m+n} P = \lim_{n \to m+n} A\left[\frac{1}{i} - \frac{1}{i(1+i)^{m+n}}\right] + B\frac{1}{(1+i)^{m+n}} = P_0$$

结论：当债券刚发行时，债券价格趋向发行价格。

四、债券收益率

对于债券的投资者而言，追求一个合理的收益率是必然的。根据投资者持有债券的期限不同，债券投资的收益率可以分为持有期间收益率和到期收益率。

(一)持有期间收益率

持有期间收益率是指投资者在债券到期日之前将债券卖出所获得的收益率。

这里投资者于某个时点以某个价格购买债券，之后获得票面利息收入直至将债券卖出时，最后获得一笔债券的卖出价格。

求解收益率的思路与内含收益率一致，即投资者的现金流入现值等于现金流出现值：

债券的购买价格＝票面利息×$(P/A, i, n)$＋债券卖价×$(P/F, i, n)$

式中，i 为到期收益率；n 为持有债券的期数。

【例 9-7】　一张面值 1 000 元，票面利率为 10% 的 8 年期债券。某投资者在债券发行 2 年后以 2 000 元的价格购入该债券，持有该债券两年后，以 2 100 元的价格卖出。求该投资者持有该债券期间的收益率。

解：该债券实际持有期限只有 2 年，即：2 000＝100$(P/A, i, 2)$＋2 100$(P/F, i, 2)$

这里利用插值法求解收益率 i：

当 $i = 7\%$ 时，100$(P/A, 7\%, 2)$＋2 100$(P/F, 7\%, 2)$＝2 014.94 元，略高于 2 000 元；

当 $i = 8\%$ 时，100$(P/A, 8\%, 2)$＋2 100$(P/F, 8\%, 2)$＝1 978.66 元，略低于 2 000 元。

比例算式为：

$$\frac{7\% - 8\%}{2\,014.94 - 1\,978.66} = \frac{i - 8\%}{2\,000 - 1\,978.66}$$

解得：$i = 7.41\%$，即投资者持有该债券期间的收益率。

(二)到期收益率

到期收益率是指投资者持有债券直至到期日的收益率。这里投资者于某个时点以某

个价格购买债券,之后获得票面利息收入和到期的票面价值收入。其中:

债券的购买价格＝票面利息×$(P/A, i, n)$＋票面价值×$(P/F, i, n)$

【例 9-8】 某公司 2015 年年初发行了一张面值为 1 000 元,票面利率为 10％的 10 年期债券,某投资者于 2020 年年初以 800 元的价格从二级市场上购入该债券,求该投资者的到期收益率。

解:该债券还有 5 年到期,即:$800 = 100 \times (P/A, i, 5) + 1\,000 \times (P/F, i, 5)$

利用插值法求解,到期收益率 $i = 12.13\%$

五、债券投资的评价

(一)债券投资的优点

(1)资金安全性较高。与股票相比,债券投资风险比较小。政府发行的债券有国家信誉作保证,其资金的安全性非常高,通常视为无风险证券。当企业破产时,企业债券的持有者拥有优先求偿权,优先于股东分得企业资产,因此,其本金损失的可能性较小。

(2)收入稳定性强。债券票面一般都标有固定利息,债务人有按时支付利息的法定义务。因此,在正常的情况下都能够获得比较稳定的收入。

(3)市场流动性好。许多债券都具有较好的流动性。政府及信用等级较高的企业发行的债券一般都可在金融市场上进行出售或转让,流动性很好。

(二)债券投资的缺点

(1)购买力风险较大。债券的面值和利息率在债券发行时就已确定,如果投资期间的通货膨胀率比较高,则本金和利息的购买力将不同程度地减少;在通货膨胀率非常高时,投资者虽然名义上有收益,但实际上却发生了损失。

拓展阅读 中国出现债券违约并非坏事

(2)没有经营管理权。投资于债券只是获得收益的一种手段,无权对被投资企业的经营管理施以影响并加以控制。

第三节 股票投资管理

一、股票投资的概念和目的

(一)股票投资的概念

股票投资是企业以股票作为投资对象的一种投资方式。股票投资主要分为普通股投资和优先股投资。普通股投资收益是随着企业利润变动而变动的一种股份,即投资收益

（股息和分红）不是在购买时约定,而是根据股票发行公司的经营业绩来确定。公司的经营业绩好,普通股的收益就高;反之,若经营业绩差,普通股的收益就低。优先股在分配红利和剩余财产时比普通股具有优先权。优先股股息率事先固定,其股息一般不会根据公司经营情况而增减,而且一般也不能参与公司的分红,但优先股可以先于普通股获得股息。相对优先股投资而言,普通股投资具有股利收入不稳定、价格波动大、投资风险高、投资收益高的特点。

(二)股票投资的目的

企业进行股票投资的目的主要有两种:①获取收益。作为一般的证券投资,分散投资于多种股票,获取股利收入及股票买卖差价（投机）。②获得企业控制权。集中投资于一种股票,例如,通过购买某一企业的大量股票达到控制该企业的目的。

二、股票的估价

股票估价的主要方法是计算其内在价值,然后和股票市价比较,视其低于、高于或等于市价,决定买入、卖出或继续持有。股票的内在价值就是股票带给持有者的未来现金流入的现值,即由一系列未来股利的现值和将来出售股票时售价的现值之和构成。企业进行股票投资,必须掌握股票价值的计算方法。

(一)股票估价的基本模型

持有股票的收益源于两部分:一是现金股利,用 D 表示;二是股票卖价(P')与买价(P)的差值,即资本利得。

【例 9-9】 某投资者于 2020 年年初以 10 元/股的价格购入了 ABC 公司的股票,ABC 公司于 2020 年年末发放股利,每股股利为 2 元,之后不久,投资者以 13 元/股的价格将 ABC 公司的股票卖出,求投资者投资 ABC 公司股票的收益率。

解:投资者持有股票获得收益分为两部分,一是现金股利 2 元,二是资本利得 3 元,原始的投资额为 10 元,故股票收益率 $i=\dfrac{(2+3)}{10}=50\%$

如果我们用公式可以表示为:$i=\dfrac{(D+P'-P)}{P}=\dfrac{D}{P}+\dfrac{(P'-P)}{P}$

式中,$\dfrac{D}{P}$ 为股利收益率;$\dfrac{(P'-P)}{P}$ 为资本利得收益率。

如果我们转换一个角度思考,就可以将上式等价变形为:

$$P=\frac{D}{1+i}+\frac{P'}{1+i}$$

式中,$\dfrac{D}{1+i}$ 为股利的现值;$\dfrac{P'}{1+i}$ 为股票卖出价格的现值。因而,我们得到启发,股票的买价等于股利的现值与股票卖价的现值之和。

本例中投资者持有股票的期限只有 1 年,如果投资者在 n 年后把股票卖出,股票的价格为多少呢? 很显然,道理是一样的,股票的价格仍然等于股票持有期间的股利 $D_t(t=1,2,\cdots,n)$ 与股票卖价 P' 的现值之和,用公式表示为:

$$P=\sum_{t=1}^{n}\left[\frac{D_t}{(1+i)^t}+\frac{P'}{(1+i)^n}\right]$$

进一步地,如果投资者无限期地持有股票($n\rightarrow\infty$),那么 $\frac{P'}{(1+i)^n}\rightarrow0$,那么股票的价格近似于股利的现值之和 $\sum_{t=1}^{n}\frac{D_t}{(1+i)^t}$。

股票估价模型在实际应用时,面临的主要问题是如何预计未来每年的股利,以及如何确定折现率。股利的多少,取决于每股利润和股利支付率两个因素。对其估计的方法是历史资料的统计分析。股票估价的基本模型要求无限期地预计历年的股利,实际上不可能做到。因此,应用的模型都是各种简化办法,如每年股利相同或固定比率增长等。而贴现率的主要作用则是把所有未来不同时间的现金流入折算为现在的价值。折现率的确定方法主要有以下几种:①根据股票历史上长期的平均收益率来确定;②参照债券的收益率,加上一定的风险报酬率来确定;③使用市场利率来确定。

(二)固定股利的股票估价模型

固定股利的股票是指每期股票的价值保持一个恒定的数额,即 $D_1=D_2=\cdots=D_n=D$,如果投资者一直持有股票,那么股票估值相当于永续年金的估值:

$$P=\frac{D}{i}$$

【例 9-10】 某投资者持有 A 股票,每年分配每股股利为 2 元,最低报酬率为 20%,试计算股票的价值。

解:股票的价值 $P=\frac{D}{i}=\frac{2}{20\%}=10(元)$

这表明 A 股票每年给该投资者带来 2 元的收益,在市场利率为 20% 的条件下,价值是 10 元。如果我们知道了股票购买价格和固定股利,可以反求出股票的收益率 $i=\frac{D}{P}$。市场上的股票市场价格不一定就是 10 元,还要看投资人对风险的态度,可能高于或低于 10 元。例如,如果市价为 9 元,每年固定股利为 2 元,则其预期报酬率为 $i=\frac{D}{P}=\frac{2}{9}=22.2\%$。可见,市价低于股票价值时,预期报酬率高于最低报酬率,可以购买该股票。

(三)股利固定增长的股票估价模型

如果从第一期的股利 D_1 开始,股利以速率 g 恒定增长,那么,第二期的股利 $D_2=D_1\cdot(1+g)$,第 n 期的股利 $D_n=D_1\cdot(1+g)^{n-1}$,如果投资者长期持有该股票,股票的价值为:

$$P=\sum_{t=1}^{n}\frac{D_1\cdot(1+g)^{t-1}}{(1+i)^t}$$

当 $i>g$ 时,可以化简为 $P=\dfrac{D_1}{(i-g)}$

【例 9-11】　G 公司准备投资购买 A 股票,该股票上年每股股利为 3 元,预计以后每年增长率为 5%,该公司要求的报酬率为 15%,当时的股票价格为 30 元,试做出是否投资该股票的决策。

解:股票的内在价值 $P=\dfrac{D_1}{(i-g)}=\dfrac{3\times(1+5\%)}{15\%-5\%}=31.5$(元)

由于股票价值大于股票的市场价格,因此可以买进。

如果我们知道股利的固定增长率和股票购买价格,同样可以反求出股票的收益率:

$$i=\dfrac{D_1}{P}+g$$

【例 9-12】　W 公司目前的股票市价为 10 元,预计下一期每股股利为 0.3 元,该公司股利将以大约 8% 的速度持续增长。求该股票的期望收益率。

解:该股票的期望收益率 $i=0.3\div10+8\%=11\%$

计算结果表明,投资 W 公司股票的预期收益率为 11%。

(四)股利非固定增长的股票估价模型

在现实生活中,有的公司股利是不固定的,在一段时间里高速增长,在另一段时间里正常固定增长或固定不变。例如,高科技产业或新型食品业常会经过一段超常增长时期而迈向成熟期。在这种情况下,只有分段计算,才能确定股票的价值。股票价值计算步骤为:①区分超常增长期间与固定增长期间;②计算超常增长期间的预期股利折现值;③计算固定增长期间的股价,并将之转换成现值;④加总计算得出股票现值。

计算公式为:

$$P=P_s+P_c$$

式中,P_s 为股票超常增长期间的现值;P_c 为股票固定增长期间的现值。

【例 9-13】　H 公司发行股票,预期公司未来 5 年高速增长,年增长率为 20%。在此以后转为正常增长,年增长率为 6%。普通股的最低收益率为 15%,最近支付的股利是 2 元。试计算该公司股票的价值。

解:(1)计算超常增长期间股票的现值,如表 9-3 所示。

表 9-3　超常增长期股票的现值

年份	股利 D_t/元	复利现值系数	现值/元
第 1 年	$2\times(1+20\%)=2.4$	0.8696	2.087
第 2 年	$2.4\times(1+20\%)=2.88$	0.7561	2.178
第 3 年	$2.88\times(1+20\%)=3.456$	0.6575	2.272
第 4 年	$3.456\times(1+20\%)=4.147$	0.5718	2.371
第 5 年	$4.147\times(1+20\%)=4.977$	0.4972	2.475
合计(P_s)	—	—	11.383

（2）计算第五年年底的普通股价值：

$$\frac{D_6}{(i-g)} = \frac{4.977(1+6\%)}{15\%-6\%} = 58.620（元）$$

（3）计算固定增长期间股票的现值：

$$P_c = 58.62 \times \frac{1}{(1+15\%)^5} = 29.150（元）$$

（4）计算股票目前价值：

$$11.383 + 29.150 = 40.533（元）$$

值得注意的是，因为使用的数据是预计的，与实际情况存在差异，而且影响股市价格的某些因素，如未来的利率变化、整个股市兴衰等，在计算时没有充分考虑。所以股票的预期股价和投资报酬率往往和后来的实际发展有很大差别，但并不能因此而否定预测和分析的必要性和有用性。被忽略的不可预见因素通常影响所有股票，而不是个别股票，对选择决策的正确性往往影响较小。

三、股利增长率的预测

在现实投资中，虽然按照股利固定增长模型估计股价较为简易可行，但是这需要我们相对准确地估计出股票股利的增长速度。这里介绍三种常见的方法。

（一）历史增长率

这种方法是根据过去的股利支付数据估计未来的股利增长率。股利增长率可以按几何平均数计算，也可以按算术平均数计算。

【例 9-14】 ABC 公司 20×1—20×5 年的股利增长情况，如表 9-4 所示。试计算 ABC 公司的股利增长率。

表 9-4 股利增长情况
单位：元

年份	20×1 年	20×2 年	20×3 年	20×4 年	20×5 年
股利	0.16	0.19	0.2	0.22	0.25

解：按照算术平均法计算：

首先，计算每年的股利增长率，$g_1 = \frac{0.19-0.16}{0.16}$，$g_2 = \frac{0.20-0.19}{0.19}$，$g_3 = \frac{0.22-0.2}{0.2}$，

$g_4 = \frac{0.25-0.22}{0.22}$；然后，对每年的股利增长率做算术平均，$g = \frac{(g_1+g_2+g_3+g_4)}{4} = 11.91\%$

按照几何平均数计算：

几何平均数的计算思路相对简单，只需要考虑最早支付的股利 D_0 和最后一次支付的股利 D_n 即可，假设增长率为 g，股利从 0.16 元经过 4 年的"几何式增长"达到了 0.25 元，可以表示为：$0.16 \times (1+g)^4 = 0.25$，解得 $g = \sqrt[4]{\frac{0.25}{0.16}} - 1 = 11.8\%$

用公式可以表示为：

$$g = \sqrt[n]{\frac{D_n}{D_0}} - 1$$

式中，n 表示股利增长所经过的期数。

一般而言，几何平均数适合于估计时期较长的股利增长率问题。

(二)证券分析师的预测

证券机构的证券分析师经常会发布对于某公司股利增长的预测数据，可以作为评估股利增长率的参考。但是这些数据往往期限较长并且不稳定，与我们所要求的固定增长率不同，因此有必要做一番处理。

【例 9-15】 某公司当前的股利为 2 元/股，证券分析师预测未来的股利增长率，如表 9-5 所示。请你根据数据预测该股票股利的平均固定增长率。

表 9-5　未来的股利增长率预测

年份	第 0 年	第 1 年	第 2 年	第 3 年	第 4 年	第 5 年	…	第 30 年
增长率		9%	8%	7%	6%	5%	…	5%

解：首先，当下的股利 $D_0 = 2$，我们可以根据分析师预测的增长率数据，依次计算出各年份的股利数据 $D_1 = 2.18$，$D_2 = 2.3544$，$\cdots$，$D_{30} = 9.495$。

由于股利的期数较长，因此适合用几何平均数估算股利增长率 g：

$$g = \sqrt[30]{\frac{9.495}{2}} - 1 = 5.3293\%$$

现实中，往往有很多分析师对同一家公司的股利增长做出预测，对于这种情况我们不妨按照上述方法分别计算出每一个分析师预测所对应的固定增长率，然后根据分析师所在机构的权威程度赋予不同的权重，加权平均计算出一个固定增长率。

(三)可持续增长率

以企业的财务报表信息来预测股利增长率。如果企业未来的留存收益率保持不变，预期权益净利率保持不变，未来投资风险项目与当前相同，那么企业的股利增长就是可持续的。具体而言：

$$股利增长率 = 股东权益增长率 = 留存收益 \div 期初股东权益$$
$$= 留存收益 \div (期末股东权益 - 利润留存)$$
$$= 留存收益比率 \times 期初权益预期净利率$$

【例 9-16】 某公司预计未来保持经营效率、财务政策不变，预计的股利支付率为 20%。期初权益预计净利率为 6%，求股利的增长率。

解：留存收益比率 = 1 - 股利支付率 = 80%

股利增长率 = 80% × 6% = 4.8%

四、股票投资的影响因素

在实际的投资活动中,要使股票投资决策更为准确,需做好以下几项分析工作。

(一)分析股票发行公司的行业类型和发展阶段

企业的特点直接影响企业未来的发展前途。行业按竞争程度依次递减可分为完全竞争、垄断竞争、寡头垄断和完全垄断四种。对于公用事业等垄断程度高的企业,企业产品价格和利润受供求关系影响较小,其股票的风险也较小;而对于轻工业等竞争程度较高的企业,企业破产的可能性较大,投资于这种类型企业的股票风险也较大。

企业的发展阶段如同产品生命周期一样,也要经历初创期、成长期、成熟期和衰退期。一般来说,处于初创期的企业,受环境变化影响大,风险也较大,而且利润不高,因此,不宜作为投资对象;处于成长期的企业,虽然风险较大,但利润也较高,可考虑投资;处于成熟期的企业,竞争实力强、利润高且稳定,风险小,是比较理想的投资对象;而处于衰退期的企业没有发展前景,一般不宜进行投资。国家政策对将要投资企业的行业是限制还是鼓励或扶持,也是选择股票时应考虑的因素。总之,投资者在进行股票投资决策时,应选择最有发展前景、获利能力高、风险相对小的企业进行投资。

(二)分析股票发行公司的财务状况和盈利能力、竞争能力

企业选择哪些公司的股票作为长期投资,主要取决于该公司的财务状况、盈利能力和竞争能力。为保障投资者的权益,上市公司在上市时都要经过严格的审查和监管,但这并不能确保上市公司始终保持良好的经营状况,投资者应根据上市公司提供的各种财务报表和有关资料,综合运用各种方法,对财务状况、盈利能力、竞争能力等方面进行深入、细致的分析。

(三)分析比较股票发行公司的股利政策

投资股票的报酬主要包括股利收入和资本利得两部分。股利收入的取得与股票发行公司的股利政策相关,而资本利得则取决于股票买卖之间的差价。分析发行公司的股利政策可以使投资者对股利收入有合理的预期,同时,科学分析预测股票的变动趋势,选择恰当的时机卖出,可保证企业获得更多的资本利得。

五、股票投资的评价

股票投资是一种高风险、高收益、价格波动性大的投资,具有以下的优缺点。

(一)股票投资的优点

(1)投资收益高。普通股票的价格波动大,但从长期看,只要选择得当,业绩良好公司

的股票价格总是上涨的居多,投资者大都能取得优厚的投资收益。

(2)购买力风险低。普通股的股利不固定,在通货膨胀率比较高时,由于物价普遍上涨,股份公司盈利增加,股利的支付也随之增加,因此,与固定收益证券相比,普通股能有效地降低购买力风险。

(3)拥有经营控制权。普通股股东是股份公司的所有者,有权监督和控制企业的生产经营情况。如果投资者想要拥有企业的控制权,就可以通过购买企业的股票取得。

(二)股票投资的缺点

(1)求偿权位于最后。普通股股东对企业资产和盈利的求偿权均在债权人和优先股股东之后,居于最后。

(2)股票价格不稳定。普通股的价格受诸多因素影响,如政治因素、经济因素、投资人心理因素、企业的盈利情况、风险情况,都会影响股票价格。因此,这也使股票投资具有较高的风险。

拓展阅读　股市没有免费的午餐

(3)收入不稳定。普通股股利的多少,取决于企业经营状况和财务状况以及股利政策,股利是否发放、何时发放以及发放多少均无法律上的保障,其收入的风险也远远大于固定收益证券。

第四节　证券投资组合

证券投资的风险与收益的关系是证券投资决策中首要的影响因素。投资的收益和风险是证券投资的核心问题。一般地说,风险较大的证券,收益率相对较高;反之,收益率较低的投资,风险相对也较小。证券投资的收益与风险同在,收益是风险的补偿,风险是收益的代价。为了规避风险,获得收益,投资者经常采用证券组合投资方式,即在进行证券投资时,不是将所有的资金都投向单一的某种证券,而是有选择地投向多种证券。然而困扰投资者的是,在进行组合投资时,如何才能正确地选择投资组合以实现投资收益最大,并规避风险,从而实现总效用最大化? 现代投资组合理论的出现为解决这一问题提供了可能。证券投资组合理论是探索如何通过有效方法降低投资风险和提高投资收益的理论。该理论对证券投资组合的收益和风险进行量化分析,然后根据投资者厌恶风险和追求投资收益最大化的行为特征,解决如何选择最优投资组合的问题。

一、证券投资组合的风险分析

【例 9-17】 证券 x 的收益率为 R_x,证券 y 的收益率为 R_y,如表 9-6 所示。

求:(1)证券 x 和 y 收益率的标准差、协方差和相关系数;

(2)如果投资者把一半资金投资证券 x,另一半资金投资证券 y,那么该投资组合 p 的预期收益率和标准差各是多少?

（3）比较（1）和（2）后，你有什么启发？

表 9-6　证券 x、y 的投资收益率

概率	R_x/%	R_y/%
0.2	11	-3
0.2	9	-15
0.2	25	2
0.2	7	20
0.2	-2	6

解：（1）债券 x 和 y 的期望收益 $E(R_x)=10\%$　$E(R_y)=2\%$

根据方差计算公式：

$$\sigma_x^2=\mathrm{var}(R_x)=(11-10)^2\times0.2+(9-10)^2\times0.2+(25-10)^2\times0.2+(7-10)^2\times0.2$$
$$+(-2-10)^2\times0.2=76(\%)^2$$

标准差 $\sigma_x=\sqrt{\mathrm{var}(R_x)}=8.72\%$

同理可以算出，$\sigma_y^2=\mathrm{var}(R_y)=130.8(\%)^2$，$\sigma_y=11.44\%$

根据协方差计算公式：

$$\sigma_{xy}=\mathrm{cov}(R_x,R_y)=(11-10)\times(-3-2)\times0.2+(9-10)\times(-15-2)\times0.2$$
$$+(25-10)\times(2-2)\times0.2+(7-10)\times(20-2)\times0.2$$
$$+(-2-10)\times(6-2)\times0.2=-18(\%)^2$$

根据相关系数计算公式：

$$r_{xy}=\frac{\sigma_{xy}}{\sigma_x\sigma_y}=\frac{-18(\%)^2}{8.72\%\times11.44\%}=-0.1804$$

表明证券 x 和 y 收益率负相关。

（2）计算投资组合 p 的收益率可以表示为：$R_p=0.5R_x+0.5R_y$

基于数学期望运算公式可知：

$$E(R_p)=E(0.5R_x+0.5R_y)=0.5E(R_x)+0.5E(R_y)=6\%$$

基于方差运算公式可知：

$$\sigma_p^2=\mathrm{var}(R_p)=\mathrm{var}(0.5R_x+0.5R_y)$$
$$=0.5^2\times\mathrm{var}(R_x)+0.5^2\times\mathrm{var}(R_y)+2\times0.5\times0.5\mathrm{cov}(R_x,R_y)=42.7(\%)^2$$
$$\sigma_p=6.53\%$$

（3）很显然投资组合的风险水平小于单独投资证券 x 或 y 的风险水平，这说明把收益率负相关的证券组合在一起能够规避风险。

二、证券投资组合的投资比例与有效集

在【例 9-17】的投资组合中，证券 x 和 y 的投资比例均为 50%，在现实中投资比例可以是任意的，例如：x 的比例为 a，y 的比例为 $1-a$，我们可以分别计算出投资组合 p 的期望收益率和标准差，如表 9-7 所示。

表 9-7　投资组合 P 的期望收益率和标准差

对 x 的投资比例 a/%	对 y 的投资比例 $(1-a)$/%	期望收益率 $E(R_p)$	标准差 (σ_p)
1	0	10	8.72
0.75	0.25	8	6.65
0.50	0.50	6	6.53
0.25	0.75	4	8.46
0	1	8	11.44

　　将表 9-5 描点,可以形成一个投资组合的期望收益与标准差的集合,也称为投资组合前沿,如图 9-2 所示。

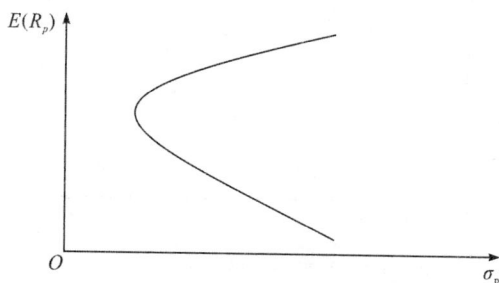

图 9-2　投资组合前沿

　　一般而言,根据证券组合中各证券收益率的相关性强弱,投资组合前沿的图形演变趋势,如图 9-3 所示。

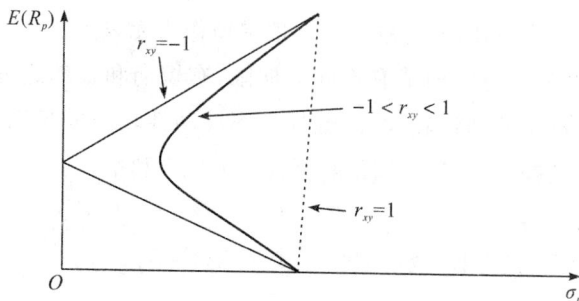

图 9-3　不同相关系数下的投资组合前沿

　　由图 9-3 可知,在证券收益率之间的相关系数从 1 减少到 -1 的过程中,投资组合前沿从一条直线开始逐渐凹陷,直至变为折线,表明相关系数越小,投资组合前沿越弯折。现实中,收益率完全正相关($r_{xy}=1$)和负相关($r_{xy}=-1$)的投资组合属于特殊情形,大部分投资组合收益率相关系数位于 $-1\sim1$。相关系数的绝对值大小表示相关性强弱,绝对值越高相关性越强,相关系数为 0 表示两者不相关。

●问答 9.1(多选题)

※对于两种资产构成的投资组合,有关相关系数的论述,下列说法正确的有(　　　)。

A. 相关系数为-1时能够抵消全部风险

B. 相关系数在-1~0变动时,则相关程度越低,分散风险的程度就越小

C. 相关系数在0~1变动时,则相关程度越低,分散风险的程度就越大

D. 相关系数为0时,不能分散任何风险

对于一个理性的投资者而言,只会从投资组合前沿的上半部分选取,因为面对同样的风险,他会选择期望收益较高者,我们称之为投资组合的有效集,如图9-4所示。

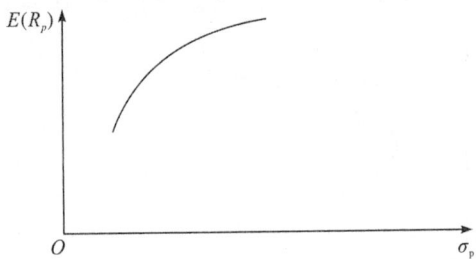

图 9-4　投资组合的有效集

三、无风险证券和市场投资组合

(一)国债与无风险利率

国债通常被认为是没有违约风险的,往往把国债作为无风险资产,其利率可以代表无风险利率。现实中,政府发行的国债有不同的期限,有短期和长期之分,对应的利率也不同。考虑到短期国债利率波动性较大,故选择利率波动性较小的长期国债作为无风险证券。最常见的做法是选择10年期的国债利率代表无风险利率。

无风险证券的特征是:

无风险收益率为R_f是常数,故期望收益率$E(R_f)=R_f$;

无风险收益率的标准差为零,$\sigma_f=0$;

无风险证券与其他证券i的收益率R_i的协方差为零,$\sigma_{if}=0$。

(二)市场投资组合与市场收益率

市场投资组合是一种特殊的证券投资组合,相当于把整个市场上的所有证券作为一个整体,根据每种证券所占比例加权而成的投资组合。市场投资组合的价格及其变动通常用证券价格指数来衡量。以股票市场为例,在某个证券交易市场中有成百上千种股票在交易。为了衡量整个股票市场中总体价格水平及其变动趋势情况,人们编制了股票市

场价格指数,反映报告期的股票平均价格与选定的基期股票平均价格的变化情况。常见的股票价格指数有道·琼斯股票价格指数、标准·普尔股票价格指数、恒生股票价格指数、上证股票指数和深证综合股票指数。

基于股票价格指数我们可以计算股票市场的收益率。通常选取 5 年的数据,时间间隔可以建立在每年、每月、每周或者每天的基础上。计算方法上可以采用算数平均法或几何平均法等。通常用 R_m 表示股票市场收益率,根据时间间隔的不同可以分为市场年收益率、月收益率、日收益率等。

【例 9-18】　某股票市场近 5 年年末的市场价格指数分别为 3 100、3 150、3 000、3 200 和 3 300,分别利用算数平均法和几何平均法计算市场收益率。

解:算数平均法先计算每年的市场收益率,然后取平均值。

第一年的收益率:(3 150−3 100)/3 100=1.61%

第二年的收益率:(3 000−3 150)/3 150=−4.76%

第三年的收益率:(3 200−3 000)/3 000=6.67%

第四年的收益率:(3 300−3 200)/3 300=3.03%

股票市场年平均收益率为 1.53%

几何平均数计算的收益率为:

$(3\ 300/3\ 100)^{1/4}-1=1.58\%$

(三)股票与市场组合的关系

进一步,我们可以计算市场收益率的方差,来反映股票市场整体的波动程度,也可以计算市场收益率与其他单只股票收益率的协方差或相关系数,表示单只股票收益率与市场整体收益率的关系,如表 9-8 所示。

表 9-8　单只股票收益率和市场整体收益率的关系

股票 i 的收益率	市场收益率	概率
−13%	−15%	0.3
1%	−1%	0.1
6%	9%	0.4
24%	19%	0.1

我们可以计算得出:

股票 i 的期望收益率 $E(R_i)=1.1\%$,标准差 $\sigma_i=8.76\%$

股票市场期望的收益率 $E(R_m)=0.8\%$,标准差 $\sigma_m=8.61\%$,方差 $\sigma_m^2=0.74\%$

两者收益率的协方差 $\sigma_{im}=\mathrm{cov}(R_i,R_m)=0.73\%$

进一步可以求出相关系数 $r_{im}=0.97$

结果表明股票 i 的收益率与市场收益率同方向变化,且相关程度较高,反映了股票收益率与市场系统风险存在一定程度的关联。

四、股票的系统风险度量

基于上述结果,我们可以构造衡量股票的系统风险指标——β系数。股票i的β系数β_i等于股票i的收益率与市场收益率的协方差除以市场收益率的方差,或者两者收益率的相关系数乘以股票i收益率的标准差除以市场收益率的标准差。即:

$$\beta_i = \frac{\sigma_{im}}{\sigma_m^2} = r_{im} \cdot \frac{\sigma_i}{\sigma_m}$$

沿用上述资料,股票i的β系数为:

$$\beta_i = \frac{0.73\%}{0.74\%} = 0.99 \text{ 或者 } \beta_i = 0.97 \times \frac{8.76}{8.61} = 0.99$$

β_i反映了股票的系统风险。不同的股票,β系数不同,β系数越高表明该股票风险越大。投资组合的β系数(β_p)等于组合内各个证券β系数的加权平均值。计算公式为:

$$\beta_p = \sum \omega_i \beta_i$$

式中,ω_i是证券i在投资组合中的比重。

【例 9-19】 某投资人持有组合证券投资共 200 万元,其中,A 股票 60 万元,B 股票 100 万元,C 股票 40 万元,三种股票的β系数分别为 1、2 和 0.5,求投资组合的β系数。

解:投资组合的β系数为

$$\frac{60}{200} \times 1 + \frac{100}{200} \times 2 + \frac{40}{200} \times 0.5 = 1.4$$

另外,长期国债是一种无风险资产,收益率的标准差为 0,根据β系数公式,可以求得无风险资产的β系数$\beta_f = 0$。同样根据β系数公式,可以得到市场收益率的β系数$\beta_m = 1$。

●问答 9.2(多选题)

※下列表述中正确的是( )。
A.改变投资组合中每一种投资的比重,可能降低其投资风险
B.改变投资组合中每一种投资的比重,可能提高其投资风险
C.如果投资组合与市场组合相同,则只承担系统性风险
D.市场组合不承担系统性风险

五、风险收益率与资本资产定价模型

(一)风险溢价与风险收益率

风险溢价是指证券的期望收益率高于无风险资产的部分。风险收益率是指用证券的

系统风险平摊后的风险溢价。计算公式为:

$$股票\,i\,的风险溢价 = E(R_i) - R_f$$

$$股票\,i\,的风险收益率 = \frac{E(R_i) - R_f}{\beta_i}$$

【例 9-20】　例如,甲公司股票的期望收益率为 20%,β 系数为 3;乙公司股票的期望收益率为 9%,β 系数为 2,已知无风险收益率为 5%,分别计算甲、乙公司股票的风险收益率。

解:甲公司股票的风险收益率 $= \dfrac{20\% - 5\%}{3} = 5\%$

乙公司股票的风险收益率 $= \dfrac{9\% - 5\%}{2} = 2\%$

结果表明,对于每一单位的系统风险,甲公司股票的风险收益率为 5%,乙公司股票的风险收益率为 2%,比甲公司股票要小。但是这个情况不会长久,在竞争激烈的市场中,收益率的差异引起投资者的重新选择,像甲公司股票这样风险收益率高的投资品必定受到投资者的青睐,导致甲公司股票的价格上升,乙公司股票的价格下降,进而引起风险收益的变化,市场竞争最终的结果是市场上每一种投资的风险收益率必定相等。即:

$$\frac{E(R_甲) - R_f}{\beta_甲} = \frac{E(R_乙) - R_f}{\beta_乙}$$

(二)资本资产定价模型

我们考虑市场上所有证券组成的投资组合,其收益率就是我们前文提到的市场收益率 R_m,根据风险收益率的定义,我们可以得到市场风险溢价 $E(R_i) - R_f$,竞争市场结果导致每一种资产的风险收益率都是相同的,即:

$$\frac{E(R_i) - R_f}{\beta_i} = \frac{E(R_m) - R_f}{\beta_m}$$

股票 i 的风险收益率与市场组合的风险收益率相同。

当 $\beta_m = 1$,可以将上式进一步简化为:

$$E(R_i) = R_f + \beta_i [E(R_m) - R_f]$$

这个结果称之为资本资产定价模型。资本资产定价模型表明,证券的收益率取决于三个条件:一是无风险利率 R_f;二是市场风险溢价 $E(R_i) - R_f$;三是证券自身系统风险的大小 β_i。

【例 9-21】　股票的 β 系数为 2,无风险利率为 5%,市场期望收益率为 15%,求股票的期望收益率。

解:股票期望收益率 $= 5\% + 2 \times (15\% - 5\%) = 25\%$

根据资本资产定价模型,我们可以预测任何证券 i 的预期收益率,如图 9-5 所示。

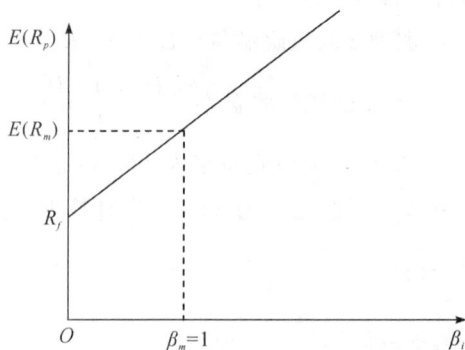

图 9-5　资本资产定价模型

六、证券组合投资类型

证券组合投资的目的在于规避风险,投资者不应把全部资金投放在一种证券上,否则一旦有变,可能使投资者遭受巨大损失,投资者选择什么样的投资组合主要取决于投资者对风险的偏好程度以及承受能力。由于投资者厌恶风险的程度不同,所以形成了各种不同类型的证券投资组合,常见的证券投资组合类型有以下三种。

(一)保守型证券投资组合

保守型证券投资组合尽量模拟证券市场的某种市场指数,以求分散掉全部可分散风险获得与市场平均报酬相同的投资报酬。这种证券投资组合所承担的风险主要是市场上的系统性风险,非系统性风险基本上能够消除,其投资收益也不会高于市场的平均收益,因此是比较保守的投资组合类型。保守型证券投资组合的特点是:①能分散掉全部可分散风险②不需要高深的证券投资专业知识,只要尽可能地模仿某种市场指数就可以。③证券投资管理费用较低,收益也较低。

(二)冒险型证券投资组合

冒险型证券投资组合以资本升值为主要目标,尽可能多地选择一些成长性较好的股票而少选择低风险、低报酬的股票,这样就可以使投资组合的收益高于证券市场的平均收益,但风险也高于证券市场的平均风险。所以,这种投资组合,如果做得好,可以取得远高于市场平均报酬的投资收益;但是如果失败,会造成较大的损失,采用冒险型证券投资组合,不仅要求投资者具备较专业的证券投资知识,还要求其对企业进行深入细致的分析,如行业发展前景、产品的市场需求状况与竞争情况、企业经营状况与财务状况等。

(三)收入型证券投资组合

收入型证券投资组合,也称稳健型证券投资组合,它是一种比较常见的证券投资组合类型,这种投资组合以追求低风险和稳定的收益为主要目标。收入型证券投资组合通常选择一些风险不大、效益较好的公司的股票。这些股票虽然不是高成长股票,但能够给投资者带来稳定的股利收益。因此,收入型证券投资组合风险较低,收益比较稳定。选择这种投资组合的投资者通常认为,股票的价格主要是由企业的经营业绩而决定的,只要企业的经济效益好,股票的价格终究会体现其优良的业绩。所以在进行股票投资时要全面深入地进行证券投资分析,选择一些品质优良的股票组成证券组合,这样既可以获得较高的投资收益,又不会承担太高的投资风险。

第五节　基金投资管理

一、投资基金的特点和作用

投资基金,又称共同基金或单位信托基金,它通过向投资者发行基金股份或受益凭证的形式,汇集众多不确定投资者的零散资金组成基金,然后交由专门的投资机构进行投资,投资收益由原投资者按出资比例分享,投资机构收取一定管理费用的投资工具。

(一)投资基金的特点

1.规模性

投资基金把众多投资者的大小不等的分散资金汇集成一个基金进行投资。一个投资者的资金在投资市场上是微不足道的,但投资基金汇集了众多投资者的基金,组成大额投资,在进行有价证券或其他项目投资时,就能起到举足轻重的作用。同时大笔的证券买卖还可降低佣金比率,减少资金成本。

2.专业性

投资基金交由专业的投资经理公司管理、经营,投资者购买基金证券后,即可享受管理公司的专业性服务。管理公司由经验丰富、具有专业知识的专家组成,同时管理公司和金融市场联系密切,信息资料齐全,设备先进,分析手段科学合理,管理水平远胜于单个投资者。

3.组合性

投资基金是一种组合投资方式。按国际惯例,一个基金在一种股票上的投资额不得超过基金资产的10%,同时拥有某家公司的股份不得超过该公司总股本的10%。所以,大多数投资基金公司会同时投资30~50家不同的股票及债券、不动产等,最大限度地分散风险。投资者通过购买基金证券,可以间接地达到组合投资的目标。

(二)投资基金的作用

1.分散风险,稳定收益

个人投资者能借助基金的规模操作和组合投资,最大限度地分散风险,同时降低投资成本,使收益处于较好的水平。

2.变现灵活,流动性好

投资基金一般都有专门的柜台交易,或直接在证券交易所挂牌买卖。投资者可以买进后取得收益,也可随时进行买卖套取差价获利。投资基金变现灵活,资金流动性很高。

3.投资多样化,易于变动

国外的投资基金品种很多,如股票基金、债券基金、黄金基金、期权基金等,投资者可根据自己的分析判断决定购买或变换手中的基金品种。如股价上升时,可买入股票基金;一旦认为股市可能下行,即可把手中的股票基金换成其他品种的基金。

4.享受专业服务,参与国内外的证券投资

设立投资基金的初衷就是为了方便中小投资者的国内外投资。投资基金给投资者提供专业性服务,使投资者购买证券的手续大大减少,也节省了投资者用于收集资料、决策判断、买卖操作的大部分精力。投资者还可在不具备国外投资的条件下,通过购买国家基金进行国外投资。

对于发展中国家来说,在证券市场有一定的发展基础上建立投资基金,有利于促进金融商品的结构化改革,激发民众的投资热情,开拓吸引外资的新渠道;有助于证券市场的健康发展。

二、投资基金的种类

投资基金从不同的角度划分,可分为不同的种类。

(一)根据组织形态的不同,可分为契约型基金和公司型基金

契约型基金又称为信托型基金,是由受益人、管理人和托管人三者作为基金的当事人,由管理人和信托人通过签订信托契约的形式发行受益凭证而设立的一种基金。在契约型基金中,委托人是投资基金的设定人,负责设定、组织基金,发行受益凭证,把所筹资金交由受托人管理,同时进行投资和信托的营运。受托人一般为信托公司或银行,根据信托契约规定,具体办理证券、现金的管理及其他有关的代理业务和核算业务。受益人是基金凭证的持有人,是参加基金投资、享有投资收益分配的投资者。公司型基金是以公司形态组建,以发行股份的方式募集资金,一般投资者购买该公司的股份即成为该公司的股东,凭其持有的基金份额依法享有投资收益。

(二)根据变现方式的不同,可分为封闭式基金和开放式基金

封闭式基金是指基金的发起人在设立基金时,限定了基金单位的发行总额,筹集到这个总额后,基金即宣告成立,并进行封闭,在一定时期内不再接受新的投资。根据基金单位在交易所上市的办法规定,投资者以后想买卖基金单位都必须经过证券经纪商,并在二级市场上进行竞价交易。开放式基金是指基金发起人在设立基金时,基金单位的总数不固定,可视经营策略和发展需要追加发行。投资者也可以根据市场状况和各自的投资决

策,或者要求发行机构按现期净资产值扣除手续费后赎回股份或受益凭证,或者再买入股份或收益凭证,增加基金单位份额的持有比例。

(三)根据投资对策的不同,可分为股票基金、债券基金、期货基金、期权基金和认股权证基金等

股票基金是最主要的基金品种,以股票作为投资对象,包括优先股股票和普通股股票。股票基金的主要功能是将大众投资者的小额资金集中起来,投资于不同的股票组合。股票基金可以按照股票种类的不同分为优先股基金和普通股基金。优先股基金是一种可以获得稳定收益、风险较小的股票基金,其投资对象以各公司发行的优先股为主,收益主要来自股利收入。而普通股基金以追求资本利益和长期资本增值为投资目标,风险较优先股基金高。

债券基金是一种以债券为投资对象的证券投资基金,其规模稍小于股票基金。由于债券是一种收益稳定、风险较小的有价证券,因此,债券基金适合于想获得稳定收入的投资者。债券基金基本上属于收益型投资基金,一般会定期派息,具有低风险且收益稳定的特点。

期货基金是一种以期货为主要投资对象的投资基金。期货是一种合约,只需一定的保证金(一般为5%~10%)即可买进。期货可以用来套期保值,也可以以小博大,如果预测准确,短期能够获得很高的投资回报;如果预测不准,遭受的损失也很大,具有高风险、高收益的特点。因此,期货基金也是一种高风险的基金。

期权基金是以期权为主要投资对象的投资基金。期权也是一种合约,是指在一定时期内按约定的价格买入或卖出一定数量的某种投资标的的权利。如果市场价格变动对投资者履约有利,他就会行使这种买入和卖出的权利,即行使期权;反之,他亦可放弃期权而听任合同过期作废。作为对这种权利占有的代价,期权购买者需要向期权出售者支付一笔期权费(期权价格)。期权基金的风险较小,适合于收入稳定的投资者。其投资目的是获取最大的当期收入。

认股权证基金主要投资于认股权证,基于认股权证有高杠杆、高风险的特性,此类型基金的波动幅度亦较股票基金大。

三、投资基金的财务评价

对投资基金进行财务评价旨在衡量投资基金的经营业绩,为投资者选择合适的基金作为投资对象提供参考。对投资基金的财务评价所依据的信息来源主要是公开基金财务报告。

(一)基金的价值

基金也是一种证券,与其他证券一样,基金的内涵价值是指在基金投资上所能带来的现金净流量。但是,基金内涵价值的具体确定依据与股票、债券等其他证券又有很大的区别。

1. 基金的内涵价值

债券的价值取决于债券投资所带来的利息收入和所收回的本金；股票的价值取决于股份公司净利润的稳定性和增长性。这些利息和股利都是未来收取的，也就是说，未来的而不是现在的现金流量决定着债券和股票的价值，而基金的价值取决于目前能给投资者带来的现金流量，这种目前的现金流量用基金的净资产价值来表示。

2. 基金单位净值

它亦称为单位净资产值或单位资产净值，是指某一时点每一基金单位所具有的市场价值，是评价基金业绩最基本和最直观的指标，也是开放型基金申购价格、赎回价格以及封闭型基金上市交易价格确定的重要依据。

$$基金单位净值＝基金净资产价值总额/基金单位总份额$$

$$基金净资产价值总额＝基金资产总额－基金负债总额$$

3. 基金的报价

从理论上说，基金的价值决定了基金的价格，基金的交易价格是以基金单位净值为基础，基金单位净值高，基金的交易价格也高。封闭型基金在二级市场上竞价交易，其交易价格由供求关系和基金业绩决定，围绕着基金单位净值上下波动。开放型基金的柜台交易价格则完全以基金单位净值为基础，通常采用两种报价形式：认购价和赎回价。基金认购价也就是基金经理公司的卖出价，卖出价中的首次认购费是支付给基金经理公司的发行佣金。基金赎回价也就是基金经理公司的买入价，赎回价低于基金单位净值是由于抵扣了基金赎回费，以此提高赎回成本，防止投资者的赎回，保持基金资产的稳定性。收取首次认购费的基金，一般不再收取赎回费。

$$基金认购价＝基金单位净值＋首次认购费$$

$$基金赎回价＝基金单位净值－基金赎回费$$

(二)基金回报率

基金回报率用以反映基金增值的情况，它通过基金净资产的价值变化来衡量。基金净资产的价值是以市价计量的，基金资产市场价值增加，意味着基金的投资收益增加，基金投资者的权益也随之增加。

$$基金收益率＝\frac{年持有份额×基金单位净值年末数－年初持有份额×基金单位净值年初数}{年初持有份额×基金单位净值年初数}$$

式中，"持有份额"是指基金单位的持有份额。如果年初和年末基金单位的持有份数相同，基金收益率就简化为基金单位净值在本年内的变化幅度。

【例 9-22】 基金 A 在 2019 年 12 月 31 日资产总额为 20 050 万元，负债总额为 50 万元，已售出 1 亿基金单位。要求计算：

(1)基金 A 在 2020 年 1 月 1 日的基金单位资产净值。

(2)若 2020 年 1 月 1 日投资者持有基金份额为 2 万份，2020 年 12 月 31 日基金投资者持有份额不变，此时单位净值为 2.5 元，求该基金 2020 年的收益率。

解：(1)2020 年 1 月 1 日的基金单位资产净值计算如下：

$$基金单位资产净值=\frac{20\ 050-50}{10\ 000}=2(元/基金单位)$$

（2）基金 A 在 2020 年的收益率计算如下：

$$基金收益率=\frac{20\ 000\times 2.5-20\ 000\times 2}{20\ 000\times 2}=25\%$$

四、基金投资的优缺点

基金投资的最大优点是能够在不承担太大风险的情况下获得较高收益,这一点是由基金投资的特性决定的。基金投资具有规模经营、专家财务管理的优势,它不仅能够利用充裕的资金实现有效的证券投资组合,降低投资风险,而且投资基金的管理人员是证券的专家,专业化财务管理行为更提高了资金的安全保障程度。

基金投资的缺点表现在:一是基金投资组合在降低风险的同时,也丧失了获得巨大收益的机会;二是基金投资涉及管理费、托管费、运作费、宣传费、清算费等费用,其结果都在一定程度上降低了基金投资的收益。

【案例分析】

案例分析
私募股权基金投
资风险的管控策
略探讨

案例解析

【分析要点】

1.简要说明私募股权投资存在的风险。

2.私募股权投资风险防范和管控有哪些策略?

3.通过阅读股权基金投资风险的案例资料,你能得到哪些启示?

【本章小结】

证券的种类是多种多样的,投资证券的目的也各有不同,在进行证券投资时应当考虑影响证券投资的各种因素。

债券的投资原则包括:收益性原则、安全性原则和流动性原则。债券投资收益的内容主要包括利息与资本损益。持有期间收益率是投资者在债券到期日之前将债券卖出所获得的收益率。到期收益率是指导选购债券的标准,如果此收益率高于投资者要求的报酬率,则可买进,否则就应放弃。

企业进行股票投资的目的主要是获取收益和获得企业控制权。股票估价的主要方法是计算其内在价值,然后和股票市价比较,视其低于、高于或等于市价,决定买入、卖出或继续持有。股票估价模型主要包括:股票估价的基本模型;固定股利的股票估价模型;股利固定增长的股票估价模型;股利非固定增长的股票估价模型。股票投资的收益率的具体表现形式为长期股票投资收益率、短期股票收益率等。

从投资者的角度,风险可分为公司特有风险和市场风险,即非系统风险和系统风险。分散投资便是分散风险,但是只能分散非系统风险。证券组合投资要求补偿的风险只是不可分散风险,而不要求对可分散风险进行补偿。投资者在完全竞争的资本市场上的逐利行为,形成了资本资产定价模型,结合β系数,无风险利率和市场收益率我们可以预测证券的收益率。

投资基金,是一种利益共享、风险共担的集合投资方式。投资基金按照不同分类标准,可分为契约型基金和公司型基金、封闭式基金和开放式基金以及股票基金、债券基金、期货基金、期权基金、认股权证基金等。基金净资产价值总额与基金单位总份额的比率,称作基金单位净值。基金单位净值是在某一时点每一基金单位(或基金股份)所具有的市场价值。基金收益率用以反映基金增值的情况,它通过基金净资产的价值变化来衡量。

【复习思考题】

1. 有价证券投资的意义是什么?

2. 简述影响有价证券投资的因素。

3. 什么是债券的内在价值? 如何估算其价值?

4. 股票估价模型主要包括哪几种?

5. 什么是基金投资? 基金投资有何特点?

6. 为什么要进行证券投资组合? 证券投资组合的风险有哪些?

第九章 在线测试

【综合自测】

1.【资料】某公司 2018 年 1 月 1 日发行面值为 1 000 元,票面利率为 10%的 5 年期债券。

【要求】回答以下问题:

(1)该债券按复利计息,一年付两次利息(年中一次,年末一次),期末还本。市场年贴现率为 12%。2020 年 1 月 1 日投资者至少以多少元的价格购买该债券才划算?

第九章 综合自测参考答案

(2)该债券一次性还本付息,按贴现单利计息。市场贴现率为 12%。2020 年 1 月 1 日投资者至少以多少元的价格购买该债券才划算?

(3)该债券按复利计息,一年付两次利息(年中一次,年末一次),期末还本。2020 年 1 月 1 日投资者以 950.82 元的价格购买该债券,求该债券的到期收益率。

(4)该债券一次性还本付息,按贴现复利计息。2020 年 1 月 1 日投资者以 1 067.7 元的价格购买该债券,求该债券的到期收益率。

2.【资料】某上市公司本年度每股支付现金股利 2 元。预计该公司净利润第一年增长 8%,第二年增长 10%,第三年及以后年度其净利润可能为:

(1)将保持第二年的净利润水平。

（2）将保持第二年的净利润增长率水平。

该公司一直采用固定股利支付率政策,并打算今后继续实行该政策。该公司没有增发普通股和发行优先股的计划。

【要求】假设投资者要求的报酬率为20%,计算上述两种情形该股票的价值。

3.【资料】已知甲股票的期望收益率为12%,收益率的标准差为16%;乙股票的期望收益率为15%,收益率的标准差为18%。市场组合的收益率为10%,市场组合收益率的标准差为8%,无风险收益率为4%。假设市场达到均衡,即资本资产定价模型成立。

【要求】

（1）分别计算甲、乙股票的β系数。

（2）分别计算甲、乙股票的收益率与市场组合收益率的相关系数。

（3）假设投资者将全部资金按照60%和40%的比例投资购买甲、乙股票构成投资组合,计算该组合的β系数、组合的风险收益率和组合的必要收益率。

4.【资料】甲公司欲投资购买A、B、C三只股票构成投资组合,这三只股票目前的市价分别为8元/股、10元/股和12元/股,β系数分别为1.2、1.9和2,在组合中所占的投资比例分别为20%、45%、35%,目前的股利分别为0.4元/股、0.6元/股和0.7元/股,A股票为固定股利股票,B股票为固定增长股票,股利的固定增长率为5%,C股票前2年的股利增长率为18%,2年后的股利增长率固定为6%。假设目前股票市场的平均收益率为16%,无风险收益率为4%。

【要求】

（1）计算投资A、B、C三只股票构成的投资组合的β系数和收益率。

（2）分别计算A、B、C三只股票目前的市场价值。

（3）若按照目前市价投资于A股票,估计2年后其市价可以涨到10元/股,若持有2年后将其出售,计算A股票的持有期收益率。

（4）若按照目前市价投资于B股票,并长期持有,计算其预期收益率。

第十章　利润分配管理 ►►►

了解利润分配的意义和原则；

掌握利润分配的内容和顺序；

熟悉股利分配的程序、支付方式以及对企业利益各方的影响；

了解影响利润分配政策的因素；

掌握收益利润各种政策的特点；

熟悉股票分割和股票回购的概念和财务影响。

贵州茅台酒股份有限公司是由中国贵州茅台酒厂有限责任公司、贵州茅台酒厂技术开发公司、贵州省轻纺集体工业联社、中国食品发酵工业研究所、深圳清华大学研究院、江苏省糖烟酒总公司等8家公司共同发起建立的股份有限公司。公司的主营业务为贵州茅台酒系列产品的生产和销售，同时进行饮料、食品、包装材料的生产和销售，防伪技术开发，信息产业相关产品的研制开发。其生产的茅台酒是我国酱香型白酒的代表，享有"国酒"的美称。

贵州茅台最近10年股利分配情况，如表10-1所示。

表 10-1　贵州茅台 2010—2019 年股利分配情况

年度	现金股利（税前）/元	股票股利/股	每股收益/元	股利支付率
2010 年	2.300	0.1	5.35	42.99%
2011 年	3.997	0	8.44	47.36%
2012 年	6.419	0	12.82	50.07%
2013 年	4.374	0.1	14.58	30.00%
2014 年	4.374	0.1	13.44	32.54%
2015 年	6.171	0	12.34	50.01%
2016 年	6.787	0	13.31	50.99%
2017 年	10.999	0	21.56	51.02%
2018 年	14.539	0	28.02	51.89%
2019 年	17.025	0	32.80	51.91%

资料来源：根据贵州茅台 2010—2019 年年报数据整理所得

　　从中可以看出，贵州茅台近年来分配的现金股利规模不断扩大：股利支付率不断提高，每股股利也比较高，其中 2018 年和 2019 年分别高达 14.539 元/股和 17.025 元/股，每股现金股利支付率最近 5 年基本稳定在 50% 左右。

　　在相当长的时间内，我国上市公司普遍采用"铁公鸡"政策，而贵州茅台为什么乐于采用高派现股利分配政策？影响公司股利分配政策制定的因素是什么？不同的股利分配形式对公司财务状况有哪些影响？这些问题将在本章的内容中为读者提供理论依据。

关键词

收益分配顺序（income distribution order）

股利支付程序（the dividend payment program）

股利相关论（dividend relevant theory）

股利无关论（dividend irrelevance theory）

股利政策（dividend policy）

现金股利（cash dividends）

股票股利（stock dividends）

股票分割（share split）

第一节　利润分配概述

　　利润分配管理是对企业利润分配的主要活动及其形成的财务关系的组织与调节，是企业将一定时期内所创造的经营成果合理地在企业内外部各利益相关者之间进行有效分配的过程。企业通过经营活动取得收入后，要按照补偿成本缴纳所得税、提取盈余公积金、向投资者分配利润等顺序进行收益分配。对于企业来说，收益分配不仅是资产保值、保证简单再生产的手段,同时也是资产增值、实现扩大再生产的工具。利润分配可以满足国家政治职能与组织经济职能的需要,是处理所有者、经营者等各方面物质利益关系的基本手段。

一、利润分配的概念

企业的利润分配有广义和狭义两种概念。广义的利润分配是指对企业的收入和净利润进行分配,包含两个层次的内容:第一层次是对企业收入的分配,第二层次是对企业净利润的分配。狭义的利润分配则仅仅是指对企业净利润的分配。这里所指的利润分配是狭义的利润分配概念,即对企业净利润的分配。

利润分配是指根据企业所有权的归属及各项权益所占的比例,对企业生产经营成果进行分配,利用财务手段确保生产成果的合理归属和正确分配的管理过程。简单地说,利润分配就是对企业一定生产成果的分配。

二、利润分配的原则

利润分配作为一项重要的财务活动,应当遵循以下原则:

(一)依法分配原则

企业的利润分配必须依法进行。为了规范企业的收益分配行为,维护各利益相关者的合法权益,国家颁布了相关法规。这些法规规定了企业收益分配的基本要求、一般程序和重要比例,企业应当认真执行,不得违反。

(二)分配与积累并重原则

企业的利润分配必须坚持积累与分配并重的原则。企业通过经营活动赚取利润,既要保证企业简单再生产的持续进行,又要不断积累企业扩大再生产的财力基础。恰当处理分配与积累之间的关系,留存一部分净收益以供未来分配之需,能够增强企业抵抗风险的能力,同时,也可以提高企业经营的稳定性与安全性。

(三)兼顾各方利益原则

企业的利润分配必须兼顾各方面的利益。企业是经济社会的基本单元,其收益分配涉及国家、企业股东、债权人、职工等多方利益集团。正确处理它们之间的关系,协调其矛盾,对企业的生存、发展是至关重要的。企业在进行利润分配时,应当统筹兼顾,维护各利益相关者的合法权益。

(四)投资与收益对等原则

企业进行利润分配应当体现"谁投资谁受益"、收益大小与投资比例相对等的原则。

这是正确处理投资者利益关系的关键。企业在向投资者分配利润时,应本着平等一致的原则,按照投资者投资额的比例进行分配,不允许任何一方随意多分多占,以从根本上实现利润分配中的公开、公平和公正,保护投资者的利益。

三、利润分配的内容

利润是收入弥补成本费用后的余额。利润是企业在一定会计期间的经营成果,包括营业利润、利润总额和净利润。营业利润是指营业收入减去营业成本和税金及附加,加上投资净收益后,减去销售费用、管理费用、财务费用、研发费用、资产减值损失等的金额。利润总额是指营业利润加营业外收入,减去营业外支出的金额。净利润是指利润总额减去所得税后的金额。企业当前实现的净利润加上企业上一会计年度未分配的利润和其他转入后的余额,构成可分配利润。值得说明的是,本章所指利润分配是指对净利润的分配。

四、利润分配的顺序

根据我国《公司法》等相关的法律、法规规定,股份有限公司和有限责任公司当年实现的利润总额应当按照国家规定做相应的调整,增减有关收支项目,依法缴纳所得税后,利润才可以按照下列顺序进行分配。

(一)弥补以前年度亏损

企业在提取法定公积金之前,应先用当年利润弥补亏损。企业年度亏损可以用下年度的税前利润弥补,下一年度不足以弥补的,可以在五年之内用税前利润连续弥补,连续五年未弥补的亏损则用税后利润弥补。其中,税后利润弥补亏损可以用当年实现的净利润,也可以用盈余公积金转入。

(二)提取法定盈余公积金

根据《公司法》的规定,法定盈余公积金的提取比例为当年税后利润(弥补亏损后)的10%。当年法定盈余公积金的累积额已达注册资本的50%时,可以不再提取。法定盈余公积金提取后,根据企业的需要,可用于弥补亏损或转增资本,但企业用盈余公积金转增资本后,法定盈余公积金的余额不得低于转增前公司注册资本的25%。提取法定盈余公积金的目的是增加企业内部积累,以利于企业扩大再生产。

(三)提取任意盈余公积金

根据《公司法》的规定,公司从税后利润中提取法定盈余公积金后,经董事会或股东大会决议,还可以从税后利润中提取任意盈余公积金。这是为了满足企业经营管理的需要,控制向投资者分配利润的水平,以及调整各年度利润分配的波动。

(四)向股东(投资者)分配股利(利润)

根据《公司法》的规定,公司弥补亏损和提取盈余公积金后剩余税后利润,可以向股东(投资者)分配股利(利润)。其中,有限责任公司股东按照实缴的出资比例分取红利,全体股东约定不按照出资比例分取红利的除外;股份有限公司按照股东持有的股份比例分配,但股份有限公司章程规定不按照持股比例分配的除外。

企业当年可分配的利润可以全部分配,也可以部分分配,当年剩下的未分配的利润可结转到下一年度分配。采用不同所有制形式和经营方式的企业都应遵循上述分配顺序。但是,股份有限公司税后利润的分配有其自身的特点,分配顺序为:①弥补以前年度的亏损;②提取法定盈余公积金;③支付优先股股利;④提取任意盈余公积金;⑤支付普通股股利。

股份有限公司利润分配顺序的特点:①明确任意盈余公积金的提取顺序,即在分配优先股股利之后,在分配普通股股利之前。任意盈余公积金的提取比例由股东大会讨论决定。②向投资者分配利润时,先向优先股股东分配利润,然后向普通股股东分配利润。

授课视频 收益分配的顺序

【例 10-1】 天翔公司 2012 年开业,假设所得税税率为 30%,2012—2020 年,该公司每年实现的税前利润,如表 10-2 所示。

表 10-2　天翔公司税前利润表　　　　　　　　　　　　　　　　单位:万元

年份	2012 年	2013 年	2014 年	2015 年	2016 年	2017 年	2018 年	2019 年
税前利润	-100	40	-30	10	10	10	10	40

要求:根据上述数据,分别计算分析每年该公司是否缴纳所得税、是否提取盈余公积金,是否可以向投资者支付股利?

解:(1)2012—2017 年,天翔公司不用缴纳所得税,不用提取盈余公积金,也不用向投资者支付股利。

(2)2018 年天翔公司要缴纳所得税,但是不用提取盈余公积金,也不用向投资者支付股利。

(3)2019 年天翔公司要缴纳所得税,要提取盈余公积金,也可以向投资者支付股利。

第二节　股利支付的程序

一、股利支付的程序

股份有限公司股利的发放必须遵守相关的要求,按照日程安排来进行。一般情况下,先由董事会提出分配预案,然后提交股东大会决议通过才能进行分配。股东大会决议通过分配预案后,要向股东宣布发放股利的方案,并确定股利宣告日、股权登记日、除息日和股利发放日。

(一)股利宣告日

股利宣告日是股东大会决议通过并由董事会将股利支付情况予以公告的日期。宣告股利发放的公告中应该包括:股利分配的年度、股利发放的金额、股利发放的形式,同时将宣布每股应支付的股利、股权登记日、除息日以及股利支付日等。

授课视频 股利支付程序与方式

(二)股权登记日

股权登记日即有权领取本期股利的股东资格登记截止日期。凡是在此指定日期收盘之前取得公司股票,成为公司在册股东的投资者都可以作为股东享受公司分派的股利。在这一天之后取得股票的股东则无权领取本次分派的股利。

(三)除息日

除息日是领取股利的权利与股票分离的日期。在除息日之前购买的股票才能领取本次股利,而在除息日当天或是以后购买的股票,则不能领取本次股利。由于失去了"付息"的权利,因此,除息日的股票价格会下跌。

(四)股利发放日

股利发放日是公司按照公布的分红方案向股权登记日在册的股东实际支付股利的日期。在这一天,公司将股利支票寄给有资格获得股利的股东,也可以通过中央清算登记系统直接将股利打入股东的现金账户,由股东向其证券代理商领取。

【例10-2】 浙江苏泊尔股份有限公司于2020年6月16日(股利宣告日)公布2019年度的权益分配方案,其公告如下(节选):"浙江苏泊尔股份有限公司2020年5月20日召开的2019年度股东大会审议通过了2019年年度权益分派方案:公司拟按2019年末公司总股本821 119 910股扣除公司回购专用证券账户持有的20 000股后821 099 910股为基数进行利润分配,向全体股东每10股派现金红利13.30元(含税),合计派发现金股利1 092 062 880.30元人民币。本年度不送红股、也不进行资本公积金转增股本";"本次权益分派股权登记日为2020年6月22日,除息日为2020年6月23日";"本公司此次委托中国结算深圳分公司代派的现金红利将于2020年6月23日(股利支付日)通过股东托管证券公司(或其他托管机构)直接划入其资金账户"。(注:本例中除息日和股利发放日是同一天,但是时间有先后之分,一般除息日在前,股利支付日在后。)试分析确定股利宣告日、股权登记日、降息日和股利支付日。

解:苏泊尔公司的股利支付程序,如图10-1所示。

拓展阅读 苏泊尔权益分派实施公告

图 10-1　股利支付程序

二、股利支付的方式

股利支付方式较多,不同公司的股利分配方案通常由董事会决定并宣布,必要时经股东大会批准后实施。其中,常见的有以下四类:

(一)现金股利

现金股利是以现金支付的股利,它是股利支付的最常见的方式。公司选择发放现金股利除了要有足够的留存收益外,还要有足够的现金,而现金充足与否往往会成为公司发放现金股利的主要制约因素。

(二)财产股利

财产股利是以现金以外的其他资产支付的股利,主要是以公司所拥有的其他公司的有价证券,如债券、股票等,作为股利支付给股东。

(三)负债股利

负债股利是以负债方式支付的股利,通常以公司的应付票据支付给股东,有时也以发放公司债券的方式支付股利。

财产股利和负债股利实际上是现金股利的替代,但这两种股利支付形式在我国公司实务中很少使用。

(四)股票股利

股票股利是公司以增发股票的方式所支付的股利,我国公司实务中通常也称其为"红股"。股票股利对公司来说,并没有现金流出企业,也不会导致公司的财产减少,而只是将公司的留存收益转化为股本和资本公积。但会增加流通在外的股票数量,同时降低股票的每股价值。它不改变公司股东权益总额,但会改变股东权益的构成。

【例 10-3】　某上市公司在 2019 年发放股票股利前,其资产负债表上的股东权益账户情况,如表 10-3 所示。

假设该公司宣布发放 10% 的股票股利,现有股东每持有 10 股,即可获赠 1 股普通股。若该股票当时市价为 5 元。

要求:(1)随着股票股利的发放,计算需从"未分配利润"项目划转出的资金数。

(2)计算公司发放股票股利后的普通股股本、资本公积、未分配利润及股东权益合计数。

（3）假设某股东在公司派发股票股利之前持有公司的普通股 10 万股，那么，该股东在公司派发股票股利前所拥有的股权比例是多少？派发股利后，他拥有的股票数量和股份比例分别是多少？

表 10-3　股东权益账户情况（股利发放前）

项目	金额/万元
普通股（面值 1 元，发行在外 2 000 万股）	2 000
资本公积	3 000
盈余公积	2 000
未分配利润	3 000
股东权益合计	10 000

解：（1）发放股票股利，需从"未分配利润"项目划转出的资金为：

2 000×10％×5＝1 000（万元）

（2）由于股票面值（1 元）不变，发放 200 万股，"普通股"项目只应增加 200 万元，其余的 800 万元（1 000－200）应作为股票溢价转至"资本公积"项目，而公司的股东权益总额并未发生改变，仍是 10 000 万元，股票股利发放后的资产负债表上的股东权益部分，如表 10-4 所示。

表 10-4　股东权益账户情况（股利发放后）

项目	金额/万元
普通股（面值 1 元，发行在外 2 200 万股）	2 200
资本公积	3 800
盈余公积	2 000
未分配利润	2 000
股东权益合计	10 000

（3）该股东在公司派发股票股利之前所拥有的股权比例为：

10 万股÷2 000 万股＝0.5％

派发股利之后，他所拥有的股票数量和股份比例分别为：

股票数量＝10×（1＋10％）＝11（万股）

股份比例：11 万股÷2 200 万股＝0.5％

可见，发放股票股利，不会对公司股东权益总额产生影响，但会引起资金在各股东权益项目间的再分配。而股票股利派发前后每一位股东的持股比例也不会发生变化。需要说明的是，例题中股票股利以市价计算价格的做法，是很多西方国家所通用的，但在我国，股票股利价格则是按照股票面值来计算的。

发放股票股利虽不直接增加股东的财富，也不增加公司的价值，但对股东和公司都有特殊意义。

对股东来讲，股票股利的优点主要有：①派发股票股利后，理论上每股市价会成比例下降，但在公司实务中这并非必然结果。因为市场和投资者普遍认为，发放股票股利往往预示着公司会有较大的发展和成长,这样的信息传递会稳定股价或使股价下降比例减少甚至不降反升,股东便可以获得股票价值相对上升的好处。②由于股利收入和资本利得税率的差异,因此,如果股东出售股票股利,则会给他们带来资本利得纳税上的好处。

对公司来讲,股票股利的优点主要有:①发放股票股利不需要向股东支付现金,在再投资机会较多的情况下,公司就可以为再投资提供成本较低的资金,从而有助于公司的发展。②发放股票股利可以降低公司股票的市场价格,既有利于促进股票的交易和流通,又有利于吸引更多的投资者成为公司股东,进而使股权更为分散,有效地防止公司被恶意控制。③股票股利的发放可以传递公司未来发展前景良好的信息,从而增强投资者的信心,在一定程度上稳定股票价格。

第三节　股利分配决策

一、股利政策与企业价值

股利政策是指在法律允许的范围内,企业是否发放股利、发放多少股利以及何时发放股利的方针及对策。

股利政策的最终目标是使公司价值最大化。发放股利往往可以向市场传递一些信息,股利发放的多寡、是否稳定、是否增长等,往往是大多数投资者推测公司经营状况、发展前景优劣的依据。因此,股利政策关系到公司在市场上、在投资者中间的形象,成功的股利政策有利于提高公司的市场价值。

(一)股利分配理论

企业的股利分配方案既取决于企业的股利政策,又取决于决策者对股利分配的理解与认识,即股利分配理论。股利分配理论是指人们对股利分配的客观规律的科学认识与总结,其核心问题是股利政策与公司价值的关系问题。市场经济条件下,股利分配要符合财务管理目标。人们对股利分配与财务目标之间关系的认识存在不同的流派与观念,还没有一种被大多数人所接受的权威观点和结论,但主要有以下两种较流行的观点。

1. 股利无关理论

股利无关理论认为,在一定的假设条件限制下,股利政策不会对公司的价值或股票的价格产生任何影响,投资者不关心公司股利的分配。公司市场价值的高低,是由公司所选择的投资决策的获利能力和风险组合所决定的,而与公司的利润分配政策无关。

由于公司对股东的分红只是盈利减去投资之后的差额部分,且分红只能采取派现或股票回购等方式,因此,一旦投资政策已定,那么,在完全的资本市场上,股利政策的改变就仅仅意味着收益在现金股利与资本利得之间分配上的变化。如果投资者按理性行事的话,这种改变不会影响公司的市场价值以及股东的财富。该理论是建立在完全资本市场理论之上的,假定条件包括:第一,市场具有强势效率;第二,不存在任何公司或个人所得税;第三,不存在任何筹资费用;第四,公司的投资决策与股利决策彼此独立。

2.股利相关理论

与股利无关理论相反,股利相关理论认为,企业的股利政策会影响股票价格和公司价值。主要观点有以下几种:

(1)"手中鸟"理论。该理论认为,用留存收益再投资给投资者带来的收益具有较大的不确定性,并且投资的风险随着时间的推移会进一步加大,因此,厌恶风险的投资者会偏好确定的股利收益,而不愿将收益留存在公司内部,去承担未来的投资风险。该理论认为公司的股利政策与公司的股票价格是密切相关的,即当公司支付较高的股利时,公司的股票价格会随之上升,公司价值将得到提高。

(2)信号传递理论。该理论认为,在信息不对称的情况下,公司可以通过股利政策向市场传递有关公司未来获利能力的信息,从而影响公司的股价。一般来讲,预期未来获利能力强的公司,往往愿意通过相对较高的股利支付水平吸引更多的投资者。对于市场上的投资者来讲,股利政策的差异或许是反映公司预期获利能力的有价值的信号。如果公司连续保持较为稳定的股利支付水平,那么投资者会对公司未来的盈利能力与现金流量抱有乐观的预期。如果公司的股利支付水平突然发生变动,那么股票市价也会对这种变动做出反应。

(3)所得税差异理论。该理论认为,由于普遍存在的税率和纳税时间的差异,因此,资本利得收入比股利收入更有助于实现收益最大化目标,公司应当采用低股利政策。一般来说,对资本利得收入征收的税率低于对股利收入征收的税率;再者,即使两者没有税率上的差异,由于投资者对资本利得收入的纳税时间选择更具有弹性,因此,投资者仍可以享受延迟纳税带来的收益差异。

(4)代理理论。该理论认为,股利政策有助于减缓管理者与股东之间的代理冲突,即股利政策是协调股东与管理者之间代理关系的一种约束机制。该理论认为,股利的支付能够有效地降低代理成本。首先,股利的支付减少了管理者对自由现金流量的支配权,这在一定程度上可以抑制公司管理者的过度投资或在职消费行为,从而保护外部投资者的利益;其次,较多的现金股利发放,减少了内部融资,导致公司进入资本市场寻求外部融资,从而使公司接受资本市场上更多的、更严格的监督,这样便通过资本市场的监督减少了代理成本。因此,高水平的股利政策降低了企业的代理成本,但同时增加了外部融资成本,理想的股利政策应当使两种成本之和最小。

●问答 10.1(单选题)

※认为较多地派发现金股利可以在一定程度上抑制管理者过度扩大投资或进行特权消费的股利理论是(　　)。

A."手中鸟"理论　　　　B.所得税差异理论　　　　C.代理理论　　　　D.信号传递理论

(二)股利政策

股利政策由企业在不违反国家有关法律、法规的前提下,根据本企业具体情况制定。股利政策既要保持相对稳定,又要符合公司财务目标和发展目标。在实际工作中,通常有以下几种股利政策可供选择。

授课视频 股利政策

1.剩余股利政策

剩余股利政策是指公司在有良好的投资机会时,根据目标资本结构,测算出投资所需的权益资本额,先从盈余中留用,然后将剩余的盈余作为股利来分配,即净利润首先满足公司的资金需求,如果还有剩余,就派发股利;如果没有,则不派发股利。剩余股利政策的理论依据是股利无关理论。根据股利无关理论,在完全理想状态下的资本市场中,公司的股利政策与普通股每股市价无关,故而股利政策只需随着公司投资、融资方案的制定而自然确定。因此,采用剩余股利政策时,公司要遵循如下四个步骤:①设定目标资本结构,在此资本结构下,公司的加权平均资本成本将达到最低水平;②确定公司的最佳资本预算,并根据公司的目标资本结构预计资金需求中所需增加的权益资本数额;③最大限度地使用留存收益来满足资金需求中所需增加的权益资本数额;④留存收益在满足公司权益资本增加需求后,若还有剩余再用来发放股利。

【例 10-4】 某公司 2020 年税后净利润为 1 000 万元,2021 年的投资计划需要资金 1 200 万元,公司的目标资本结构为权益资本占 60%,债务资本占 40%。试计算该公司每股股利。

解: 按照目标资本结构的要求,公司投资方案所需的权益资本数额为:

1 200×60%=720(万元)

公司当年全部可用于分派的盈利为 1 000 万元,除了满足上述投资方案所需的权益资本数额外,还有剩余可用于发放股利。2020 年公司可以发放的股利额为:

1 000-720=280(万元)

假设该公司当年流通在外的普通股为 1 000 万股,那么,每股股利为:

280÷1 000=0.28(元/股)

剩余股利政策的优点是:留存收益优先保证再投资的需要,有助于降低再投资的资金成本,保持最佳的资本结构,实现企业价值的长期最大化。

剩余股利政策的缺点是:若完全遵照执行剩余股利政策,股利发放额就会每年随着投资机会和盈利水平的波动而波动。在盈利水平不变的前提下,股利发放额与投资机会的多寡呈反方向变动;而在投资机会维持不变的情况下,股利发放额将与公司盈利呈同方向变动。剩余股利政策不利于投资者安排收入与支出,也不利于公司树立良好的形象,一般适用于公司初创阶段。

2.固定或稳定增长的股利政策

固定或稳定增长的股利政策是指公司将每年派发的股利额固定在某一特定水平或是在此基础上维持某一固定比率逐年稳定增长。公司只有在确信未来不会发生逆转时才会宣布实施固定或稳定增长的股利政策。在这一政策下,公司应确定股利分配额,而且该分配额一般不随资金需求的变动而变动。

固定或稳定增长股利政策的优点有：①基于股利政策本身的信息含量，稳定的股利向市场传递着公司正常发展的信息，有利于树立公司的良好形象，增强投资者对公司的信心，稳定股票的价格。②稳定的股利额有助于投资者安排股利收入和支出，有利于吸引那些打算进行长期投资并对股利有很高依赖性的股东。③稳定的股利政策可能会不符合剩余股利理论，但考虑到股票市场会受多种因素影响（包括股东的心理状态和其他要求），为了将股利维持在稳定的水平上，即使推迟某些投资方案或暂时偏离目标资本结构，也可能比降低股利或股利增长率更为有利。

固定或稳定增长股利政策的缺点有：①股利的支付与企业的盈利相脱节，造成投资的风险和收益不对称；②不论公司盈利多少，均要支付固定的或按固定比率增长的股利，这可能会导致财务状况恶化，甚至腐蚀公司留存收益和公司资本。

因此，采用固定或稳定增长的股利政策，要求公司对未来的盈利和支付能力做出准确的判断。一般来说，公司确定的固定股利额不宜太高，以免陷入无力支付的被动局面。固定或稳定增长的股利政策通常适用于经营比较稳定或正处于成长期的企业，且很难被长期采用。

3. 固定股利支付率政策

固定股利支付率政策是指公司将每年净利润的某一固定百分比作为股利分派给股东。这一百分比通常称为股利支付率，股利支付率一经确定，一般不得随意变更。在这一股利政策下，只要公司的税后利润一经确定，所派发的股利也就相应确定了。固定股利支付率越高，公司留存的净利润就越少。

固定股利支付率的优点：①采用固定股利支付率政策，股利与公司盈余紧密地配合，体现了"多盈多分、少盈少分、无盈不分"的股利分配原则。②由于公司的获利能力在年度间是经常变动的，因此，每年的股利也应当随着公司收益的变动而变动。采用固定股利支付率政策，公司每年按固定的比例从税后利润中支付现金股利，从企业支付能力的角度看，这是一种稳定的股利政策。

固定股利支付率的缺点：①大多数公司每年的收益很难保持稳定不变，导致年度间的股利额波动较大。由于股利的信号传递作用，波动的股利很容易给投资者带来经营状况不稳定、投资风险较大的不良印象，因此称为公司的不利因素。②容易使公司面临较大的财务压力。虽然公司实现的盈利多，但并不能代表公司有足够的现金流用来支付较多的股利额。③合适的固定股利支付率的确定难度比较大。

由于公司每年面临的投资机会、筹资渠道都不同，而这些都可以影响公司的股利分派，所以一成不变地奉行固定股利支付率政策的公司在实际中并不多见。固定股利支付率政策只适用于那些处于稳定发展且财务状况较稳定的公司。

【例 10-5】　某公司长期以来用固定股利支付率政策进行股利分配，确定的股利支付率为 30%。2020 年税后净利润为 1 500 万元，如果仍然继续执行固定股利支付率政策，试计算该公司本年度可以支付的股利。

解：2020 年该公司可以支付的股利为：1 500×30%＝450(万元)

但公司下一年度有较大的投资需求,因此,准备本年度采用剩余股利政策。如果公司下一年度的投资预算为2 000万元,目标资本结构为权益资本占60%。按照目标资本结构的要求,公司投资方案所需的权益资本额为:2 000×60%＝1 200(万元)

公司2020年度可以发放的股利为:1 500－1 200＝300(万元)

4.低正常股利加额外股利政策

低正常股利加额外股利政策是指公司事先设定一个较低的正常股利额,每年除了按正常股利额向股东发放股利外,还在公司盈余较多、资金较为充裕的年份向股东发放额外股利。但是,额外股利并不固定,也不意味着公司永久地提高了股利支付率。可以用以下公式表示:

$$Y＝a＋bX$$

式中,Y 为每股股利;X 为每股收益;a 为低正常股利;b 为股利支付比率。

低正常股利加额外股利政策的优点:

(1)赋予公司较大的灵活性,使公司在股利发放上留有余地,并具有较大的财务弹性。公司可根据每年的具体情况,选择不同的股利发放水平,以稳定和提高股价,进而实现公司价值的最大化。

(2)使那些依靠股利度日的股东每年至少可以得到虽然较低但比较稳定的股利收入,从而吸引住这部分股东。

低正常股利加额外股利政策的缺点:

(1)年份之间公司盈利的波动使得额外股利不断变化,造成分派的股利不同,容易让投资者产生收益不稳定的感觉。

(2)当公司在较长时间持续发放额外股利后,可能会被股东误认为是"正常股利",一旦取消,传递出的信号可能会使股东认为这是公司财务状况恶化的表现,进而导致股价下跌。

相对来说,对那些盈利随着经济周期而波动较大的公司或者盈利与现金流量很不稳定时,低正常股利加额外股利政策也许是一种不错的选择。

●问答10.2(单选题)

※以下股利分配政策中,最有利于股价稳定的是(　　　)。

A.剩余股利政策　　　　　　　　B.固定或持续增长的股利政策

C.固定股利支付率政策　　　　　D.低正常股利加额外股利政策

二、利润分配制约因素

企业的利润分配涉及企业相关各方的切身利益,受众多不确定因素的影响,在确定分配政策时,应当考虑各种相关因素的影响,主要包括法律、公司、股东及其他因素。

(一)法律因素

为了保护债权人和股东的利益,法律规定就公司的利润分配做出如下规定:

(1)资本保全约束。规定公司不能用资本(包括实收资本或股本和资本公积)发放股利,目的在于维持企业资本的完整性,保护企业完整的产权基础,保障债权人的利益。

(2)资本积累约束。规定公司必须按照一定的比例和基数提取各种公积金,股利只能从企业的可供分配利润中支付。此处可供分配利润包含公司当期的净利润按照规定提取各种公积金后的余额和以前累积的未分配利润。另外,在进行利润分配时,一般应当贯彻"无利不分"的原则,即当企业出现年度亏损时,一般不进行利润分配。

(3)超额累积利润约束。由于资本利得与股利收入的税率不一致,如果公司为了避税而使得盈余的保留大大超过了公司目前及未来的投资需要时,那么将被加征额外的税款。

(4)偿债能力约束。要求公司考虑现金股利分配对偿债能力的影响,确定在分配后仍能保持较强的偿债能力,以维持公司的信誉和借贷能力,从而保证公司的正常资金周转。

(二)公司因素

公司基于短期经营和长期发展的考虑,在确定利润分配政策时,需要关注以下因素:

(1)现金流量。由于会计规范的要求和核算方法的选择,因此,公司盈余与现金流量并非完全同步,净收益的增加不一定意味着可供分配的现金流量的增加。公司在进行利润分配时,要保证正常的经营活动对现金的需求,以维持资金的正常周转,使生产经营得以有序进行。

(2)资产的流动性。企业现金股利的支付会减少其现金持有量,降低资产的流动性,而保持一定的资产流动性是企业正常运转的必备条件。

(3)盈余的稳定性。一般来讲,公司的盈余越稳定,其股利支付水平也就越高。

(4)投资机会。如果公司的投资机会多,对资金的需求量大,那么它就很可能会考虑采用低股利支付水平的分配政策;相反,如果公司的投资机会少,对资金的需求量小,那么它就很可能倾向采用较高的股利支付水平。此外,如果公司将留存收益用于再投资所得报酬低于股东个人单独将股利收入投资于其他投资机会所得的报酬时,公司就不应多留存收益,而应多发股利,这样有利于股东价值的最大化。

(5)筹资因素。如果公司具有较强的筹资能力,随时能筹集到所需资金,那么它会具有较强的股利支付能力。另外,留存收益是企业内部筹资的一种重要方式,它同发行新股或举债相比,不需花费筹资费用,同时增加了公司权益资本的比重,降低了财务风险,便于低成本取得债务资本。

(6)其他因素。由于股利的信号传递作用,因此,公司不宜经常改变其利润分配政策,应保持一定的连续性和稳定性。此外,利润分配政策还会受到其他公司的影响,比如,不同发展阶段、不同行业的公司股利支付比例会有差异,这就要求公司在进行政策选择时要考虑发展阶段以及所处行业状况。

(三)股东因素

股东在控制权、收入和税赋方面的考虑也会对公司的利润分配政策产生影响。

(1)控制权。现有股东往往将股利政策作为维持其控制地位的工具。企业支付较高的股利导致留存收益的减少,当企业为有利可图的投资机会筹集所需资金时,发行新股的可能性增大,新股东的加入必然稀释公司的控制权。所以,股东会倾向较低的股利支付水平,以便从内部的留存收益中取得所需资金。

(2)稳定的收入。如果股东以现金股利维持生活,他们往往要求企业能够支付稳定的股利,而反对过多的留存。

(3)避税。由于股利收入的税率要高于资本利得的税率,因此,一些高股利收入的股东出于避税的考虑,往往倾向较低的股利支付水平。

(四)其他因素

(1)债务契约。一般来说,股利支付水平越高,留存收益越少,企业的破产风险加大,就越有可能损害到债权人的利益。因此,为了保证自己的利益不受侵害,债权人通常都会在债务契约、租赁合同中加入关于借款企业股利政策的限制条款。

(2)通货膨胀。通货膨胀会带来货币购买力水平下降,导致固定资产重置资金不足。此时,企业往往不得不考虑留用一定的利润,以便弥补因购买力下降而造成的固定资产重置资金缺口。因此,在通货膨胀时期,企业一般会采取偏紧的利润分配政策。

第四节　股票分割和股票回购

一、股票分割

股票分割又称拆股,即将一股股票拆分成多股股票的行为。股票分割一般只会增加发行在外的股票总数,但不会对公司的资本结构产生任何影响。股票分割与股票股利非常相似,都是在不增加股东权益的情况下增加了股份的数量,所不同的是,股票股利虽不会引起股东权益总额的改变,但股东权益的内部结构会发生变化,而股票分割之后,股东权益总额及其内部结构都不会发生任何变化,变化的只是股票面值。

股票分割的作用如下:

(1)降低股票价格。股票分割会使每股市价降低,买卖该股票所需资金量减少,从而可以促进股票的流通和交易。流通性的提高和股东数量的增加,会在一定程度上加大对公司股票恶意收购的难度。此外,降低股票价格还可以为公司发行新股做准备,因为股价太高会使许多潜在投资者力不从心而不敢轻易对公司股票进行投资。

(2)向市场和投资者传递"公司发展前景良好"的信号。股票分割有助于提高投资者对公司股票的信心。

与股票分割相反,如果公司认为其股票价格过低,不利于其在市场上的声誉和未来的再筹资时,为提高股票的价格,会采取反分割措施。反分割又称股票合并或逆向分割,是指将多股股票合并为一股股票的行为。反分割显然会降低股票的流通性,提高公司股票投资的门槛,它向市场传递的信息通常都是不利的。

●问答 10.3(单选题)

※在下列各项中,能够增加普通股股票发行在外的股数,但是不会改变公司资本结构的行为是(　　)。

A. 支付现金股利　　　　B.增发普通股　　　　C.股票分割　　　　D.股票回购

【例 10-6】　某上市公司在 2020 年年末资产负债表上的股东权益账户情况,如表 10-5 所示。

表 10-5　某上市公司股东、权益情况

项目	金额/万元
普通股(面值 10 元,发行在外 1 000 万股)	10 000
资本公积	10 000
盈余公积	5 000
未分配利润	8 000
股东权益合计	33 000

(1)假设股票市价为 20 元,该公司宣布发放 10%的股票股利,即现有股东每持有 10 股即可获赠 1 股普通股。发放股票股利后,股东权益有何变化?每股净资产是多少?

(2)假设该公司按照 1:2 的比例进行股票分割。股票分割后,股东权益有何变化?每股净资产是多少?

解:(1)发放股票股利后股东权益情况,如表 10-6 所示。

表 10-6　发放股票股利后股东权益情况

项目	金额/万元
普通股(面值 10 元,发行在外 1 100 万股)	11 000
资本公积	11 000
盈余公积	5 000
未分配利润	6 000
股东权益合计	33 000

每股净资产为:33 000÷(1 000＋100)＝30(元/股)

(2)股票分割后股东权益情况,如表 10-7 所示。

表 10-7　股票分割后股东权益情况

项目	金额/万元
普通股(面值 5 元,发行在外 2 000 万股)	10 000
资本公积	10 000
盈余公积	5 000
未分配利润	8 000
股东权益合计	33 000

每股净资产为:33 000÷(1 000×2)=16.5(元/股)

二、股票回购

(一)股票回购的含义及方式

股票回购是指上市公司出资将其发行在外的普通股以一定价格购买回来予以注销或作为库存股的一种资本运作方式。公司不得随意收购本公司的股份。只有满足相关法律规定的情形才允许股票回购。

股票回购的方式主要包括公开市场回购、要约回购和协议回购三种。其中,公开市场回购是指公司在公开交易市场上以当前市价回购股票;要约回购是指公司在特定期间向股东发出的以高于当前市价的某一价格回购既定数量的股票;协议回购则是指公司以协议价格直接向一个或几个主要股东回购股票。

(二)股票回购的动机

在证券市场上,股票回购的动机多种多样,主要有以下几点:

(1)现金股利的替代。现金股利政策会对公司产生未来的派现压力,而股票回购不会。当公司有富余资金时,通过回购股东所持股票将现金分配给股东,这样,股东就可以根据自己的需要选择继续持有股票或出售获得现金。

(2)改变公司的资本结构。无论是现金回购还是举债回购股份,都会提高公司的财务杠杆水平,改变公司的资本结构。公司认为权益资本在资本结构中所占比例较大时,为了调整资本结构而进行股票回购,可以在一定程度上降低整体资本成本。

(3)传递公司信息。由于信息不对称和预期差异,因此,证券市场上的公司股票价格可能被低估,而过低的股价将会对公司产生负面影响。一般情况下,投资者会认为股票回购意味着公司认为其股票价值被低估而采取的应对措施。

(4)基于控制权的考虑。控股股东为了保证其控制权,往往采取直接或间接的方式回购股票,从而巩固既有的控制权。另外,股票回购使流通在外的股份数变少,股价上升,从而可以有效地防止敌意收购。

●问答 10.4(多选题)

> ※甲公司盈利稳定,有多余现金,拟进行股票回购用于将来奖励本公司职工。在其他条件不变的情况下,股票回购会导致(　　)。
>
> A.每股面额下降　　　　　　B.资本结构变化
>
> C.每股收益提高　　　　　　D.自由现金流量减少

三、股票回购的影响

股票回购对上市公司的影响主要表现在以下几个方面:

(1)股票回购需要大量资金支付回购成本,容易造成资金紧张,降低资产流动性,影响公司的后续发展。

(2)股票回购无异于股东退股和公司资本的减少,也可能会使公司的发起人股东更注重创业利润的实现,从而不仅在一定程度上削弱了对债权人利益的保护,而且忽视了公司的长远发展,损害了公司的根本利益。

(3)股票回购容易导致公司操纵股价。公司回购自己的股票容易导致其利用内幕消息进行炒作,加剧公司行为的非规范化,损害投资者的利益。

●问答 10.5(单选题)

> ※股票股利与股票分割都将增加股份数量,两者的主要差别在于是否会改变公司的(　　)。
> A.资产总额　　　B.股东权益总额　　　C.股东权益的内部结构　　　D.股东持股比例

【案例分析】

案例分析
A 股 39 只"铁公鸡"从未分红,股东应维权

案例解析

【分析要点】

1.现金股利分配政策对企业会产生什么影响?

2.收集最新上市公司股利分配资料和规范股利分配的法规条款,分析我国上市公司股利分配中"铁公鸡"现象的原因。

3.调查你身边的朋友,分析大多数中小股东对股利分配形式的偏好程度。

【本章小结】

企业获得利润后,首先弥补以前法定年限内未弥补完的亏损,其次提取法定盈余公积金和任意盈余公积金,最后向投资者分配利润。

股利经过一定的程序,采用现金、股票等形式向投资者分配。而在股利分配的过程中,常见的股利政策有:剩余股利政策、固定股利发放率政策、固定或稳定增长股利政策和正常股利加额外股利政策。不同的股利政策各有优缺点。影响股利政策的因素很多,企业应根据自己的具体情况选择适当的股利政策与股利支付形式。

【复习思考题】

第十章 在线测试

1. 利润分配包括哪些项目?

2. 股利支付程序是什么?

3. 常用的股利政策有哪些?

4. 影响股利政策的因素有哪些?

5. 股票股利和股票分割有哪些不同?

【综合自测】

第十章 综合自测参考答案

1. 【资料】某公司某年提取公积金后的税后净利润为 1 000 万元,第二年的投资计划拟需资金 1 200 万元。该公司的目标资本结构为自有资本占 60%,借入资本占 40%。另外,该公司流通在外的普通股总额为 2 000 万股,没有优先股。

【要求】试计算公司当年可发放的股利额及每股股利。

2. 【资料】鸿翔股份有限公司 2019 年实现净利润 3 500 万元,发放现金股利 1 400 万元。2020 年公司实现净利润为 4 500 万元,年末的股本总额为 1 500 万元(每股面值 1 元,下同)。2021 年公司扩大投资需要筹资 5 000 万元。现有下列几种利润分配方案。

(1)保持 2019 年的股利支付率。

(2)2021 年投资所需要的资金的 40% 通过 2020 年收益留存来融资,其余通过负债来融资,2020 年留存收益以外的净利润全部用来分配现金股利。

(3)2021 年投资所需资金中的一部分通过 2020 年收益留存来融资,另一部分通过配股来融资,拟按照 2020 年年末总股本的 30% 实施配股方案,每股配股价格初定为 4.80 元。2020 年留存收益以外的净利润全部用来分配现金股利。

【要求】请分别计算 2020 年利润分配方案中应分配的现金股利金额。

第十一章　财务分析 ▶▶▶

学习目标

了解企业财务分析的目的、程序与财务分析的局限性;

掌握企业偿债能力、盈利能力、营运能力、发展能力、盈余质量等分析指标;

掌握杜邦财务分析方法,能运用因素分析法对企业财务状况做出综合分析评价。

导入语

根据《上市公司信息披露管理办法》,上市公司每年都要向社会公开一份经过具有证券、期货相关业务资格的会计师事务所审计的年报。年报内容通常包括:公司业务概要,经营情况讨论分析、重要事项,公司治理和财务报告等方面的内容。其中,财务报告是企业所提供的会计信息,用来满足利益相关者,如股东、债权人、管理者和员工等的需要。通过会计报表我们希望得知公司未来的前景、潜在收益、股票合理价位以及还本付息的收入来源等一系列问题的答案。

本章主要介绍分析财务报表的指标和方法。企业财务分析指标包括企业偿债能力、盈利能力、营运能力、发展能力、收益质量等一系列财务比率。能够运用相应的财务指标对企业会计报表做出分析。理解和掌握杜邦财务分析方法,能够运用因素分析法分析企业财务状况、经营成果和现金流量,获取对决策有用的信息。

关键词

偿债能力(solvency)

盈利能力(profitability)

营运能力(operating capacity)

发展能力(development capability)

杜邦财务分析(dupont financial analysis)

第一节 财务分析概述

一、财务分析的概念

财务分析是一定的财务分析主体以企业的财务报告及其他资料为依据,采用一定的标准,运用科学系统的方法,对企业的财务状况、经营成果及其发展趋势进行的分析和评价。财务状况一般称之为资金状况,即"财务状况是企业生产经营活动的结果在资金方面的反映"。财务状况是指资金来源、资金占用、资金周转的情况,资金来源和占用的情况反映了企业的偿债能力;资金周转情况反映了企业资金的营运能力;经营成果反映了企业的盈利水平和盈利能力;发展趋势反映了企业未来的发展潜力和成长能力。因此,企业财务分析的内容主要包括偿债能力分析、营运能力分析、盈利能力分析、发展能力分析等几个方面。财务分析的主要依据是企业财务报告所提供的有关资料。除此之外,其他资料如会计核算资料、统计资料、业务资料、行业资料、国家政策、国际形势,甚至企业经营业务的基本特点、基本知识也都是财务分析所需要的资料。

二、财务分析的主体和目的

财务分析的主体是指与企业存在一定现实或潜在的利益关系,为特定目对企业进行财务分析的单位、团体和个人。从本质上讲,企业财务分析的主体就是企业财务信息的使用者。

财务分析的目的是指财务分析主体对企业进行财务分析时所要达到的目的。由于财务分析的主体和内容不同,因此,财务分析的目的也是不同的。

(一)投资者

投资者是财务报表的主要使用者。投资者将资金投入企业,拥有企业资产的终极所有权,他们是企业经营获利的最大受益者,也是企业经营风险的最大承担者。因此,投资者最为关注的是企业的盈利能力和风险情况。投资者通过对企业盈利能力的分析,可以对企业的整体财务状况进行评价,进而评价企业经营者的经营业绩。

(二)债权人

债权人主要关心企业能否按期还本付息,他们一般侧重于分析企业的偿债能力。作为长期债权人,不仅关心企业的长期偿债能力,也十分关心企业的盈利能力和现金流量的情况,以便为贷款决策提供依据;作为短期债权人,主要关心企业资产的流动性以及企业的短期偿债能力。

(三)经营管理者

企业的经营管理者需要了解企业的财务状况、经营成果、现金流量及其发展趋势,以及财务状况发展变化的原因和应采取的措施,以便为改善管理的决策提供依据;其中,经理人员的分析内容最广泛,不仅包括财务状况、经营成果、发展能力的评价,而且要对影响企业财务状况变动的原因进行分析,以便寻求提高经济效益、改善财务状况的措施。

(四)企业的供应商及客户

供应商通过对企业财务报表的分析,主要了解企业的信用状况,以便为信用决策提供依据;客户通过对企业财务报表的分析,了解企业的财务状况,据以判断企业的经营能力及产品服务质量,以便为选择进货途径做出正确的决策。

(五)政府部门

政府通过对企业财务情况的分析,了解企业纳税情况、遵守法规和制度的情况;评价国有企业经营业绩等。

(六)职工

企业的职工和工会通过对企业财务情况的分析,了解企业的盈利能力是否与工资、保险、福利相适应。

(七)中介机构

中介机构通过对财务报表的分析可以确定审计重点;可以为各类报表使用者提供专业咨询服务。

三、财务分析的种类

(一)按分析主体的不同,可以分为内部财务分析和外部财务分析

内部财务分析主要是指企业内部经营管理者对本企业的财务状况所进行的分析。内部财务分析的目的不仅要了解和评价企业的财务状况、经营成果及其发展趋势,而且要了解影响企业财务状况和经营成果变动的原因,从而为进一步改善企业财务状况和提高经济效益寻求措施和途径。由于是企业内部人员进行的分析,所以可以利用企业详细的内部资料,得出更加详尽的分析结论。外部财务分析是指企业外部的利益相关者对企业的财务状况、经营成果及其发展趋势所进行的分析。外部分析因分析主体不同具体目的也

不相同。外部财务分析重在评价企业的各种能力,至于应采取什么措施改善企业的财务状况可能并不重要,同时由于外部财务分析所依据的资料主要是公开的、概括的信息,因此也难以对影响企业财务状况变动的具体原因做出十分准确的判断。

(二)按分析所涉及的时间、空间范围不同,可以分为截面分析和时间序列分析等

截面分析也称为横向分析,即分析同一时期内不同项目之间的数量关系,或者不同企业同一时期的比较分析。时间序列分析即分析同一企业不同时期财务数据之间的关系。

另外,按分析方法的不同,财务分析可以分为趋势分析、比率分析、因素分析等。按分析内容的不同,财务分析又可以分为全面分析和专题分析。

四、财务分析的依据

财务分析的主要依据是企业财务报告和所处的外部环境。财务报告是企业向与本企业有利害关系的组织或个人提供的、反映企业在一定时期内的财务状况、经营成果以及影响企业未来经营发展的重要经济事项的书面文件。企业的财务报告包括会计报表和文字资料两部分。企业的外部环境主要包括市场环境、政策环境和宏观经济环境。

(一)企业财务报告

企业财务报告分为会计报表、报表附表附注、财务情况说明书和注册会计师的审计报告。会计报表按其格式和内容的不同,又可分为资产负债表、利润表、现金流量表等。集团企业的母企业还按照规定的范围编制合并会计报表。

1. 会计报表

(1)资产负债表。资产负债表是反映企业特定日期财务状况的会计报表。它以"资产=负债+所有者权益"这一会计恒等式为编制依据,按照一定的分类标准和次序反映企业在某一时点上的资产、负债和所有者权益的基本情况。资产负债表反映了资产的规模、资产的结构、资产的流动性、资产的质量、资金的来源状况、负债的水平、所有者权益等信息。资产负债表分析的作用表现在以下几个方面:①可以了解企业的资产分布状况。资产负债表可以说明企业的资产规模,进而说明企业的生产能力,也说明了企业资产的质量状况。利用该表可以分析企业的资产资本结构是否正常,也可以分析企业的获利能力和经营业绩。②可以了解企业的偿债能力。将企业的资产总额和负债总额相比较,可以了解企业资产对偿还债务的保障程度以及企业资金的来源结构;将企业的流动资产同流动负债相比较,可以反映企业短期偿债的能力;将长期资金同长期资产相比较,可以说明企业融资策略是否稳健。③了解资本保值增值的情况。将期末、期初的所有者权益相比较,可以了解所有者投资是否在经营中被保存下来并不断增值。

(2)利润表。利润表是反映企业在一定期间生产经营成果的财务报表。利润表是依据"收入-费用=利润"这一会计等式编制而成的,通常按照重要性大小依次排序。第一部分是营业利润。营业利润是企业的营业收入减去营业成本,再减去税金及附加、管理费用、财务费用、销售费用、研发费用、资产减值损失等,加上投资净收益计算而来。第二部分是利润总额。利润总额由营业利润加上营业外收入,减去营业外支出构成。第三部分是净利润。净利润由利润总额减去所得税费用构成。利润表分析的作用表现在以下几个方面:①可以分析企业经营成果和获利能力。通过利润表可以了解企业在一定会计期间是盈利还是亏损,盈利有多少,亏损有多大,经营业务的获利能力有多大,并同资产负债表的有关资料联系起来,可以了解资产的获利能力、投资回报率。②可以分析企业的盈利质量。一般认为盈利质量是指净利润是否与现金流入相匹配,即应计制下的利润是否伴有可靠的现金流入。盈利必须伴有相应的现金流入,才能够满足股利分配、偿还债务、业务发展的需要。利润的增加没有带来相应的现金流入的增加,则该利润既不能用于股利分配,又不能用于债务偿还,也无法满足业务发展的需要,这样的盈利质量是不高的。③可以了解企业的收入来源和分配去向。通过利润表可以了解一定会计期间营业收入、投资收益、营业外收入各是多少;可以了解一定会计期间营业成本、税金及附加、销售费用、管理费用、财务费用、营业外支出等各有多少。

(3)现金流量表。现金流量表是反映企业在一定会计期间现金和现金等价物流入和流出的报表,其编制基础是现金和现金等价物。现金流量表揭示了现金来源与运用的信息,有利于分析企业现金来源与运用的合理性,判断企业的营运状况和效果,评价企业的经营业绩。通过对经营现金流量、投资活动的现金流量、筹资活动的现金流量分析,可以发现企业现金增减变动的具体原因,可以分析企业现金增减的合理性,改进企业资金管理。将现金流量表与资产负债表、利润表结合起来:①可以分析企业创造现金的能力指标。企业无论是经营活动的发展或是偿还到期债务的本金和利息,都需要企业在创造利润的同时,还应创造现金收益,即具有一定的创造现金的能力。现金流量表中的"现金及现金等价物的净增加额"是由经营活动、投资活动、筹资活动这三类活动现金流量净额所组成的,从一定意义上说明了企业获取现金的能力,但要准确说明企业创造现金的能力,还应进一步了解"现金和现金等价物净增加额"是由哪一类活动创造的,各类活动创造现金净流量是多少。其中,经营活动现金净流量最能准确说明企业创造现金的能力。经营活动现金净流量为正数且数额越多,说明企业创造现金的能力越强。而投资活动中投资损益的现金净流量则与经营获得的现金净流量相配合说明企业创造现金的能力。②可以从现金保证的角度说明盈利质量。如上所述,企业盈利质量的重要特征之一就是利润与现金流入的同步性。不能与现金流入同步的利润,其质量要打折扣。利润是以权责发生制为基础而编制的,凡是本期销售出去的产品,无论货款是否实际收到都要作为本期的销售出去的产品,无论货款是否实际收到都要作为本期的销售收入,这就导致在实际工作中经常会遇到这样的情况,有些企业利润表上反映的虽然是盈利,但却没有现金流入,偿还不了到期的债务;有些企业利润表上反映的虽然是亏损,但却现金充足,不但能够偿还债务,而且还可进行投资。所以,利润如果没有相应的现金流量相伴随,质量很可能是不高的。通过经营现金净流量同净利润的比较,可以判断利润的质量。③可以分析企业的偿债能力和支付能力。企业的偿债能力,不仅表现在资产与负债的比例情况,而且表现在未来取得盈利和创造现金的能力上,其中尤为重要的是创造现金收益的能力,因为债务的偿还归根结底是要用现金支付的。现金流量表揭示的现金流量信息可以了解企业创造现金归还到期债务和支付利息、股利的能力,也可以将经营活动现金净流量同流动负债或负债总额相比较,说明负债是否适度。

2.会计报表附表及附注

(1)会计报表附表。会计报表附表主要是指资产负债表、利润表、现金流量表的附表,是补充反映企业财务状况、经营成果和现金流量等的报表。资产负债表主要包括存货表、固定资产及累计折旧表、在建工程表、无形资产和其他资产表、留存收益表、所有者权益变动表,用来说明资产负债表中重要资产和资金来源项目详细情况的报表。利润表附表包括主营业务收支明细表、管理费用明细表、销售费用明细表、财务费用明细表、营业外收支明细表、其他业务收支明细表等,有利于了解企业主要收支的构成情况。

(2)会计报表附注。会计报表附注是为了便于会计报表使用者理解会计报表的内容而对会计报表的编制基础、编制依据、编制原则和方法及主要项目等所做的解释。会计报表附注的主要内容包括企业一般情况、会计基本假设、会计政策、变更事项、报表项目注释、分部信息以及重要事项解释等内容。

3.财务情况说明书

财务情况说明书是企业对自身财务状况和经营成果做出的文字报告,是企业简要的财务分析报告。通过阅读财务情况说明书,可以了解企业自我评价、企业在经营中面临的环境、企业对未来发展的信心等方面的内容。企业财务情况说明书一般包括企业生产经营的基本情况,资金周转和增减情况,利润实现和分配的情况,对企业财务状况、经营成果、现金流量有重要影响的其他事项,对未来情况的预测和发展战略等。

4.注册会计师的审计报告

审计报告是会计师事务所对经过审计的会计报表的真实性、公允性和一贯性发表意见的书面报告。企业的年度财务报告,必须经过注册会计师审计并出具审计报告。在进行财务分析时,应注意阅读审计报告,以便了解报表的真实性、可靠性以及问题所在。

(二)企业外部环境

企业的外部环境包括市场环境、政策环境和经济环境。企业市场环境主要包括资本市场、生产资料市场、劳动力市场、技术市场、销售市场等。企业的市场环境对企业的发展有巨大的制约或推动作用。资本市场在一定程度上决定企业的发展速度。劳动力市场在某种程度上决定了企业人力资源的质量,影响企业的核心竞争力。销售市场则是企业提供的产品或劳务的需求市场,是企业生存的生命线。另外,分析人员还要考虑竞争者的情况、产业结构情况、企业产品的生命周期等。

五、财务分析的方法

财务分析方法是实现财务分析目的的手段。财务分析中最常用的方法主要有比较分析法、比率分析法、趋势分析法、因素分析法等。

(一)比较分析法

比较分析法是指通过主要项目或指标数值的比较,确定差异,分析和判断企业经营状况的一种方法。比较分析法有绝对数比较和相对数比较两种形式。绝对数比较是将各报表项目的绝对数与比较对象的绝对数进行比较,以揭示其数量差异,借以了解金额变动情况。相对数比较是利用报表中有相关关系的数据进行比较,以揭示相对数之间的差异,借以了解变动程度。

应用比较分析法一定要保证比较双方的可比性,因此要注意:

1.对比指标之间必须在计算口径方面保持一致

所谓计算口径一致,是指对比指标在内容、范围上一致。例如,速动资产一般按"流动资产—存货"计算,也有的直接按货币资金、交易性金融资产、应收账款之和计算,有的甚至按调整后的货币资金、交易性金融资产、应收账款计算(如在应收账款中将一年以上的部分予以剔除)。如果计算口径不同,对比指标之间就没有可比性,对比结果缺乏实际意义。

2.对比指标之间必须在时间上保持一致

所谓时间上的一致性,是指对比指标应在时间跨度、季节上保持一致。从业绩评价的角度,一般不能将年度指标同季度指标相比较,也不能将淡季指标同旺季指标相比较。

3.会计政策、会计估计上的一致性

会计核算中,如果会计政策、会计估计发生变动,就必然会影响会计数据的可比性。在财务分析中对于因会计政策、会计估计发生变动而影响会计数据不可比时,或者调整会计数据,或者在根据这些数据评价企业财务状况和经营业绩时,应充分考虑这些因素的影响。

4.企业类型、规模应基本一致

不同类型的企业有不同的特点,商品流通企业与工业企业的有关指标一般不应直接比较,批发企业和零售企业一般也不宜直接比较,不同规模的企业有不同的资产结构和抗风险能力,它们之间相关指标一般也不具有可比性。

(二)比率分析法

比率分析法是通过计算性质不同但又相关的指标的比率,并同标准相比较,从而揭示企业财务状况本质特征的一种方法。比率分析法是财务分析的最基本、最重要的方法。由于财务比率将性质不同但又相关的财务数据相联系计算出来,所以可以揭示财务现象之间的规律性,同时它以相对数表示,可以揭示能力和水平,因而成为财务评价的重要依据。但是,不能过分夸大财务比率分析的作用,比率分析需要以其他分析技术加工后的数据为基础,同时,比率分析的结论又必须同具体情况相结合,根据其他分析技术的结论做必要的修正。

1.比率指标的分类

比率指标主要有以下三类:

(1)构成比率。构成比率又称结构比率,是某项经济指标的各个组成部分与总体的比

率,反映部分与总体的关系。其计算公式为:

$$构成比率=\frac{某个组成部分数值}{总体数值}\times100\%$$

利用构成比率,可以考虑总体中某个部分的形成和安排是否合理,以便协调各项财务活动。

(2)效率比率。效率比率是某项经济活动中投入与产出的比率,反映投入与产出的关系。利用效率比率指标,可以进行得失比较,考察经营成果,评价经济效益。如将利润项目与销售成本、销售收入、资本等项目加以对比,可计算出成本利润率、销售利润率以及资本利润率等利润率指标,可以从不同角度观察比较企业获利能力的高低及其增减变化情况。

(3)相关比率。相关比率是以某个项目和与其有关但又不同的项目加以对比所得的比率,反映有关经济活动的相互关系。利用相关比率指标,可以考虑有联系的相关业务安排得是否合理,以保障企业运营活动能够顺畅进行。如将流动资产与流动负债加以对比,计算出流动比率,据以判断企业的短期偿债能力。

2.采用比率分析法应注意的问题

比率分析法不仅计算简便,计算结果容易判断,而且可以使某些指标在不同规模的企业之间进行比较,甚至也能在一定程度上超越行业间的差别进行比较,但采用这一方法要注意以下几点:

(1)对比项目的相关性。计算比率的分子项和分母项必须具有相关性,把不相关的项目进行对比是没有意义的。在构成比率指标中,部分指标必须是总体指标这个大系统中的一个小系统;在效率比率指标中,投入和产出必须有因果关系;在相关比率指标中,两个对比指标也要有内在联系,才能评价有关经济活动之间是否协调均匀,安排是否合理。

(2)对比口径的一致性。计算比率的分子项和分母项必须在计算时间、范围等方面保持口径一致。

(3)衡量标准的科学性。运用比率分析,需要选用一定的标准与之对比,以便对企业的财务状况做出评价。

(4)财务比率的综合分析评判。财务比率分析应注意各比率所反映的企业经营状况之间相互支持的程度。分析人员最重要的是通过财务比率分析了解企业的全貌,不应仅仅根据某一个比率来做出判断。

(三)趋势分析法

趋势分析法就是将连续若干时期的指标相比较,揭示企业财务状况发展变化趋势的一种方法。趋势分析法一般通过计算发展速度、增长速度来揭示企业财务状况、经营成果的变动规律和趋势。

具体运用主要有以下三种方式:

1.重要财务指标的比较

重要财务指标的比较是将不同时期财务报告中的相同指标或比率进行比较,直接观察其增减变动情况及变动幅度,考察发展趋势,预测其发展前景。

对不同时期财务指标的比较,可以有两种方法:

(1)定基动态比率。定基动态比率是以某一时期的数值为固定的基期数值而计算出来的动态比率。其计算公式为:

$$定基动态比率=\frac{分析期数值}{固定基期数值}\times100\%$$

(2)环比动态比率。环比动态比率是以每一分析期的前期数值为基期数值而计算出来的动态比率。其计算公式为:

$$环比动态比率=\frac{分析期数值}{前期数值}\times100\%$$

2.会计报表的比较

会计报表的比较是将连续数期的会计报表的金额并列起来,比较其相同指标的增减变动金额和幅度,据以判断企业财务状况和经营成果发展变化的一种方法。会计报表的比较,具体包括资产负债表比较、利润表比较、现金流量表比较等。比较时,分析人员既要计算出表中有关项目增减变动的绝对额,又要计算出其增减变动的百分比。

3.会计报表项目构成的比较

会计报表项目构成的比较是在会计报表比较的基础上发展起来的比较分析方法,是以会计报表中的某个总体指标作为100%,再计算出其各组成项目占该总体指标的百分比,从而比较各个项目百分比的增减变动,以此来判断有关财务活动的变化趋势。它既可利用同一企业不同时期财务状况的纵向比较,又可用于不同企业之间的横向比较。同时,这种方法能消除不同时期(或不同企业)之间业务规模差异的影响,有利于分析企业的耗费水平和盈利水平。在采用趋势分析法时,必须注意以下问题:

(1)用于进行对比的各个时期的指标,在计算口径上必须一致。

(2)剔除偶发性项目的影响,使作为分析的数据能反映正常的经营状况。

(3)应用例外原则,对某项有显著变动的指标做重点分析,研究其产生的原因,以便采取对策,趋利避害。

(四)因素分析法

因素分析法是通过顺序变换各个因素的数量,来计算各个因素的变动对总的经济指标的影响程度的一种方法。因素分析法主要应用于寻找问题的成因,寻找财务管理中出现问题的根源,为下一步有针对性地解决问题提供信息,并为企业内部考核提供依据。因素分析法主要有连环替代法和差额分析法等。

六、财务分析的程序

为确保财务分析工作有效进行,财务分析必须依据一定的程序分步骤实施。一般分为以下几步。

(一)确定财务分析的目的、范围,搜集有关资料

财务分析首先要确定分析目的,确定是要做偿债能力分析、绩效评价分析还是投资分析等。分析目的的确定以后,应根据分析的目的确定分析的范围和重点,进一步确定是做专项分析,还是全面综合分析。分析目的、范围确定以后,如果分析的工作量较大,还要制订分析工作方案或计划。分析方案主要包括分析的目的和内容、分析人员的分工和职责、分析工作的步骤和时间等。分析的范围确定后,要搜集所需资料。搜集资料应注意还需要对所收集的资料进行整理和核实。

(二)选择适当的分析方法

财务分析的目的和范围不同,所选用的分析方法也应该有所区别。常用的分析方法有比较分析法、比率分析法等,均各有特点,应结合使用。利用这些分析方法,通过财务数据和财务指标,可以对企业的财务状况做出评价。

(三)确定分析标准

财务分析离不开被分析企业与分析标准的对比,分析人员应根据分析目的和分析范围,对分析标准进行选择。如对企业的发展趋势进行考察,应选择企业历史水平作为比较基准,即历史标准;若为考察预算完成情况,则使用目标标准;若外部分析者对企业进行独立评价,应选择同行业其他企业在相同时期的平均水平作为比较基准,即行业标准。

(四)做出分析结论,编写财务分析报告

在定性定量分析的基础上,对企业财务状况和经营成果做出全面分析和评价,找出影响企业财务状况和经营成果的具体因素,并且将以上分析中的结果形成书面化的文字,即财务分析报告。财务分析报告的格式是灵活多样的,企业内部财务分析报告的格式可以首先对企业财务状况和经营业绩做出总括的评价,然后分别说明企业的成绩和存在的问题,最后提出企业今后应采取的措施。财务分析报告应实事求是、观点明确、注重实效、清楚简练。

第二节　偿债能力分析

企业的债权人或者潜在的债权人为了确保企业能及时收回债权,需要分析企业的偿债能力。企业自身为了及时偿还债务,避免或者降低财务风险也需要关注自己的偿债能力,进而做好财务筹划,确保企业正常运营。企业的债务按照偿还的期限划分,分为短期债务和长期债务。在一年以内或超过一年的一个营业周期内需要偿还的债务是短期债务。一年以上,或超过一年的一个营业周期以上需要偿还的债务是长期债务。因此,企业的偿债能力分析也相应划分为短期偿债能力分析和长期偿债能力分析。为了说明如何进

行偿债能力分析以及以后的营运能力分析、盈利能力分析等,我们在此虚拟了 ABC 企业的财务报表,具体见表 11-1、表 11-2 和表 11-3。

表 11-1　ABC 企业资产负债表　　　　　　　　　单位:万元

项目	2019 年	2018 年	2017 年
流动资产:			
货币资金	20 907.00	21 851.00	12 173.25
应收票据	46.00	345.00	3 682.50
应收账款	17 689.25	20 615.75	13 979.25
其他应收款	8 600.00	5 132.75	1 723.25
预付账款	4 341.75	7 984.00	7 693.00
存货	7 245.00	6 622.75	3 775.25
其他流动资产	0.00	174.75	253.75
流动资产合计	58 829.00	62 726.00	43 280.25
非流动资产:			
长期股权投资	6 168.00	7 570.50	7 729.75
固定资产	40 652.25	38 448.75	24 141.25
无形及其他资产	9 560.75	993.50	10 147.75
非流动资产合计	56 381.00	47 012.75	42 108.75
资产总计	115 210.00	109 738.75	85 299.00
流动负债合计	53 976.50	42 142.50	26 263.75
长期负债合计	8 682.75	14 371.50	15 098.50
负债合计	62 659.25	56 514.00	41 362.25
股本	22 100.00	17 000.00	15 000.00
资本公积	22 259.25	27 359.25	11 109.25
盈余公积	2 566.75	3 641.25	10 494.75
未分配利润	5 624.75	5 224.25	7 332.75
股东权益合计	52 550.75	53 224.75	43 936.75
负债及股东权益总计	115 210.00	109 738.75	85 299.00

表 11-2　ABC 企业利润表　　　　　　　　　单位:万元

项目	2019 年	2018 年
一、营业收入	30 491.25	34 687.50
减:营业成本	24 122.50	26 066.00
税金及附加	239.00	251.25
销售费用	1 794.75	977.50
管理费用	1 547.75	1 398.25
财务费用	1 174.50	1 749.25
二、营业利润	1 612.75	4 245.25
加:营业外收入	408.00	802.00
减:营业外支出	1 248.00	1356.00
三、利润总额	772.75	3691.25
减:所得税费用	289.75	56.00
四、净利润	483.00	3635.25

表 11-3　ABC 企业现金流量表　　　　　　　　　　　　　单位:万元

项目	2019 年	2018 年
一、经营活动产生的现金流量		
销售商品、提供劳务收到的现金	28 710.75	28 219.75
其他收到的现金	1 036.00	
经营活动流入现金小计	29 746.75	29 844.75
购买商品、接受劳务支付的现金	20 949.50	19 111.00
支付给职工及为职工支付的现金	2 170.25	283.75
其他支付的现金	4 499.00	9 521.50
经营活动流出现金小计	27 618.50	28 916.25
经营活动产生的现金流量净额	2 128.25	928.50
二、投资活动产生的现金流量		
投资活动流入现金小计	758.25	0.50
投资活动流出现金小计	1783.75	9408.75
投资活动产生的现金流量净额	−1025.50	−9408.25
三、筹资活动产生的现金流量		
筹资活动流入现金小计	22249.00	37579.25
筹资活动流出现金小计	24295.75	19421.75
筹资活动产生的现金流量净额	−2046.75	18157.50
四、汇率变动对现金及等价物的影响	0.00	0.00
五、现金及现金等价物净增加额	−944.00	9677.75

一、短期偿债能力分析

短期偿债能力是指企业通过流动资产变现,偿还短期债务的能力。反映企业短期偿债能力的主要指标包括流动比率、速动比率、现金比率、现金流动负债率、营运资金等。

(一)流动比率

流动比率是企业流动资产与流动负债的比率。该指标将可以在一年以内或超过一年的一个营业周期内变现或耗用的流动资产,同一年以内到期的流动负债相比,属于评价企业偿还短期债务能力的指标。其计算公式为:

$$流动比率＝流动资产/流动负债$$

该指标越高,表明偿还流动负债的能力越强。国际上一般认为流动比率应保持在200%左右,即流动资产与流动负债的比例保持为2:1。该指标过低则说明企业的短期偿债能力不行;但也不应过高,过高说明企业不能充分利用成本较低的流动负债,从而导致企业效益的降低。同时,不同国家有不同的情况,同一国家的不同行业的流动比率也不应该完全相同。一般而言,如果行业生产周期较长,则企业的流动比率就应相应提高;如果行业生产周期较短,则企业流动比率可以相对降低,所以,最好用同行业的平均水平相比较,以说明企业短期偿债能力的强弱。根据流动比率评价企业短期偿债能力的强弱,其前提是企业的存货和应收账款的周转情况是正常的。如果应收账款存在大量呆账、坏账,存货存在大量长期积压,流动比率就会偏高。流动比率的分析功能就会丧失殆尽,用流动比率评价企业的短期偿债能力就不够准确。流动比率还容易被企业操纵。例如,某企业当前流动资产为 500 万元,其中,货币资金为 200 万元,流动负债为 400 万元,则当前流动比率为 1.25。如果用货币资金归还应付账款 200 万元,归还后流动比率为 1.5。这个例子中,用货币资金归还应付账款这项业务本身并不能提高偿债能力,但流动比率却由 1.25 提高到 1.5。这样,一些企业通过期末时将借款还清,期初再借入款项方法,可以改善流动比率数据,粉饰会计报表。

● 问答 11.1(多选题)

※关于流动比率的表述中,正确的是(　　　　)。
A.流动比率高,偿债能力不一定强
B.流动比率高,偿债能力不一定弱
C.营业周期短,应收账款和存货的周转速度快的企业流动比率高一些是可以接受的
D.计算出来的流动比率,只有和同行企业平均数比较,才能知道是高是低

(二)速动比率

速动比率是速动资产与流动负债的比率,也称酸性试验比率,是反映短期偿债能力的比率。速动资产是指可以迅速变现的流动资产。速动资产主要包括现金(货币资金)、交易性金融资产、应收票据、应收账款等。速动资产不包括存货,主要原因是存货的变现能力较差。速动比率是在剔除了流动资产中变现能力较差的流动资产后,同流动负债相比较,来说明企业短期债务的偿还能力。

速动资产的计算方法有两种:一种是以流动资产扣除存货计算速动资产;另一种是直接将货币资金、交易性金融资产、应收票据、应收账款相加计算速动资产。其计算公式为:
$$速动比率＝速动资产/流动负债$$
速动比率是假定企业存货毫无价值或难以脱手兑换现金的情况下清偿短期债务的能力。该指标越高,表明企业偿还流动负债的能力越强。国际上一般认为速动比率不低于1,此时说明企业既有好的债务偿还能力,又有合理的流动资产结构。在实际运用中,应结合行业水平进行分析判断。

用速动比率评价企业的短期偿债能力,其前提是应收账款周转情况是正常的。如果在企业的应收账款中,有较大部分不易收回,可能会成为坏账,那么速动比率就不能真实地反映企业的偿债能力。因此,应收账款的变现能力是影响速动比率可信度的关键因素。另外,速动比率的假设是缺乏现实基础的。因为企业正常经营要发生多种需要用现金支付的费用,如采购材料等,速动资产是企业经营的前提条件,正常情况下,企业不可能将其全部速动资产偿还短期债务,速动比率的假设与企业的实际是有差距的,所以速动比率对企业短期偿债能力的度量还有局限性。分析企业短期偿债能力还必须结合企业现金流量的状况进行。

● 问答 11.2(单选题)

※有时速动比例小于1也是正常的,比如(　　　)。

A. 应收账款不能收回 B. 大量采用现金销售

C. 存货过多导致速动资产减少 D. 流动负债大于速动资产

(三)现金比率

现金比率又称即付比率,是企业的现金及现金等价物与流动负债的比率,反映企业直接支付的能力。现金即指货币资金;现金等价物是随时可以用于支付的交易性金融资产,可以根据现金流量表中的现金和现金等价物确定。其计算公式为:

$$现金比率=(现金+现金等价物)/流动负债$$

实际上,不存在适用于所有行业中所有企业的"标准"现金比例。管理部门必须根据本企业的目标和方针以及本行业的标准来估计。

(四)现金流动负债比率

现金流动负债比率是企业经营活动现金净流量与流动负债的比率。现金流动负债比率是以收付实现制为基础的。经营活动现金净流入同流动负债相比较,能充分体现企业经营活动所产生的现金净流入可以在多大程度上保证当期流动负债的偿还,反映企业通过经营活动创造现金偿还流动负债的能力。用该指标评价企业短期偿债能力更为谨慎。其计算公式为:

$$现金流动负债比率=经营现金净流量/流动负债$$

一般来说,现金流动负债比率越大,表明企业经营活动产生的现金净流入较多,能够保障企业按时偿还到期债务。分析时可以和同类型企业现金流动负债率相比较,以说明企业创造现金偿还流动负债的能力。但是,这还必须与企业投融资的整体状况相配合才能有效分析企业的短期偿债能力。应当注意的是,现金流动负债比率一般是将年度经营活动现金净流量同年末流动负债相比较,存在不可比的因素,因为年度现金净流量说明本年创造现金的能力,而年末流动负债是下期需要归还的债务,时间基础不同,比较的意义受到一定的影响。

(五)营运资金

营运资金是指流动资产减去流动负债后的差额,是反映企业短期偿债能力的绝对指标。营运资金越多,说明流动资产大于流动负债,长期资金用于日常周转的部分越多,企业面临的债务不断到期的压力越小,短期偿债能力越强。其计算公式为:

$$营运资金=流动资产-流动负债$$

营运资金是一个绝对指标,不便于企业间的对比,只能用于企业自身前后各期数据的对比,分析企业的发展趋势。但是,在企业提高资产营运效率的情况下,营运资金的占用会减少,这很难说明企业的偿债能力下降。

【例 11-1】　根据 ABC 企业会计报表计算其短期偿债指标,评价其短期偿债能力。根据表 11-1、表 11-3 的有关资料,试分析企业短期偿债能力。

解:2019 年年末、年初流动比率为:

年末:流动比率＝58 829.00/53 976.50＝1.09

年初:流动比率＝62 726.00/42 142.50＝1.49

上述计算结果说明,企业短期偿债能力存在下降趋势。

2019 年年末、年初一般速动比率为:

年末:速动比率＝(58 829.00－7 245.00)/53 976.50＝0.96

年初:速动比率＝(62 726.00－6 622.75)/42 142.50＝1.33

2019 年年末、年初保守速动比率为:

年末:保守速动比率＝(20 907.00＋46.00＋17 689.25)/53 976.50＝0.72

年初:保守速动比率＝(21 851.00＋345.00＋20 615.75)/42 142.50＝1.02

2019 年年末、年初现金比率为:

年末:现金比率＝20 907.00/53 976.50＝0.39

年初:现金比率＝21 851.00/42 142.50＝0.52

从上述一般速动比率和保守速动比率的数值上看,企业短期偿债能力较期初有所下降,但短期偿债能力依然较好。

2019 年年末、年初营运资金为:

年末:营运资金＝58 829.00－53 976.50＝4 852.5(万元)

年初:营运资金＝62 726.00－42 142.50＝20 583.5(万元)

上述计算说明,营运资金期末比期初大幅减少,主要是流动资产有所减少的同时,流动负债大幅增加引起的。

2019 年年末、年初现金流动负债比率为:

年末:负债比率＝2 128.25/53 976.50＝3.94%

年初:负债比率＝928.50/42 142.50＝2.20%

上述计算说明,ABC 企业现金流动负债率虽然较上期有所提高,但通过经营活动创造现金偿还流动负债的能力依然无根本性的改变,不仅不能创造现金偿还流动负债,而且经营活动创造的现金可能连流动负债的利息都不能保证支付。

(六)其他影响短期偿债能力的因素

分析短期偿债能力还应注意在财务报表中披露或未披露的因素,如企业的信用、未使用的贷款指标、或有负债等。

二、企业的长期偿债能力分析

企业长期偿债能力是企业对未来长期债务的偿还能力。企业的长期偿债能力以短期偿债能力为基础,如果企业丧失了短期偿债能力,就难以继续经营下去。企业的长期债务数额大、期限长,其偿还要靠企业合理的资本结构提供资产保证,靠企业的经营利润和现金提供资金保证。因此,应通过企业的资本结构、盈利能力和现金流量状况对企业的长期偿债能力进行分析。反映企业长期偿债能力的主要指标有资产负债率、产权比率和权益乘数、有形净值债务比率、利息保障倍数和现金净流量负债总额比率等。

(一)资产负债率

资产负债率是企业负债总额与资产总额的比率,它反映企业的资产总额中有多少是通过举债而得到的,以及总资产对偿还全部债务的物资保障程度。资产负债率是反映企业偿还债务的综合能力。其计算公式为:

$$资产负债率＝负债总额/资产总额$$

资产负债率是衡量企业负债水平及风险程度的重要指标。该指标不论对企业投资人还是对企业债权人都十分重要。债权人希望债务人的资产负债率越低越好。当息税前利润率大于利息率时,股东希望资产负债率高一些,而当息税前利润率小于利息率时,他们又希望资产负债率低一些。经营者要兼顾企业的发展与风险,既要满足股东的要求,又希望从债权人那里取得借款;希望资产负债率既不能过高又不能过低,应保持适度。适度的资产负债率表明企业债权人的投资风险较小,企业面临的财务风险也相对较小。

目前国际上一般认为资产负债率在50％左右比较好。利用该指标分析时应当注意与同行业平均水平相比较,以衡量企业资产负债率是否适当。

ABC企业2019年资产负债率为:

年末:资产负债率＝62 659.25/115 210.00＝54.4％

年初:资产负债率＝56 514.00/109 738.75＝51.5％

单从资产负债率看,企业的长期偿债能力还可以,但是还必须考虑企业资产的实际价值与账面价值的关系,以及企业经营情况、现金流量情况。有的企业资产会升值,如房地产企业,这些升值会计报表是反映不出来的。有些企业的资产会严重缩水,企业出于各种目的进行隐瞒,会计报表也未揭示。因此,仅仅根据企业资产负债率得出结论是不合适的。

(二)产权比率和权益乘数

产权比率又称为负债股权比率,它是负债总额与股东权益总额的比率,反映了债权人所提供资金与股东所提供资金的对比关系,因此,它可以揭示企业的财务风险以及股东权益对债务的保障程度。其计算公式为:

$$产权比率＝负债总额/股东权益总额$$

产权比率越低,说明企业长期偿债能力较好,债权人贷款的安全越有保障,企业财务风险越小。

权益乘数是指资产总额相当于股东权益总额的倍数。权益乘数越大,说明股东投入

的资本在资产中所占比重越小,偿债能力越差。其计算公式为:

$$权益乘数＝资产总额/股东权益总额$$

资产负债率、产权比率、权益乘数都表达了资产、负债、股东权益间的关系,三个指标有相互换算关系,在表达资本结构时有相同作用。

ABC 企业 2019 年产权比率为:

年末:产权比率＝62 659.25/52 550.75＝119.24%

年初:产权比率＝56 514.00/53 224.75＝106.18%

ABC 企业 2019 年权益乘数为:

年末:权益乘数＝115 210.00/52 550.75＝2.19

年初:权益乘数＝109 738.75/53 224.75＝2.06

●问答 11.3(单选题)

※在下列资产负债率、权益乘数和产权比率之间关系的表达式中,正确的是(　　　　)。

A.资产负债率＋权益乘数＝产权比率　　　B.资产负债率－权益乘数＝产权比率

C.资产负债率×权益乘数＝产权比率　　　D.资产负债率÷权益乘数＝产权比率

(三)有形净值债务比率

有形净值债务比率是负债总额与有形净资产的比率。有形净资产是股东权益扣除无形资产后的余额。有形净值债务率是比资产负债率更为保守的衡量企业长期偿债能力的指标。由于无形资产的计量、估价存在较大的主观性,因此,预期的变现能力也存在较大的不确定性。长期待摊费用实质上很多已经不符合资产的定义,不是资产,只是适应会计核算责权发生制的要求将其列为资产。所以,分析人员在使用有形净值债务比率分析企业的偿债能力时,应将无形资产和长期待摊费用扣除。一般来说,该比率越低说明企业的财务风险越小。其计算公式为:

$$有形净值债务比率＝\frac{负债总额}{股东权益－无形资产净值－长期待摊费用}$$

但是,在无形资产日益重要的今天,武断地将无形资产全部扣除的做法显然也是欠妥的。合理的做法是大概估计无形资产的价值,将账面价值高于合理价值的部分扣除。这里牵涉的另一个问题是,无形资产价值的判断本身就是比较棘手的,所以该指标的正确使用有赖于我们对无形资产有比较可靠的估价。

(四)利息保障倍数

利息保障倍数也称利息所得倍数、已获利息倍数等,是息税前利润相当于利息费用的倍数。利息保障倍数反映了企业以经营所得利润支付债务利息的能力,是利用利润表的资料来分析企业长期偿债能力的指标。其计算公式为:

$$利息保障倍数＝息税前利润/利息费用$$

利息费用不仅包括财务费用中的利息费用,还包括计入固定资产成本的资本化利息。一般来讲,利息保障倍数越高越好。

不考虑资本化利息,ABC 企业 2019 年和 2018 年利息保障倍数计算如下:

2019 年利息保障倍数＝(772.75＋1 174.5)/1 174.5＝1.66

2018 年利息保障倍数＝(3 691.25＋1 749.25)/1 749.25＝3.11

(五)现金净流量负债总额比率

现金净流量负债总额比率是指经营现金净流量同负债总额的比率,反映企业经营活动现金净流量承担债务的能力,是反映企业长期偿债能力的指标。其计算公式为:

现金净流量负债总额比率＝经营活动现金净流量/负债总额

现金净流量负债总额比率越高,说明企业支付债务的能力越强,负债经营的能力越强,偿债能力越好。在企业正常经营的情况下,企业债务最终是靠企业经营中获取的现金偿还的。现金净流量负债总额比率是一个客观性、可比性强的指标,在判断企业的长期偿债能力时应给予足够的重视。

ABC 企业 2019 年和 2018 年现金净流量负债总额比率计算如下:

2019 年现金净流量负债总额比率＝2 128.25/62 659.25＝3.4%

2018 年现金净流量负债总额比率＝928.50/56 514.00＝1.64%

上述计算结果说明,企业 2019 年现金负债总额比有所提高,但通过经营活动创造现金偿付负债的能力仍然较差,不仅不能创造现金偿还负债,而且经营活动创造的现金连负债的利息都不能保证支付。

综合来看,虽然企业资产负债结构合理,但由于经营差、盈利少、经营净现金流量少,因此,企业的长期偿债能力是比较差的。

(六)影响企业偿债能力的其他因素

1. 或有负债

或有负债是企业在经营活动中有可能会发生的债务。根据我国《企业会计准则》的规定,或有负债不作为负债在资产负债表的负债类项目中进行反映,除了已贴现未到期的商业承兑汇票在资产负债表的附注中列示外,其他的或有负债在会计报表中均不须列明金额,如销售的产品可能会发生的质量事故赔偿、诉讼案件和经济纠纷可能败诉并需赔偿的金额等。这些或有负债在资产负债表编制日还不能确定未来的结果如何,一旦将来成为企业现实的负债,则会对企业的财务状况产生重大影响,尤其是金额巨大的或有负债项目,因此,在进行财务分析时不能不考虑这一因素的影响。

2. 担保责任

在经济活动中,企业可能会发生以本企业的资产为其他企业提供法律担保,如为其他企业的银行借款担保,为其他企业履行有关经济合同提供法律担保等。这种担保责任,在被担保人没有履行合同时,就有可能会成为企业的负债,增加企业的债务负担,因此,在进行财务分析时,必须考虑到企业是否有巨额的法律担保责任。

3.租赁活动

在生产经营活动中,企业可以通过财产租赁的方式解决急需的设备。通常财产租赁有两种形式:融资租赁和经营租赁。采用融资租赁方式,租入的固定资产都作为企业的固定资产入账,租赁费用作为企业的长期负债入账,这在计算有关的财务比率中都已经计算在内。但是,经营租赁的资产,其租赁费用并未包含在负债之中,如果经营租赁的业务量较大、期限较长或者具有经常性,则其租金虽然不包含在负债之中,但对企业的偿债能力也会产生较大的影响,因此,在进行财务分析时,也应考虑这一因素。

第三节　营运能力分析

营运能力即资产的利用效率。营运能力主要体现在资产的周转上,从周转速度角度评价营运能力的指标主要包括总资产周转率、流动资产周转率、固定资产周转率、存货周转率、应收账款周转率;营运能力也受资产质量的影响,从资产质量角度评价企业营运能力可借助于不良资产比率指标。

一、总资产周转率

总资产周转率也称总资产利用率,是企业销售收入净额与资产平均总额的比率,说明企业全部资产的利用效率,是评价企业营运能力的综合性指标。其计算公式为:

$$总资产周转率＝销售收入净额/平均总资产$$
$$平均总资产＝(期初总资产＋期末总资产)/2$$

总资产周转率是考察企业资产运营效率的一项重要指标,体现了企业经营期间全部资产从投入到产出周而复始的流转速度,反映了企业全部资产的管理质量和利用效率。该指标数值越高,说明总资产周转速度越快,销售能力越强,资产利用效率越高。如果这个比率较低说明企业利用其资产进行经营的效率较差,会影响企业的获利能力。分析时,可以和同行业平均水平相比较,以衡量企业的资产管理水平,也可以同上期相比较,以了解全部资产利用效率的改善情况。该指标是一个包容性较强的综合指标,它受到流动资产周转率、应收账款周转率和存货周转率等指标的影响。总资产周转率的局限性在于不同行业很难比较。当行业内部的企业资本结构相差太大时,该指标也会失去与行业对比的意义。

二、流动资产周转率

流动资产周转率是销售收入净额与流动资产平均余额的比率。它反映全部流动资产的利用效率,也是评价营运能力的重要指标。流动资产周转率一般用周转次数表示,也可以用周转天数表示。其计算公式为:

$$流动资产周转率＝销售收入净额/流动资产平均余额$$
$$流动资产平均余额＝（期初流动资产＋期末流动资产）/2$$
$$流动资产周转天数＝计算期天数/流动资产周转次数$$

流动资产周转率反映了企业流动资产的周转速度,是从企业全部资产中流动性最强的流动资产角度对企业资产的利用效率进行分析,以进一步揭示影响企业资产质量的主要因素。流动资产周转速度越快,反映流动资产周转速度越快、利用效率越好、变现能力越强、质量越好。通常分析流动资产周转率应比较企业历年的数据并结合行业特点。但是,流动资产周转过快可能意味着企业的存货不足,对销售造成不利影响。

通过对该指标的分析对比,一方面可以促进企业加强内部管理,充分利用其流动资产,如降低成本、调动暂时闲置的货币资金用于短期投资创造收益等;另一方面也可以促进企业采取措施扩大销售,提高流动资产的综合使用效率。

三、固定资产周转率

固定资产周转率是企业销售收入净额与固定资产平均净值的比率,它是反映固定资产的利用效益的指标,一般用周转次数表示。其计算公式为:

$$固定资产周转率＝销售收入净额/固定资产平均净值$$
$$固定资产平均净值＝（期初净值＋期末净值）/2$$

固定资产周转率越高,说明固定资产的利用率越高,固定资产规模适当、质量较好,管理水平较高。如果固定资产周转率与同行业平均水平相比偏低,说明企业的生产效率较低,生产能力利用不够,可能会影响企业的获利能力。固定资产周转率只能在固定资产的种类、功能接近时相比才有意义。

四、存货周转率

存货周转率是企业一定时期的销售成本与平均存货的比率,反映存货周转速度、变现能力、利用效率、存货质量等。一般用周转次数表示,也可以用存货周转天数表示。其计算公式为:

$$存货周转次数＝销售成本/平均存货$$
$$平均存货＝（期初存货余额＋期末存货余额）/2$$
$$存货周转天数＝计算期天数/存货周转次数$$

如果企业生产经营活动具有很强的季节性,平均存货应该按季度或月份余额来计算,先计算出各月份或各季度的平均存货,然后再计算出全年的平均存货。

存货周转的次数越多,说明存货的变现速度越快、存货利用效率越好、企业的销售能力越强,存货质量越好、存货上占用的资金就越少。分析时可以与同行业水平或上期周转速度相比较。但应注意的是,存货周转速度过高,也可能说明企业管理方面存在一些问题,如存货水平太低,甚至经常缺货,或者采购次数过于频繁,批量太小等。

五、应收账款周转率

应收账款周转率是企业一定时期销售收入净额与应收账款平均余额的比率。它反映了企业应收账款的周转速度。应收账款周转率一般以周转次数表示,也可以用周转天数表示。

$$应收账款周转次数＝销售收入净额/应收账款平均余额$$

$$应收账款平均余额＝(期初应收账款余额＋期末应收账款余额)/2$$

$$应收账款年平均收账期＝计算期天数/应收账款周转率$$

式中,销售收入净额是指销售收入扣除了销货退回和销货折扣及折让后的余额,如果能够确定现销的数额,还应扣除现销的部分,即按赊销净额计算;应收账款包括应收账款和应收票据。

应收账款周转率越高,说明应收账款流动性越强,周转速度越快,质量越好,利用效率越高,短期偿债能力也会增强。如果应收账款周转率过高,可能是因为企业的信用标准和信用条件过于苛刻的结果,这样会限制企业销售量的扩大,从而影响企业的盈利水平,这种情况往往表现为存货周转率同时偏低。

季节性经营、大量采用分期收款或现金方式结算等都可能使本指标失实,所以,应结合企业的前后期间、行业平均水平进行综合评价。

【例 11-2】　根据表 11-1、表 11-2、表 11-3 的资料,分析 ABC 企业的营运能力。该企业 2019 年年报中董事会报告及会计报表附注的有关资料如下:年末其他应收款为 8 600 万元,其中第一大股东欠款 5 610 万元。2019 年 8 月 3 日,企业以账面价值为 8 000 万元的应收账款,同大股东的总面积为 283 500 平方米、评估价值为 8 617.50 万元的土地使用权进行置换。

解:ABC 企业资产周转率计算如下:

2019 年总资产周转率＝30 491.25/[(115 210.00＋109 738.75)/2]＝0.27

2018 年总资产周转率＝34 687.50/[(109 738.75＋85 299.00)/2]＝0.36

ABC 企业流动资产周转率计算如下:

2019 年总流动资产周转率＝30 491.25/[(58 829.00＋62 726.00)/2]＝0.50

2018 年总流动资产周转率＝34 687.50/[(62 726.00＋43 280.25)/2]＝0.65

ABC 企业固定资产周转率计算如下:

2019 年总固定资产周转率＝30 491.25/[(40 652.25＋38 448.75)/2]＝0.77

2018 年总固定资产周转率＝34 687.50/[(38 448.75＋24 141.25)/2]＝1.11

ABC 企业存货周转率计算如下:

2019 年存货周转率＝(24 122.50＋239.00)/[(7 245.00＋6 622.75)/2]＝3.51

2019 年存货周转天数＝360/3.56＝101(天)

2018 年存货周转率＝(26 066.00＋251.25)/[(6 622.75＋3 775.25)/2]＝5.06

2018 年存货周转天数＝360/5.13＝70(天)

ABC 企业应收账款周转率计算如下：

2019 年应收账款周转率＝30 491.25/[(46.00＋17 689.25＋8 600.00

＋345.00＋20 615.75＋5 132.75)/2]＝1.16

2019 年应收账款周转天数＝360/1.16＝310(天)

$$2018 \text{ 年应收账款周转率} = \frac{34\ 687.5}{(345.00 + 20\ 615.75 + 5\ 132.75 + 3\ 682.5 + 13\ 979.25 + 1\ 723.25) \div 2} = 1.53$$

2018 年应收账款周转天数＝360/1.53＝235(天)

根据上述资料计算结果,总资产周转次数由 2018 年的 0.36 次降为 2019 年的 0.27 次,全部资产营运效率下降,是固定资产和流动资产周转次数均有减少引起的。其中,固定资产周转次数减少 0.34 次,主要是固定资产增加的同时,销售收入增加较少引起的;流动资产周转次数减少 0.15 次,流动资产使用效率降低,主要是存货和应收账款周转速度下降、其他应收款大量占用并大幅增加引起的。其中,存货周转次数减少 1.55 次,应收账款周转期长达 310 天。存货周转率大幅降低,因产品销量萎缩,存货数额增加所致;其他应收款巨额占用的原因,根据 2019 年年报可以看出,年末其他应收款为 8 600 万元,其中,第一大股东欠款 5 610 万元。从应收账款来看,2019 年 8 月 3 日企业以账面价值为 8 000 万元的应收账款,同大股东的总面积为 283 500 平方米、评估价值为 8 617.50 万元的土地使用权进行置换,置换后企业应收账款周转速度不但没有提高,反而在上年周转速度极其缓慢的情况下,2019 年应收账款周转天数进一步延长 75 天,说明企业应收账款的回收能力较上年相比实际上是大幅下降了。因此,企业资金周转减缓的根本原因是销售萎缩、收款能力降低、企业治理结构存在缺陷。

●问答 11.4(单选题)

※某公司 2020 年度销售收入为 6 000 万元。年初应收账款余额为 300 万元,年末应收账款余额为 500 万元,坏账准备按应收账款余额的 10% 提取。每年按 360 天计算,则该公司应收账款周转天数为( )天。

A. 15   B. 17   C. 22   D. 24

第四节　盈利能力分析

盈利是企业能够存在的前提,盈利是企业发展的基础,是股东对企业投资的根本动力。企业盈利能力的分析,在财务分析中具有核心地位。反映企业盈利能力的主要指标包括:股东权益报酬率、总资产报酬率、总资产净利率、营业利润率、销售净利率、成本费用利润率、每股收益等。

一、反映企业投资收益率的指标

(一)股东权益报酬率

股东权益报酬率,也称净资产收益率、权益净利率等,它是一定时期企业的净利润与平均净资产的比率。净资产收益率充分体现了投资者投入资本获取收益的能力,反映了投资与报酬的关系,是评价企业资本运用效益的核心指标。其计算公式为:

$$净资产收益率＝净利润/平均净资产$$

(二)总资产报酬率

总资产报酬率是指企业在一定时期内获得的息税前利润与平均资产总额的比率。总资产报酬率主要用来衡量企业利用资产获取利润的能力,表示企业全部资产的总体获利能力,是评价企业资产运营效益的重要指标。其计算公式为:

$$总资产报酬率＝(利润总额＋利息费用)/平均资产总额$$

利润总额是指企业实现的利润总额,包括企业当年营业利润、投资收益、补贴收入、营业外收支净额和所得税费用等项内容。利息支出是指企业在生产经营过程中实际支出的借款利息、债券利息等,一般按财务费用计算。由于总资产既包括来源于股东的资产,也包括来源于负债的资产,所以利息支出也属于总资产报酬的一部分。

总资产报酬率表示企业全部资产获取收益的水平,全面反映了企业的获利能力和投入产出状况,该指标越高,表明企业投入产出的水平越好,企业的资产运营越有效。通过对该指标的深入分析,可以增强各方面对企业资产经营的关注,促进企业提高单位资产的收益水平。

(三)总资产净利率

总资产净利率是净利润与平均资产总额的比率,说明利用资产获取净利润的能力。其计算公式为:

$$总资产净利率＝净利润/平均资产总额$$

【例 11-3】 根据报表资料,分析 ABC 企业的投资报酬率。

解:(1)净资产收益率计算如下:

2019 年资产收益率＝483.00/[(52 550.75＋53 224.75)/2]＝0.91%

2018 年净资产收益率＝3 635.25/[(53 224.75＋43 936.75)/2]＝7.48%

(2)总资产报酬率计算如下:

2019 年总资产报酬率＝(772.75＋1 174.50)/[(115 210.00＋109 738.75)/2]
＝1.73%

2018 年总资产报酬率＝(3 691.25＋1 749.25)/[(109 738.75＋85 299)/2]＝5.58%

（3）总资产净利率计算如下：

2019 年总资产净利率＝483.00/[(115 210.00＋109 738.75)/2]＝0.43%

2018 年总资产净利率＝3 635.25/[(109 738.75＋85 299)/2]＝3.73%

无论从总资产报酬率还是从净资产收益率来看，企业的盈利能力都很低。

二、经营业务获利能力分析

(一)营业利润率

营业利润率是指企业一定时期营业利润同销售（营业）收入净额的比率，反映企业全部经营业务的获利能力。其计算公式为：

$$营业利润率＝营业利润/营业收入净额$$

式中，营业利润是指企业营业收入扣除营业成本、税金及附加、销售费用、管理费用、财务费用后的利润。

营业利润率比较综合地反映了企业的盈利能力。由于利润指标的可操纵性，所以需要对其质量进行分析。

(二)销售净利率

销售净利率是企业净利润与营业收入净额的比率。销售净利率是一个综合反映销售盈利能力的指标。销售净利率越大，说明企业的盈利能力越强。其计算公式为：

$$销售净利率＝净利润/营业收入净额$$

(三)成本费用利润率

成本费用利润率是企业利润总额与成本费用总额的比率。它反映企业生产经营过程中发生的耗费与获得的收益之间的关系。其计算公式为：

$$成本费用利润率＝利润总额/成本费用总额$$

式中，一般认为成本费用包括销售成本、销售费用、管理费用、财务费用等，也有的把税金及附加、所得税费用考虑进去。

成本费用利润率是从企业资产消耗的角度考核企业的盈利能力，体现了单位消耗带来的收益。

【例 11-4】 根据表 11-2 的有关资料，计算企业 2019 年反映经营业务获利能力的指标。

解：营业利润率：

2019 年营业利润率＝1 612.75/30 491.25＝5.3%

2018 年营业利润率＝4 245.25/34 687.50＝12.2%

成本费用利润率：

$$2019 \text{ 年成本费用利润率} = \frac{772.75}{24\ 122.50 + 1\ 794.75 + 1\ 547.75 + 1\ 174.50} = 2.7\%$$

2018 年成本费用利润率 $=\dfrac{3\ 691.25}{26\ 060.00+977.50+1\ 398.25+1\ 749.25}=12.2\%$

销售净利率：

2019 年销售净利率 $=483.00/30\ 491.25=1.6\%$

2018 年销售净利率 $=3\ 635.25/34\ 687.5=10.5\%$

上述计算结果说明,企业销售净利率由 10.5% 下降到 1.6%,说明企业获利能力明显下降,主要是营业利润率和成本费用利润率大幅下降造成的。营业利润率由 12.2% 下降到 5.3%,成本费用利润率由 12.2% 下降到 2.7%。营业利润率和成本费用利润率下降的原因,主要是企业成本费用上升造成的。根据表 11-2 资料,2019 年销售费用为 1794.75 万元,较上年 977.5 万元上升 83.6%,另外,管理费用也有所增加,但财务费用、销售成本都有所降低,因此,从已知资料来看,企业获利能力下降的主要原因是销售费用、管理费用上升造成的。

●问答 11.5(单选题)

※某企业采用"销售收入"计算出来的存货周转次数为 5 次,采用"销售成本"计算出来的存货周转次数为 4 次,如果已知该企业的营业收支差额为 2 000 万元,净利润为 1 000 万元,则该企业的销售净利率为(　　)。

A. 20%　　　　　　B. 10%　　　　　　C. 5%　　　　　　D. 8%

三、股份制企业盈利能力分析

除上述指标外,股份制企业盈利能力分析还应考虑股份额与获利额的关系,说明股份制企业的盈利能力。常用指标为每股收益、市盈率等。

(一)每股收益

每股收益也称每股利润或每股盈余,即每股普通股所获得的收益。其计算公式为：

每股收益 = 净利润/发行在外的普通股加权平均股数

计算每股收益应当注意：

(1)存在优先股时,应当在净利润中减去优先股股利。

(2)年度中存在普通股股数增加或减少的情况时,普通股的股数应当按照加权平均普通股股数计算。加权平均普通股股数是以普通股在年度内发行在外的月份数为权数加权计算的。

(3)在复杂的股权结构的条件下每股收益的计算。所谓复杂的股权结构是指企业除有普通股和不可转换优先股外,还存在可转换优先股、可转换债券、认股权证时的股权结构。这些证券的持有者一旦行使其转换权或认股权,就会造成企业普通股股数增加,并分享普通股的收益,从而使每股收益降低。这些混合性证券可能使普通股每股收益降低的潜在的影响作用,称为"稀释"。这时需要计算稀释后的每股收益。

每股收益代表了每股股票的盈利能力,一般来说每股收益越高越好。但是也应注意一些问题:①收益是利润指标,容易受到企业的人为操纵。每股收益是一个历史数据,以此预测未来的盈利能力存在不确定性。②企业发放股票股利、股票分割、将资本公积金转增股本时,股东权益总额不发生变动,因而利润额不变,此时每股收益减少并不意味着盈利能力的变化。③单纯每股收益一个指标不能说明太多的问题,将每股收益同股票价格等其他指标或因素结合起来,才能更准确地对企业盈利能力进行分析。

(二)市盈率

市盈率是普通股每股市价与每股利润的比率,反映投资者对每股利润所愿支付的价格。其计算公式为:

$$市盈率 = 每股市价 / 每股利润$$

一般来说,市盈率高,说明投资者对该企业的发展前景越看好,愿意出较高的价格购买该企业股票,所以一些成长性较好的高科技企业股票的市盈率通常要高一些。另外,市盈率也是衡量投资风险和报酬的重要标准。在其他条件相同的情况下,市盈率较低的股票具有更大的投资价值。在市价确定的情况下,每股收益越高,市盈率越低,股票投资的风险越小;反之,在市价确定的情况下,每股收益越低,市盈率越高,股票投资的风险越大。在每股收益一定的情况下,市价越高,市盈率越高,投资的风险越大;反之,在每股收益一定的情况下,市价越低,市盈率越低,投资的风险越小,股票越具有投资价值。

拓展阅读 利用市盈率评估企业股权价值

使用市盈率时应当注意以下问题:首先,该指标不能用于行业不同的企业间的比较。新兴行业的市盈率普遍较高,而传统成熟行业的市盈率普遍较低。这是因为新兴行业往往具有良好的发展前景和机会,人们对其盈利能力的提高往往具有良好的预期;而传统行业的盈利水平相对稳定,难以取得突破性的发展,市盈率也相对稳定。其次,市盈率的高低受净利润的影响,净利润又受企业的会计政策和会计估计的影响。

【例 11-5】 ABC 企业 2018 年年初普通股总股数为 15 000 万股。2019 年 5 月 10 日,企业实施了每 10 股转增 1 股的利润分配方案后,企业总股本为 16 500 万股。试计算该企业 2018 年、2019 年每股收益。

解:2019 年每股收益 = 483.00/(15 000 + 15 000 × 0.1 × 5) = 0.03(元/股)

2018 年每股收益 = 3 635.25/15 000 = 0.24(元/股)

●问答 11.6(单选题)

※下列各项财务指标中,能够综合反映企业成长性和投资风险的是(　　　　)。

A.市盈率　　　　B.每股收益　　　　C.销售净利率　　　　D.每股净资产

四、收益质量分析

由于会计利润是会计人员采用权责发生制原则,将折旧费用、待摊预提费用按一定标准和方法进行分配后与当期收入配比的结果,所以存在被操纵的可能性和现实性。分析企业的收益质量乃至会计报表质量成为当今财务分析不可缺少的环节。

收益质量是企业盈利能力评价的一个重要方面。收益质量主要表现在收益可持续性和现金保证性两个方面。体现收益可持续性的指标,一般用净收益营运指数表示,也可用扣除非经常损益后的净资产收益率来表示。体现净利润现金保证性的指标主要有现金营运指数等。

(一)净收益营运指数

净收益营运指数是指经营净收益与净利润的比值,说明净利润中来自基本经营业务的利润所占的比重,是从净利润的稳定性或可持续性的角度来评价收益质量的指标。其计算公式为:

$$净收益营运指数=经营净收益/净利润$$
$$经营净收益=净利润-非经营收益$$

非经营收益是指非经营性项目形成的收益。非经营收益可以根据现金流量表补充资料中的有关数据进行计算,主要包括:

(1)处置固定资产、无形资产和其他长期资产的收益。正常情况下资产处置不是企业的主要业务,具有偶然性,其收益不反映企业的核心竞争力,也不具有可持续性。

(2)投资收益。投资收益包括证券投资收益和不具有控制权的直接投资收益。投资收益的多少对于企业来说,可控性较差,因此不具有稳定性。

(3)利息净收入(减利息净支出,即财务费用)、递延税款贷项。

● 问答 11.7(单选题)

※经营净收益除以净利润所反映的财务指标是(   )。
A.销售现金比率   B.净收益营运指数   C.现金营运指数   D.经营所得现金

(二)现金营运指数

经营现金净流量与净利润实际上不具有可比性,经营现金净流量是经营活动现金流入与流出的差额,而净利润是企业一定时期全部收入与全部支出的差额,包含非经营活动的收入和支出,所以,直接把经营活动现金净流量同净利润相比较,不一定能够准确说明收益质量,把净利润按照与经营现金净流量相同的口径进行调整,然后再进行比较,有利于准确说明收益质量。现金营运指数就是把经营现金净流量同按照与之可比口径将净利润调整而来的营业应得现金之比,反映营业利润收现程度的指标。其计算公式为：

$$现金营运指数＝经营现金净流量/经营应得现金$$

经营应得现金是在净利润的基础上按照与经营现金净流量相同的口径进行调整计算的经营活动应得的现金净额。经营应得现金的计算可以在经营活动净收益的基础上加上非付现费用计算。非付现费用是指当期不需要用现金支付的成本费用，包括计提的资产减值准备、转销的坏账、固定资产折旧、无形资产摊销、长期待摊费用摊销等。其计算公式为：

$$经营应得现金＝净利润＋非付现费用－非经营收益$$
$$＝经营净收益＋非付现费用$$

现金营运指数等于或大于1时，一般认为收益质量是好的，说明净收益全部收到了现金；现金营运指数小于1时，说明收益质量不高，账面上的利润并没有收到现金；当现金营运指数为负值时，说明收益质量存在严重的问题，甚至应当怀疑利润的真实性。

但是，在根据现金营运指数评价收益质量时，必须注意经营应得现金同经营现金净流量产生差异的具体原因：

第一，经营应得现金未考虑存货的变动情况，可能是经营活动现金收入有较大部分被用于增加存货，且有足够的理由说明存货的增加是合理的。这种情况导致经营活动现金净流量小于经营应得现金，从而使现金营运指数小于1，此时，不应当认为收益质量不高。

第二，经营应得现金未考虑预付货款的变动情况，可能是经营活动现金收入有较大部分被用于货款预付，且有理由说明货款预付的增加是必要的。这种情况导致经营活动现金净流量小于经营应得现金，从而使现金营运指数小于1，此时，也不应当认为收益质量不高。

第三，经营应得现金未考虑应付账款变动的情况，可能是应付账款较少导致经营活动现金净流量小于经营应得现金，从而使现金营运指数小于1，此时，也不应当认为收益质量不高。

【例 11-6】 根据表 11-3、表 11-4 的资料，计算 ABC 企业收益质量指标。

解：净收益营运指数：

2019 年净收益营运指数＝(483.00＋2 014.00)/483.00＝5.17

2018 年净收益营运指数＝(3 635.25＋2 219.25)/3 635.25＝1.61

现金营运指数：

2019 年现金营运指数＝2 128.25/(483.00＋2 014.00＋2 952.50)＝0.39

2018 年现金营运指数＝928.50/(3 635.25＋2 219.25＋2 274.25)＝0.11

从收益的构成上看，企业的净利润全部来自基本经营业务，非经常性项目主要是非经常性损失，导致净收益营运指数远远大于1；从收益稳定性上看，收益质量较好；从现金保证性上看，净利润的收现程度不足 40％，虽较上年的收益质量有所提高，但收益质量仍存在较大的问题。

表 11-4　ABC 企业现金流量补充资料　　　　　　　　单位:万元

项　目	2019 年	2018 年
净利润	483.00	3 635.25
加:计提的坏账准备或转销的坏账	0.00	0.00
固定资产折旧	2 726.50	2 174.00
无形资产及其他资产摊销	51.25	21.25
预付费用摊销	174.75	79.00
处置固定资产等长期资产的损失(减收益)	—75.25	0.00
固定资产盘亏损失	0.00	0.00
财务费用	1 174.50	1 749.25
投资损失(收益则用"—"号)	914.75	470.00
存货减少(增加则用"—"号)	—622.25	—2 847.50
经营性应收项目减少(增加则用"—"号)	—9 701.00	—9 034.00
经营性应付项目增加(减少则用"—"号)	7 002.00	4 681.25
经营活动现金净流量	2 128.25	928.50

注:(1)非付现费用 2019 年为 2 952.5 万元,2018 年为 2 274.25 万元;

　　(2)非经营收益 2019 年为 —2 014.00 万元,2018 年为 —2 219.25 万元

具体原因主要是存货持续增加,通过前面的分析可知,存货增加是因销售不畅形成积压,由此而抵减经营现金净流入,不能认为是合理的现象,因此,不能改善对收益质量的评价;经营性应收项目大量存在且持续增加,说明收益质量不好;经营性应付项目增加对提高本期营运指数起了积极的作用,但对以后的支付能力产生不利影响,应调低对收益质量的评价,也就是说考虑到经营性应付项目持续大幅增长,企业的收益质量比现金营运指数所反映的收益质量更差。

第五节　发展能力分析

企业发展能力是企业核心竞争力和企业综合能力的体现。企业的财务状况、核心业务、经营能力、企业制度、人力资源、行业环境等因素对企业的发展能力有着重要影响。对企业发展能力的分析可以有多种方法,本书只涉及增长率量化分析和因素分析两种方法。

一、增长率量化分析

(一)销售增长率

销售(营业)增长率是指企业本年销售(营业)收入增长额同上年销售(营业)收入总额的比率。销售收入是企业规模、实力的具体体现,是企业综合实力的市场体现。销售增长是企业市场扩大、市场占有率提高的结果,没有销售收入的增加企业很难做大做强。销售增长率是衡量企业经营状况和市场占有能力、预测企业经营业务拓展趋势的重要标志,也是企业扩张增量和存量资本的重要前提。不断增加的销售收入,是企业生存的基础和发

展的条件。因此,销售增长率是评价企业成长状况和发展能力的重要指标,也是企业扩张增量和存量资本的重要前提。其计算公式为:

销售增长率＝本年销售收入增长额/上年销售收入总额

如果销售增长率小于0,则说明企业的产品或服务存在质量、价格、服务或销售等问题,市场份额萎缩;如果销售增长率等于0,说明本期销售收入与上期保持同等水平;如果销售增长率大于0,说明本期销售收入较上期有所提高。

(二)总资产增长率

总资产增长率是企业本年总资产增长额同年初资产总额的比率。总资产增长率是衡量企业本期资产规模的增长情况,评价企业经营规模总量上的扩张程度的指标。其计算公式为:

$$总资产增长率＝\frac{本年总资产增长额}{年初资产总额}$$

总资产增长率指标是从企业资产总量扩张方面衡量企业的发展能力,表明企业规模增长水平对企业发展后劲的影响。该指标越高,表明企业当年资产经营规模扩张的速度越快。但利用该指标分析时,我们应注意资产规模扩张的质与量的关系,以及企业的后续发展能力,避免资产盲目扩张。

(三)固定资产成新率

固定资产成新率是企业当期平均固定资产净值同平均固定资产原值的比率。其计算公式为:

$$固定资产成新率＝\frac{平均固定资产净值}{平均固定资产原值}$$

固定资产成新率反映了企业所拥有的固定资产的新旧程度,体现了企业固定资产更新的快慢和持续发展的能力。该指标高,表明企业固定资产比较新,对扩大再生产的准备比较充足,发展的可能性比较大。运用该指标分析固定资产新旧程度时,我们应剔除企业应提未提折旧对房屋、机器设备等固定资产真实状况的影响。

(四)技术投入比率

技术投入比率是指企业技术研究开发支出占当年营业收入净额的比率,反映企业对新技术研究开发的重视程度和研发能力。其计算公式为:

技术投入比率＝当年技术研究开发支出/营业收入净额

科学技术是社会生产力的重要组成部分,现代企业的发展与技术进步密不可分,企业只有占领相关技术领域的制高点,才能在商战中稳操胜券。要提升企业的技术含量,就必须注意技术研发的投入,包括直接进行研究开发和接受技术转让。技术投入比率就是将研究开发和接受技术转让方面的投入与企业主营业务收入净额相比较,说明企业主营业务收入中有多大部分用于技术方面的投资,既说明企业对技术研发的重视程度,也说明企业研究开发的能力,更能说明企业的发展动力储备情况。

对于上市企业来说,计算技术投入比率的有关资料可以从财务报告的附注和公告资料中取得。上市企业应当在财务报告的附注中说明研究开发方面的支出情况,接受技术转让一般都要在公告中说明接受转让技术的内容、价格等问题。

二、因素分析

发展能力是企业不断改善其财务状况和经营业绩的能力。历史的数据往往只能说明企业财务状况和经营业绩大概的变动趋势,要较为准确地评价企业的发展能力,必须考虑企业内外部的相关因素。

(一)企业外部的因素分析

国家政治经济形势及运行趋势、国家宏观经济政策、国家的政治经济体制等方面的情况,都会对企业生产经营、财务状况、经济效益产生影响。

经济周期对企业发展有明显的影响。经济繁荣时期企业资金环境、市场环境较好,企业的经营状况会普遍较好。经济衰退时期企业筹资环境、市场环境恶化,经营状况会普遍较差。

政府的行业政策也对企业的发展有重要影响。国家鼓励发展的行业,会给予信贷、税收优惠,使企业能够更迅速地发展。国家限制发展的行业,则会面临较多的政策限制,影响企业发展。

行业运行状况的分析包括行业寿命周期、行业竞争状况发展前景、行业技术发展状况、产品所处的阶段等。每个行业都有一个兴起、发展,达到鼎盛,然后衰退的过程。

产品也有寿命周期。寿命周期包括发展期、成长期、饱和期、成熟期、衰退期等五个阶段。在发展期产品竞争少、价格高、成本高、利润高、风险大。在成长期虽有竞争,但利润增长多、前景好。饱和期和成熟期增长停止。已经处于饱和或成熟阶段的行业的企业都将面临巨大的风险。如果不能进行技术创新、新产品开发,那么企业可能很快陷入困境。

(二)企业内部的因素分析

企业发展能力受外部因素的影响,但更主要的是取决于其内部因素,这些内部因素主要包括:

管理层的素质。较高素质的领导班子应当具备较高的知识水平和知识结构;企业的领导人具有丰富的经验,熟知本行业经营管理及技术,在思想品德上团结协作,廉洁自律,爱岗敬业。

员工的素质。员工的素质包括员工的学历水平、积极性、责任感、遵守企业的规章、纪律等方面的情况。

企业战略。企业战略包括新产品开发、投资融资战略、市场战略等。评价企业战略首先应该注意企业战略是否适应宏观经济环境、行业发展趋势、产品寿命周期和市场竞争强度;其次要关注企业战略包括的风险和企业对风险的承受能力。

企业的市场地位。企业的市场地位是指其产品或服务的市场占有率、品牌知名度等。企业的市场地位是企业产品质量、价格及企业声誉等因素长期形成的,对企业的发展能力具有重要影响。优越的市场地位使企业在市场竞争中处于有利地位,不仅使其现有产品市场地位稳固,也使其新产品市场开发较之其他企业容易得多。

第六节 企业整体能力综合评价

企业的偿债能力、获利能力、发展能力并不是均衡发展的。通过上述分析,我们可以了解企业某一方面的能力。但是如何综合评价企业的整体能力依然是一个较为棘手的问题。其困难在于如何认识各方面在综合评价中的地位,即如何确定各方面在综合评价中的权重。如一个企业可能长期偿债能力不好,但短期偿债能力还可以,而另一个企业则相反;一个企业的获利能力强一些,而另一个企业的偿债能力强一些。存在类似问题的企业之间的综合对比,并没有一个统一的标准答案。一方面人们对各方面重要程度的认识可能存在差异,另一方面人们对风险的偏好存在差异。这里介绍常用的综合分析方法有财务比率综合评分法和杜邦分析法。

一、财务比率综合评分法

财务比率综合评分法是由美国银行家亚历山大·沃尔在 20 世纪初提出并使用的,因此又叫沃尔评分法。沃尔选择了七项财务比率指标,并分别给定了各项指标在总分中的权重,根据各项指标实际值与该项指标标准值(行业平均水平或理想值)的比值确定各项指标的得分,最后根据各项指标的得分和各该项指标的权重确定综合得分,用以对企业的信用水平进行评分。后来的财务比率综合评分法在沃尔评分法的基础上又有所改进,使之更加合理。财务比率综合评分法一般遵循如下程序:

第一,选定评价企业财务状况的财务比率。

第二,确定重要性系数。重要性系数是指某项指标达到其标准值(行业平均水平或理想值)时可以得到的分数,或称标准评分值,也就是各项指标得分的权数比重,各项财务比率的标准评分值之和应等于 100 分。重要性系数的确定是财务比率综合评分法的一个重要问题,它直接影响到对企业财务状况的评分多少。重要性系数应根据各项财务比率的重要程度加以确定。某项指标的重要性程度,应根据企业的经营活动的性质、企业的生产经营规模、市场形象和分析者的分析目的等因素来确定。

第三,确定各项财务比率的标准值。财务比率的标准值是指各项财务比率在本企业现时条件下最理想的数值,亦即最优值。财务比率的标准值,通常可以参照同行业的平均水平,并经过调整后加以确定。

第四,计算企业在一定时期各项财务比率的实际值。

第五,计算出各项财务比率实际值与标准值的比率,即关系比率。关系比率等于财务比率的实际值除以标准值的比值。

第六,计算出各项财务比率的实际得分。各项财务比率的实际得分是关系比率和标准评分值(权数)的乘积,每项财务比率的得分都不得超过上限或下限,所有各项财务比率实际得分的合计数就是企业财务状况的综合得分。如果综合得分接近或大于 100 分,说明企业财务状况良好,符合或高于行业平均水平。如果综合得分远低于 100 分,说明企业财务状况存在问题,各项财务能力较差。

二、杜邦分析法

财务比率综合评分法主要用于综合财务评价,它只能说明企业综合财务状况是否达到标准财务比率的水平及其程度,在综合评价上是一种科学有效的方法,但它不能很好地说明企业财务状况好与不好的原因,所以,综合评分法是外部综合评价的一种方法。作为企业内部对自身财务状况的综合评价,其目的除了了解企业综合财务状况好与不好外,可能更重要的是了解企业综合财务状况好与不好的原因是什么,以便发现问题,采取措施,改善企业的财务状况,提高企业的盈利能力。为此,企业内部综合财务状况的评价一般采用杜邦分析法。

杜邦分析法是根据各项财务比率中核心指标进行综合评价,利用各项主要财务比率与核心指标之间的内在联系,分析财务状况变化原因的一种综合分析评价的方法。杜邦分析法是由美国杜邦企业首先创造的,故称杜邦分析法。

杜邦分析法以净资产收益率为核心,其目标在于具体追踪影响股东权益报酬率的因素。杜邦系统主要反映了以下关系:

净资产收益率＝总资产净利率×权益乘数

总资产净利率＝销售净利率×总资产周转率

销售净利率＝净利润/营业收入净额

总资产周转率＝销售收入净额/平均资产总额

根据上述对股东权益报酬率的分解,股东权益报酬率与各项指标的关系,如图 11-1 所示。

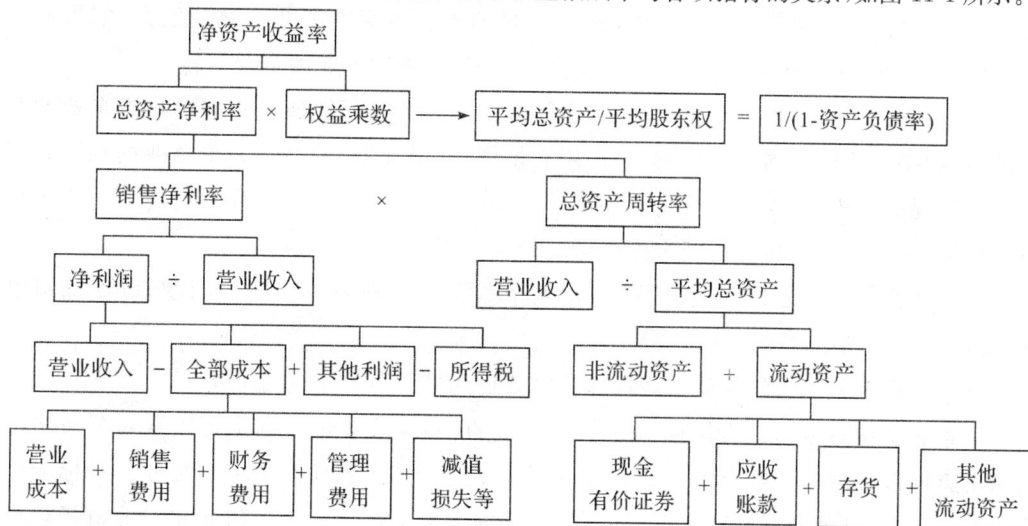

图 11-1　杜邦分析法图解

从杜邦分析系统中可以了解到下面的财务信息：

净资产收益率是一个综合性最强的财务比率，是杜邦分析系统的核心指标。其他各项指标都是围绕这一核心，通过研究彼此间的依存制约关系，揭示企业的获利能力及其前因后果。财务管理的目标是所有者财富最大化，净资产收益率反映所有者投入资金的获利能力，反映筹资、投资、资产运营等活动的效率，提高净资产收益率是实现财务管理目标的基本保证。净资产收益率取决于企业总资产净利率和权益乘数。总资产净利率主要反映企业运用资产进行生产经营活动的效率如何，而权益乘数则主要反映了企业的资金来源结构如何。

总资产净利率是反映企业获利能力的一个重要财务比率，它揭示了企业生产经营活动的效率，综合性也极强。企业的销售收入、成本费用、资产结构、资产周转速度以及资金占用量等各种因素，都直接影响总资产净利率的高低。总资产净利率是销售净利率与总资产周转率的乘积。因此，我们可以从企业的销售活动与资产管理两个方面来进行分析。

从企业的销售方面看，销售净利率反映了净利润与营业收入之间的关系。一般来说，营业收入增加，企业的净利润也会随之增加，但是，要想提高销售净利率，必须一方面提高营业收入，另一方面降低各种成本费用。因此，在杜邦分析体系结构的最后一个层次中，可以分析企业的成本费用结构是否合理，以便发现企业在成本费用管理方面存在的问题，为加强成本费用管理提供依据。同时，要严格控制企业的管理费用、财务费用等各种期间费用，降低耗费，增加利润。这里尤其要研究分析企业的利息费用与利润总额之间的关系，如果企业所承担的利息费用太多，就应当进一步分析企业的资金结构是否合理，负债比率是否过高，不合理的资金结构当然会影响到企业所有者的收益。

在企业资产方面，主要应该分析以下两个方面：

第一，分析企业的资产结构是否合理，即流动资产与非流动资产的比例是否合理。资产结构实际上反映了企业资产的流动性，它不仅关系到企业的偿债能力，也会影响企业的获利能力。一般来说，如果企业流动资产中货币资金占的比重过大，就应当分析企业现金持有量是否合理，有无现金闲置现象，因为过量的现金会影响企业的获利能力；如果流动资产中的存货与应收账款过多，就会占用大量的资金，影响企业的资金周转。

第二，结合营业收入，分析企业的资产周转情况。资产周转速度直接影响到企业的获利能力，如果企业资产周转较慢，就会占用大量资金，增加资金成本，减少企业的利润。资产周转情况的分析，不仅要分析企业总资产周转率，更要分析企业的存货周转率与应收账款周转率，并将其周转情况与资金占用情况结合分析。

从上述两方面的分析中，我们可以发现企业资产管理方面存在的问题，以便加强管理，提高资产的利用效率。

在杜邦财务分析法的具体实践操作中需要使用因素分析法进行分析。

因素分析法是根据分析指标与其驱动因素的关系，从数量上确定各因素对分析指标的影响方向及程度的分析方法。这种方法的分析思路是，当有若干因素对分析指标产生影响时，在假定其他各因素都不变的情况下，按顺序确定每个因素单独变化对分析指标产生的影响。

因素分析法的过程：

设某一分析指标 R 是由相互联系的 A、B、C 三个因素相乘得到的,报告期指标(或实际指标)和基期指标(或计划指标)为:

报告期指标(或实际指标)$R_1 = A_1 \times B_1 \times C_1$

基期指标(或计划指标)$R_0 = A_0 \times B_0 \times C_0$

第一次替代:$R_0^{(1)} = A_1 \times B_0 \times C_0$

$R_0^{(1)} - R_0$,即 $(A_1 - A_0) \times B_0 \times C_0$ 表示因素 A 变动对 R 的影响方向和程度;

第二次替代:$R_0^{(2)} = A_1 \times B_1 \times C_0$

$R_0^{(2)} - R_0^{(1)}$,即 $A_1 \times (B_1 - B_0) \times C_0$ 表示因素 B 变动对 R 的影响方向和程度;

第三次替代:$R_0^{(3)} = A_1 \times B_1 \times C_1$

$R_0^{(3)} - R_0^{(2)}$,即 $A_1 \times B_1 \times (C_1 - C_0)$ 表示因素 C 变动对 R 的影响方向和程度。

【例 11-7】　某公司在 2019 年的销售净利率为 4.533%,总资产周转次数为 1.5,权益乘数为2.0833,在 2018 年对应的数据为 5.614%、1.6964、1.9091。以某公司权益净利率的比较和分解为例,说明其一般方法。

解:权益净利率=销售净利率×总资产周转次数×权益乘数

2019 年权益净利率=4.533%×1.5×2.0833=14.17%

2018 年权益净利率=5.614%×1.6964×1.9091=18.18%

权益净利率变动=14.17%-18.18%=-4.01%

与上年相比,股东的报酬率下降了,公司整体业绩不如上年。

下面通过因素分析法对权益净利率下降的原因做详细分析:

选择 2018 年作为基期,2019 年为报告期;A、B、C 三个因素分别是销售净利率、总资产周转次数和权益乘数。

$R_0 = A_0 \times B_0 \times C_0 = 5.614\% \times 1.6964 \times 1.9091 = 18.18\%$

(1)销售净利率变动的影响:

第一次替代:$R_0^{(1)} = A_1 \times B_0 \times C_0 = 4.533\% \times 1.6964 \times 1.9091 = 14.68\%$

$R_0^{(1)} - R_0 = -3.50\%$,表示销售净利率变动使权益净利率减少 3.50%

(2)总资产周转次数变动的影响:

第二次替代:$R_0^{(2)} = A_1 \times B_1 \times C_0 = 4.533\% \times 1.5 \times 1.9091 = 12.98\%$

$R_0^{(2)} - R_0^{(1)} = -1.7\%$,表示总资产周转次数变动使权益净利率减少 1.70%

(3)权益乘数变动的影响:

第三次替代:$R_0^{(3)} = A_1 \times B_1 \times C_1 = 4.533\% \times 1.5 \times 2.0833 = 14.17\%$

$R_0^{(3)} - R_0^{(2)} = 1.19\%$,表示权益乘数变动使权益净利率增加 1.19%

通过分析可知,最主要的不利因素是销售净利率降低,使权益净利率减少 3.50%;其次是总资产周转次数降低,使权益净利率减少 1.70%。有利的因素是权益乘数提高,使权益净利率增加 1.19%。不利因素超过有利因素,所以权益净利率减少 4.01%。由此应重点关注销售净利率降低的原因。

总之,从杜邦分析系统中可以看出,企业的获利能力涉及生产经营活动的方方面面。

净资产收益率与企业的筹资结构、销售规模、成本水平、资产管理等因素密切相关,这些因素构成一个完整的系统,系统内部各因素之间相互作用。只有协调好系统内部各个因素之间的关系,才能使净资产收益率得到提高,从而实现企业价值最大化的财务管理目标。

【案例分析】

案例分析
肉制品行业上市
公司财务分析

案例解析

【分析要点】

1.根据案例资料,除了对公司进行偿债能力、盈利能力、营运能力和成长能力分析以外,公司综合能力评价的方法主要有哪些?请用其中一种方法进行分析。

2.根据案例提供的资料,请你为双汇发展未来经营提出建议和对策。

【本章小结】

本章讲述了企业偿债能力分析、营运能力分析、盈利能力分析、发展能力分析,在此基础上又讲述了企业综合能力评价。偿债能力分析是对企业偿还债务能力的分析,偿还债务能力是企业生存和发展的基础。营运能力分析则分析了企业的资产管理水平和运用效率,某种意义上也是对企业经营效率的分析。盈利能力分析实质上分析的是企业经营的效果。企业的营运能力一般与企业的盈利能力相统一,但是由于定价和竞争等,营运能力与盈利能力相脱离的情况也很多。发展能力是对企业纵向发展趋势的分析。企业的发展趋势是企业经营管理水平和战略决策的结果,在没有重大举措或事件发生的情况下,一般难以改变。企业的各种经营能力又是相互联系、相互影响的。因此,财务比率综合分析法和杜邦分析法,用不同的方法展现了这种联系。本章介绍了众多的财务比率指标,可用于对企业各方面进行定量分析,但是财务分析的结论既是定量的也是定性的,相同的比率对于不同的分析主体可能得出不同的结论,所以我们应对得出的定性定量结论加以充分、灵活和慎重的应用。

【复习思考题】

第十一章 在线
测试

1.什么是企业财务分析?财务分析的意义是什么?

2.财务分析的主体有哪些?它们所分析的内容有何不同?

3.偿债能力分析的指标有哪些?运用这些指标的局限性是什么?

4.营运能力分析的指标有哪些?这些指标的作用及其局限性是什么?

5.盈利能力分析的指标有哪些?如何运用这些指标评价企业的盈利能力?

6.分析企业盈利质量的指标有哪些?各有何优点和缺点?

7.发展能力分析的指标有哪些?如何运用这些指标评价企业的发展能力?

8.股票投资常用的财务指标有哪些?如何运用?

9.对市盈率进行分析时应注意哪些问题?

10.杜邦财务分析的目标是什么?程序有哪些?

【综合自测】

第十一章 综合
自测参考答案

【资料】绿大地公司的资产负债表和利润表,如表1和表2所示。

表 1　资产负债表

单位:元

项　　目	年末余额	年初余额
流动资产:		
货币资金	50 690 838.27	135 693 108.31
应收账款	32 396 618.19	76 929 303.87
预付款项	3 643 666.60	25 045 966.17
应收利息	245 000.00	
其他应收款	19 557 615.05	29 018 795.01
存货	210 337 400.12	160 260 474.96
其他流动资产	897 699.42	
流动资产合计	317 768 837.65	426 947 648.32
非流动资产:		
长期应收款	279 032 777.86	96 555 967.18
长期股权投资	50 000.00	50 000.00
固定资产	180 770 053.89	185 791 020 58
生产性生物资产	801 116.77	1 111 673.26
无形资产	208 132 580.60	213 010 205.50
长期待摊费用	51 060 134.40	58 116 561.60
递延所得税资产	8 479 963.95	1 606 885.97
其他非流动资产		
非流动资产合计	728 677 874.68	556 593 561.30
资产总计	1 046 446 712.33	983 541 209.62
流动负债:		
短期借款	210 000 000.00	300 000 000.00
应付账款	135 085 066.83	61 310 488.32
预收款项	7 688 137.48	12 095 970.13
应付职工薪酬	1 500 165.83	1 208 761.41
应交税费	37 491 020.69	15 952 629.22
应付利息	1 431 104.22	424 800.00
其他应付款	58 818 543.66	26 730 796.22
其他流动负债	150 000.00	
流动负债合计	452 014 038.71	417 873 445.30
非流动负债:		
长期应付款	800 000.00	

续表

项　目	年末余额	年初余额
专项应付款	20 000.00	620 000.00
预计负债	14 679 611.34	5 607 387.85
其他非流动负债	13 035 940.70	2 413 644.95
非流动负债合计	27 735 552.04	9 441 032.80
负债合计	479 749 590.75	427 314 478.10
所有者权益(或股东权益):		
实收资本(或股本)	151 087 104.00	151 087 104.00
资本公积	289 971 882.28	292 828 158.49
盈余公积	41 233 226.88	39 646 588.18
未分配利润	83 770 318.81	70 879 099.46
归属于母公司所有者权益合计	566 062 531.97	554 440 950.13
少数股东权益	634 589.61	
所有者权益合计	566 697 121.58	556 226 731.52
负债和所有者权益总计	1 046 446 712.33	983 541 209.62

表 2　利润表　　　　　　　　　　　　单位:元

项　目	年末余额	年初余额
一、营业收入	359 059 510.61	489 834 229.48
减:营业成本	221 806 507.46	325 529 283.32
税金及附加	12 077 690.87	6 911 968.17
销售费用	23 349 743.89	24 224 876.68
管理费用	51 314 586.01	56 084 488.43
财务费用	9 206 559.28	7 671 616.35
资产减值损失	19 103 669.99	62 816 019.93
二、营业利润(亏损以"—"号填列)	22 200 753.11	6 595 976.60
加:营业外收入	15 454 366.56	4 628 222.09
减:营业外支出	3 046 172.04	157 212 185.71
其中:非流动资产处置损失	192 596.44	998 230.95
三、利润总额(亏损总额以"—"号填列)	34 608 947.63	—145 987 987.02
减:所得税费用	20 326 537.11	8 249 892.85
四、净利润(净亏损以"—"号填列)	14 282 410.52	—154 237 879.87

作为对比我们找到其同行业的棕榈园林股份有限公司当年的相关财务指标,如表 3 所示。

表 3　棕榈园林股份有限公司财务指标

财务指标	年末	财务指标	年末
流动比率(倍)	3.93	存货周转率	2.55
速动比率(倍)	2.84	应收账款周转率	5.24
资产负债率	24.10%	销售净利润率	13.06%
利息保障倍数(倍)	160.17	净资产收益率	12.53%

【要求】根据绿大地公司年末的财务报表：

(1)计算下列指标：流动比率、速动比率、现金比率、经营营运资本、资产负债率、已获利息倍数；毛利率、销售净利润率、总资产报酬率、净资产收益率、应收账款周转率、存货周转率(用营业成本计算)、净资产周转率(资产负债表利用平均值计算，利润表使用年末数)。

(2)结合绿大地公司的行业性质在上一小题的基础上分析该公司当年的偿债能力、盈利能力、运营能力，并提出如何改进经营管理来优化各项指标。

第十二章　财务预算与财务控制 ▶▶▶

![学习目标]

掌握预算的含义、作用和体系；

掌握预算的各种编制方法；

掌握现金预算和预计财务报表的编制方法；

了解财务控制的概念、基础和种类；

掌握责任中心的概念、各责任中心的业绩评价方法和评价指标的计算；

明确内部转移价格的种类。

![导入语]

2020 年暴发的新冠肺炎疫情使很多企业面临巨大的财务困境。"凡事预则立，不预则废"，那些在经营管理过程中注重预算管理的企业，具有一定的应对突发事件的制度安排和未雨绸缪的意识，在这次疫情中能顺利渡过难关。也有一些企业，由于缺乏对突发事件的预测，在疫情暴发时出现严重的财务危机甚至破产。因此，很多企业开始关注现金流，对预算也就有了不一样的理解和体会，或者说开始重视预算管理。事实上，预算管理本应是企业管理中很重要的一个管理活动，它是提升经营能力、组织效率的重要管理工具。

预算是一个详细的计划，它以数量的形式来表示，具体揭示某一特定时期内资源是怎样获取及被使用的。编制预算的各个步骤就构成了预算制度，预算制度的实施和效果需要财务控制来加以保障。本章首先明确了财务预算的含义、作用和体系，介绍财务预算的编制方法，进一步详细阐述了现金预算和预计财务报表的编制，最后讲解了财务管理的重要环节之一——财务控制。财务预算是财务控制的依据，财务控制是财务预算准确、有效进行的保证，财务预算和财务控制，是财务管理工作的两个重要环节。

![关键词]

财务预算(financial budget)

全面预算(overall budget)

现金预算(cash budget)

预计利润表(projected profit statement)

预计资产负债表(projected balance sheet)

财务控制(financial control)
责任中心(responsibility center)
成本中心(cost center)
利润中心(profit center)
投资中心(investment center)

第一节 财务预算的含义、作用和体系

一、财务预算的含义和作用

财务预算是专门反映企业未来一定期间现金收支、财务状况和经营成果的一系列预算的总称,主要包括现金预算、预计利润表、预计资产负债表和预计现金流量表等内容。预算是企业财务工作的重要环节。编制财务预算,对于做好企业财务工作,实现财务目标具有重要作用。财务预算的作用主要体现在以下四个方面:

(一)明确目标,控制业务

财务预算是财务管理目标的具体化。财务管理目标具有层次性和多元性,必须通过预算将它们分解成各级、各部门的具体目标。财务预算不仅能够帮助人们更好地了解整个企业的奋斗目标,而且能够使各部门、各层次明确各自的任务。编制预算的目的是贯彻目标管理的原则,指导和控制业务的执行。

(二)合理配置财务资源

财务预算的编制过程,也就是财务资源的配置过程。编制财务预算,在合理决策的基础上,围绕财务管理目标的实现,将有限的财务资源在各部门、各层次、各环节进行合理配置,使有限的资金发挥最大的效用。

(三)内部协调,平衡财务收支

财务预算不仅把整个企业各方面的工作严密地组织起来,而且把企业内部部门的配合关系也纳入统一的计划之中,使企业内部协调起来,环环相扣,达到平衡。此外,编制财务预算,可以在总额上使收入和支出达到一种平衡状态。如果收入大于支出,则表明企业拥有的资金未得到有效使用,这将会影响企业的经济效益;如果支出大于收入,则表明企业拥有的资金不敷使用,存在资金缺口,如不及时筹资补充,则企业将陷入某种窘境。

(四)控制财务活动,考核业绩

财务预算一经确定,就要付诸执行,财务管理工作的重心也将转入财务控制。在财务预算执行过程中,要将实际执行情况和预算进行对比分析,找出它们之间的差异及其原因,可以考核各部门或有关人员的工作业绩。因此,财务预算是控制财务活动的主要依据。

二、全面预算体系

企业通常先做财务决策,然后根据决策结果编制财务预算,从而确保财务决策能够具体化、系统化的执行。企业的财务预算不仅仅是现金预算和预计财务报表的编制,它还涉及日常经营过程中的采购、生产、销售等各个方面的预算,这些预算联系在一起,就构成了全面预算体系。

所谓全面预算,是指所有以货币以及其他数量形式反映的、有关企业未来一段期间的全部经营活动各项目标的行动计划与相应措施的数量说明。它具体包括日常业务预算、专门决策预算和财务预算等内容。

(一)日常业务预算

日常业务预算是指与企业日常经营活动直接相关的经营业务的各种预算。它具体包括销售预算、生产预算、直接材料预算、直接人工预算、制造费用预算、产品生产成本预算、销售及管理费用预算等。这些预算,以销售预算为主导,前后衔接,相互钩稽,既有实物量指标,又有价值量指标和时间量指标。

(二)专门决策预算

专门决策预算是指不经常发生的一次性业务预算,是企业为长期投资决策项目,或一次性专门业务所编制的预算,如资本支出预算、利润分配预算等。

(三)财务预算

财务预算作为全面预算体系中的最后环节,可以从价值方面总括地反映业务预算和专门决策预算的结果,亦称为总预算,而其余的预算则相应地称为辅助预算或分预算。因此,财务预算具有全局性、总括性,在全面预算体系中占有举足轻重的地位。

图 12-1 以制造业为例,展示了全面预算体系各预算之间的关系。

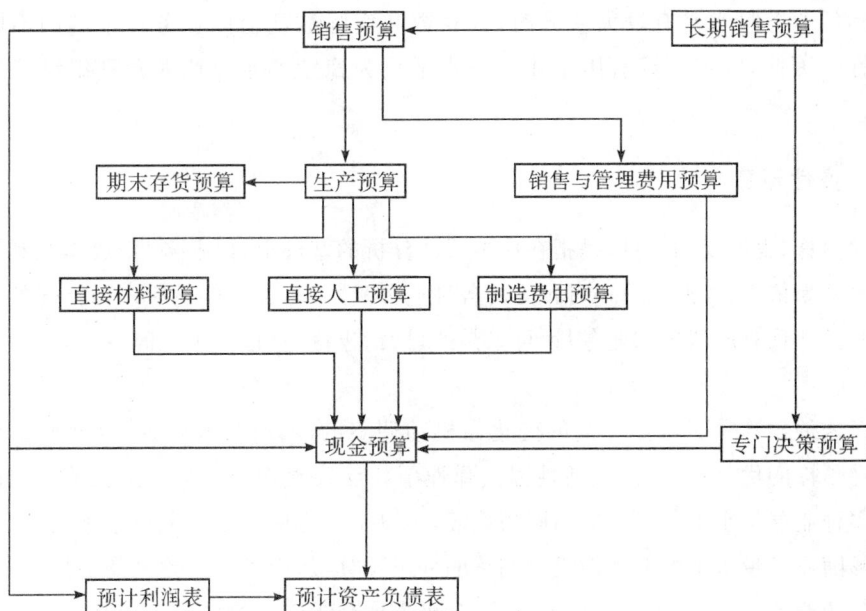

图 12-1　全面预算体系

● 问答 12.1(单选题)

※根据全面预算体系的分类,下列预算中,属于财务预算的是(　　　　)。
A.销售预算　　　　　B.现金预算　　　　　C.直接材料预算　　　　　D.直接人工预算

第二节　全面预算的编制方法

全面预算的编制方法可以按不同的标准进行分类,主要有以下几种编制方法。

一、固定预算与弹性预算

按编制时业务量是否固定,预算可分为固定预算和弹性预算。

(一)固定预算

固定预算,也称静态预算,是指根据预算期内正常的、可实现的某一业务量(如生产量、销售量)水平作为唯一基础和依据来编制预算的方法。这是一种传统的预算编制方法。

固定预算的优点是编制比较简单,但其缺点在于:第一,缺乏灵活性。固定预算的编制基础是事先假定的某一业务量水平,无论编制预算期内业务量水平发生什么变动,都只能按事先假定的业务量水平编制。第二,缺乏可比性。当作为编制基础的业务量水平和实际的业务量水平有较大差异时,预算数和实际数就会因业务量基础的不同而失去可比性。因此,固定预算适用于业务量水平较为稳定的企业或非营利组织编制预算时采用。

(二)弹性预算

弹性预算,也称变动预算,是指在成本习性分析的基础上,以业务量、成本和利润之间的依存关系为依据,按照预算期可预见的各种业务量水平,编制能适应多种情况的预算方法。编制弹性预算所依据的业务量,可以是产量、销售量、直接人工工时、机器工时和直接人工工资。

由于这种预算是随着业务量的变化做机动调整的,本身具有弹性,因此又称弹性预算。弹性预算的优点在于:①灵活性强。弹性预算反映预算期内与一定相关范围内的可预见的多种业务量水平相对应的不同预算额,不再是只适应一个业务量水平的一个预算,而是能够随业务量水平的变动做机动调整的一组预算,从而扩大了预算的适用范围,便于预算指标的调整。一经编制,便可连续使用,可大大减少工作量。②可比性强。由于弹性预算是能够随业务量水平的变动做机动调整的一组预算,因此可以将实际指标与实际业务量相应的预算额进行对比,能够使预算执行情况的评价与考核建立在更加客观和可比的基础上。

因此,从理论上讲,弹性预算适用于全面预算中与业务量有关的各种预算,但从实用角度看,主要用于编制弹性成本费用预算和弹性利润预算等。

二、增量预算与零基预算

按编制基础的不同,预算可分为增量预算与零基预算。

(一)增量预算

增量预算是指在基期成本费用水平的基础上,结合预算期业务量水平及有关降低成本的措施,通过调整有关原有成本费用项目,而编制预算的方法。增量预算,是一种传统的成本费用预算编制方法。

增量预算的优点是工作量小,简便易行;其缺点在于:第一,受原有费用项目的限制,不加分析地保留了原有的成本项目,或按主观臆断平均削减,或只增不减,容易造成浪费,有可能使不必要开支合理化。第二,按一定比率增减费用,不利于调动各部门的积极性。

增量预算适用于服务部门费用预算的编制,并且一般与零基预算结合使用,每隔若干年进行一次零基预算的编制,在两次编制零基预算的中间年份采用增量预算。

(二)零基预算

零基预算是指不考虑过去的预算项目和收支水平,以零为基础编制计划和预算的方法,即在编制预算时,对于任何一笔预算收支,均以零为基础,不考虑其以往情况如何,从根本上研究、分析每项预算必要性及其支出数额的大小,使所编制的预算数据更符合当期实际情况,从而避免了传统的预算编制方法的缺点。

零基预算是由美国得州仪器公司的彼得·派尔(Peter Pyhrr)在 20 世纪 60 年代提出来的,现已被西方发达国家公认为是管理间接费用的一种有效方法。

零基预算的优点是:第一,可以合理有效地进行资源分配,将有限的资金用在刀刃上,实现资源的最优化利用。第二,可以充分发挥各级管理人员的积极性和创造性,促进各预算部门合理使用资金,提高资金的利用效率。其缺点是编制工作量大。

零基预算适用于产出较难辨认的服务性部门预算的编制。

三、定期预算与滚动预算

按编制期间的不同,预算可分为定期预算与滚动预算。

(一)定期预算

定期预算是指在编制预算时,以不变的会计期间(如日历)作为预算期的一种编制预算的方法。定期预算的优点是能够使预算期间与会计年度相配合,便于考核和评价预算的执行结果。其缺点在于:第一,远期指导性差。因为定期预算多在其执行年度开始前两三个月进行,难以预测预算期后期情况、若明若暗,数据笼统模糊。第二,灵活性差。预算执行中,许多不确定因素会妨碍预算的指导功能,甚至使之失去作用,成为虚假预算(如年内临时转产),在实践中又往往不能进行调整。第三,连续性差。即使年中稍事修订预算,也只是针对剩余预算期那几个月,执行预算也受到这种限制,对下一年度很少考虑,形成人为的预算间断。

(二)滚动预算

滚动预算,又称连续预算,或称永续预算,是指在编制预算时,不将预算期与会计年度挂钩,使预算期始终保持在 12 个月,随着预算的执行,不断延伸补充预算,逐期向后滚动的一种预算编制方法。滚动预算,按其预算编制和滚动的时间单位不同,又可分为逐月滚动、逐季滚动和混合滚动三种。

在实务中,滚动预算的编制,一般采用长计划短安排、远略近详的方式进行,往往对未来头三个月按月编制详细预算,而对以后九个月则按季粗略编制预算。待头一个滚动期过后,根据其实际执行情况,随时调整下一个滚动期,并对其做出详细预算安排。

滚动预算的优点是:第一,透明度高。按滚动预算方法编制的预算,实现了与日常管理的紧密衔接,可以使管理人员始终能够从动态的角度,把握住企业近期的规划目标和远期的战略布局,使预算具有较高的透明度。第二,灵活性强。滚动预算可以根据前期预算的执行情况,结合各种因素的变动影响,及时调整和修订近期预算。第三,连续性强。滚动预算在时间上不再受日历年度的限制,能够连续不断地规划未来的经营活动。采用滚动预算的方法编制预算的缺点就是编制工作量较大。

第三节　营业预算、现金预算与预计财务报表的编制

一、营业预算的编制

营业预算是企业日常营业活动的预算,企业的营业活动涉及购销等各个环节及其业务。营业预算包括销售预算、生产预算、直接材料预算、直接人工预算、制造费用预算、产品成本预算、销售费用预算和管理费用预算等。

(一)销售预算

销售预算是整个预算的编制起点,其他预算的编制都以其作为基础。例如,生产、采购、费用等方面的预算归根到底都要以销售预算为基础。

销售预算的主要内容是销量、单价和销售收入。销量是根据市场预测或销货合同并结合企业生产能力确定的。单价是通过价格决策确定得到的。销售收入是两者的乘积,在销售预算中计算得出。此外销售预算的编制依据,还包括产品的销售方式以及预计的信用条件、收款方式等资料。编制销售预算,通常应分别按产品的品种、月份(或季度)、销售区域反映产品的销售量、销售单价和销售收入。在实际工作中,销售预算通常还包括预计现金收入的计算,以便于为编制现金预算提供必要的资料。

【例 12-1】 A 公司 2020 预算年度只产销一种产品,单位售价为 50 元,预计全年产品销售量为 6 300 件,其中,一季度 1 000 件,二季度 1 500 件,三季度 2 000 件,四季度 1 800 件。预计在各季销售中有 60% 于当季收到现金,其余 40% 在下一季度收到现金。年初应收账款余额 25 000 元将在一季度收回。试根据上述资料编制 A 公司 2020 年度的销售预算及现金收入预算。

解:2020 年销售预算及现金收入预算,如表 12-1、表 12-2 所示。

表 12-1　A 公司 2020 年度销售预算

项目	一季度	二季度	三季度	四季度	全年
预计销售量/件	1 000	1 500	2 000	1 800	6 300
销售单价/元	50	50	50	50	50
销售收入/元	50 000	75 000	100 000	90 000	315 000

表 12-2　A 公司 2020 年度预计现金收入　　　　　单位:元

项目	一季度	二季度	三季度	四季度	全年
期初应收账款	25 000				25 000
第一季度(销货 50 000)	30 000	20 000			50 000
第二季度(销货 75 000)		45 000	30 000		75 000
第三季度(销货 100 000)			60 000	40 000	100 000
第四季度(销货 90 000)				54 000	54 000
现金收入合计	55 000	65 000	90 000	94 000	304 000

●问答 12.2(单选题)

※下列各项中,不能在销售预算中找到的内容是(　　　)。

A.销售单价　　　　B.生产数量　　　　C.销售数量　　　　D.回收应收账款

(二)生产预算

生产预算是在销售预算的基础上编制的,其主要内容有销售量、期初和期末存货、生产量。生产预算需要根据预计的销售量按品种分别编制。由于企业可能存在销售旺季和淡季,在旺季可能生产能力不够,而在淡季又可能生产能力有富余,生产和销售较难做到同步、同量,因此为保证均衡生产,企业需要储备一定的存货。预算期间的生产量除要考虑本期销售量外,还需考虑预计期初存货和预计期末存货,可按如下公式计算:

预计生产量＝预计销售量＋预计期末存货－预计期初存货

假设 A 公司 2020 年度一季度初存货量为 100 件,四季度期末存货量为 200 件,各季期末存货量,按下季度销售量的 10% 计算。据上述资料编制的 A 公司 2020 年度生产预算,如表 12-3 所示。

表 12-3　A 公司 2020 年度生产预算　　　　　单位:件

项目	一季度	二季度	三季度	四季度	全年
预计销售量	1 000	1 500	2 000	1 800	6 300
加:预计期末存货	150	200	180	200	200
减:预计期初存货	100	150	200	180	100
预计生产量	1 050	1 550	1 980	1 820	6 400

●问答 12.3(单选题)

※在编制生产预算表时,关键是要确定(　　　)。

A.销售价格　　　　B.销售数量　　　　C.存货采购量　　　　D.期末存货量

(三)直接材料预算

直接材料预算是以生产预算为基础编制的,同时要考虑原材料存货水平。表 12-3 是

A 公司的直接材料预算。其主要内容有直接材料的单位产品材料用量、生产需用量、期初和期末存量等。"预计生产量"的数据来自生产预算,"单位产品材料用量"的数据来自标准成本资料或消耗定额资料,"生产需用量"是上述两项的乘积。年初和年末的材料存量,是根据当前情况和长期销售预测估计的。各季度"期末材料存量"根据下一季度生产量的一定比例确定,本例按 20%计算。各季度"期初材料存量"是上一季度的期末存量。预计各季度"采购量"可根据如下公式计算:

$$预计采购量＝生产需用量＋预计期末存量－预计期初存量$$
$$材料采购金额＝预计采购量×预计采购单价$$

影响采购材料现金支出的因素有应付账款期间和折扣情况等。

假设 A 公司每季度的购料款当季支付 50%,其余在下一季度付讫。各季度的期末存量按下一季生产需要量的 20%计算;各季期初存量与上季期末存量相同,A 公司预算期初存量为 400 千克,预算期末存量为 500 千克。根据上述资料所编制的直接材料预算和预计现金支出,如表 12-4、表 12-5 所示。

表 12-4　A 公司 2020 年度直接材料预算

项　目	一季度	二季度	三季度	四季度	全年
预计生产量/件	1 050	1 550	1 980	1 820	6 400
单位产品材料用量/千克	2	2	2	2	2
生产需用量/千克	2 100	3 100	3 960	3 640	12 800
预计期初存量/千克	400	620	792	728	400
预计期末存量/千克	620	792	728	500	500
预计采购量/千克	2 320	3 272	3 896	3 412	12 900
单价/元/千克	5	5	5	5	5
预计采购金额/元	11 600	16 360	19 480	17 060	64 500

表 12-5　A 公司 2020 年度预计现金支出

期初应付账款/元	6 000				6 000
第一季度(采购 11 600)	5 800	5 800			11 600
第二季度(采购 16 360)		8 180	8 180		16 360
第三季度(采购 19 480)			9 740	9 740	19 480
第四季度(采购 17 060)				8 530	8 530
现金支出合计/元	11 800	13 980	17 920	18 270	61 970

(四)直接人工预算

直接人工预算是以生产预算为基础编制的。其主要内容有预计生产量、单位产品工时、人工总工时、每小时人工成本和直接人工总成本。预计生产量数据来自生产预算。单位产品人工工时和每小时人工成本数据来自标准成本资料。人工总工时和直接人工总成本是在直接人工预算中计算出来的。由于人工工资都需要使用现金支付,所以不需要另外预计现金支出,可直接参加现金预算的汇总。

假设 A 公司预算期间所需直接人工只有一个工种,单位产品需耗用直接人工 5 小时,该工种直接人工每小时工资为 2 元。根据上述资料所编制的直接人工预算,如表 12-6 所示。由于人工工资都需要使用现金支付,所以不需另外预计现金支出。

表 12-6　A公司 2020 年度直接人工预算

项目	一季度	二季度	三季度	四季度	合计
预计生产量/件	1 050	1 550	1 980	1 820	6 400
单位产品人工工时/小时	5	5	5	5	5
人工总工时/小时	5 250	7 750	9 900	9 100	32 000
每小时人工成本/元	2	2	2	2	2
直接人工总成本/元	10 500	15 500	19 800	18 200	64 000

(五)制造费用预算

制造费用是指生产成本中除直接材料和直接人工以外的其他一切生产费用。在编制该预算时,应将这些费用按其性态划分为变动性制造费用和固定性制造费用。如果有完善的标准成本资料,用单位产品的标准成本与产量相乘,即可得到相应的预算金额;如果没有标准成本资料,就需要逐项预计计划生产量需要的各项制造费用。固定制造费用,需要逐项进行预计,通常与本期产量无关,按全年实际需要的支付额预计。其计算公式为:

制造费用=预计生产量×工时单耗×变动费用率+固定制造费用

假设 A 公司变动制造费用按直接人工工时比例分配,折旧以外的各项制造费用均于当季付现,根据该企业基础资料以及生产预算、直接人工预算等资料编制的制造费用预算,如表 12-7 所示。

表 12-7　A公司 2020 年度制造费用预算　　　　　　　　　　　　　　　　单位:元

变动制造费用预算		固定制造费用预算	
间接人工	4 000	维护费	12 000
间接材料	4 000	折旧费	8 000
维护费	5 500	管理人员工资	22 000
水电费	2 500	保险费	3 000
		财产税	3 000
合计	16 000	合计	48 000
		减:折旧	8 000
		付现固定制造费用	40 000

每季付现数=(16 000+40 000)÷4=14 000

为了便于以后编制产品成本预算,需要计算小时费用率。

变动制造费用分配率=16 000÷32 000=0.5(元/工时)

固定制造费用分配率=48 000÷32 000=1.5(元/工时)

(六)产品成本预算

编制产品成本预算是为了综合反映计划期内生产单位产品预计的成本水平,同时也为正确预计利润表中的产品销售成本和预计资产负债表中的期末库存商品项目,提供相应的成本数据。

在采用变动成本法时,单位产品的成本包括:直接材料、直接人工和变动制造费用等;如采用全部成本法时,单位产品的成本包括:直接材料、直接人工、变动制造费用、固定制造费用等。

假设根据 A 公司的有关资料编制其产品单位生产成本及期末存货预算,如表 12-8 所示。

表 12-8　A 公司 2020 年度产品成本预算

项目	单价	单耗	单位成本/元	总成本/元
直接材料	5 元/千克	2 千克/件	10	64 000
直接人工	2 元/工时	5 工时/件	10	64 000
变动制造费用	0.5 元/工时	5 工时/件	2.5	16 000
固定制造费用	1.5 元/工时	5 工时/件	7.5	48 000
生产成本合计(6 400 件)			30	192 000
年末存货(200 件)			30	6 000
销售成本(6 300 件)			30	189 000

(七)销售及管理费用预算

销售费用预算是为了实现销售预算所需支付的费用预算。它以销售预算为基础,分析销售收入、销售利润和销售费用的关系,力求实现销售费用的最有效使用。管理费用预算是为了进行管理而发生必要的费用预算。在编制管理费用预算时,要分析企业的业务成绩和一般经济状况,务必做到费用合理化。管理费用多属于固定成本,所以一般是以过去的实际开支为基础,按预算期的可预见变化来调整。更重要的是,财务管理人员必须充分考察每种费用是否必要,以便提高费用效率。

假定 A 公司的销售及管理费用在各季均衡发生,并假定全部为现金支出,根据该企业预算年度的有关资料,编制其销售及费用预算,如表 12-9 所示。

表 12-9　A 公司 2020 年度销售及管理费用预算

项目		预算金额/元
销售费用	销售人员工资	12 000
	广告费	9 000
	保管费	15 000
	销售费用合计	36 000
管理费用	办公费	3 000
	管理人员工资	24 000
	保险费	6 000
	财产税	3 000
	管理费用合计	36 000
预计现金支出	销售及管理费用全年现金支出总额	72 000
	销售及管理费用每季现金支出总额	18 000

二、现金预算的编制

现金预算是反映企业在预算年度内,全部现款的收支和资金筹措的计划。现金预算的内容包括现金收入、现金支出、现金多余或不足的计算,以及不足部分的筹借方案和多余部分的利用方案等。

现金预算实际上是其他预算有关现金收支部分的汇总,以及收支差额平衡的具体计划,其编制要以其他各项营业预算为基础,或者说,其他营业预算在编制时,要为现金预算做好数据准备。

现金预算,由如下四部分内容组成:

(1)现金收入。现金收入包括预算年初现金余额和预算年度发生的各种现金收入(产品销售收入是取得现金收入的最主要的来源之一)。

(2)现金支出。现金支出是指预算年度内预计要发生的所有现金支出。它包括直接材料、直接人工、制造费用、销售及管理费用和专门决策等预算中所预计的现金支出。

(3)现金多余或不足。列示现金收入合计与现金支出合计的差额。差额为正,说明收大于支,现金有多余;差额为负,说明支大于收,现金不足。

(4)资金的筹措和运用。根据预算期现金收支的差额和企业有关资金管理的各项政策,确定筹集和运用资金的数额,如果现金不足,则需要向银行取得借款或用其他方式筹集资金以保证经营正常进行,并预计还本付息的期限和数额;如果现金有余,除了可用于偿还借款外,还可用于购买有价证券作为短期投资。

编制现金预算的主要目的是加强在预算内对现金流量的控制,使企业财务管理人员了解企业在预算期间现金收支情况及资金余缺情况,以便今后合理运用或及时筹措资金。

假定 A 公司期初现金余额为 15 000 元,预算期间的现金最低限额为 10 000 元。现金不足时,均需在季初向银行取得借款;现金有多余时,需在季末偿还借款,同时支付借款利息。银行借款年利率为 10%,假设银行借款的金额要求是 1 000 元的倍数。其他资料见前述各预算。根据以上资料,编制 A 公司的现金预算,如表 12-10 所示。

表 12-10　A 公司 2020 年度现金预算　　　　　　　　　　单位:元

项目	第一季度	第二季度	第三季度	第四季度	合计
期初余额	15 000	11 700	10 220	13 850	15 000
加:销货现金收入	55 000	65 000	90 000	94 000	304 000
可供使用现金	70 000	76 700	100 220	107 850	319 000
减:各项支出					
直接材料	11 800	13 980	17 920	18 270	61 970
直接人工	10 500	15 500	19 800	18 200	64 000
制造费用	14 000	14 000	14 000	14 000	56 000
销售及管理费用	18 000	18 000	18 000	18 000	72 000

续表

项目	第一季度	第二季度	第三季度	第四季度	合计
所得税费用	3 000	3 000	3 000	3 000	12 000
股利	1 000				1 000
购买设备		15 000			15 000
支出合计	58 300	79 480	72 720	71 470	281 970
现金多余或不足	11 700	(2 780)	27 500	36 380	37 030
银行借款	0	13 000	0	0	13 000
归还借款	0	0	13 000	0	13 000
利息支出	0	0	650	0	650
期末余额	11 700	10 220	13 850	36 380	36 380

注:括号内的为负数

●问答 12.4(单选题)

※通常评价费用中心业绩的指标是(　　)。
A.标准成本　　　　B.可控成本　　　　C.费用预算　　　　D.费用计划

三、预计财务报表的编制

预计财务报表是财务管理的重要工具,包括预计利润表和预计资产负债表等。

(一)预计利润表

预计利润表的编制依据,主要是销售预算、生产预算、产品单位成本及期末存货预算、销售及管理费用预算、其他现金收支预算以及相关资料。

如表 12-9 中,"销售收入"项目的数据,来自销售收入预算;"销售成本"项目的数据,来自产品成本预算;"销售及管理费用"项目的数据,来自销售及管理费用预算;"利息"项目的数据,来自现金预算。其中,"所得税费用"项目是在利润规划时估计的,并已列入现金预算。它通常不是根据"利润"和所得税税率计算出来的,因为有诸多纳税调整的事项存在。此外,从预算编制程序上看,如果根据"本年利润"和税率重新计算所得税,就需要修改"现金预算",引起信贷计划修订,进而改变"利息",最终又要修改"本年利润",从而陷入数据的循环修改。

根据前面相关资料编制的 A 公司 2020 年度预计利润表,如表 12-11 所示,其中数据来源,已在表中注明。

表 12-11　A 公司 2020 年度预计利润表

项目	金额/元
销售收入(表 12-1)	315 000
减:销售成本(表 12-8)	189 000
毛利	126 000
减:销售及管理费用	72 000
利息	650
利润总额	53 350
减:所得税费用(表 12-10)	12 000
净利润	41 350

(二)预计资产负债表

预计资产负债表是以货币单位反映的企业预算期末财务状况的预计财务报表。

预计资产负债表的编制依据,主要包括:预算期初的资产负债表、销售预算、直接材料预算、产品单位成本及期末存货预算、现金预算、预计利润表等。

预计资产负债表,以预算期初资产负债表各项目的数字为基础,根据有关预算引起的各项目数据变动,做必要的调整来编制的。大部分项目的预算,可根据下面的公式计算:

期初的资产负债表项目＋预算期变动数＝期末资产负债表项目

根据前面的有关预算资料所编制的 A 公司 2020 年年末的预计资产负债表,如表 12-12 所示,表中注明了数据的来源。

表 12-12　A 公司预计资产负债表(2020 年 12 月 31 日)　　　　　单位:元

资　　产			负债及所有者权益		
项目	年初数	年末数	项目	年初数	年末数
流动资产			流动负债		
现金(表 12-10)	15 000	36 380	应付账款(表 12-3)	6 000	8 530
应收账款(表 12-1)	25 000	36 000			
材料(表 12-4)	2 000	2 500			
库存商品(表 12-8)	3 000	6 000			
流动资产合计	45 000	80 880			
固定资产		100 000	所有者权益		
房屋与设备(表 12-10)	85 000	16 000	实收资本	100 000	100 000
累计折旧(表 12-7)	8 000	164 880	未分配利润	16 000	56 350
固定资产合计	77 000		所有者权益合计	116 000	147 150
资产总计	122 000	164 880	负债及所有者权益合计	122 000	164 880

注:年末未分配利润＝年初未分配利润＋预算年度净利润－支付的股利

　　＝16 000＋41 350－1 000＝56 350(元)

●问答 12.5(单选题)

※下列预算中,能够同时以实物量指标和价值指标分别反映经营收入和相关现金收入的有(   )。

A.销售预算　　　B.资金预算　　　C.预计资产负债表　　　D.生产预算

第四节　财务控制

一、财务控制概述

(一)财务控制的含义和特征

控制是指对客观事物进行约束和调节,使之按照设定的目标和轨迹运行的过程。财务控制是指按照一定的程序与方法,确保企业及其内部机构和人员全面落实和实现财务预算的过程。财务控制是财务管理的重要环节。财务控制具有以下特征:

1.财务控制是以价值控制为手段

财务控制以实现财务预算为目标。财务预算所包含的现金预算、预计利润表和预计资产负债表,都是以价值形式予以反映的;财务控制所借助的手段,如责任预算、责任报告、业绩考核、内部转移价格等都是通过价值指标实现的。这也是财务控制区别于其他管理控制的本质特征。

2.财务控制是一种综合、全面的控制

由于财务控制用价值手段来实施其控制过程,因此,它不仅可以将各种不同性质的业务综合起来进行控制,而且可以将不同层次、不同部门的业务综合起来进行控制,体现了财务控制的综合性和全面性。

3.财务控制以现金流量为日常控制的内容

由于企业的日常财务活动过程通常表现为现金流量的流动过程,因此,控制现金流量成为日常财务控制的主要内容。在控制过程中,要以现金流量为依据,通过编制现金流量表来考核评价现金流量的运行情况。

财务控制与财务预测、决策、预算和分析等环节共同构成财务管理的循环。其中,财务控制是财务管理循环的关键环节,它对实现财务管理目标具有保障作用。财务控制是借助货币手段对生产经营活动所实施的控制,具有连续性和全面性。它在企业经营控制系统中处于特殊地位,起着保障、促进、监督和协调等重要作用。

(二)财务控制的基础

财务控制的基础是指进行财务控制所必须具备的基本条件,主要包括以下几个方面。

1.组织基础

控制,必然涉及控制主体和被控制的对象,要确立控制主体,即建立财务控制的组织体系。通常是按照分权管理的原则,根据企业的具体情况和内部管理的实际需要,合理划分责任中心,明确各责任中心的经营管理责任和应完成的成本、利润等指标。同时,财务控制赋予各责任中心与其经营管理责任相适应的决策权,并将其实际利益与业绩挂钩。

2.制度基础

财务控制需要有一系列的制度予以保证。企业应建立健全的内部控制制度,即组织机构的设计和企业内部采取的所有相互协调的办法和措施。这些方法和措施用于保护企业的财产,检查企业会计信息的准确性和可靠性,提高经营效率,促使有关人员遵循既定的管理方针。围绕财务预算的执行,也应建立相应的保障措施或制度,如内部结算制度、内部经济仲裁制度、考核奖惩制度等,以促使财务控制工作高效、有序地进行。

3.预算目标

财务控制必须明确应该实现的目标。财务控制应以建立健全的财务预算为依据。财务预算应分解落实到各责任中心,形成与总目标协调一致的一系列责任预算,为企业及各责任中心的财务控制指明方向。

4.会计信息

任何控制都离不开真实、准确的信息。财务控制必须以会计信息为前提。财务预算总目标的执行情况,必须通过企业的汇总会计核算资料予以反映,通过这些会计资料可以了解、分析企业财务预算总目标的执行情况、存在的差异及其原因,并提出相应的纠偏措施;此外,各责任中心以及各岗位的预算目标的执行情况,必须通过各自的会计核算资料予以反映,通过这些会计资料可以了解、分析各责任中心以及各岗位预算目标的完成情况,将其作为各责任中心以及各岗位改进工作的依据和考核工作业绩的依据。因此,应建立按责任中心设置的会计核算体系。

5.信息反馈系统

财务控制是一个动态的控制过程。要确保财务预算的贯彻实施,必须对各责任中心执行预算跟踪监控,不断调整执行偏差,要按责任中心建立一套完整的信息跟踪与反馈机制。

6.奖惩制度

财务控制的最终效率取决于是否有切实可行的奖惩制度,以及是否严格执行奖惩制度。奖惩制度必须体现公平、公正、有效的原则,并建立严格的考评机制,把过程考核与结果考核结合起来。

(三)财务控制的种类

财务控制可以按以下不同的标准进行分类。

1.按控制的主体不同分类

按控制的主体不同分类,财务控制可分为出资者财务控制、经营者财务控制和财务部门的财务控制。

出资者财务控制是为了实现其资本保全和资本增值目标而对企业的重大财务决策及重要财务活动进行的控制。

经营者财务控制是为了实现财务预算目标而对企业及各责任中心的财务收支活动所进行的控制,主要是制定并实施财务决策、制定财务预算,建立内部财务控制体系等。

财务部门的财务控制是财务部门为了有效地组织现金流动,通过编制现金预算,执行现金预算,对企业日常活动所进行的控制,如对货币资金用途的审查等。

一般来说,出资者财务控制是一种外部控制,而经营者财务控制和财务部门的财务控制是内部控制,更能反映财务控制的作用和效果。

2.按控制的时间不同分类

按控制的时间不同分类,财务控制可分为事前财务控制、事中财务控制和事后财务控制。

事前财务控制,又称防护性控制,即在财务活动发生之前就制定一系列的制度规定、标准把可能产生的差异予以排除,如事先制定财务管理制度内部牵制制度、财务预算等。

事中财务控制是在财务活动发生过程中进行的财务控制,如按财务预算要求,监督预算的执行过程,对各项收入的去向和支出的用途进行监督,对产品生产过程中发生的成本进行约束等。

事后财务控制是指对财务活动的结果进行分析、评价、考核、奖惩,如按财务预算的要求对各责任中心的财务收支结果进行评价,并以此实施奖罚标准,在产品成本形成之后进行综合分析与考核,以确定各责任中心和企业的成本责任。

3.按控制的依据不同分类

按控制的依据不同分类,财务控制可分为财务预算控制和财务制度控制。

财务预算控制是指以财务预算为依据,对预算执行主体的财务收支活动进行监督、调控,使之符合预算目标的控制形式。

财务制度控制是通过制定企业内部规章制度,并以此为依据约束企业和各责任中心财务收支活动的一种控制形式。

财务制度控制通过规定能做什么、不能做什么,与财务预算控制相比较,财务制度控制具有防护性的特征,而财务预算控制主要具有激励性的特征。

4.按控制的对象不同分类

按控制的对象不同分类,财务控制可分为收支控制和现金控制。

收支控制是按照财务预算,对企业及各责任中心的财务收入活动和财务支出活动所进行的控制。其主要目的是实现财务收支的平衡。

现金控制是以现金预算为依据,对企业及各责任中心的现金流入和流出活动所进行的控制。由于企业财务会计采用权责发生制核算原则,利润不等于现金净流入,所以对现金有必要进行单独控制。其目的是完成现金预算目标,防止现金的短缺和闲置,力求实现现金流入和流出的基本平衡。

5.按控制的手段不同分类

按控制的手段不同分类,财务控制可分为绝对控制和相对控制。

　　绝对控制是对企业和各责任中心的财务指标采用绝对额进行控制。一般地,对激励性指标确定最低控制标准,对约束性指标确定最高控制标准。

　　相对控制是指对企业和各责任中心的财务指标采用相对比率进行控制。一般而言,相对控制具有反映投入与产出对比、开源与节流并重的特征。比较而言,绝对控制没有弹性,相对控制具有弹性。

二、责任中心

　　企业为了实行有效的内部协调与控制,通常都按照统一领导、分级管理的原则,在其内部合理划分责任单位,明确各责任单位应承担的经济责任、应有的权力和利益,促使各责任单位各尽其职,各负其责。责任中心就是承担一定经济责任,并享有一定权力和利益的企业内部单位。

　　责任中心通常具有以下特征:

　　1.责任中心是一个责权利相统一的实体

　　每个责任中心要承担完成一定的财务指标的责任,并赋予各责任中心与其所承担责任的范围和大小相适应的权力,明确相应的业绩考核标准和利益分配标准。

　　2.责任中心具有承担经济责任的条件

　　各责任中心须具有履行经济责任中各条款的行为能力,如果各责任中心一旦不能履行经济责任,就应对其后果承担责任。

　　3.责任中心所承担的责任和行使的权力都应是可控的

　　每个责任中心只能对其责权范围内可控的成本、收入、利润和投资负责,在责任预算和业绩考核中也只应包括他们能控制的项目。

　　4.责任中心具有相对独立的经营业务和财务收支活动

　　责任中心的单独核算是实施责权利统一的基本条件。只有独立核算,工作业绩才可能得到正确的评价。因此,只有既分清责任又能进行独立核算的企业内部单位,才是真正意义上的责任中心。

　　根据企业内部责任单位的权限范围及业务活动的特点不同,责任中心一般可分为成本中心、利润中心和投资中心三大类。

(一)成本中心

　　1.成本中心的含义

　　成本中心是只对成本或费用负责的责任中心。由于成本中心通常不会形成可以用货币计量的收入,因此不需要对收入、利润或投资负责。

　　成本中心的应用范围最为广泛。原则上讲,凡是有成本发生,需要对成本负责,并能对成本实施控制的内部单位,都可以成为成本中心。例如,企业的分厂、车间、部门、工段、班组、个人等都有条件成为成本中心,各个较小的成本中心可以汇集组成较大的成本中心,层次较高的成本中心则可以统驭层次较低的成本中心。大小不同、层次不一的成本中心,其控制和考核的内容是不同的。

2.成本中心的类型

成本中心可分为两种:标准成本中心和费用中心。

标准成本中心是指对产品生产过程中发生的直接材料、直接人工、制造费用等进行控制的成本中心。这类中心有稳定而明确的产品,且单位产品的投入量(成本)可以通过技术分析测算出来,如分厂、车间、工段和班组等。

费用中心主要是为企业提供一定的专业性服务,如企业的行政管理部门、研究开发部门等,一般不能产生可以用货币计量的成果,投入量与产出量没有直接关系,费用发生的多少由管理人员的决策行为所决定,所以也称为酌量性成本中心。费用中心是以直接控制经营管理费用为主的成本中心。

3.成本中心的特征

成本中心相对于利润中心和投资中心而言,有如下特征:

(1)成本中心,只考核成本费用而不考核收益。一般而言,成本中心没有经营权和销售权,其工作成果不会形成可以用货币计量的收入。例如,一个生产车间,由于其所生产的产品仅为企业生产过程的一个组成部分,不能单独出售,因此不可能计量货币收入;有的成本中心可能有少量的收入,但不是主要的考核内容,因而没有必要计量货币收入。

(2)成本中心,只对可控成本负责。可控成本是相对于不可控成本而言的。凡是责任中心能够控制的成本,均称为可控成本;凡是责任中心不能控制的成本,均称为不可控成本。具体来说,可控成本应同时具备三个条件:第一,成本中心能够通过一定的方式了解将要发生的成本;第二,成本中心能够对发生的成本进行计量;第三,成本中心能够通过自己的行为对成本加以调节和控制。凡不能同时具备上述三个条件的成本,通常为不可控成本,一般不在成本中心的责任范围之内。

成本的可控与不可控是相对而言的。这与责任中心所处管理层次的高低、管理权限的大小以及控制范围的大小有直接关系。对企业来说,几乎所有的成本都可以被视为可控成本,而对于企业内部的各部门、车间、工段、班组、个人来说,则既有其各自的可控成本,又有其各自的不可控成本。一项对于较高层次的责任中心来说是可控成本,对于其下属的较低层次的责任中心来说,可能就是不可控成本;而较低层次责任中心的可控成本,则一定是其所属较高层次责任中心的可控成本。

(3)成本中心控制和考核的是责任成本。责任中心当期所发生的各项可控成本之和,即该中心的责任成本。对成本中心的工作业绩进行控制和考核,主要是通过将责任中心发生的责任成本与其责任成本预算进行比较而实现的。

责任成本与产品成本是既有区别又有联系的两个成本概念。两者的区别主要是:第一,从成本计算对象看,责任成本以责任中心作为成本计算对象,而产品成本则以产品作为成本计算对象;第二,从成本计算原则看,责任成本的计算原则是谁负责谁承担,而产品成本的计算原则是谁受益谁承担;第三,从成本计算的目的看,计算责任成本的目的侧重于控制,而计算产品成本的目的侧重于核算。责任成本与产品成本虽有区别,但两者在性质上是相同的,都是企业生产经营过程中的资金耗费。

4.成本中心的考核指标

一般说来,标准成本中心的考核指标是既定产品质量和数量条件下的标准成本。标准成本中心不需要做出价格决策、产量决策或产品结构决策,这些决策由上级管理部门做出,或授权给销货单位做出。标准成本中心的设备和技术决策,通常由职能管理部门做出,而不是由成本中心的管理人员自己决定的。因此,标准成本中心不对生产能力的利用程度负责,而只对既定产量的投入量承担责任。如果采用全额成本法,成本中心不对闲置能力的差异负责,那么他们对于固定成本的其他差异就要承担责任。

确定费用中心的考核指标是一件困难的工作。由于缺少度量其产出的标准,以及投入和产出之间的关系不密切,因此运用传统的财务技术来评估这些中心的业绩非常困难。通常,使用费用预算来评价费用中心的成本控制业绩。由于很难依据一个费用中心的工作质量和服务水平来确定预算数额,因此,一个有效的解决办法是考察同行业类似职能的支出水平。

(二)利润中心

1.利润中心的含义

利润中心是指既要对成本费用负责,又要对收入和利润负责的责任中心。这里所指的成本和收入,对利润中心来说都应是可控的,可控收入与可控成本之差即利润中心的可控利润,亦称为责任利润。这类责任中心一般是指有产品或劳务生产经营决策权的企业内部部门。

利润中心不仅要考核成本,还要考核收入,并进一步将收入与成本进行对比,考核利润。因此,利润中心往往处于企业内部具有相对独立经营的较高层次,如分厂、分公司、分店等,其收入来源可以来自直接向外提供产品或劳务,也可以由只对本企业内部责任中心提供产品或劳务而取得。利润中心与成本中心相比,其权力和责任都相对较大,利润中心不仅对成本负责,还必须对收入和利润承担责任。因此,利润中心不仅仅要降低成本,更要寻求超过成本增长的收入增长。

2.利润中心的类型

利润中心按其收入特征不同,可分为自然利润中心和人为利润中心两种。

自然利润中心直接向企业外部出售产品,在市场上进行购销业务。如果某些公司采用事业部制,每个事业部均有销售、生产、采购的职能,有很大的独立性,那么这些事业部就是自然利润中心,如分厂、分公司、事业部等。

人为利润中心一般不直接对外销售产品,只对本企业内部各责任中心按内部结算价格提供产品或劳务,根据内部转移价格获取"内部销售收入"。这类中心一般具有相对独立的经营权,如制造业中的车间一般可以成为人为利润中心,大部分的成本中心也都可以转为人为利润中心,条件是它们提供的产品或劳务能制订出合适的内部转移价格以及企业赋予相应的权力。

3.利润中心的成本计算

利润中心必须进行成本计算,以便正确地计算利润,作为对利润中心业绩评价与考核的依据。利润中心的成本计算通常有如下两种方式可供选择。

（1）利润中心只计算其可控成本，不计算共同成本或不可控成本。按这种方式计算出的利润，不是通常意义上的利润，而是"可控边际贡献"。企业利润中心的"可控边际贡献"，只有减去不可控成本和未分配的共同成本后，才是企业的税前利润总额。采用这种方式计算成本的利润中心，实际上应为边际贡献中心。人为利润中心通常适合采用这种计算方式。

（2）利润中心不仅要计算可控成本，还要计算其分配来的共同成本或不可控成本。如果采用变动成本计算法，利润中心只需计算出边际贡献，再减去固定成本，就是税前利润；如果采用完全成本计算法，利润中心就可直接计算出税前利润。将企业各利润中心的税前利润进行加总，就可计算出全企业的税前利润总额。一般来说，自然利润中心适合采用这种计算方式。

4. 利润中心的考核指标

对于利润中心进行考核的指标主要是利润，但是，也应当看到，任何一个单独的业绩衡量指标都不能够反映出某个组织单位的所有经济效果，利润指标也是如此。因此，尽管利润指标具有综合性，利润计算具有强制性和较好的规范化程度，但仍然需要一些非货币的衡量方法作为补充，包括生产率、市场地位、产品质量、职工态度、社会责任、短期目标和长期目标的平衡等。

5. 部门利润的计算

在计量一个利润中心的利润时，我们需要解决两个问题：第一，选择一个利润指标，包括如何分配成本到该中心；第二，为在利润中心之间转移的产品或劳务规定价格。在这里我们先讨论第一个问题，后一个问题将在后一部分内部转移价格中单独讨论。

在评价利润中心业绩时，可以根据具体的情况，选择四种不同的评价标准：边际贡献、可控边际贡献、部门边际贡献和税前部门利润。下面举例加以说明。

【例 12-2】 某公司的某一部门的销售收入，成本费用及利润数据如表 12-13、表 12-14所示。

表 12-13　销售收入及成本费用　　单位：元

项目	金额
部门销售收入	50 000
已销商品变动成本和变动销售费用	35 000
部门可控固定间接费用	3 200
部门不可控固定间接费用	4 000
分配的公司管理费用	3 500

表 12-14　利润表　　单位：元

项目	金额
销售收入	50 000
变动成本	35 000
（1）边际贡献	15 000
可控固定成本	3 000

项　目	金额
(2)可控边际贡献	12 000
不可控固定成本	4 000
(3)部门边际贡献	8 000
公司管理费用	3 500
(4)部门税前利润	4 500

试分别按四种不同的标准评价利润中心业绩。

解：以边际贡献 15 000 元作为业绩评价依据不够全面。部门经理至少可以控制某些固定成本,并且在固定成本和变动成本的划分上有一定选择余地;以边际贡献为评价依据,可能导致部门经理尽可能多的支出固定成本以减少变动成本支出,尽管这样做并不能降低总成本。因此,业绩评价时至少要包括可控制的固定成本。

以可控边际贡献 12 000 元作为业绩评价依据可能是最好的,它反映了部门经理在其权限和控制范围内有效使用资源的能力。部门经理可控制收入,以及变动成本和部分固定成本,因而可以对可控边际贡献承担责任。这一衡量标准的主要问题是可控固定成本和不可控固定成本的区分比较困难。例如,折旧、保险等,如果部门经理有权处理这些有关的资产,那么,它们就是可控的;反之,则是不可控的。又如,雇员的工资水平通常是由企业集中决定的,如果部门经理有权决定本部门雇用多少职工,那么,工资成本是可控制成本;如果部门经理既不能决定工资水平,又不能决定雇员人数,则工资成本是不可控成本。

以部门边际贡献 8 000 元作为业绩评价依据,可能更适合评价该部门对企业利润和管理费用的贡献,而不适合于部门经理的评价。如果要决定该部门的取舍,部门边际贡献是有重要意义的信息。如果要评价部门经理的业绩,因有一部分固定成本是过去最高管理阶层投资决策的结果,而现在的部门经理已很难改变,部门边际贡献则超出了经理人员的控制范围。

以部门税前利润 4 500 元作为业绩评价的依据通常是不合适的。公司总部的管理费用是部门经理无法控制的成本,分配公司管理费用而引起部门利润的变化,不能由部门经理负责。不仅如此,分配给各部门的管理费用的计算方法常常是任意的,部门本身的活动和分配来的管理费用高低并无因果关系。普遍采用的销售百分比法、资产百分比法、工资百分比法等,会使其他部门分配基数的变化影响本部门分配管理费用的数额。许多企业把所有的总部管理费用分配给下属部门,其目的是提醒经理注意各部门提供的边际贡献必须抵补总部的管理费用,否则企业作为一个整体就不能盈利。其实,通过给每个部门建立一个期望能达到的可控边际贡献标准,可以更好地达到上述目的。这样经理可集中精力增加收入并降低可控制成本,而不必在分析那些他们不可控的分配来的管理费用上花费精力。

● 问答 12.6(单选题)

※评价利润中心业绩时,不适合经理的评价,而更适合评价该部门对企业利润和管理费贡献的指标是(   )。

A.边际贡献　　　　B.可控边际贡献　　　　C.部门营业利润　　　　D.部门税前利润

6.内部转移价格

(1)内部转移价格的含义

分散经营的组织单位之间相互提供产品或劳务时,需要制定一个内部转移价格。内部转移价格是指企业内部各责任中心之间转移中间产品或相互提供劳务,而发生内部结算和进行内部责任结转所使用的结算价格。

采用内部转移价格进行内部结算,可以使企业内部的各个责任中心处于类似市场交易的买卖双方,起到与外部市场价格相似的作用。责任中心作为卖方,即提供产品或劳务的一方,必须不断改善经营,降低成本费用,以其收入抵偿支出,取得更多的利润;而买方即产品或劳务接受的一方,也必须在竞价后所形成的一定买入成本的前提下,千方百计降低自身的成本,提高产品或劳务的质量,争取获得更多的利润。

制定转移价格的目的有两个:一是防止成本转移带来的部门间责任转嫁,使每个利润中心都能作为单独的组织单位进行业绩评价;二是作为一种价格引导下级部门采取明智的决策,生产部门据此确定提供产品的数量,购买部门据此确定所需要的产品数量。但是,这两个目的往往有矛盾:能够满足评价部门业绩的转移价格,可能引导部门经理采取并非对企业来说最理想的决策;而能够正确引导部门经理的转移价格,可能使某个部门获利水平很高,而另一个部门亏损。我们很难找到理想的转移价格来兼顾业绩评价和制定决策,而只能根据企业的具体情况选择基本满意的解决办法。

(2)制定内部转移价格的原则

合理制定内部转移价格,应遵循如下基本原则:

①全局性原则。内部转移价格涉及各责任中心的切身利益,在制定时应予充分考虑。但当利益彼此冲突时,应围绕企业总体目标进行协调,将企业全局利益放在首位。②公平性原则。制定内部转移价格应做到公平合理,充分体现各责任中心的经营努力或业绩,并使各责任中得到的利益与其付出的努力相称。③自主性原则。在确保企业整体利益的前提下,给予责任中心一定的自主定价权或讨价还价权;同时,在成熟的条件下,赋予某些责任中心一定的对外销售权或采购权。④重要性原则。对于原材料、半成品、产成品等重要物资,应从细制定转移价格;对于其他品种繁多、价格低廉、用量不大的次要物资的定价,则可以从粗从简。

(3)内部转移价格的类型

①以市场价格确定转移价格。市场价格是以产品或劳务的市场价格为基价的内部转移价格。在中间产品存在完全竞争市场的情况下,市场价格减去对外的销售费用,是理想的转移价格。

产品内在经济价值计量的最好方法是把它们投入市场，在市场竞争中判断社会所承认的产品价格。由于企业为把中间产品销售出去，还需追加各种销售费用，如包装费、运输费、广告费、结算费等，因此，市场价格减去某些调整项目才是目前未销售的中间产品的价格。从机会成本的观点来看，中间产品用于内部而失去的外销收益，是它们被内部购买部门使用的应计成本。这里失去的外销收益并非市场价格，而需要扣除必要的销售费用，才是实际的净收益。

完全竞争市场这一假设条件，意味着企业外部存在中间产品的公平市场，生产部门被允许向外界顾客销售任意数量的产品，购买部门也可以从外界供应商那里获得任意数量的产品。出于以市场价格为基础的转移价格，通常会低于市场价格，这个折扣反映与外销有关的销售费，以及交货、保修等成本，因此可以鼓励中间产品的内部转移。如果不考虑其他更复杂的因素，采购部门的经理应当选择从内部取得产品，而不是从外部采购。

如果生产部门在采用这种转移价格的情况下不能长期获利，企业最好是停止生产此产品而到外部去采购。同样，如果采购部门以此价格进货而不能长期获利，则应停止采购并进一步加工此产品，同时应尽量向外部市场销售这种产品。这样做，对企业总体是有利的。

值得注意的是，外部供应商为了能达成交易可能先报一个较低的价格，同时期望日后抬高价格。因此，部门经理在确认外部价格时要采用可以长期保持的价格。另外，企业内部转移的中间产品比外购产品的质量可能更有保证，并且更容易根据企业需要加以改进。在经济分析无明显差别时，一般不应该依靠外部供应商，而应该鼓励企业利用自己内部的供应能力。

以市价为基价的内部转移价格也有其局限性，有些内部转移的中间产品往往没有相应的市价作为依据，从而对其适用范围构成限制。

②以市场为基础的协商价格。以市场为基础的协商价格是企业内部各责任中心以正常的市场价格为基础，通过定期共同协商，而被双方所接受的价格。当中间产品无适当的市价可供参照时，也要采用协商价格。采用协商价格的前提是，责任中心转移的产品应有在非竞争性市场买卖的可能性，在这种市场内买卖双方有权决定是否买卖这种中间产品。

一般而言，协商价格的上限是市场价格，下限是单位变动成本，具体价格则由买卖双方在其上下限范围内协商议定。在协商时除非双方争执不下、陷于僵局，或双方所定协商价格有损于企业整体利益，否则，企业高一级领导一般不介入其中，以避免干预过多。

协商价格也存在一定的缺陷：一是协商定价要花费大量的人力、物力和时间；二是协商价格可能会受到双方讨价还价能力的影响而有失公允；三是当协商双方相持不下时，需由企业高层领导裁定，这便丧失了分权管理的初衷，也不利于发挥激励责任单位的作用。尽管有上述不足之处，协商转移价格仍被广泛采用，它的好处是有一定弹性，可以照顾双方利益并得到双方认可。少量的外购或外卖是有益的，它可以保证得到合理的外部价格信息，为协商双方提供一个可供参考的基准。

③变动成本加固定费转移价格。这种方法要求中间产品的转移用单位变动成本来定价，与此同时，还应向购买部门收取固定费，作为长期以低价获得中间产品的一种报偿。

这样做,生产部门有机会通过每期收取固定费来补偿其固定成本并获得利润;购买部门每期支付特定数额的固定费之后,对于购入的产品只需支付变动成本,通过边际成本等于边际收入的原则来选择产量水平,可以使其利润达到最优水平。

按照这种方法,供应部门收取的固定费总额为期间固定成本预算额与必要的报酬之和,它按照正常需要量比例分配给购买部门。此外,为单位产品确定标准的变动成本,按购买部门的实际购入量计算变动成本总额。如果总需求量超过了供应部门的生产能力,变动成本不再表示需要追加的边际成本,则这种转移价格将失去其积极作用。反之,如果最终产品的市场需求很少时,购买部门需要的中间产品也变得很少,但它仍然需要支付固定费。在这种情况下,市场风险全部由购买部门承担了,而供应部门仍能维持一定利润水平,显得很不公平。实际上,供应和购买部门都受到最终产品市场的影响,应当共同承担市场变化引起的市场波动。

④全部成本转移价格。以全部成本或者以全部成本加上一定利润作为内部转移价格,可能是最差的选择。因为它既不是业绩评价的良好尺度,也不能引导部门经理做出有利于企业的明智决策。它的唯一优点就是简单。

首先,它以目前各部门的成本为基础,再加上一定百分比作为利润,在理论上缺乏说服力。以目前成本为基础,会鼓励部门经理维持比较高的成本水平,并据此取得更多的利润。越是节约成本的单位,越有可能在下一期被降低转移价格,使利润减少。成本加成百分率的确定也是个困难的问题,很难说清楚它为什么会是 5%、10% 或 20%。

其次,在连续式生产企业中成本随产品在部门间流转,不断积累,使用相同的成本加成率会使后序部门利润明显大于前序部门。如果扣除半成品成本转移,则会因各部门投入原材料出入很大而使利润分布失衡。

因此,只有在无法采用其他形式转移价格时,才考虑使用全部成本加成办法来制定转移价格。

(三)投资中心

1.投资中心的含义

投资中心是既要对成本、收入和利润负责,又要对投入的全部投资的使用效果负责的责任中心。这类中心,不仅能控制成本和收入,同时也要能控制其所占用的全部资金。

投资中心,同时也是利润中心。它与利润中心的区别在于:

(1)权利不同。利润中心没有投资决策权,它只是在企业投资形成后进行具体的经营,而投资中心不仅在产品生产和销售上享有较大的自主权,而且在投资决策方面也享有充分的自主。

(2)考核办法不同。考核利润中心业绩时,不联系投资或占用资产的多少,而考核投资中心的业绩时,则必须将利润与占用的资产联系起来进行投入与产出的比较。

投资中心一般是企业中最高层次的责任中心,比其他责任中心拥有更大的独立性、自主权和一定的资金支配权,如实行分权管理的大型企业的子公司、分公司、事业部等。在组织形式上,成本中心一般不是独立法人;利润中心既可以是独立法人也可以不是独立法人;而投资中心一般是独立法人。投资中心独立性较高,其负责人一般应向公司的总经理或董事会直接负责。

为正确计算和衡量投资中心的业绩,应将各投资中心共同使用的资产划分清楚,对共同发生的成本,应按适当的标准进行分配,对各投资中心之间相互调剂使用的资产,如现金、存货、固定资产等,均应计息,实行有偿使用。

2.投资中心的考核指标

由于投资中心也是利润中心,它不仅需要对成本、收入、利润负责,还要对所占用的全部投资承担责任,因此对投资中心的考核与评价,除成本、收入和利润等指标外,重点应放在投资报酬率和剩余收益这两个指标上。

(1)投资报酬率。这是最常见的考核投资中心业绩的指标。这里所说的投资报酬率是部门边际贡献除以该部门所拥有的资产总额。其计算公式为:

$$投资报酬率=部门边际贡献/部门资产总额$$

【例 12-3】　某个部门的资产总额为 40 000 元,部门边际贡献为 8 000 元,求投资报酬率。

解:投资报酬率＝8 000/40 000＝20％

利用投资报酬率指标评价投资中心的优点是:可根据现有的会计资料来计算,比较客观,可用于部门之间以及不同行业之间的比较;可促使各责任中心提高本部门的投资报酬率,有助于提高整个企业的投资报酬率;还可进一步将资产和收支分解明细项目,从而对整个部门的经营状况做出评价。其缺点是:投资中心的负责人会放弃高于资金成本率而低于目前投资报酬率的机会,或减少现有的投资报酬率较低但高于资金成本率的某些资产,使其业绩获得较好的评价,但却损害了企业整体的利益。

(2)剩余收益。剩余收益是指投资中心获得的部门边际贡献扣减其最低投资收益后的余额。最低投资收益是按该中心占用的部门资产或投资额按资金成本率计算的收益。其计算公式为:

$$剩余收益=部门边际贡献-(部门资产×资金成本率)$$

【例 12-4】　根据【例 12-2】的资料,企业的资金成本率为 15％,如果部门经理只能选择一个投资方案:甲方案投资额 50 000 元,投资报酬率为 17％;乙方案投资额为 10 000 元,投资报酬率为 20％。请问部门经理该如何选择?

解:下面分别使用投资报酬率指标和剩余收益这两个指标进行选择:

(1)利用投资报酬率指标进行选择:

采纳甲方案后的投资报酬率＝(8 000＋50 000×17％)÷(40 000＋50 000)＝18.33％

采纳乙方案后的投资报酬率＝(8 000＋10 000×20％)÷(40 000＋10 000)＝20％

(2)利用剩余收益指标进行选择:

目前部门剩余收益＝8 000－40 000×15％＝2 000(元)

采纳甲方案后的剩余收益＝(8 000＋50 000×17％)－(40 000＋50 000)×15％＝3 000(元)

采纳乙方案后的剩余收益＝(8 000＋10 000×20％)－(40 000＋10 000)×15％＝2 500(元)

如果采用剩余收益指标选择,应首选甲方案,这与企业总目标相一致;如果利用投资报酬率指标选择,应首选乙方案,这将使部门为片面追求资产报酬率而放弃最大利润。

剩余收益指标的主要优点是:可以使业绩评价与企业的目标协调一致,引导部门经理采纳高于企业资金成本的决策。采用剩余收益指标还有一个好处就是允许使用不同的风险调整资本成本。从现代财务理论来看,不同的投资有不同的风险,要求按风险程度调整其资本成本。因此,不同行业部门的资本成本不同,甚至同一部门的资产也属于不同的风险类型。在使用剩余收益指标时,可以对不同部门或者不同资产规定不同的资本成本百分数,使剩余收益这个指标更加灵活。

当然,剩余收益是一个绝对数指标,不便于不同部门之间的比较,规模大的部门容易获得较大的剩余收益,但其投资利润率并不一定很高。

●问答 12.7(多选题)

※下列各项中,属于投资中心特征的有(　　　)。
A.拥有投资决策权　　　　　B.处于责任中心的最高层次
C.承担最大的责任　　　　　D.既对成本、收入、利润负责,又对投资及其投资收益负责

【案例分析】

案例分析
全面预算管理
在拓峰科技公
司的应用:设
计、执行与成效

案例解析

【分析要点】

1.简要说明拓峰公司传统预算管理模式存在的问题。

2.拓峰公司实行全面预算管理成功的因素有哪些?

3.通过阅读拓峰公司预算管理案例,你得到哪些启示?

【本章小结】

财务预算和财务控制,是财务管理工作的两个重要环节。在现代企业财务管理实践中,财务预算是财务预测、财务决策结果的具体化、系统化和数量化的表现形式。

财务预算是专门反映企业未来一定预算期内预计现金收支、财务状况和经营成果的一系列预算的总称。其具体内容包括现金预算、预计利润表、预计资产负债表等。

财务预算的编制方法包括:固定预算与弹性预算、增量预算与零基预算、定期预算与滚动预算。在编制过程中,一般应以弹性预算、零基预算与滚动预算为主,固定预算、增量预算和定期预算为辅,以充分发挥各种方法的长处。

现金预算是对企业一定期间的现金流量所做的预计和规划,是财务预算的核心内容。

财务控制是指按照一定的程序与方法,确保企业及其内部机构和人员全面落实和实现财务预算的过程。财务控制可以按不同的标志进行分类。进行财务控制应先做好一些基础工作。

【复习思考题】

1.全面预算的体系构成如何?财务预算在全面预算中处于什么地位?

2.简要介绍现金预算编制的流程。

3.责任中心点类型有哪些?各自如何进行行业绩评价?

4.什么是内部转移价格?内部转移价格如何制订?

第十二章 在线测试

【综合自测】

1.【资料】某企业2020年有关预算资金如下:

(1)该企业3—7月的销售收入分别为40 000元、50 000元、60 000元、70 000元和80 000元。每月销售收入中,当月收到现金30%,下月收到现金70%。

(2)各月直接材料采购成本按下一个月销售收入的60%计算。所购材料款于当月支付现金50%,下月支付现金50%。

第十二章 综合自测参考答案

(3)该企业4—6月的制造费用分别为4 000元、4 500元和4 200元。每月制造费用包括固定资产折旧费1 000元。

(4)该企业4月购置固定资产,需要现金15 000元。

(5)该企业在现金不足时,向银行借款(借款为1 000元的倍数);在现金有多余时,归还银行借款(还款也为1 000元的倍数)。借款在期初,还款在期末,借款年利率为12%。

(6)该企业期末现金余额最低为6 000元。其他资料见现金预算表。

【要求】根据以上资料,完成企业4—6月份现金预算的编制工作,如表1所示。

表1　现金预算表　　　　　　　　　　　　　　单位:元

项目	4月	5月	6月
期初现金余额	7 000		
经营现金收入			
直接材料采购支出			
直接工资支出	2 000	3 500	2 800
制造费用支出			
其他付现费用	800	900	750
预付所得税费用			8 000
购置固定资产			
现金余缺			
向银行借款			
归还银行借款			
支付借款利息			
期末现金余额			

2.【资料】某公司下设 A、B 两个投资中心。A 投资中心的平均经营资产为 200 万元，投资收益率为 15%；B 投资中心的投资收益率为 17%，剩余收益为 20 万元。公司要求的平均最低投资收益率为 12%。现该公司决定追加平均经营资产 100 万元，若投向 A 投资中心，每年可增加息税前利润 20 万元；若投向 B 投资中心，每年可增加息税前利润 15 万元。

【要求】

(1)计算追加投资前 A 投资中心的剩余收益。

(2)计算追加投资前 B 投资中心的平均经营资产。

(3)计算追加投资前该公司的投资收益率。

(4)若 A 投资中心接受追加投资,计算其剩余收益。

(5)若 B 投资中心接受追加投资,计算其投资收益率。

参考文献 ▶▶▶

[1] 荆新,王化成,刘俊彦.财务管理学[M].6 版.北京:中国人民大学出版社,2012.

[2] 财政部会计资格评价中心.财务管理(中级会计资格)[M].北京:中国财政经济出版社,2019.

[3] 卢家仪.财务管理[M].4 版.北京:清华大学出版社,2013.

[4] 姚海鑫.财务管理[M].2 版.北京:清华大学出版社,2013.

[5] 中国注册会计师协会.财务成本管理[M].北京:经济科学出版社,2018.

[6] 刘敬芳.财务管理(新编)[M].2 版.上海:立信会计出版社,2013.

[7] 容少华.财务管理[M].大连:东北财经大学出版社,2012.

[8] 财政部会计资格评价中心.财务管理(中级会计资格)[M].北京:中国财政经济出版社,2018.

[9] 李明伟.财务管理学[M].杭州:浙江大学出版社,2014.

[10] 陈玉菁.财务管理[M].北京:中国人民大学出版社,2008.

[11] 张新民,钱爱民.企业财务报表分析[M].北京:清华大学出版社,2006.

[12] 英国特许公认会计师公会.ACCA 财务管理[M].上海:上海教育出版社,2003.

[13] Keown,Petty,Scott,等.现代财务管理基础[M].7 版.朱武祥,译.北京:清华大学出版社,1997.

[14] 斯蒂芬·A.罗斯,等.公司财务管理(精要版)[M].吴世农,等译.北京:机械工业出版社,2012.

[15] 李明伟.关于资金时间价值计算的教学建议[J].财会月刊,2008(24):90-91.

[16] 姚利辉,曹立新,刘桂.我国上市公司融资偏好探析[J].湖南科技大学学报(社会科学版).2010(6):90-93.

[17] 刘胜强,卢凯,程惠峰.雷曼兄弟破产对企业财务管理目标选择的启示[J].财务与会计,2009(23):18-19.

[18] 丁楠.上市公司高派现股利政策动因分析:基于贵州茅台的案例研究[J].商业会计,2013(10):21-23.

[19] 全国人民代表大会常务委员会.中华人民共和国公司法[S].2018 年修订版.

[20] 全国人民代表大会常务委员会.中华人民共和国证券法[S].2019 年修订版.

[21] 中华人民共和国财政部.企业财务通则[S].2006.

[22] 苑泽明,李海英.财务管理学[M].北京:经济科学出版社,2020.

[23] 王化成.浅率财务管理环境[J].财会月刊,2000(6):2-4.

[24] 龚清洪,徐政旦.会计辞典[M].上海:上海人民出版社,1982.

附 录 ▶▶▶

附录 1 复利终值系数表	附录 2 复利现值系数表	附录 3 年金终值系数表	附录 4 年金现值系数表
$(F/P, i, n)$ 或 $(1+i)^n$	$(P/F, i, n)$ 或 $(1+i)^{-n}$	$(F/A, i, n)$ 或 $\dfrac{(1+i)^n - 1}{i}$	$(P/A, i, n)$ 或 $\dfrac{1-(1+i)^{-n}}{i}$
复利终值系数表	复利现值系数表	年金终值系数表	年金现值系数表